安徽古籍叢書

黄山書社

左傳微

〔近〕吴闓生/撰　白兆麟/校點

圖書在版編目(CIP)數據

左傳微/吳闓生著;白兆麟校點. -合肥:
黄山書社,2014.9
(安徽古籍叢書第十二輯/安徽古籍叢書編審委員會編纂)
ISBN 978-7-5461-4711-6
Ⅰ.①左… Ⅱ.①吳…②白… Ⅲ.①中國歷史-春秋時代-編年體
②《左傳》—注釋 Ⅳ.①K225.04

中國版本圖書館 CIP 數據核字(2014)第 212537 號

出 品 人 任耕耘
選題策劃 彭君華
責任編輯 張曦仲 束 莉
裝幀設計 馬 芳
出版發行 時代出版傳媒股份有限公司(http://www.press-mart.com)
黄山書社(http://www.hspress.cn)
地址郵編 安徽省合肥市蜀山區翡翠路 1118 號出版傳媒廣場 7 層 230071
印 刷 合肥新南印務有限公司
版 次 2014 年 9 月第 2 版
印 次 2014 年 9 月第 1 次印刷
開 本 880×1230 1/32
字 數 401 千
印 張 22
書 號 ISBN 978-7-5461-4711-6
定 價 66.00 圓

服務熱綫 0551-63533706
銷售熱綫 0551-63533761
官方直營書店(http://hsssbook.taobao.com)

安徽古籍叢書編印緣起

我國歷史悠久，典籍豐富。我省地處南北之交，學術尤擅其盛。數千年來，哲學、史學、文學、藝術、語言、科技，作者輩出，著述如林，或自名一家，或蔚然成派，多爲中華民族文化之菁華，有裨於社會主義文化之建設。允宜及時整理，以廣流傳。

粤自明清，以至近世，南北郡邑已有涇川叢書、龍眠叢書、貴池先哲遺書、南陵先哲遺書諸刻。一九三一年，復有安徽叢書之編刊，所收皆皖人著作，分期影印。出至第六期，以抗戰軍興而中止。盛業未竟，論者惜之。

今者，中央倡導整理古籍，我省領導對此尤爲關心。省古籍整理出版規劃委員會幾經商討，決定編纂安徽古籍叢書。編纂宗旨是在歷史唯物主義指導下，批判繼承，古爲今用，弘揚民族優秀傳統文化，爲建設中國特色社會主義服務。最其體例，約有數端：

一、所收皆爲歷代皖人著作，時間一般以辛亥革命之前爲限，内容以文、史、哲爲主，分類成輯。尤其注意稿本、稀見本之搜輯與傳布。

二、整理方式包括輯、校、標點和注釋、今譯。校勘，力求採用善本爲底本，校以他書，或加補輯、編次。標點，採用新式標點。注釋，務求精確，但不作煩瑣考證。整理中，盡量吸收國内外研究的新成果。

三、先秦、兩漢著作及語言、文字之類，皆用繁體字，其餘則酌用簡體字。版皆豎排，以期一律。

四、凡熱心於本叢書編印及捐貲助刊者，得於書内題名。

安徽古籍叢書編審委員會

目次

卷二

卷三

卷四

卷五

卷六

卷七

卷八

卷九

卷十

卷十一

卷十二

再版前言

左傳微校點本，是在其校注本的基礎上，按照安徽古籍叢書的體例規定，刪除其中所有注釋、僅保留校勘部分而修訂出版的。左傳微校注本於一九九五年由黄山書社出版。該書共十二卷，整理者撰寫注釋共八千二百八十九條，若除去校勘六百〇八條，仍有七千六百八十一條，若平均每條按二十個字計算，亦達十五萬多字。記得書稿於一九八八年初交付，黄山書社總編辦公室於一九九一年五月八日手書覆函云：

大著左傳微校注一九八八年元月交稿後，我社三審均感滿意，認爲這是一部精校、精點、精注的古籍整理稿，顯示了先生高深的學識與功力。先生所撰書前弁言，尤爲識見深湛之作。先生三年心血，凝成碩果，本社感謝先生爲安徽古籍整理與出版作出的貢獻。（函末蓋有印章）

事後，著者纔得知該書稿曾經由著名老專家吴孟復教授審閲一過，以上或許是吴孟老的謬奬和推崇。當時心裏感到是一種鼓勵與鞭策。

有關左傳微一書的性質、特點和價值，在上述校注本之弁言中已作了簡括説明。這裏要强調的是，其撰者吴闓生仰承家學，參以心得，着力還左傳之雄章鉅制，使各自爲篇，首尾具備，共得百餘篇，且以評注爲形式，從文章學角度詳勘細發左傳詞旨之精微與章法之神妙，不僅寓古文義理於各篇評注之中，而且在書前與李右周進士論左傳書中，對左傳之『逆攝』、『横接』、『旁溢』、『反射』等章法及『寄意幽微』、『托趣緬邈』、『旁擊側映』、『多方駢枝』、『正言若反』等神奇詭妙，進行了具體而全面的論述。論述與評注二者相得益彰，令當時不少學者爲之嘆絶。

至於該書之校勘記，包括兩個部分：其一是左傳微一書原有的，一概標明『原注』、『原校』字樣；其二是整理者根據多種相關著作而着力撰寫的。此外，校注本之弁言全文保留，首先是因爲曾得到當時黄山書社總編的充分肯定，以保留其原有的歷史面貌；其次是篇幅雖短，卻可使讀者領會二十多年前整理者的探索與思考。

白兆麟於安徽大學困廬

二〇一〇年八月二日

弁言

左傳微，近人吴闓生（公元一八七七——一九四八年）所撰。吴闓生係清末著名桐城派古文家吴汝綸之子，是一位有影響的學者，另著有文史甄微、吉金文録等。

此書初稿名左傳文法讀本，乃爲吴闓生與其同學劉宗堯培極所合著。如本書例言所云，是書以清初學者馬驌之左傳事緯爲藍本，而稍爲之更定。馬本『以事爲主』，而此本『以文爲主』，詮説文字，講明義法，要在發明左氏微言。吴闓生於文史甄微云：『左氏古本，每事自爲一章；分傳者依經次第，割散傳文。』當代著名學者楊伯峻先生以爲此説『殊爲有識』。今謹據左傳文法讀本加以對勘，并將讀本中劉宗堯案語之未選録者盡皆録存，一爲保持原貌，二供學者研討。其書仍以『左傳微』名之者，以『微』字兼賅詞旨之微與章法之微也。

古籍的整理工作，就是對以往典籍進行輯佚、校勘、標點、注釋和今譯。輯佚、校勘是爲了求善存真，標點、注譯是爲了求懂趁淺，其中心環節當是注釋。古籍裏的語言文字，既是一種社會現象，又是一種歷史現象。今人整理古籍，爲克服古籍裏的語言文字障礙而進行訓詁，就必須遵守當時社會運用語言文字的習慣。古籍文意的基礎是詞義，而詞義不僅受語言詞匯系統的制約，而且受句法規律和語言環境的制約。今人整理古籍，爲正確地理解古籍原意，就必須考慮這種客觀條件的制約。因此，筆者曾在拙著簡明訓詁學裏明確地提出訓詁的四條原則：一是詞義的社會性，二是詞義的時代性，三是詞義的句法制約性，四是詞義的語境規定性。根據這四項原則去注釋古籍，纔有可能使古籍文通字順，且不致忽略古人行文的苦心孤詣。

就左傳微來説，既爲近人所著，自無丢失與版本問題，且有同類他書譯文供覽閲。在校勘中，謹據上海人民出版社一九七七年版春秋左傳集解（以下簡稱『杜本』）和中華書局一九八一年版春秋左傳注（楊伯峻編著，以下簡稱『楊本』）而略加訂正；在標點、注釋中，主要參照杜預、楊伯峻之注解，或有取捨，間有訂正。今不揣冒昧，將所得選録於左。

先説標點。

例一：『不敬，則禮不行；禮不行，則上下昏，何以長世？』（楊本三三八頁）加分號，表明此句爲兩個分句，『何以長世』僅就後一分句而言。這顯然不符合原意。此句應當如下標點：『不敬則禮不行，禮不行則上下昏，何以長世？』

例二：『衰曰：君稱所以佐天子者命重耳，重耳敢不拜。』（杜本三三五頁）『苟列定矣，敢不承命。』（楊本三五六頁）其實，『敢不拜』『敢不承命』都是純用語調表示反問語氣的反問句，句意與字面相反。兩句號都應改爲問號。這種反問句式，可以説是當時通行的外交套語，如『敢有二事？』（左傳成公九年）『敢辱大館？』（左傳昭公二年）等。

例三：『晉饑，秦輸之粟；秦饑，晉閉之糴，故秦伯伐晉。』（杜本二八九頁，楊本三五二頁）分號標在

『輸之粟』下，不符合原句的結構層次。原意『晉饑』、『秦饑』二句都是『秦伯伐晉』的原因。因此，以句組（句羣）對待較合理，當標成『晉饑，秦輸之粟。秦饑，晉閉之糴。故秦伯伐晉』。

例四：『重怒，難任；背天，不祥，必歸晉君。』（楊本三五九頁）『重怒，難任；陵人，不祥。』（楊本三六〇頁）兩句皆於『難任』下標分號，粗看似乎都不錯。其實，兩句有别，應當分别對待。上句有『必歸晉君』一語，其内部層次即與下句不同，當如杜本標成：『重怒難任，背天不祥，必歸晉君。』如果一定要表明内部層次關係，也應當如下標點：『重怒，難任；背天，不祥。必歸晉君。』

例五：『狄人伐廧咎如，獲其二女，叔隗、季隗，納諸公子。』（楊本四〇五頁）『二女』即『叔隗、季隗』，二者爲同位語，『女』下不當標逗號。杜本（三三三頁）於『女』下標冒號，亦無必要，且不合句子内部的層次關係。

例六：『若以君之靈，得反晉國。晉楚治兵，遇于中原，其辟君三舍。』（楊本四〇九頁）這是回答楚子『公子若反晉國，則何以報不穀？』的問話的。公子重耳的這句答話，是一個兩重假設複句，『若……反晉國』爲偏句，『晉、楚治兵……辟君三舍』爲正句，『晉國』之下應標逗號或分號。其正句又爲一意念假設句，『晉、楚……中原』是設想之辭，『其辟君三舍』是回報方式。

例七：『妾不才，幸而有子。將不信，敢徵藍乎？』（杜本五四八頁，楊本六七四頁）將，若，假設連詞。敢，請，敬謙副詞。徵藍，以藍爲信物。『敢徵藍乎』不是疑問句，而是祈使句，問號當改爲嘆號。

例八：『公患三桓之侈也，欲以諸侯去之；三桓亦患公之妄也，故君臣多間。』（楊本一七三五頁）杜本於分號處標句號（一八六一頁）。『君臣多間』爲總説，兼就『公』與『三桓』雙方而言，無論標分號與句號均失誤，改爲逗號才是。

再説注釋。

例一：『其君是惡，其民何罪？』楊注：『惡其君之倒裝句。』（三四五頁）上下兩句相比，『其君』與『其民』一樣，皆爲陳述對象，是句中主語。將『其君是惡』硬説成『惡其君』，不僅不符合原文語氣，亦與下句不相協調。是，通實，當爲副詞，用來加强肯定語氣。

例二：『子盍蚤自貳焉！』楊注：『貳謂示貳心於重耳。』（四〇七頁）釋『貳』爲『貳心』，相當含混，不如杜注『自貳』爲『自別異於曹』（三三六頁）來得明確。貳，異，別，指區別於曹共公之心意，即表示善意。

例三：『以君之靈，不有寧也！』杜注：『言不以病故自安寧。』（三七九頁）楊注採用此説（四五四頁）。杜注增字强解，且含意不明。不，通丕。不有寧，即大有寧也。

例四：『爾何知？中壽，爾墓之木拱矣。』杜注：『言其過老，悖不可用。』（四〇四頁）楊注引孔疏、莊子盗跖、吕氏春秋安死、淮南子原道訓等，謂中壽『當在八十以下、六十以上』，句意謂使爾中壽，爾墓上之樹木早已成抱矣，言其老而不死，昏悖而不可用（四九一頁）。洪誠先生於此有詳細分析：其一，『中』字應讀去聲，訓滿；其二，『爾墓之木拱矣』一句上面，承前省略了『及師之入』一句（訓詁學一四三頁）。

例五：『臣侍君宴，過三爵，非禮也。』楊注詳盡而未能得義（六五九頁）。左傳譯文將『三爵』譯爲

『三杯』(一七〇頁),不確。詩賓之初筵鄭注:『三爵者,獻也,酬也,酢也。』『三爵』應釋爲『三巡』。

例六:『昔夏之方有德也,遠方圖物……』楊注:『圖畫遠方各種物象。』(六六九頁)將『遠方』當作『物』之限定語,不合原句文法。『遠方』即遠方之國,當爲句中主語。句意謂『遠方之國圖畫各種物象』。

例七:『軍行,右轅,左追蓐,前茅慮無,中權,後勁。』杜注:『在車之右者挾轅爲戰備,在左者追求草蓐爲宿備。』(五九三頁)楊注引吴闓生文史甄微:『追蓐,疑當時之方言,説者望文釋之,未是。』并云:『雖未見確證,説亦有理。』(七二二頁)杜注顯係望文生訓。吴説未明言其義,何理之有?追,通推,言士卒在車之右者挾車轅,在左者推草蓐。

例八:『自今無有代其君任患者,有一於此,將爲戮乎?』楊注:『自今二字於文不順,自疑借爲卒,卒,終也。』(七九四頁)自,當訓爲在,自、在二字一聲之轉。左傳襄公二十三年:『欒氏自外,子在内。』自、在二字互文,即其證。自今,即在今,於今。

例九:『臣實司味,二御失官,而君弗命,臣之罪也。』楊注:『司味者使二御失官,而君不發命以罪之。』(一三一二頁)『二御失官』言樂工與嬖叔失職,未能使晉侯耳聰目明。將『二御失官』解作『司味者使二御失官』,顯然不合原意。楊注『君弗命』爲『君不發命以罪之』,更是增字强解,與下文『臣之罪也』極不連貫。『君弗命』,即『君不命之』,謂『君未曾命臣(而臣敢過問)』。這與禮記檀弓下『蕢也,宰夫也,非刀匕是共,又敢與知防』意思相近。

例十:『韓子亦無幾求,晉國亦未可以貳。』楊注:『幾,猶言不多。』(一三七八頁)『幾』言不多,『無幾』則言多，正與原意相反。當注爲『無幾，猶言不多』。

例十一：『寡人中此，與君代興。』楊注：『代之而强盛。』（一三三三頁）釋『代』爲『代之』，是以虛當實，且『之』字何指？杜注：『代，更也。』（一三四九頁）『代』爲副詞。代興，即更相强盛。

例十二：『失魯而以千社爲臣，誰與之立？』楊注：『受齊千社，是爲臣於齊矣，誰爲君復位？立與位古文同。』（一四六五頁）左傳譯文譯爲：『誰還爲君王復位？』（四九〇頁）與，通爲。之，代詞，不是稱代魯昭公，而是指代上文『臣』字。問句意謂：『誰爲一個臣子去恢復君位呢？』

以上就標點與注釋兩項略舉數例加以分析，意在説明無論異同，皆當斷以己意，且祈正於海内外學者專家。

白兆麟　一九八八年元月

左傳微序

古之聖賢何爲而著書乎？彼其傲倪萬物，秕糠塵濁，豈嘗有聲名文采之見存？然其抱絶俗負異之資，悲天憫人之旨，其心固未嘗一日忘世，感激憤發，無所於洩，思垂空文以自見。當世雖莫之知，庶幾千載後有窺見微旨所在，深思而詳説，以詔來世者。此自羲文以來，仲尼所删述，莊列所論議，屈原之離騷，相如、子雲之賦，司馬遷、班固之史，韓柳之文章，李杜之詩歌，皆有爲而作，卓然與天地同其不朽者也。而自來注家，臆測盲斷，壞亂失真，蓋不一而足矣。學識不能垂千古，則不足以著書；非有洞貫千古之才，尤不足以發明而詔後。相需雖殷，相值則難，此古今所同慨也。

左氏一書，傳孔門微言，爲百世文章宗祖；其晦亂否塞，於諸書爲尤甚。經生家之言曰：左氏，傳經者也，其義在書法。自征南以下，家自爲説，人自爲例，其不可通又别例之。支離牽附，其晦愈甚。而經生以爲不如是不足以尊經也。治史者之言曰：左氏，編年之祖也，表年首事，以時繫年，以月繫時，以日繫月。事不備首尾，而以歲月次，通鑑綱目踵用其法。序則序矣，若記簿然，寧能動人觀覽、興其勸懲哉？而史家以爲非是無以訂史也。爲文章者之言曰：左氏，善敘事以文采見者也，則剌取一二單篇零簡，朝研夕稽，以爲精華萃此矣。贊誦雖不容口，破碎割裂究無當於大旨。而文家又以爲非是無以論文也。務細而遺大，得一而失二，自昌黎爲曠代文雄，且不能盡識其意而目爲浮誇，其它則又何説？是其書雖家弦户誦，若日月經天、江河行地，而其玄微之旨沈伏九幽、闇而不章者，蓋二千歲於兹矣。自非好學深思之士默契淵微，孰能得其意之所在？此吾師北江先生左傳微之所以作也。

蓋左氏義法，方姚首窺，梅曾繼起，略有發明。太夫子摯父先生引緒未申，而先生乃沈潛專到，窮探冥索，抉摘搜剔，豁露無餘。雖起邱明自道其秘，當亦無以過。而克端獲侍講席，窺聞緒論，始知左氏以微言諷諭，推見至隱，釋經則異於公穀，實録則高於史漢，至其俶詭譎變之旨，連犿離奇之觀，又悉出於行文之妙，曠古今絶無儔對者也。先生披郤導窾，窮奥極微，講説之頃，神采奮動，幾若坐吾黨於周、秦、魯、衛閒，與邱明相上下其議論也。嗚乎，文章之衰也有日矣！自唐以來，士不識古人立言之旨，不能追古人最高之境而從之，惟取歐蘇以下之文，元白以下之詩，是則是傚。人樂其易學，則轉相稗販，而文學益荒，士不悦學，固矣，亦未始非無先覺之詔之也。

今先生秉承家學，不惜以數十年獨得之秘表而傳之，授諸及門，佈諸天下，昭然如揭，皦日而行。豈氣味相感，有不能自已者存，抑傷悼世衰文敝，欲使有志之士得門循徑，以自造於高明之境，復返三代、兩漢之盛邪？斯則吾黨所不敢望，而又不敢不勉赴其的，庶無負先生垂教之苦心者也。

同門賈君獻庭、王君文燦司校刊既成，克端因本其蠡測所及而序之。民國十二年夏六月門下士閩侯曾克端謹序。

例言九則

一、聖門之學，有微言，有大義。左傳一書於大義之外，微詞眇旨尤多。此編專以發明左氏微言爲主，故名爲左傳微。

二、太史公以左氏春秋與虞氏春秋、吕氏春秋并稱，漢儒謂『左氏不傳春秋』，是其書不名爲傳甚明。今本既與經文别行，尤不必襲用傳名，而仍目之爲左傳者，則以習稱已久，姑從俗而名之也。

三、左氏著書，其文章必自具首尾，不能盡與經文相附。其分傳以隸於經者，乃漢之經師之所爲，以非如此則左氏不得爲春秋傳而與二傳并立於學官也。原其初，亦推尊左氏之意，而左氏之文因以割裂不完，歷二千年於兹矣。其解釋經文及爲之條例，如所謂五十凡者，尤爲經師附益之確證。今編以文義爲主，每事自爲一篇，雖不能遽還左氏舊觀，而左氏之文至是乃始可讀。至經師之所附益，未便徑行删薙，一仍其舊録之，惟讀者當心知其意耳。

四、此編畫分章卷，以馬驌左傳事緯爲藍本，而稍爲之更定。馬氏以事爲主，今以文爲主，事具則文之本末亦具焉，故不能大有違異也。至於講明義法，詮説文字，大率自具創見，前無因襲，而馬氏之説不與焉。姚仲實先生永樸見之，亟加賞嘆，謂其犂然當於人心之公，愧未能副爾。

五、全書於左氏原文無一字增損，但爲之移易次第，分别聯綴而已。讀者取通行左傳本參互觀之，其義益明。若夫訓注疏釋，古今諸家已詳，不更贅及，以遵簡易。

六、往者姚仲實先生以所撰經學書見示，且曰：『所説未敢自信，然摭引必有根據，無一字臆撰也。』僕因以左傳稿還質之，且曰：『所説亦未敢自信，然語必出自心裁，未嘗有一字蹈襲也。』論者聞而兩善之，蓋體裁各殊，知姚書之艱者，當亦知鄙著之不易爾。

七、先大夫於左傳嘗有寫定本，書成，寄蕭敬孚先生，穆欲在滬刊行，遂并元稿失去。時闓生尚幼，未及見也。别有評騭校勘諸本，今皆敬謹遵録，以餉學者。唯圈識本已由正志學校印傳，與此本間有異同，兹不更載。

八、此書初稿係宣統初元與同學劉君宗堯培極所合著。今鄙説既多所更定，劉説之善者亦仍録存之。

九、此書由及門諸人集資刊行，卷帙既繁，觀成匪易。其提倡號召，則南宮李葆光子建，邯鄲李鉞秉威，冀縣張慶開心泉、賈應璞獻廷、王雙鳳文燦數君之力爲多，而徐端甫總裁世章、李右周同學景濂均於此書多所匡助。附記以志謝忱。

民國十二年秋八月闓生記。

與李右周進士論左傳書

惠書以左傳爲問。僕失學久，近者鬱無所發，偶取左傳讀之，聊以自爲娱耳，何足就正有道？向嘗謂左氏文章之奇，太史公遠不能及。張獻羣不以爲然。左氏要爲長於紀事，苦編集者割截本文，以散入於經，使雄章鉅制不得具其首尾，此實尊經者之過。漢太常博士與劉歆力争，謂『左氏不傳春秋』，殆爲此也。今有文書百餘篇於此，而撓亂其次第，日刺取其二三策以相間而讀之，華離柧析，終不獲睹其全。此事復何可耐？今之讀左傳者何以異此？而左氏之文猶赫然如列日星。學者無愚智，皆知讀而好之者，則以其淵深奥美，雖一鱗一爪之偶現，而其光精猶足以自存也。僕頃得一坊本，以每事相貫各爲一篇，共得百餘篇，其間頗復舛謬，又爲之整齊排比，於是左氏之大指較然出矣。恨譾劣不深入，粗有所見，爲兄陳之。

蓋左氏記事之能，其最長者在綜挈列國時勢，縱横出入，無所不舉。故其局勢雄遠，包羅閎麗，止百餘篇文字，而二百餘年天子諸侯盛衰得失，具見其中，芒粒無漏失。其體格蓋與尚書同法。自史公立爲紀傳，但記一人一事，而此體夐絶不可復見矣。至其文法之奇，總其大要，約有數端：

一曰『逆攝』。吉凶未至，輒先見敗徵。此猶其易識者已。至城濮之役猶未戰也，而蔿賈質責子文以痛子玉之敗㊀；三郤之難猶未兆也，而范文子怒逐其子以憂晉國之亡㊁。此皆憑空特起，無所附著，蕩駭心目，莫此爲尤。故重耳之奔走流離，一亡公子耳，而所如皆有得國之氣㊂；楚靈、夫差方其極盛，踔厲中原，而勢已不能終日㊃。若此者，皆其逆攝之勝也。

一曰『橫接』。必然之勢無可避免，而語意所趨未嘗徑落。惠公之擒也，先之以小駟㊄；齊侯之敗也，先之以轘蛇㊅；共王之傷也，先之以射月㊆；督戎之死也，先之以焚丹書㊇。必有所藉而後入，必有所附而後伸。若此者，皆其橫接之勝也。

一曰『旁溢』。蹇叔哭師，知其敗之必於崤耳，而二陵風雨、后臯之墓，睪然有憑高弔古之思焉㊈。徐關之入，勉保者以慎守耳，而女子之辟，鋭司徒之問，殷然有家人父子之誼焉㊉。推之華元皤腹之謳以著其雅量⑪，叔展麥麴之問以極其艱窮⑫，叔儀佩蕊之歌以彰其匱竭⑬，皆假軼事小文肆爲異采，則其橫溢而四出者也。

一曰『反射』。莊公之不子，則以潁考叔之孝形之⑭；齊豹之不臣，則以公孫青之謹形之⑮；季孟之怯懦縱敵，則以冉有之義、公孫務人、林不狃之節形之⑯；臧孫紇之無罪，則以東門遂、叔孫僑如之盟首形之⑰。推之崔、慶、欒、高之亂齊，而以晏子正君臣之義⑱；昭公之亡國，而以子家、子主反正之策⑲。若此者，皆其相反而益著者也。

要之，寄意於幽微，托趣於綿邈；或旁擊側映以縈之，或多方駢枝以亂之；無一滯義，無一莊語，惟言出於此，意涉於彼，如湯沃雪，如鏡鑒幽。若此者，皆其相反而益著者也。

其聖於立言。故極其縱橫排闔之才，以抒其悲天憫人之識，興會所集，往往遐瞻遠矚，獨有千古，固不止矜奇於文句間也。

日者古愚見過，與論左氏微旨，日昃不倦。僕告之曰，左氏之意易測耳，凡其所推崇褒大者，皆必有所不足；其所肆情詆毀者，必有所深惜者也。一言以蔽之，曰：『正言若反而已矣。』是故齊桓、晉文、秦穆、楚莊之盛，而左氏皆有微詞；至於宋襄，顧獨若有所推重者。古愚曰，子於何見之？僕對曰，此不難知也。齊桓，五霸之盛也，今讀左氏，未見其所以盛者。入國之始，滅譚滅遂，已非字小之義矣；召陵之役起於蕩舟，尤誅及隱微之論也。名爲尊王，而王有閒言矣；名爲恤小，而小國甚病矣。救許不能，救徐不克，城鄫而不果。計齊之功，不足稱其業也。故於宰孔之言深致其譏姍之意，曰：齊侯固『不務德而勤遠略』者也[20]。其於晉文也，則請隧之斥，倉葛之呼，介子推上下相蒙之論，仲尼以臣召君之誅，盡之矣[21]。其於秦穆也，則曰『無法以遺後嗣』[22]。其於楚莊也，則曰『暴而不戢』，『無德而强争諸侯』[23]。皆各如其量以斷之，而其文旁見間出，各不相襲，不如史記之必自爲之論也，斯其所以詭也。若夫宋襄之霸，去四國遠矣，左氏乃獨惜之，若曰：蠻夷方張，中國不振，宋雖不量輕弱，其志固未可非也。故即位之始，則嘗美之曰『能以國讓』，此莫大之仁也。於其争盟也，則嘆『棄商之久』；於其軍敗也，則稱『亡國之餘』。事雖不終，其意態抑何雄桀也[24]。

以此推之，則知所嘗詆毀，如子玉、先穀、賈季、郤至諸人，皆其所甚惜者也。其所嘗褒美，如鄭莊、宣孟之徒，皆其所深訶痛斥而極之於不堪者也[25]。何則？周綱之墜，鄭伯罪之首也。曰『周鄭交質』、『周鄭交惡』，其傷之至矣；重之曰『君子結二國之信』，『君子不欲多上人』，尤所以極之於不堪者也[26]。晉伯之衰，趙盾罪之首也。曰『亡不越境，反不討賊』，其責之備矣；重之曰『良大夫也，惜也越境乃免』，尤所以極之於不堪者也[27]。

雖然，此猶即其事而訶斥之者也；又有隱其端而不易察者。衛文之滅邢也，師興而雨，若合於天意矣，而綴禮至之銘以終之，曰『余掖殺國子，莫余敢止』[28]，其詞之悍然無忌如此。非譏禮至也，譏夫同姓之滅而莫之救也。於陳桓之禦鄭，則曰『長惡不悛，從自及也』。非譏其禦鄭也，謂其不能除五父也[29]。於魯莊之用幣，則曰『男女之別，夫人亂之』。非譏其用幣也，謂其不能制哀姜也[30]。

然此猶於其事未遠也；又有遠於此者。宋昭公之死，文公昵比襄夫人而弒之耳。傳之所載，一則曰『昭公無道』，再則曰『君無道』；至述其將死之詞，則曰『不能其大夫至于君祖母以及國人，諸侯誰納我』[31]，視太子申生、郤至之言無以異，何其慈良而溫厚也。文公之簒也，華元實戴之，傳未嘗有所刺也；至於文公既死，乃借其厚葬之失而痛斥華元之『不臣』，責其不能『伏死而争』[32]，此豈爲厚葬言之哉？襄仲之亂，固質敘其事矣，而亦未嘗有所刺也；至於歸父之聘齊，乃假晏桓子之言以痛斥之，曰『謀人，人亦謀己。一國謀之，何以不亡？』[33]其切齒如此，此豈爲歸父言之哉？積忿於襄仲而發之於其子也。齊懿侵魯，季文子責其『反天』[34]，魯宣平莒，君子稱其『以亂』[35]，皆與譏厚葬同意。襄仲之逆也，行父實縱之。傳於諫納莒僕發之，曰『先大夫臧文仲教行父事君之禮，奉以周旋，弗敢失隊』，若曰此固嘗受教於臧文仲者也。又曰『雖未獲一吉人，去一凶矣。于舜之功，二十之一也』[36]，若曰賴此一舉，聊以解嘲耳。

考其用意，大率委婉深曲如此，宜其微詞眇旨奄遏餘二千年而未嘗發其覆也。是故鄭子駟，弒君之賊也，尉止等起而討之，賢矣；傳不明言，而寄其意於師慧，所謂『千乘之相』者，司臣諸人也，而説者乃以爲子産㉗。王子朝之當立，此易知者也；傳不明言，但於東王、西王、王人、劉人等詞微寄之，而發其指於子朝之告諸侯，其述閔馬父之言詭詞也㉘，而説者乃以爲良然。

烏乎，作者之不求人知也久矣！魏獻子分羊舌、祁氏之田以封其子。史記載之，以爲六卿分晉之始。方望溪云，左傳於此乃嘆美獻子之賢。識不逮史公遠甚。姚姬傳亦以爲言至疑爲吳起祖魏之詞。今考傳文，固云：『吾與戊也縣，人其以爲黨乎？』答之者曰：『武王克商，光有天下，姬姓之國四十，皆舉親也。故襲天祿，子孫賴之。主之舉也，所及遠哉！』其言之深切著明如此。此諛詞乎，抑諷刺乎？猶以爲未足也，後綴以閻没、女寬之諫，望其『屬厭而已』㉙。立意措詞，蓋亦工絶矣。望溪、姬傳號爲明習左傳義法，而於此猶不能知，然則左氏之意，淹没於滯拘檮昧者之耳目間者，豈可勝道哉！且又有不著一字，而隱其意於語言之表者；有少露其倪，而亟以他語亂之者。舅犯之勳，其子不保，讀其事未有不嘆惜之者；而傳固不見此意，則其掩幽蔽於語言之外，而潛喻後之學者，使感悟而自得之者，其於文爲尤隱也，故曰『狐趙之勳不可廢也』，曰『請復賈季由舊勳』，它無所云，而斤斤於臾駢之送帑，荀伯之規友，皆所以茹鬱其指而惜狐氏之不終也。其稱『趙盾，夏日之日』者，見賈季材下，畏盾之甚，是其所以亡耳。賈季亡而趙盾之悖逆成矣㊵。萇弘之於周，忠耿奇人也，志事不遂，左氏蓋深惜之矣，曰『萇叔違天，天之所廢，不可興也』，此痛之之詞也；而間以『高子違人』，則所以亂之也㊶。孔子之聖不用於魯，左氏所深惜者矣，曰『生不能用，死而誄之』，其責其不用，此痛之之詞也；而間以『誄之非禮，稱一人非名』，則所以亂之也㊂。唯文字之精微不可以著見也，故抑遏以隱之，支離其詞以誤之，其厚自蓋覆，若此其深密也。夫其深切著明者，世尚不能盡察，又況其隱焉者乎？吾是以知作者之不求知於人也。史公論議之文，憤鬱激宕，極擅其勝；至紀事，則差若平易，未足配左氏也。唯文帝紀所稱『天子在也，足下何爲者而入？』酈生陸賈傳所稱『使我居中國，何渠不若漢？』此等風致殊似左氏。退之誌孟東野記孟簡之言曰『生吾不能舉，死吾知恤其家』，意責其不舉，與向所稱孔子者同法。先大夫銘許淑人曰：『一室失賢兮，吁其謂何？』言『一室』者，譏其志之不在天下也。銘左文襄曰：『謀所已施，威謀孰當？』言其所已施者未可盡信也㊂。銘袁文誠曰：『世其孝忠，以永不亡。』意若曰忠孝有懈，則覆亡可憂也。皆茹鬱不盡其詞。左傳曰：『君子以齊人之殺哀姜也爲已甚矣。女子，從人者也。』㊃其法與此同也。意之所至，縱筆及之。古今文家其宗此者希矣。歐公五代史有所用意，輒斤斤自言之，何其急自見耶？蓋自退之論左氏，而取其浮誇；浮誇未足以盡左氏也。吾未嘗不疑退之之於左氏，猶爲未得其深也。唐宋以下，文章之日降也，豈無故然哉？吾兄精專而好學，以鄙說考之，必有更造於微者，而茲之所陳，猶其粗迹也已。宣統紀元十月日闓生再拜。

注　釋

㊀ 見卷三晉文之霸。

㊁ 見卷五晉三郤之難。

㊂ 見卷三晉文之入國。

㊃ 楚靈，見卷八楚靈之難。夫差，見卷十一勾踐滅吴。

㊄ 見卷二秦晉韓之戰。

㊅ 見卷四晉齊鞌之戰。

㊆ 見卷五晉楚鄢陵之戰。

㊇ 見卷六晉欒氏之亡。

㊈ 見卷三秦晉之争。

㊉ 見卷四晉齊鞌之戰。

⑪ 見卷四楚莊之霸。

⑫ 同上。

⑬ 見卷十一勾踐滅吴。

⑭ 見卷一鄭共叔段之亂。

⑮ 見卷九衛靈之立。

⑯ 見卷十一魯與邾齊之釁。

⑰ 見卷七臧孫紇出奔。

⑱ 見卷七齊崔慶之亂。

⑲ 見卷九昭公之難。

〔二〇〕見卷二齊桓之霸。

〔二一〕倉葛，見卷三晉文之霸。餘同〔三〕。

〔二二〕見卷三秦晉之争。

〔二三〕見卷四楚莊之霸。

〔二四〕見卷二宋襄之霸。

〔二五〕另本作『極之使其不能堪者也』。下二句同。

〔二六〕見卷一周鄭繻葛之戰。

〔二七〕見卷四晉靈之難。

〔二八〕見卷二衛文滅邢。

〔二九〕見卷一陳五父之亂。

〔三〇〕見卷二慶父之亂。

〔三一〕見卷三宋昭之弒。

〔三二〕同上。

〔三三〕見卷三襄仲之亂。

〔三四〕見卷三齊商人之亂。

〔三五〕同〔三〕。

〔三六〕同上。

㉗ 見卷六鄭西宫純門之變。『説者』，指杜預注。

㉘ 見卷九王子朝之亂。

㉙ 見卷九晉祁氏羊舌氏之亡。

㊵ 見卷四晉靈之難。『嘆惜之者』，一本無『之』字。『悖逆』，一本無『悖』字。

㊶ 同㉘。

㊷ 見卷十一孔子用魯。

㊸ 原作『所未施者』，『未』字誤，當改作『已』。

㊹ 見卷二慶父之亂。

左傳微卷弟一

隱公之難

此篇以隱公讓位居攝、謹小節而昧大體、卒遭篡弑之禍爲主，所以惜隱公之賢而不獲伸其志。意指所寄，皆於隱約吞吐間見之。後世無此文法，三代以上極奇之文字也。

惠公元妃孟子。孟子卒，繼室以聲子，生隱公。宋武公生仲子。仲子生而有文在其手，曰爲『魯夫人』，故仲子歸于我。生桓公而惠公薨，是以隱公立而奉之。隱桓之争由於嫡庶之分，故先從本源敘起。然二公皆非元妃所出，則相去亦不甚遠。東坡云，其爲非嫡與桓均爾。東坡此論，正由左氏心苦分明得來也。聲子，媵也。文曰『繼室以聲子』，所以伸隱公之賢。仲子則夫人矣。文於『歸于我』下不言夫人，所以抑桓公之不肖。然仲子實爲夫人，不可不著，乃於手文見之。皆古人文章奇妙之處也。

元年春，王周正月，不書即位，攝也。

三月，公及邾儀父盟于蔑——邾子克也。未王命，故不書爵。曰『儀父』，貴之也。公攝位而欲求好於邾，故爲蔑之盟。

秋七月，天王使宰咺來歸惠公、仲子之賵。緩，且子氏未薨，故名。先大夫評曰，此等迂曲之説決非左氏之手。今案，凡左傳中解釋經文者，大率皆後之經師之所附益，讀者不可不知也。

天子七月而葬，同軌畢至；諸侯五月，同盟至；大夫三月，同位至；士踰月，外姻至。贈死不及尸，弔生不及哀，豫凶事，非禮也。劉宗堯云，以下至「公命以字爲展氏」，均係數典禮之事，與後世通考體例相近。此於隱公攝位時記其典禮也。

冬十月庚申，改葬惠公。公弗臨，故不書。惠公之薨也，有宋師，太子少，葬故有闕，是以改葬。隱雖居攝而猶奉桓公爲太子。此「太子少」三字乃探隱公之意而言之。衛侯來會葬，不見公，亦不書。衆父卒。公不與小斂，故不書日。歷記公之不敢當位，以明公居攝之志而深雪其見弒之冤也。

二年，司空無駭入極，費庈父勝之。

三年夏，君氏卒。——聲子也。不赴于諸侯，不反哭于寢，不祔于姑，故不曰「薨」。不稱夫人，故不言葬，不書姓。爲公故，曰「君氏」。先大夫評曰，吾疑左氏凡空釋經詞無事實者，皆後之經師妄增之，如此經「君氏」，自是漢時傳經之誤文，豈左氏親承素王筆削時所有乎？今案，先大夫以「君氏」之稱殊爲不典，不如二傳作「尹氏」爲順。故不信此文。惟此篇歷記公之不敢當位，以伸公居攝之志而深明見弒之冤。改葬弗臨，會葬不見，不與小斂，及此「不赴諸侯」，「不反哭于寢」，「不祔于姑」，「不稱夫人』，『不書姓』，皆一氣奔注而下。疑此章或本左氏原文如此，獨『聲子也』三字釋經之辭，爲後之經師所追加耳。

五年春，公將如棠觀魚者。臧僖伯諫曰：『凡物不足以講大事，其財不足以備器用，則君不舉焉。君，將納民於軌、物者也。故講事以度軌量謂之軌，取材以章物采謂之物。不軌不物，謂之亂政。亂政亟行，所以敗也。著此一諫，以明公之失政，所以惜其無遠大之圖而不能納民於軌物，以致敗也。議論正大而詞指極爲妙遠。隱既當國，而又奉桓公爲太子，此所謂不軌不物之亂政也。特借矢魚一事以見意耳。左氏全書微文大抵如此。故春蒐、夏苗、秋獮、冬狩，皆於農隙以講事也。三年而治兵，入而振旅，歸而飲至，以數軍實，昭文章，明貴賤，辨等列，順少長，習威儀也。『明貴賤、辨等列、順少長』等語，皆其用意著眼處，皆關合嫡庶之争而言之也。鳥獸之肉不登於俎〔二〕，皮革、齒牙、骨角、毛羽不登於器，則公不射，古之制也。若夫山林、川澤之實，器用之資，皁隸之事，官司之守〔三〕，非君所及也。』凡公之所斤斤注意，如『不哭、不祔、不臨、不見』等，皆小節耳，非君人之大德也。『官司、皁隸』等語，皆爲此而發。公曰：『吾將略地焉。』遂往，陳魚而觀之。僖伯稱疾不從。書曰『公矢魚于棠』，非禮也，且言遠地也。

九月，考仲子之宫，將萬焉。公問羽數於衆仲。對曰：『天子用八，諸侯用六，大夫四，士二。夫舞，所以節八音而行八風〔四〕，故自八以下。』公從之。於是初獻六羽，始用六佾也。聲子不稱夫人，仲子乃用侯禮，亦所以伸公之志也。記此以與前『君氏卒』一節相配。冬十二月辛巳，臧僖伯卒。公曰：『叔父有憾於寡人，寡人弗敢忘。』葬之加一等。記此明隱公之賢也。

八年，鄭伯請釋泰山之祀而祀周公，以泰山之祊易許田。三月，鄭伯使宛來歸祊，不祀泰山也。無駭卒，羽父請謚與族。公問族於衆仲。衆仲對曰：『天子建德，因生以賜姓，胙之土而命之氏〔五〕。諸侯以字爲謚，史記注引作『氏』。姚讀『以字』絶句，『爲謚』下屬。因以爲族。官有世功，則有官族。邑亦如之。』公命以字爲展氏。此兩段，亦所以明隱公素好苛小禮節，故斤斤於此等細故，正見其無遠圖處，與前文意義一貫。兩段皆點明羽父，尤爲章法綫索之妙。

十一年春，滕侯、薛侯來朝，争長。薛侯曰：『我先封。』滕侯曰：『我，周之卜正也；薛，庶姓也。我不可以後之。』滕薛争長，亦與本事映射。公使羽父請於薛侯曰：『君與滕君辱在寡人，周諺有之曰：「山有木，工則度之；賓有禮，主則擇之。」周之宗盟，異姓爲後。寡人若朝於薛，不敢與諸任齒。君若辱貺寡人，則願以滕君爲請。』薛侯許之，乃長滕侯。

羽父請殺桓公，將以求大宰。公曰：『爲其少故也，吾將授之矣。使營菟裘，吾將老焉。』羽父懼，反譖公于桓公而請弑之。公之爲公子也，逆接。與鄭人戰于狐壤，止焉。鄭人囚諸尹氏。賂尹氏而禱於其主鍾巫，遂與尹氏歸而立其主。十一月，公祭鍾巫，齊于社圃，館于寪氏。壬辰，羽父使賊弑公于寪氏，立桓公，而討寪氏，有死者。『有死者』三字微文，意言不足以蔽辜也。不書葬，不成喪也。此二語亦見悼嘆意。

桓公元年春，公即位，修好于鄭。鄭人請復祀周公，卒易祊田。公許之。三月，鄭伯以璧假許田，爲周公、祊故也。夏四月丁未，公及鄭伯盟于越，結祊成也。盟曰：『渝盟，無享國。』冬，鄭伯拜盟。

十七年，及邾儀父盟于趡，尋蔑之盟也。伐邾，宋志也。宗堯按，此段（指『桓公元年春』起至末尾）係桓公篡立之後，因附其行事也。

校　記

〔一〕倭庫本，楊伯峻注疑爲日本所藏之金澤文庫本。下同。

〔二〕之肉　釋文作『其肉』，讀『鳥獸』二字句絶也。

〔三〕原校：倭庫本『守』下有『也』字。

〔四〕原校：倭庫本『風』下有『也』字。

〔五〕胙 文選注引作『祚』。倭庫本『而』下有『以』字。

鄭共叔段之亂 此篇以誅莊公之不孝爲主。

隱公元年，初，鄭武公娶于申，曰武姜，生莊公及共叔段。莊公寤生，驚姜氏，故名曰寤生，遂惡之。愛共叔段，欲立之。亂源在此，敘述瑣曲，特妙。亟請於武公，公弗許。及莊公即位，爲之請制。公曰：『制，巖邑也，虢叔死焉。宗堯按，必欲殺弟，偏作愛之之言，狡甚。佗邑唯命。』請京，使居之，謂之京城大叔。祭仲曰：『都城過百雉，國之害也。先王之制：大都，不過參國之一；中，五之一；小，九之一。今京不度，非制也，君將不堪。』公曰：『姜氏欲之，焉辟害？』詞氣中便已不知有母。宗堯按，必欲引其弟入於死地，乃反謂母使殺己而已畏母，狡甚。對曰：『姜氏何厭之有？不如早爲之所，無使滋蔓！蔓，難圖也。蔓草猶不可除，況君之寵弟乎？』公曰：『多行不義，必自斃。子姑待之。』不知有弟，而已有死之之意矣。宗堯按，無使滋蔓，段則不死；莊必欲使之入網，乃反謂其自行不義。

既而大叔命西鄙、北鄙貳於己。公子吕曰：『國不堪貳，君將若之何？欲與大叔，臣請事之；若弗與，則請除之，無生民心。』公曰：『無庸，將自及。』大叔又收貳以爲己邑，至于廩延。子封曰：『可矣。厚將得衆。』文氣峻直而下，如一筆書。公曰：『不義不暱，厚將崩。』以上見公陽縱叔段，而陰實欲圖之。又諸臣皆爲公用，段已有必敗之勢。

大叔完聚，繕甲兵，具卒乘，將襲鄭，夫人將啓之。公聞其期，曰：『可矣。』宗堯云，前數層狀寫鄭莊之陰狠險詐，窮形極態。至『可矣』二字，始爲揭破。命子封帥車二百乘以伐京。京叛大叔段。段入于鄢。公伐諸鄢。五月辛丑，大叔出奔共。

書曰：『鄭伯克段于鄢。』段不弟，故不言弟；如二君，故曰克；稱鄭伯，譏失教也：謂之鄭志。不言出奔，難之也。『遂寘姜氏于城潁』當直接上『出奔共』。下『書曰』云云，乃後之經師所羼入之者也，删去文義乃順。凡經師附益之説，多支離迂淺，往往有與經旨顯戾者，固可一望而辨也。先大夫與賀松坡書曰：往與張廉卿論鄭莊克段篇，廉卿摘文中『段不弟』數語，謂爲飛鴻點雪。僕以漢人謂左氏不傳春秋，若開宗明義便如此云云，則愚人亦知爲春秋傳矣。蓋嘗疑之而未敢信也。凡此等於文中增竄語言者，蓋不可一二數，安得如執事者一一辨白而删薙之，豈不快哉！

遂寘姜氏于城潁，而誓之曰：『不及黄泉，無相見也！』不孝處，大書特書。既而悔之。轉出波瀾。

潁考叔爲潁谷封人，聞之，有獻於公。古人高文多事外曲致、旁見側出之處。此篇本誅莊公之不孝，但嫌直率，故幻出潁谷封人一襯以形容之，若爲莊公文過者，實文字波瀾曲致也。先大夫嘗謂，文外曲致乃精神旁溢之處，唯左氏、太史公時時有之，他人皆不逮矣。公賜之食。食舍肉。公問之。對曰：『小人有母，皆嘗小人之食矣，未嘗君之羹，請以遺之。』公曰：『爾有母遺，繄我獨無！』潁考叔曰：『敢問何謂也？』公語之故，且告之悔〔一〕。對曰：『君何患焉？若闕地及泉，隧而相見，其誰曰不然？』公從之。公入而賦：『大隧之中，其樂也融融。』姜出而賦：『大隧之外，其樂也洩洩。』遂爲母子如初。

君子曰：『潁考叔，純孝也，愛其母，施及莊公。詩曰：「孝子不匱，永錫爾類。」其是之謂乎！』宗堯云，稱考叔以詠嘆出之，其刺鄭莊深矣。闓生案，此詭激譎宕之文也，明謂鄭莊不孝耳，卻吞吐其詞，不肯徑出，故文特婉妙。范彥殊云，不容其弟，反以『錫類』稱之，正深刺之也！

鄭共叔之亂，公孫滑出奔衛〔二〕。衛人爲之伐鄭，取廩延。鄭人以王師、虢師伐衛南鄙。請師于邾，邾子使私於公子豫。豫請往，公弗許，遂行，及邾人、鄭人盟于翼，不書，非公命也。

二年，鄭人伐衛，討公孫滑之亂也。

校　記

〔一〕且　唐石經作『具』。

〔二〕原校：石經無『出』字。

周鄭繻葛之戰　此篇以鄭莊之不臣爲主，惜王綱之始墮也。

隱公三年夏，鄭武公、莊公爲平王卿士。王貳于虢。鄭伯怨王。王曰：『無之。』王曰『無之』，著語趣甚。故周鄭交質。周鄭交質，周鄭交惡，皆作者特創此等名詞。不待詞畢，而天王下威、鄭伯不王，種種情事，固已畢露。王子狐爲質于鄭，鄭公子忽爲質于周。王崩，周人將畀虢公政。四月，鄭祭足帥師取温之麥。秋，又取成周之禾。周鄭交惡。

君子曰：『信不由中，質無益也。明恕而行，要之以禮，雖無有質，誰能間之？苟有明信，澗、谿、沼、沚之毛〔一〕，蘋、蘩、藴藻之菜，筐、筥、錡、釜之器，潢、汙、行潦之水，可薦於鬼神，可羞於王公，而況君子結二國之信，『二國』句尤妙。周鄭既以等夷相待，故作者亦止可以二國目之。此所謂微文諷刺也。行之以禮，又焉用質？風有采蘩、采蘋，雅有行葦、洞酌，昭忠信也。』宗堯云，此篇故爲謬悠之論，而名分益顯。闓生案，若一字涉及名分尊卑，則爲死煞柱下矣。妙處全在詼詭微至，意若曰：苟振天王之威以討不庭，誰敢不服？何必以質爲？而其詞故爲深幻迂謬難識，此左氏全書極秘之旨，後世文家莫窺之奥也。重讀『要之以禮』四字，其意自見。以『忠信』二字結煞，最妙。禍釁之成，由於鄭不忠而周不信也。引采蘩、行葦諸詩，正以明天子、諸侯之分際也。

六年冬，鄭伯如周，始朝桓王也。王不禮焉。周桓公言於王曰：『我周之東遷，晉鄭焉依。善鄭以勸來者，猶懼不蔇，況不禮焉？鄭不來矣。』鄭爲懿親。記此，惜王之不能有鄭，又見王室之已夷也。

八年夏，虢公忌父始作卿士于周。八月丙戌，鄭伯以齊人朝王，禮也。

十一年，王取鄔、劉、蔿、邘之田于鄭，而與鄭人蘇忿生之田——温、原、絺、樊、隰、郕、欑茅、向、盟、州、陘、隤、懷。

君子是以知桓王之失鄭也。恕而行之，德之則也，禮之經也。己弗能有，而以與人。人之不至，不亦宜乎？王之失鄭，其事甚細，鄭伯因而不朝，姦宄甚矣。君子不責鄭之不無道，乃專責桓王，此爲深曲，所以致其悲憤也。

桓公五年，王奪鄭伯政，鄭伯不朝。秋，王以諸侯伐鄭，鄭伯御之。此大書鄭伯之肆逆。

前云『始朝桓王也』，又云『禮也』，一路全是虛宕之筆，至此始露。王爲中軍；虢公林父將右軍，蔡人、衛人屬焉；周公黑肩將左軍，陳人屬焉。

鄭子元請爲左拒，以當蔡人、衛人；爲右拒，以當陳人，曰：『陳亂，民莫有鬭心。若先犯之，必奔。王卒顧之，必亂。蔡衛不枝，固將先奔。既而萃于王卒，可以集事。』無君已極，大書特書。從之。曼伯爲右拒，祭仲足爲左拒，原繁、高渠彌以中軍奉公，爲魚麗之陳。先偏後伍，伍承彌縫。

戰于繻葛。命二拒曰：『旝動而鼓！』蔡、衛、陳皆奔，王卒亂，鄭師合以攻之，王卒大敗。祝聃射王中肩，王亦能軍。周鄭交戰，尚云『王亦能軍』，詼詭之至。宗堯按，幸矣壯如桓王也，意帶嘲諧。祝聃請從之。公曰：『君子不欲多上人，況敢陵天子乎？叛逆之罪出之本人口中，尤妙。苟自救也，社稷無隕，多矣。』周綱之墜，實自茲役始，左氏傷之至矣。夜，鄭伯使祭足勞王，且問左右。宗堯云，此以退避恭謹狀其姦滑。闓生案，如此大事，通篇幷無一語責鄭伯之逆節。文字所以超雋，蓋逆節至此正無待乎筆伐也。

七年夏，盟向求成于鄭，既而背之。秋，鄭人、齊人、衛人伐盟向。王遷盟向之民于郟。以此作收，尤妙，言王之畏鄭也。

校記

〔一〕原校：『沚』釋文作『時』，倭庫本同。

宋華督之亂

此篇以郜大鼎一事爲主，乃作者微旨所寄，蓋特借以譏刺魯桓也。

隱公三年，宋穆公疾，召大司馬孔父而屬殤公焉，曰：『先君舍與夷而立寡人，寡人弗敢忘。若以大夫之靈，得保首領以没；先君若問與夷，其將何辭以對？請子奉之，以主社稷。寡人雖死，亦無悔焉。』對曰：『羣臣願奉馮也。』公曰：『不可。先君以寡人爲賢，使主社稷。若棄德不讓，是廢先君之舉也，豈曰能賢？光昭先君之令德，可不務乎？吾子其無廢先君之功！』記此，見其不以社稷生民爲念，而斤斤於交讓之私情也。使公子馮出居于鄭。八月庚辰，宋穆公卒，殤公即位。君子曰：『宋宣公可謂知人矣。立穆公，其子饗之，命以義夫！此亦微文刺譏之語，與公羊同意。商頌曰：「殷受命咸宜，百禄是荷。」其是之謂乎！』

桓公元年，宋華父督見孔父之妻于路，目逆而送之，曰：『美而豔。』二年春，宋督攻孔氏，殺孔父而取其妻。公怒，督懼，遂弑殤公。

君子以督爲有無君之心，而後動於惡，故先書弑其君。此亦經師曲説，惟其義頗警湛。會于稷，以成宋亂，爲賂故，立華氏也。

宋殤公立，十年十一戰，民不堪命。孔父嘉爲司馬，督爲大宰，故因民之不堪命，先宣言曰：『司馬則然。』已殺孔父而弑殤公，召莊公于鄭而立之，以親鄭。此所謂『其子饗之』也。以郜大鼎賂公，齊、陳、鄭皆有賂，故遂相宋公。

夏四月，取郜大鼎于宋。戊申，納于大廟，非禮也。臧哀伯諫曰：宗堯按，宋亂大矣，祇以白餘字了之，乃以魯之納鼎爲正文，借宋督以譏桓公之弑隱也。史書多借他人之言以見己意。闓生按，先大夫評曰：『桓宣皆弑立，左氏載哀伯此書及季文子逐莒僕書，用意絶微至。』宗堯未見此評，所論與先公暗合。『君人者，將昭德塞違，以臨照百官，猶懼或失之，故昭令德以示子孫。是以清廟茅屋，大路越席，大羹不致，粢食不鑿，昭其儉也。衮、冕、黻、珽、帶、裳、幅、舄、衡、紞、紘、綖，昭其度也。藻、率、鞞、鞛、鞶、厲、游、纓，昭其數也。火、龍、黼、黻，昭其文也。五色比象，昭其物也。鍚、鸞、和、鈴，昭其聲也。三辰旂旗，昭其明也。意有所注，而詞采特汜濫爲奇，極汪洋恣肆之觀。此三古文字之所以盛也。自李斯諫逐客後，馬楊別爲賦家，六朝以靡弱承之，文士能爲此體者遂尠。歐蘇以下，一洗醲鬱而爲率易之詞，文乃日趨於質矣。夫德，儉而有度，登降有數，文、物以紀之，聲、明以發之，以臨照百官。百官於是乎戒懼而不敢易紀律。今滅德立違，而寘其賂器於大廟，以明示百官。百官象之，其又何誅焉？國家之敗，由官邪也。挺接。官之失德，寵賂章也。宗堯云，羽父求太宰而弑隱，所謂官邪由寵禄也。郜鼎在廟，章孰甚焉？『章孰甚焉』一問妙絕。口中含有一物，若欲噴溢而出。武王克商，遷九鼎于雒邑，義士猶或非之，而況將昭違亂之賂器于大廟，其若之何？』公不聽。周内史聞之，曰：『臧孫達其有後於魯乎！君違，不忘諫之以德。』旁及周内史之贊，尤見文情旁溢之致。先大夫讀『君違』二字爲句，『不忘』下屬。通篇以『君違』二字作眼也。宗堯按，與贊潁考叔之意同。

宋衛齊鄭之成　此篇以鄭方强盛爲主。

惠公之季年，敗宋師于黄。隱公立而求成焉。元年九月，及宋人盟于宿，始通也。

三年冬，齊鄭盟于石門，尋盧之盟也。庚戌，鄭伯之車僨于濟。

四年，公與宋公爲會，將尋宿之盟。未及期，衛人來告亂。夏，公及宋公遇于清。

五年，宋人取邾田。邾人告於鄭曰：『請君釋憾于宋，敝邑爲道。』鄭人以王師會之，伐宋，入其郛，以報東門之役。宋人使來告命。公聞其入郛也，將救之，問於使者曰：『師何及？』對曰：『未及國。』公怒，乃止。辭使者曰：『君命寡人同恤社稷之難，今問諸使者，曰：「師未及國」〔一〕，非寡人之所敢知也。』宋人伐鄭，圍長葛，以報入郛之役也。

六年春，鄭人來渝平，更成也。夏，盟于艾，始平於齊也。秋，宋人取長葛。

七年，齊侯使夷仲年來聘，結艾之盟也。秋，宋及鄭平。七月庚申，盟于宿。公伐邾，爲宋討也。

八年春，齊侯將平宋衛，有會期。宋公以幣請于衛，請先相見。衛侯許之，故遇于犬丘。齊人卒平宋衛于鄭。秋，會于温，盟于瓦屋，以釋東門之役，禮也。冬，齊侯使來告成三國。公使衆仲對曰：『君釋三國之圖以鳩其民，君之惠也。寡君聞命矣，敢不承受君之明德？』

九年，宋公不王。鄭伯爲王左卿士，以王命討之，伐宋。宋以入郛之役怨公，不告命。公怒，絶宋使。

秋，鄭人以王命來告伐宋。冬，公會齊侯于防，謀伐宋也。

十年春王正月，公會齊侯、鄭伯于中丘。癸丑，盟于鄧，爲師期。夏五月，羽父先會齊侯、鄭伯伐宋。六月戊申，公會齊侯、鄭伯于老桃。壬戌，公敗宋師于菅。庚午，鄭師入郜。辛未，歸于我。庚辰，鄭師入防。辛巳，歸于我。

君子謂：『鄭莊公於是乎可謂正矣。以王命討不庭，不貪其土以勞王爵，正之體也。』

蔡人、衛人、郕人不會王命。

秋七月庚寅，鄭師入郊，猶在郊。宋人、衛人入鄭，蔡人從之伐戴。八月壬戌，鄭伯圍戴。癸亥，克之，取三師焉。宋衛既入鄭，而以伐戴召蔡人，蔡人怒，故不和而敗。

九月戊寅，鄭伯入宋。冬，齊人、鄭人入郕，討違王命也。先大夫以『宋公不王』至此爲一章，其文以王命爲綫索。

十一年冬十月，鄭伯以虢師伐宋。壬戌，大敗宋師，以報其入鄭也。

宋不告命，故不書。凡諸侯有命，告則書，不然則否。師出臧否，亦如之。雖及滅國，滅不告敗，勝不告克，不書于策。

校記

〔一〕原校：倭庫本『師』下有『今』字。

衛州吁之亂 此篇以石碏定亂爲主。

隱公三年，衛莊公娶于齊東宮得臣之妹，曰莊姜，美而無子，衛人所爲賦碩人也。又娶于陳，曰厲嬀，生孝伯，早死。其娣戴嬀生桓公，莊姜以爲己子。公子州吁，嬖人之子也。提筆明。有寵而好兵，公弗禁。莊姜惡之。石碏諫曰：先著石碏一諫，使局勢緊湊，前後一氣貫串。此謀篇之法也。『臣聞愛子，教之以義方〔一〕，弗納於邪。驕、奢、淫、佚，所自邪也。四者之來，寵禄過也。將立州吁，乃定之矣；若猶未也，階之爲禍。夫寵而不驕，驕而能降，降而不憾，憾而能眕者，鮮矣。且夫賤妨貴，少陵長，遠間親，新間舊，小加大，淫破義，所謂六逆也；君義，臣行，父慈，子孝，兄愛，弟敬，所謂六順也。去順效逆，所以速禍也。君人者，將禍是務去，而速之，無乃不可乎？』弗聽。其子厚與州吁游，禁之，不可。桓公立，乃老。有此數語，則前後鈎連，通篇文勢湊拍。

四年春，衛州吁弑桓公而立。

宋殤公之即位也，公子馮出奔鄭，鄭人欲納之。及衛州吁立，將修先君之怨於鄭，而求寵於諸侯，以和其民。使告於宋曰：『君若伐鄭以除君害，君爲主，敝邑以賦與陳蔡從，則衛國之願也。』宋人許之。於是陳蔡方睦於衛，故宋公、陳侯、蔡人、衛人伐鄭，圍其東門，五日而還。

公問於衆仲曰：『衛州吁其成乎？』對曰：『臣聞以德和民，不聞以亂。以亂，猶治絲而棼之也。夫州吁，阻兵而安忍。阻兵，無衆；安忍，無親。衆叛親離，難以濟矣。夫兵，猶火也；弗戢，將自焚也。夫州吁弒其君，而虐用其民，於是乎不務令德，而欲以亂成，必不免矣。』插入此段，通體俱振，所謂精神旁溢處也。又案，左氏於事之論斷，每借他人口中言之，不另起波瀾，最是全書勝處。

秋，諸侯復伐鄭。宋公使來乞師，公辭之。羽父請以師會之，公弗許。固請而行。故書曰『翬帥師』，疾之也。諸侯之師敗鄭徒兵，取其禾而還。

州吁未能和其民，厚問定君於石子。石子曰：『王覲爲可。』曰：『何以得覲？』曰：『陳桓公方有寵於王。陳衛方睦，若朝陳使請，必可得也。』徑敘州吁之敗，恐文字直率，故借定君一問入手，而石碏定謀不煩更敘矣。此爐錘之妙也。厚從州吁如陳。石碏使告于陳曰：『衛國褊小，老夫耄矣，無能爲也。此二人者，實弒寡君，敢即圖之。』陳人執之，而請莅於衛。九月，衛人使右宰醜莅殺州吁于濮。石碏使其宰獳羊肩莅殺石厚于陳。

君子曰：『石碏，純臣也。惡州吁而厚與焉。「大義滅親」，其是之謂乎！』

衛人逆公子晉于邢。冬十二月，宣公即位。書曰：『衛人立晉』，衆也。

五年夏，葬衛桓公。衛亂，是以緩。

四月，鄭人侵衛牧，以報東門之役。衛人以燕師伐鄭。鄭祭足、原繁、洩駕以三軍軍其前，使曼伯與子元潛軍軍其後〔二〕。燕人畏鄭三軍，而不虞制人。六月，鄭二公子以制人敗燕師于北制。君子曰：『不備不虞，不可以師。』宗堯云：『此與「四年秋，諸侯復伐鄭」自爲一篇。』今姑鈔爲一篇以便讀。

衛之亂也，郕人侵衛，故衛師入郕。

桓公三年夏，齊侯、衛侯胥命于蒲，不盟也。

校記

〔一〕原校：倭庫本無『之』字。

〔二〕原校：依倭庫本『潛』下删一『軍』字。

曲沃幷晉　此篇記晉之始起。

隱公五年，曲沃莊伯以鄭人、邢人伐翼，王使尹氏、武氏助之。翼侯奔隨。曲沃叛王。秋，王命虢公伐曲沃，而立哀侯于翼。

六年，翼九宗五正頃父之子嘉父逆晉侯于隨，納諸鄂，晉人謂之鄂侯。

桓公二年，初，晉穆侯之夫人姜氏以條之役生大子，命之曰仇。其弟以千畝之戰生，命之曰成師。曲沃幷晉，晉國之所以强。此一大事，故特鄭重言之。借命名起，恐文勢徑直也。師服曰：『異哉，君之名子也！夫名以制義，義以出禮，禮以體政，政以正民，是以政成而民聽。易則生亂。嘉耦曰妃，怨耦曰仇，古之命也。今君命大子曰仇，弟曰成師，始兆亂矣。兄其替乎！』

惠之二十四年，晉始亂，故封桓叔于曲沃。靖侯之孫欒賓傅之。師服曰：再加一層與上文相配，氣始樸茂。仍用師服一人發言以爲綫索，亦左氏之定法也。『吾聞國家之立也，本大而末小，是以能固。故天子建國，諸侯立家，卿置側室，大夫有貳宗，士有隸子弟，庶人、工、商各有分親，皆有等衰。是以民服事其上，而下無覬覦。今晉，甸侯也，而建國。

本既弱矣，其能久乎？』

惠之三十年，晉潘父弑昭侯而立桓叔，不克。晉人立孝侯。惠之四十五年，曲沃莊伯伐翼，弑孝侯。翼人立其弟鄂侯。數世之事徑敘而下，文勢駿逸。鄂侯生哀侯。哀侯侵陘庭之田。陘庭南鄙啓曲沃伐翼。

三年春，曲沃武公伐翼，次于陘庭。韓萬御戎，梁弘爲右，逐翼侯于汾隰，驂絓而止，夜獲之，及欒共叔。七年冬，曲沃伯誘晉小子侯殺之。八年春，滅翼。

冬，王命虢仲立晉哀侯之弟緡于晉。

九年秋，虢仲、芮伯、梁伯、荀侯、賈伯伐曲沃。

莊公十六年，王使虢公命曲沃伯以一軍爲晉侯。十八年春，虢公、晉侯朝王。王饗醴，命之宥。皆賜玉五瑴，馬三匹，非禮也。王命諸侯，名位不同，禮亦異數，不以禮假人。借朝王結束此篇，恰好。譏策立晉侯之非禮也。

陳五父之亂 此篇以『長惡不悛』爲主。

隱公六年五月庚申，鄭伯侵陳，大獲。往歲，鄭伯請成于陳，陳侯不許。五父諫曰：

『親仁善鄰，國之寶也。君其許鄭！』陳侯曰：『宋衛實難，鄭何能爲？』遂不許。君子曰：『善不可失，惡不可長，其陳桓公之謂乎！長惡不悛，從自及也〔一〕。雖欲救之，其將能乎？商書曰：「惡之易也，如火之燎于原，不可鄉邇，其猶可撲滅？」周任有言曰：「爲國家者，見惡，如農夫之務去草焉，芟夷蘊崇之〔二〕，絶其本根，勿使能殖，則善者信矣。」』詞若譏其失鄭，實諷其不能逆誅五父也。文義易明，而詞特深曲。

七年，陳及鄭平。十二月，陳五父如鄭莅盟。壬申，及鄭伯盟，歃如忘〔三〕。洩伯曰：『五父必不免，不賴盟矣。』鄭良佐如陳莅盟。辛巳，及陳侯盟，亦知陳之將亂也。

桓公五年春正月，甲戌，己丑，陳侯鮑卒。再赴也〔四〕。於是陳亂，文公子佗殺太子免而代之。公疾病而亂作，國人分散，故再赴。

校　記

〔一〕從　王引之以爲『徒』字之誤。

〔二〕芟　原校云，説文作『癹』。癹，音潑，以足蹋夷草。

〔三〕如　原校云，説文作『而』。如、而兩字古多通用。

〔四〕再赴　訃告兩次。據公羊、穀梁二傳，『蓋以陳桓公患精神病，甲戌之日一人出走，經十六日而後得其尸，不知其氣絶之日，故春秋作者舉二日以包之』。

鄭之入許　此篇以發明莊公之智略爲主。

隱公十一年夏，公會鄭伯于郲，謀伐許也。

鄭伯將伐許。五月甲辰，授兵于大宫。公孫閼與潁考叔争車，潁考叔挾輈以走，子都拔棘以逐之。及大逵，弗及，子都怒。下文入許嫌徑直，故就争車生一波，以起登城。

秋七月，公會齊侯、鄭伯伐許。庚辰，傅于許。潁考叔取鄭伯之旗蝥弧以先登，子都自下射之，顛。瑕叔盈又以蝥弧登，周麾而呼曰：『君登矣！』鄭師畢登。壬午，遂入許。從登城寫到入許，聲色俱盛。許莊公奔衛。

齊侯以許讓公。公曰：『君謂許不共〔一〕，故從君討之。許既伏其罪矣，雖君有命，寡人弗敢與聞。』乃與鄭人。

鄭伯使許大夫百里奉許叔以居許東偏，曰：『天禍許國，鬼神實不逞于許君，而假手于我寡人，寡人唯是一二父兄不能共億，其敢以許自爲功乎？不匿其瑕，至爲俊爽。鄭莊

之霸略具見於此文中。宗堯云，齊魯不受許，何等直截；鄭莊狡獪之詞，肺肝畢露。寡人有弟，不能和
協，而使糊其口於四方，其況能久有許乎？吾子其奉許叔以撫柔此民也，吾將使獲
也佐吾子。若寡人得没于地，天其以禮悔禍于許，無寧茲許公復奉其社稷，『茲』與『滋』
皆猶『使』也。昭元年『茲心不爽』，昭五年『滋敝邑休息』，與此『茲』、『滋』并同。太玄『雖欲消摇，天不之茲』
是其證。茲之爲使，今人失其訓。唯我鄭國之有請謁焉，如舊昏媾，其能降以相從也〔二〕。
此時鄭已干預許政，曰『請謁』，謙詞也。文若曰，他日許公復其社稷，雖我鄭國嘗干預許政，譬如昏媾，當能
降以相從耳。宗堯按，滅人之國，反作膠漆之語，何等狡獪。無滋他族實逼處此，以與我鄭國争此
土也。吾子孫其覆亡之不暇，而況能禋祀許乎？突忽等當時皆頗以才略自見，鄭莊乃能爲此
語，若逆知身後之有亂者。意態横溢，全篇精神，皆逆攝『許叔復入』一語，文亦極英爽跌宕。寡人之使吾
子處此，不唯許國之爲，亦聊以固吾圉也。』乃使公孫獲處許西偏，曰：『凡而器用財
賄，無寘於許。我死，乃亟去之！吾先君新邑于此，王室而既卑矣，周之子孫日失其
序。夫許，大岳之胤也。天而既厭周德矣，吾其能與許争乎？』嗟嘆周室，神情尤遠出。
君子謂：『鄭莊公於是乎有禮。禮，經國家，定社稷，序民人，利後嗣者也。許，無刑
而伐之，服而舍之，度德而處之，量力而行之。相時而動，無累後人，可謂知禮矣。』宗
堯云：陽似褒其有禮，實譏其狡獪入微也。

鄭伯使卒出豭，行出犬、鷄，以詛射潁考叔者。君子謂：『鄭莊公失政刑矣。政以治民，刑以正邪。既無德政，又無威刑，是以及邪。邪而詛之，將何益矣！』不以其得許爲然，卻借詛射譏其失政刑，此爲微妙。

桓公十五年，許叔入于許。公會齊侯于艾，謀定許也。莊公二十九年夏，鄭人侵許。凡師，有鐘鼓曰伐，無曰侵，輕曰襲。

校記

〔一〕共　原校：倭庫本作『供』。俞樾云，不共猶言不法。

〔二〕原注：唯，古『雖』字。

鄭昭厲之争

此篇以『君多内寵，子無大援』二句爲主。

隱公七年，鄭公子忽在王所〔一〕，故陳侯請妻之，鄭伯許之，乃成昏。昭公失國，由辭齊昏，故從昏陳敘起。想見慘淡經營之致。八年四月甲辰，鄭公子忽如陳逆婦嬀。辛亥，以嬀氏歸。甲寅，入于鄭。陳鍼子送女。先配而後祖。鍼子曰：『是不爲夫婦。誣其祖矣，非禮也，何以能育？』左氏此等處最多，皆逆攝後文成敗，用筆特爲驚矯。

九年，北戎侵鄭。鄭伯禦之，患戎師，曰：『彼徒我車，懼其侵軼我也。』公子突曰：『使勇而無剛者，嘗寇而速去之。君爲三覆以待之。戎輕而不整，貪而無親，勝不相讓，敗不相救。先者見獲，必務進；進而遇覆，必速奔。後者不救，則無繼矣。乃可以逞。』從之。鄭忽之功屢見，特先記公子突謀略於此，以與之相配，直射篇末得國，首尾一綫。戎人之前遇覆者奔，祝聃逐之，衷戎師，前後擊之，盡殪。戎師大奔。十一月甲寅，鄭人大敗戎師。

桓公六年，北戎伐齊，齊侯使乞師于鄭。鄭大子忽帥師救齊。突曰『公子』，忽曰『太子』，亦是著眼之處。六月，大敗戎師，獲其二帥大良、少良，甲首三百，以獻于齊。於是諸侯之大夫戍齊，齊人饋之餼，使魯爲其班。後鄭，鄭忽以其有功也，怒，故有郎之師。

公之未昏於齊也，齊侯欲以文姜妻鄭大子忽。大子忽辭。人問其故。大子曰：『人各有耦，齊大，非吾耦也。詩云：「自求多福。」在我而已，大國何爲？』君子曰：『善自爲謀。』詳記此事，惜昭公之失國也。而用意處并不明言，故爲微妙。大抵左氏妙處多是此種。及其敗戎師也，齊侯又請妻之。固辭。人問其故。大子曰：『無事於齊，吾猶不敢。今以君命奔齊之急〔二〕，而受室以歸，是以師昏也。民其謂我何？』遂辭諸鄭伯。此下更不加一語，尤爲超妙。

十年冬，齊、衛、鄭來戰于郎，我有辭也。

初，北戎病齊，諸侯救之，鄭公子忽有功焉。齊人餼諸侯，使魯次之。魯以周班後鄭。鄭人怒，請師於齊。齊人以衛師助之，故不稱侵伐。先書齊、衛，王爵也。『我有辭也』至『王爵也』一段，皆經師竄入。『齊餼』後鄭事已見於前，義不當復見。

十一年春，齊、衛、鄭、宋盟于惡曹。鄭昭公之敗北戎也，齊人將妻之。昭公辭。宗堯按，起三句疑編年時所增，實則與前『辭諸鄭伯』爲一首。祭仲曰：『必取之。君多内寵，子無大援，將不立。三公子皆君也。』弗從。鄭昭頗英壯，左氏惜其不立，故屢用此提振之筆，逆攝警聳，全篇俱振。

夏，鄭莊公卒。

初，祭封人仲足有寵於莊公，莊公使爲卿。爲公娶鄧曼，生昭公。故祭仲立之。宋雍氏女於鄭莊公，曰雍姞，生厲公。雍氏宗，有寵於宋莊公，故誘祭仲而執之，曰：『不立突，將死。』亦執厲公而求賂焉。祭仲與宋人盟，以厲公歸而立之。

秋九月丁亥，昭公奔衛。己亥，厲公立。

十二年，公欲平宋鄭。秋，公及宋公盟于句瀆之丘。宋成未可知也，故又會于虛。冬，又會于龜。宋公辭平，故與鄭伯盟于武父，遂帥師而伐宋，戰焉，宋無信也。君子曰：『苟信不繼，盟無益也。詩云：「君子屢盟，亂是用長」，無信也。』此譏宋立厲公之非。

十三年，宋多責賂于鄭。鄭不堪命，故以紀魯及齊與宋、衛、燕戰。不書所戰，後也。鄭人來請修好。十四年春，會于曹。曹人致餼，禮也。夏，鄭子人來尋盟，且修曹之會。

冬，宋人以諸侯伐鄭，報宋之戰也。焚渠門，入，及大逵。伐東郊，取牛首。以大宮之椽歸，爲盧門之椽。

十五年，祭仲專，鄭伯患之，七字提。使其壻雍糾殺之。將享諸郊。雍姬知之，謂其母曰：『父與夫孰親？』其母曰：『人盡夫也，父一而已，胡可比也？』此左氏才力勝處，故時時旁縈側拂，爲此等趣語。史記而外，無能多見，實以誚當時祭仲等皆不知有君臣之義，故借女子以形之耳。遂告祭仲曰：『雍氏舍其室而將享子於郊，吾惑之，以告。』祭仲殺雍糾，尸諸周氏之汪。公載以出，曰：『謀及婦人，宜其死也。』夏，厲公出奔蔡。六月乙亥，昭公入。秋，鄭伯因櫟人殺檀伯，而遂居櫟。

冬，會于袲，謀伐鄭，將納厲公也。弗克而還。

十六年春正月，會于曹，謀伐鄭也。夏，伐鄭。秋七月，公至自伐鄭，以飲至之禮也。

十七年，初，鄭伯將以高渠彌爲卿，昭公惡之，固諫，不聽。昭公立，懼其殺己也，辛卯，弒昭公，即敘昭公之死并無大波瀾，亦必用逆筆倒提，可見左傳無一平語。而立公子亹〔三〕。君子謂『昭公知所惡矣』。公子達曰：『高伯其爲戮乎！復惡已甚矣。』此皆嘆惜昭公之辭，蓋昭公實賢君也。又藉以起下文高伯之死。又案，韓非難篇曰：『君子之舉「知所惡」，非甚之也，曰：知之若是其明也，而不行誅焉，以及於死，故曰「知所惡」，以見其無權也。』韓非解釋左文，最爲曲至。左氏全書皆用此筆法，皆當以此意求之。

十八年秋，齊侯師于首止，子亹會之，高渠彌相。七月戊戌，齊人殺子亹而轘高渠彌。祭仲逆鄭子于陳而立之。是行也，祭仲知之，故稱疾不往。人曰：『祭仲以知免。』仲曰：『信也。』文若美仲，實以明子亹、高伯之愚也，而措語風趣特甚。左氏此等風趣最可愛，史記中亦無有，後人更無繼之者矣。

莊公十四年，鄭厲公自櫟侵鄭，及大陵，獲傅瑕。傅瑕曰：『苟舍我，吾請納君。』與之盟而赦之。借傅瑕逆起。六月甲子，傅瑕殺鄭子及其二子，而納厲公。初，内蛇與外蛇鬬於鄭南門中，内蛇死。六年而厲公入。又借蛇妖以寄詼詭之趣，無一平筆。公聞之，問於申繻曰：『猶有妖乎？』對曰：『人之所忌，其氣焰以取之〔四〕。妖由人興也。人無釁焉，妖不自作。人棄常，則妖興，故有妖。』又借申繻之對以指斥當時之『棄常』。亦精神旁溢之妙也。

厲公入，遂殺傅瑕。使謂原繁曰：『傅瑕貳，周有常刑，既伏其罪矣。納我而無二心者，吾皆許之上大夫之事，吾願與伯父圖之。且寡人出，伯父無裏言。入，又不念寡人，寡人憾焉。』對曰：『先君桓公命我先人典司宗祏。社稷有主，而外其心，其何貳如之？苟主社稷，國内之民其誰不爲臣？臣無二心，天之制也。子儀在位，十四年矣；而謀召君者，庸非貳乎？借原繁口中以斥厲公之不正。莊公之子猶有八人，若皆以官爵行賂勸貳而可以濟事，君其若之何？臣聞命矣。』乃縊而死。厲公之無道，但記殺傅瑕、原繁兩事已見。此皆史法所以峻潔也。

十六年，鄭伯自櫟入，緩告于楚。秋，楚伐鄭，及櫟，爲不禮故也。

鄭伯治與於雍糾之亂者，九月，殺公子閼，刖强鉏。公父定叔出奔衛。三年而復之，曰：『不可使共叔無後於鄭。』使以十月入，曰：『良月也，就盈數焉。』君子謂『强鉏不能衛其足』。此等餘波皆痛惜昭公之詞，蓋昭公救齊顯鄭，有功於國，宜立爲君。共叔尚不可無後，正所以惜昭公也。譏强鉏，亦是激射之處。

閔公二年，鄭人惡高克，使帥師次于河上，久而弗召，師潰而歸。高克奔陳。鄭人爲之賦清人。

校記

〔一〕忽　原校：説文作『曶』。

〔二〕原校：『急』上倭庫本無『之』字。

〔三〕原校：韓非『疊』下有『也』字。

〔四〕焰　原校：倭庫本作『炎』。

文姜之亂　此篇以譏『不復仇』爲主。

桓公三年，會于嬴，成昏于齊也。秋，公子翬如齊逆女。修先君之好，故曰『公子』。

齊侯送姜氏，非禮也〔一〕。凡公女，嫁于敵國，姊妹，則上卿送之，以禮于先君；公子，則下卿送之。於大國，雖公子，亦上卿送之。於天子，則諸卿皆行，公不自送。於小國，則上大夫送之。文姜不正，故於其始至即斥其『非禮』。然此乃經師所爲，非左氏之原文也。宗堯按，寫齊侯自送，有疑之怪之神，而逐層演之，無一可者，文思奇絶。

冬，齊仲年來聘，致夫人也。

六年九月丁卯，子同生。以大子生之禮舉之：接以大牢，卜士負之，士妻食之，公與文姜、宗婦命之。

公問名於申繻。對曰：『名有五，有信，有義，有象，有假，有類。以名生爲信〔二〕，以德命爲義，以類命爲象，取於物爲假，取於父爲類。不以國，不以官，不以山川，不以隱疾，不以畜牲，不以器幣。周人以諱事神，名，終將諱之。故以國則廢名，以官則廢職，以山川則廢主，以畜牲則廢祀，以器幣則廢禮。晉以僖侯廢司徒，宋以武公廢司空，先君獻、武廢二山，是以大物不可以命。』公曰：『是其生也，與吾同物，命之曰同。』記子同生一節，文極鄭重，所以明莊公之實魯胤也。與詩『人展我甥兮』一語同指。宗堯按，此節謂同實魯之公子也。

十七年夏，及齊師戰于奚，疆事也。於是齊人侵魯疆，疆吏來告。公曰：『疆埸之事，慎守其一，而備其不虞。姑盡所備焉。事至而戰，又何謁焉？』此節爲後之不能復仇反照。

十八年春，公將有行，遂與姜氏如齊。申繻曰：『女有家，男有室，無相瀆也。謂之有禮。易此，必敗。』借申繻語逆提文姜之禍。公會齊侯于濼，遂及文姜如齊。齊侯通焉。公謫之。以告。

夏四月丙子，享公。使公子彭生乘公，公薨于車。魯人告于齊曰：『寡君畏君之威，不敢寧居，來修舊好。禮成而不反，無所歸咎，惡於諸侯。請以彭生除之。』齊人殺彭生。此譏魯之不仇齊也。但敘其事而意自見，左氏文妙處皆如此。若著議論，則必詭詞謬稱，以寄其微旨。亦從不一字平直也。

莊公元年春，不稱即位，文姜出故也。三月，夫人孫于齊。不稱姜氏，絶不爲親，禮也。

秋，築王姬之館于外。爲外，禮也。

二年冬，夫人姜氏會齊侯于禚。書，姦也。

三年春，溺會齊師伐衛，疾之也。

七年春，文姜會齊侯于防，齊志也。

八年春，治兵于廟，禮也。夏，師及齊師圍郕。郕降于齊師。仲慶父請伐齊師。公曰：『不可。我實不德，齊師何罪，罪我之由。夏書曰：「皋陶邁種德，德，乃降。」姑務脩德，以待時乎！』秋，師還。君子是以善魯莊公。不共戴天之仇置而不問，作者特寄微意於此，無限憤鬱之旨具在言外。此所謂詭詞謬稱之妙也。全書皆一種筆法。

校記

〔一〕據阮元校勘記，姜氏下宜有『于讙』二字。

〔二〕名生　原校：論衡作『生名』，當從。

楚之始强　此篇以楚多將才爲主。

桓公二年，蔡侯、鄭伯會于鄧，始懼楚也。

六年，楚武王侵隨，使薳章求成焉，軍於瑕以待之。隨人使少師董成。

鬭伯比言於楚子曰：『吾不得志於漢東也，我則使然。詞氣英壯可喜。我張吾三軍，而被吾甲兵，以武臨之，彼則懼而協以謀我，故難間也。漢東之國，隨爲大。隨張，必棄小國。小國離，楚之利也。謀隨爲并吞漢東諸國之本，此楚之所以彊也。少師侈，請羸師以張之。』熊率且比曰：『季梁在，何益？』鬭伯比曰：『以爲後圖，少師得其君。』王毀軍而納少師。

少師歸，請追楚師。隨侯將許之。季梁止之，曰：『天方授楚，楚之羸，其誘我也。「天方授楚」一語，從季梁口中點出。君何急焉？臣聞小之能敵大也，小道大淫。所謂道，忠於民而信於神也。上思利民，忠也；祝史正辭，信也。今民餒而君逞欲，祝史矯舉以祭，臣不知其可也。』公曰：『吾牲牷肥腯，粢盛豐備，何則不信？』對曰：『夫民，神之主也，是以聖王先成民而後致力於神。故奉牲以告曰，「博碩肥腯」，謂民力之普存也，謂其畜之碩大蕃滋也，謂其不疾瘯蠡也，謂其備腯咸有也。奉盛以告曰，「絜粢豐盛」，謂其三時不害而民和年豐也。奉酒醴以告曰，「嘉栗旨酒」，謂其上下皆有嘉德而無違心也。文詞雅贍，而於義法無甚關聯。此必有紀載藍本，左氏愛其詞而採入之。他皆放此。所謂馨香，無讒慝也。故務其三時，修其五教，親其九族，以致其禋祀，於是乎民和而神降之福，故動則有成。今民各有心，而鬼神乏主；君雖獨豐，其何福之有？君姑修政，而親兄弟之國，此語點睛，揭破楚之本謀。庶免於難。』隨侯懼而修政，楚不敢伐。

八年，隨少師有寵。楚鬬伯比曰：『可矣。讎有釁，不可失也。』寫楚之始强，奕奕有生氣。夏，楚子合諸侯于沈鹿。黄隨不會。使薳章讓黄。楚子伐隨，軍于漢淮之間。季梁請下之，『弗許而後戰，所以怒我而怠寇也。』少師謂隨侯曰：『必速戰。不然，將失楚師〔一〕。』隨侯禦之。望楚師。季梁曰：『楚人上左，君必左，無與王遇。且攻其右，右無良焉，必敗。偏敗，衆乃攜矣。』少師曰：『不當王，非敵也。』弗從。戰于速杞，隨師敗績。隨侯逸。鬬丹獲其戎車，與其戎右少師。秋，隨及楚平，楚子將不許。鬬伯比曰：『天去其疾矣，隨未可克也。』此文中頓挫。乃盟而還。

九年，巴子使韓服告于楚，請與鄧爲好。楚子使道朔將巴客以聘於鄧，鄧南鄙鄾人攻而奪之幣，殺道朔及巴行人。楚子使薳章讓於鄧，鄧人弗受。

夏，楚使鬬廉帥師及巴師圍鄾。鄧養甥、聃甥帥師救鄾。三逐巴師，不克。鬬廉衡陳其師於巴師之中以戰，而北。鄧人逐之，背巴師，而夾攻之。鄧師大敗。此於大篇中夾敘小戰之法。以下仿此。鄾人宵潰。

十一年，楚屈瑕將盟貳、軫。鄖人軍於蒲騷，將與隨、絞、州、蓼伐楚師。楚之初起，所滅小國至多，傳不能悉載。記此數戰已盡大概，而前後均以伐隨緯之以爲綫索，以諸小國中隨爲大，且其歷年爲彌長也。莫敖患之。鬭廉曰：『鄖人軍其郊，必不誡。且日虞四邑之至也。君次于郊郢以禦四邑，我以鋭師宵加于鄖。鄖有虞心而恃其城，莫有鬭志。若敗鄖師，四邑必離。』莫敖曰：『盍請濟師於王？』對曰：『師克在和，不在衆。商周之不敵，君之所聞也。成軍以出，又何濟焉？』莫敖曰：『卜之。』對曰：『卜以決疑。不疑，何卜？』寫鬭廉凜凜有生氣，與篇首伯比相映。遂敗鄖師於蒲騷，卒盟而還。

十二年，楚伐絞，軍其南門。莫敖屈瑕曰：『絞小而輕，輕則寡謀。請無扞采樵者以誘之。』從之。絞人獲三十人。明日，絞人争出，驅楚役徒於山中。楚人坐其北門，而覆諸山下。大敗之，爲城下之盟而還。

伐絞之役，楚師分涉於彭。羅人欲伐之，使伯嘉諜之。三巡數之。十三年春，楚屈瑕伐羅，鬭伯比送之。還，謂其御曰：『莫敖必敗。舉趾高，心不固矣。』逆攝驚矯。遂見楚子，曰：『必濟師！』楚子辭焉。入告夫人鄧曼。鄧曼曰：『大夫其非衆之謂，其謂君撫小民以信，訓諸司以德，而威莫敖以刑也。莫敖狃於蒲騷之役，將自用也，必小羅。君若不鎮撫，其不設備乎！夫固謂君訓衆而好鎮撫之，召諸司而勸之以令德，見莫敖而告諸天之不假易也。不然，夫豈不知楚師之盡行也？』詞氣駿邁，與前幅伐隨是一種筆墨。楚子使賴人追之，不及。

莫敖使徇于師曰：『諫者有刑〔二〕！』及鄢，亂次以濟，遂無次。且不設備。及羅，羅與盧戎兩軍之，大敗之。莫敖縊于荒谷。羣帥囚于冶父以聽刑。楚子曰：『孤之罪也。』皆免之。

莊公四年春，王三月，楚武王荆尸，授師子，句。焉以伐隨。遥接伐隨。又案，先大夫讀『焉以』連文。焉，猶於也。將齊，入告夫人鄧曼曰：『余心蕩。』鄧曼嘆曰：『王禄盡矣。盈而蕩，天之道也。逆攝王薨，特爲奇縱。先君其知之矣，故臨武事，將發大命，而蕩王心焉。若師徒無虧，王薨於行，國之福也。』逆攝下不敗。王遂行，卒於樠木之下，令尹鬭祁、莫敖屈重除道梁溠，營軍臨隨。隨人懼，行成。莫敖以王命入盟隨侯，且請爲會於漢汭而還〔三〕。濟漢而後發喪。

十八年，初，楚武王克權，使鬬緡尹之。以叛，圍而殺之。遷權於那處，使閻敖尹之。及文王即位，與巴人伐申，而驚其師。巴人叛楚而伐那處，取之，遂門于楚。閻敖游涌而逸。楚子殺之，其族爲亂。冬，巴人因之以伐楚。十九年春，楚子禦之，大敗於津。還，鬻拳弗納，遂伐黄。敗黄師于踖陵。還，及湫，有疾。夏六月庚申，卒。鬻拳葬諸夕室。亦自殺也，而葬於絰皇。

初，鬻拳强諫楚子，楚子弗從。臨之以兵，懼而從之。鬻拳曰：『吾懼君以兵，罪莫大焉〔四〕。』遂自刖也。楚人以爲大閽，謂之大伯。使其後掌之。君子曰：『鬻拳可謂愛君矣，諫以自納於刑，刑猶不忘納君於善。』此篇記楚之始彊，而鬬伯比、莫敖、鄧曼、季粱、鬻拳諸人錯見其中以爲章法。穆莊之業已基於此。

僖公二十年，隨以漢東諸侯叛楚。冬，楚鬬穀於菟帥師伐隨，取成而還。君子曰：『隨之見伐，不量力也。量力而動，其過鮮矣。善敗由己，而由人乎哉？三句收束通篇。詩曰：「豈不夙夜？謂行多露。」』不責楚之侵小，而責隨之妄動，乃無可如何之詞，非篤論也。此左氏常法，特以寓其疾世憤慨之忱，猶責洩冶以『無自立辟』也。

校記

〔一〕原校：倭庫本無『師』字，是。釋文一本同。
〔二〕徇　原作『狥』，今正。
〔三〕原校：倭庫本重『會』字。
〔四〕原校：倭庫本有『君不討敢不自討乎』八字，疑非是。

秦之始起

二章。以侵凌小國爲主。

桓公三年，芮伯萬之母芮姜惡芮伯之多寵人也，故逐之，出居于魏。四年秋，秦師侵芮，敗焉，小之也。冬，王師、秦師圍魏，執芮伯以歸。十年秋，秦人納芮伯萬于芮。

僖公十八年，梁伯益其國而不能實也，命曰新里，秦取之。十九年春，遂城而居之。冬，梁亡。不書其主，自取之也。初，梁伯好土功，亟城而弗處。民罷而弗堪，則曰『某寇將至』。乃溝公宫，曰：『秦將襲我。』民懼而潰，秦遂取梁。

齊之滅紀

以雖昏王室，不能自存爲主。

隱公元年八月，紀人伐夷。夷不告，故不書。

二年，莒子娶于向，向姜不安莒而歸。夏，莒人入向，以姜氏還。

九月，紀裂繻來逆女，卿爲君逆也。

冬，紀子帛、莒子盟于密，魯故也〔一〕。

八年，公及莒人盟于浮來，以成紀好也。

桓公五年夏，齊侯、鄭伯朝于紀，欲以襲之。紀人知之。六年夏，會于成，紀來諮謀齊難也。冬，紀侯來朝，請王命以求成于齊，公告不能。

八年，祭公來，遂逆王后于紀，禮也。九年春，紀季姜歸于京師。凡諸侯之女行，唯王后書。紀昏王室而不能自存，以見周之衰弱。

十七年春，盟于黄，平齊紀，且謀衛故也。

莊公三年秋，紀季以酅入于齊，紀於是乎始判。

冬，公次于滑，將會鄭伯，謀紀故也。鄭伯辭以難。凡師，一宿爲舍，再宿爲信，過信爲次。

四年，紀侯不能下齊，以與紀季〔二〕。夏，紀侯大去其國，違齊難也。

校記

〔一〕原校：倭庫本『魯』上有『爲』字。

〔二〕原校：倭庫本『以』下有『國』字。

衛朔之亂 以王室不能救衛爲主。

桓公十六年，初，衛宣公烝于夷姜，生急子，屬諸右公子〔一〕。爲之娶於齊，而美，公取之。生壽及朔，屬壽於左公子。夷姜縊。宣姜與公子朔構急子。公使諸齊，使盜待諸莘，將殺之。壽子告之，使行。不可，曰：『棄父之命，惡用子矣？有無父之國則可也。』及行，飲以酒〔二〕。壽子載其旌以先，盜殺之。急子至，曰：『我之求也，此何罪？請殺我乎！』又殺之。表章二子處，并不另起峯巒，但就二子口中見之。二公子故怨惠公。

十一月，左公子洩、右公子職立公子黔牟。惠公奔齊。

莊公五年冬，伐衛，納惠公也〔三〕。六年春，王人救衛。夏，衛侯入，放公子黔牟于周，放寧跪于秦，殺左公子洩、右公子職，乃即位。

君子以二公子之立黔牟爲不度矣。『夫能固位者，必度于本末，而後立衷焉。不知其本，不謀；知本之不枝，弗强。詩云：「本枝百世。」』不責惠公無道，而反咎二公子，此所謂詭詞，乃所以深惜伋壽之死也。左氏全書筆意大率如此。鈍者不悟，則全書所言皆爲顛倒矣。且此非獨爲二公子寄慨，乃深慨嘆王室之不振也。寓意尤爲妙遠、激宕之至。『本之不枝』，乃慨嘆王室之詞。

冬，齊人來歸衛寶，文姜請之也。

校記

〔一〕急 詩、史記、漢書古今人表等皆作『伋』，同音通假。

〔二〕原校：『以』釋文作『之』。

〔三〕據春秋，此句當作『齊侯會諸侯之師伐衛』。

王子克之亂 以『周公弗從，故及』爲主。

桓公十八年，周公欲弒莊王而立王子克。辛伯告王，遂與王殺周公黑肩。王子克奔燕。

初，子儀有寵於桓王，桓王屬諸周公。辛伯諫曰：『並后、匹嫡、兩政、耦國，亂之本也。』周公弗從，故及。味此言，則周公之死蓋冤獄也。所謂欲弑莊王云者，當時爰書加之罪名耳。寥寥短篇，而寓意深遠不測。

齊襄之難　以魯不能立子糾爲主。

莊公八年，齊侯使連稱、管至父戍葵丘，瓜時而往，曰：『及瓜而代。』期戍，公問不至。請代，弗許。數語敘述，簡勁而奇，與通篇相稱。故謀作亂。

僖公之母弟曰夷仲年，生公孫無知，有寵於僖公，衣服禮秩如適。襄公絀之。二人因之以作亂。

連稱有從妹在公宮，無寵，使間公，曰：『捷，吾以女爲夫人。』方望溪極嘆『使間公』一語之妙，以後文之出奇無窮，皆由此一語之得間也。宗堯按，伏此六句於前幅，入後便能出奇。

冬十二月，齊侯游于姑棼，遂田于貝丘。見大豕。突然而起以爲波折，以下接入亂事，離奇突兀，章法神變不測，大抵是逆筆、伏筆之妙。從者曰：『公子彭生也。』先大夫評曰，左氏往往借神怪以寄詼詭之趣。柳子厚非國語，乃以淫巫瞽史病之，未足喻於文字之精微也。宗堯云，此所謂左氏浮誇也，左氏採此等怪誕之談，以寓己意之所欲誅伐也。公怒，曰：『彭生敢見！』射之，豕人立而啼。公懼，隊于車，傷足喪屨。反，誅屨於徒人費〔一〕。弗得，鞭之，見血。走出，遇賊于門。此句跳躍而接。劫而束之。費曰：『我奚御哉？』袒而示之背。信之。宗堯云：敘事之奇無過此者，此等文法多逆攝要意於前幅。費請先入，伏公而出，鬭，死于門中。石之紛如死于階下。遂入，殺孟陽于牀。曰：『非君也，不類。』簡捷之至。方望溪嘗極嘆之，以爲敘事之奇，千古所無有也。記費、石、孟陽，史家所以表章忠節。見公之足于户下，遂弒之，而立無知。

初，襄公立，無常。鮑叔牙曰：『君使民慢，亂將作矣。』奉公子小白出奔莒。亂作，管夷吾、召忽奉公子糾來奔。齊襄事才了，便用逆提之筆，以攝桓公之入國，遒緊之至。

初，公孫無知虐于雍廩。九年春，雍廩殺無知。

公及齊大夫盟于蔇，齊無君也。夏，公伐齊，納子糾。桓公自莒先入。秋，師及齊師戰于乾時，我師敗績。公喪戎路，傳乘而歸。秦子、梁子以公旗辟于下道，是以皆止。

鮑叔帥師來言曰：『子糾，親也，請君討之。管召，讎也，請受而甘心焉。』乃殺子糾于生竇。召忽死之。管仲請囚，鮑叔受之，及堂阜而稅之。歸而以告曰：『管夷吾治於高傒，使相可也。』公從之。此節乃爲管仲相齊作勢，事前不露一字，至末始點出，故分外有精神。

十年春，齊師伐我〔二〕。公將戰，曹劌請見。其鄉人曰：『肉食者謀之，此節以『謀』字貫串。又何間焉？』劌曰：『肉食者鄙，未能遠謀。』似以『未能遠謀』逗莊公之無智，使子糾不能入國。乃入見。問何以戰。公曰：『衣食所安，弗敢專也，必以分人。』對曰：『小惠未徧，民弗從也。』公曰：『犧牲玉帛，弗敢加也，必以信。』對曰：『小信未孚，神弗福也。』公曰：『小大之獄，雖不能察，必以情。』對曰：『忠之屬也，可以一戰。戰，則請從。』

公與之乘。戰于長勺。公將鼓之。劌曰：『未可。』齊人三鼓。劌曰：『可矣。』齊師敗績。公將馳之。劌曰：『未可。』下，視其轍；登，軾而望之。曰：『可矣。』遂逐齊師。將所以然之故留之篇末，但敘其動作，令人不解何故，極離奇變幻之致。

既克，公問其故。對曰：『夫戰，勇氣也。一鼓作氣，再而衰，三而竭。彼竭我盈，故克之。夫大國，難測也，懼有伏焉。吾視其轍，亂；望其旗，靡。故逐之。』先大夫評曰，史記敘韓信，陳壽紀曹公，用兵往往用此法。

夏六月，齊師、宋師次于郎。公子偃曰：『宋師不整，可敗也。宋敗，齊必還。請擊之。』公弗許。自雩門竊出，蒙皋比而先犯之。公從之，大敗宋師于乘丘。齊師乃還。

十一年冬，齊侯來逆共姬。十三年冬，盟于柯，始及齊平也。

校記

〔一〕徒 據王引之説，當爲『侍』字之誤。

〔二〕史記年表云：『齊伐我，爲糾故。』

宋閔之弒 此篇以桓公恤民爲主。

莊公十一年夏，宋爲乘丘之役故，侵我。公禦之。宋師未陳而薄之，敗諸鄑。凡師，敵未陳曰敗某師，皆陳曰戰，大崩曰敗績，得儁曰克，覆而敗之曰取某師，京師敗曰王師敗績于某。

秋，宋大水。公使弔焉，曰：『天作淫雨，害於粢盛，若之何不弔？』對曰：『孤實不敬，天降之災，又以爲君憂，拜命之辱。』臧文仲曰：『宋其興乎！禹湯罪己，其興也悖焉；桀紂罪人，其亡也忽焉。且列國有凶，稱孤，禮也。言懼而名禮，其庶乎！』既而聞之曰：『公子御說之辭也。』臧孫達曰：『是宜爲君，有恤民之心。』逆提之筆。

乘丘之役，公以金僕姑射南宫長萬，公右歂孫生搏之。宋人請之。宋公靳之，曰：『始吾敬子；今子，魯囚也，吾弗敬子矣。』病之。十二年秋，宋萬弒閔公于蒙澤。遇仇牧于門，批而殺之。遇大宰督于東宫之西，又殺之。立子游。羣公子奔蕭，公子御說奔亳。南宫牛、猛獲帥師圍亳。

冬十月，蕭叔大心及戴、武、宣、穆、莊之族以曹師伐之。殺南宫牛于師，殺子游于宋，立桓公。猛獲奔衛。南宫萬奔陳，以乘車輦其母，一日而至。

宋人請猛獲于衛。衛人欲勿與。石祁子曰：『不可。天下之惡一也，惡於宋而保於我，保之何補？得一夫而失一國，與惡而棄好，非謀也。』宗堯按，此篇以誅亂賊爲主，左氏於誅姦賊，意興時時一露，其本意固不在此也。衛人歸之。亦請南宫萬于陳，以賂。陳人使婦人飲之酒，而以犀革裹之。比及宋，手足皆見。宋人皆醢之。文情近寂，特於萬獲多力處生色。

王子頽之亂 此篇以『欒禍』、『效尤』爲主。

莊公十六年，初，晉武公伐夷，執夷詭諸。蔿國請而免之。既而弗報，故子國作亂，謂晉人曰：『與我伐夷而取其地。』遂以晉師伐夷，殺夷詭諸。周公忌父出奔虢。惠王立而復之。

十九年，初，王姚嬖于莊王，生子頽。子頽有寵，蔿國爲之師。及惠王即位，取蔿國之圃以爲囿。邊伯之宫近于王宫，王取之。王奪子禽祝跪與詹父田，而收膳夫之秩。故蔿國、邊伯、石速、詹父、子禽祝跪作亂，因蘇氏。此左氏常法，敘述亂源最爲明晰。秋，五大夫奉子頽以伐王，不克，出奔温。蘇子奉子頽以奔衛。衛師、燕師伐周。冬，立子頽。

二十年春，鄭伯和王室，不克。先大夫評曰：齊桓不勤王，内未治也。晉文納襄王，老而得國，欲及時也。執燕仲父。夏，鄭伯遂以王歸。王處于櫟。秋，王及鄭伯入于鄔。遂入成周，取其寶器而還。

冬，王子頹享五大夫，樂及偏舞。鄭伯聞之，見虢叔曰：『寡人聞之，哀樂失時，殃咎必至。今王子頹歌舞不倦，樂禍也。夫司寇行戮，君爲之不舉，而況敢樂禍乎？奸王之位，禍孰大焉？臨禍忘憂，憂必及之。盍納王乎？』虢公曰：『寡人之願也。』逆提勤王。

二十一年春，胥命于弭。夏，同伐王城。鄭伯將王自圉門入。虢叔自北門入，殺王子頹及五大夫。鄭伯享王于闕西辟，樂備。餘波映前，即伏鄭伯之死。王與之武公之略，自虎牢以東。原伯曰：『鄭伯效尤，其亦將有咎！』五月，鄭厲公卒。

王巡虢守〔一〕，虢公爲王宫于玤，王與之酒泉。鄭伯之享王也，王以后之鞶鑒予之。虢公請器，王予之爵。鄭伯由是始惡於王。冬，王歸自虢。

僖公十年春，狄滅温，蘇子無信也。蘇子叛王即狄，又不能於狄，狄人伐之，王不救，故滅。蘇子奔衛。

校　記

〔一〕原校：林唐翁本作『王巡守虢』，倭庫本作『王巡狩虢』。

左傳微卷弟二

齊桓之霸

此篇刺桓，以『不務德而勤遠略』爲主。

莊公十年，齊侯之出也，過譚，譚不禮焉。及其入也，諸侯皆賀，譚又不至。冬，齊師滅譚，譚無禮也。以恩怨侵陵小國，最無霸者之量。開首記此，本末已見。晉文之於曹衛亦然。皆深刺之也。譚子奔莒，同盟故也。

十三年春，會于北杏，以平宋亂。遂人不至。夏，齊人滅遂而戍之。此齊之始霸。先記其滅譚、滅遂，便見其肆意侵略，無方伯之度而必疏。舉譚遂之失，若不歸罪齊桓者然，此文字之妙。

宋人背北杏之會。十四年春，諸侯伐宋。齊請師于周。便見挾天子令諸侯意。夏，單伯會之。取成于宋而還。冬，會于鄄，宋服故也。

十五年春，復會焉，齊始霸也。

秋，諸侯爲宋伐郳。鄭人閒之而侵宋。十六年夏，諸侯伐鄭，宋故也〔一〕。

冬，同盟于幽，鄭成也。

十七年春，齊人執鄭詹，鄭不朝也。

夏，遂因氏、頜氏、工婁氏、須遂氏饗齊戍，醉而殺之，齊人殲焉。此見齊不能以德服人。

二十七年夏，同盟于幽，陳鄭服也。

冬，王使召伯廖賜齊侯命，且請伐衛，以其立子頹也。二十八年春，齊侯伐衛，戰，敗衛師，數之以王命，取賂而還。於「王命」句下，記此四字冷語，以譏之也。

三十年冬，遇于魯濟，謀山戎也〔二〕。以其病燕故也。敘桓公九合諸侯，皆用簡括之筆以爲章法，實亦寓輕忽之意，以其無可詳紀也。凡於經文下加訓釋者，大率皆經師所爲，獨此篇則疑出左氏之舊，以其全篇一貫，自爲章法，且其詞氣視他篇亦極有辨也。

三十一年夏六月，齊侯來獻戎捷，非禮也。凡諸侯有四夷之功，則獻于王，王以警于夷；中國則否。諸侯不相遺俘。

三十二年春，城小穀〔三〕，爲管仲也。

齊侯爲楚伐鄭之故，請會于諸侯。宋公請先見于齊侯。夏，遇于梁丘。

閔公元年，狄人伐邢。管敬仲言於齊侯曰：救邢衛最爲齊桓顯烈，故用特筆提起。「戎狄豺狼，不可厭也；諸夏親暱，不可棄也。攘夷狄，親諸夏，定霸本謀。宴安酖毒，不可懷也。

詩云：「豈不懷歸，畏此簡書。」簡書，同惡相恤之謂也。請救邢以從簡書。』齊人救邢。此句頓住。救邢未已，間入衛事，錯綜特妙。

二年冬十二月，狄人伐衛。衛懿公好鶴，鶴有乘軒者。將戰，國人受甲者皆曰：『使鶴！鶴實有禄位，余焉能戰？』就『好鶴』寫衛之敗，異樣奇采。公與石祁子玦，與寧莊子矢，使守，曰：『以此贊國，擇利而爲之。』與夫人繡衣，曰：『聽於二子！』懿雖亡國，蓋亦賢君，故記其臨戰部署。渠孔御戎，子伯爲右，黄夷前驅，孔嬰齊殿。詳載諸人，表忠節也。及狄人戰于熒澤，衛師敗績，遂滅衛。衛侯不去其旗，是以甚敗。此補敘法。狄人囚史華龍滑與禮孔，以逐衛人。二人曰：『我，大史也，實掌其祭。不先，國不可得也。』亡而復存，又就二人作波折，無一平筆。乃先之。至，則告守曰：『不可待也。』夜與國人出。狄入衛，遂從之，又敗諸河。

初，惠公之即位也少，齊人使昭伯烝於宣姜，不可，强之。生齊子、戴公、文公、宋桓夫人、許穆夫人。此總絜法，史記多此種筆意。文公爲衛之多患也，先適齊。及敗，宋桓公逆諸河，宵濟。衛之遺民男女七百有三十人，寫衛敗之甚也。益之以共滕之民爲五千人。立戴公以盧于曹。許穆夫人賦載馳。齊侯使公子無虧帥車三百乘、甲士三千人以戍曹。歸公乘馬，祭服五稱，牛、羊、豕、鷄、狗皆三百與門材。歸夫人魚軒，重錦三十兩。

僖之元年，齊桓公遷邢于夷儀。二年，封衛于楚丘。邢遷如歸，衛國忘亡。衛事在前，邢事在後，設此以爲文中樞紐。以上徑敘衛事，然實爲齊霸點綴，故再用重筆提頓，又以綰合邢衛也。宗堯按，褒其功也，用重筆提頓。

衛文公大布之衣、大帛之冠〔四〕，務材、訓農，通商、惠工，敬教、勸學，授方、任能。元年，革車三十乘；季年，乃三百乘。

僖公元年春，諸侯救邢。至此始接入救邢。邢人潰，出奔師。師遂逐狄人，具邢器用而遷之，師無私焉。左氏極鄙薄桓文，而於其佳處則一毫不掩。此謂直筆。

夏〔五〕，邢遷于夷儀，諸侯城之，救患也。凡侯伯，救患、分災、討罪，禮也。

秋，楚人伐鄭，鄭即齊故也。盟于犖，謀救鄭也。

二年春，諸侯城楚丘而封衛焉。不書所會，後也。

秋，盟于貫，服江、黄也。與前『陳鄭服也』爲章法。

齊寺人貂始漏師于多魚。於其極盛時先提一筆，以埋伏亂萌。

冬，楚人伐鄭，鬭章囚鄭聃伯。

三年秋，會于陽穀，謀伐楚也。齊侯爲陽穀之會來尋盟。冬，公子友如齊莅盟。

楚人伐鄭，鄭伯欲成。孔叔不可，曰：「齊方勤我，棄德不祥〔六〕。」

齊侯與蔡姬乘舟于囿，蕩公。公懼，變色；禁之，不可。公怒，歸之，未絶之也〔七〕。

蔡人嫁之。先大夫評曰：左氏於桓文譎正及以力假人處，皆各如其分，不失銖兩，與孔孟所論符同，此所以爲良史也。宗堯云：史記「桓公實怒少姬，南襲蔡，管仲因而伐楚」，本傳亦云「侵蔡，遂伐楚」，伐楚之舉由侵蔡使然也，故詳敘蔡姬之事。此微辭也，又直筆也。

四年春，齊侯以諸侯之師侵蔡。蔡潰，遂伐楚。楚子使與師言曰：「君處北海，寡人處南海，唯是風馬牛不相及也，不虞君之涉吾地也，何故？」管仲對曰：「昔召康公命我先君大公曰：『五侯九伯，女實征之，以夾輔周室〔八〕！』賜我先君履，東至于海，西至于河，南至于穆陵，北至于無棣。爾貢苞茅不入，王祭不共，無以縮酒，寡人是徵〔九〕。昭王南征而不復〔一〇〕，寡人是問。」記此所以鋪張霸業。對曰：「貢之不入，寡君之罪也，敢不共給〔一一〕？昭王之不復，君其問諸水濱！」此見未能服楚。師進，次于陘。

夏，楚子使屈完如師。師退，次于召陵。

齊侯陳諸侯之師，與屈完乘而觀之。齊侯曰：『豈不穀是爲？先君之好是繼，與不穀同好如何？』對曰：『君惠徼福於敝邑之社稷，辱收寡君，寡君之願也。』齊侯曰：『以此衆戰，誰能禦之？以此攻城，何城不克？』對曰：『君若以德綏諸侯，誰敢不服？君若以力，楚國方城以爲城，漢水以爲池〔一二〕，雖衆，無所用之。』召陵之師，莫大之功也，然實未能服楚，故詳載屈完之詞以折之。

屈完及諸侯盟。

陳轅濤塗謂鄭申侯曰：『師出於陳鄭之間，國必甚病。若出於東方，觀兵於東夷，循海而歸，其可也。』申侯曰：『善。』濤塗以告，齊侯許之。申侯見，曰：『師老矣，若出於東方而遇敵，懼不可用也。若出於陳鄭之間，共其資糧屝屨，其可也。』齊侯説，與之虎牢。先大夫評曰：此見齊外示强而内怯。闓生案，兼寓師行煩擾苦民之意。執轅濤塗。

秋，伐陳，討不忠也。

許穆公卒于師，葬之以侯，禮也。凡諸侯薨于朝、會，加一等；死王事，加二等。於是有以衮斂。

冬，叔孫戴伯帥師會諸侯之師侵陳。陳成，歸轅濤塗。

五年，會于首止，會王大子鄭，謀寧周也。

陳轅宣仲怨鄭申侯之反己於召陵，故勸之城其賜邑〔一三〕，曰：『美城之，大名也，子孫不忘。吾助子請。』乃爲之請於諸侯而城之，美。遂譖諸鄭伯，曰：『美城其賜邑，將以叛也。』申侯由是得罪。筆力雄駿，遂能包括餘事。

秋，諸侯盟。王使周公召鄭伯，曰：『吾撫女以從楚，輔之以晉，可以少安。』此見齊桓假天子命，實不能勤王。鄭伯喜於王命，而懼其不朝於齊也，故逃歸不盟。孔叔止之，曰：『國君不可以輕，輕則失親。失親，患必至。病而乞盟，所喪多矣。君必悔之。』弗聽，逃其師而歸。

六年夏，諸侯伐鄭，以其逃首止之盟故也。圍新密，鄭所以不時城也。秋，楚子圍許以救鄭，諸侯救許，乃還。

冬，蔡穆侯將許僖公以見楚子於武城。許男面縛銜璧，大夫衰絰，士輿櫬。楚子問諸逢伯。對曰：『昔武王克殷，微子啓如是。武王親釋其縛，受其璧而祓之。焚其櫬，禮而命之，使復其所。』楚子從之。記此，見齊霸方盛，楚已憑陵中國。

七年春，齊人伐鄭。孔叔言於鄭伯曰：『諺有之曰：「心則不競，何憚於病？」既不能彊，又不能弱，所以斃也。國危矣，請下齊以救國。』公曰：『吾知其所由來矣，姑少待我。』對曰：『朝不及夕，何以待君？』夏，鄭殺申侯以説于齊，且用陳轅濤塗之譖也。

初，申侯，申出也，有寵於楚文王。文王將死，與之璧，使行，曰：『唯我知女。女專利而不厭，予取予求，不女疵瑕也。後之人將求多於女，女必不免。我死，女必速行，無適小國，將不女容焉。』既葬，出奔鄭，又有寵于厲公。子文聞其死也，曰：『古人有言曰，「知臣莫若君」，弗可改也已。』詳記申侯事，譏其濫賞也。宗堯按，微與桓公聽申侯之言對照，意最冷妙。

秋，盟于寧母，謀鄭故也。

管仲言於齊侯曰：『臣聞之：招攜以禮，懷遠以德。德、禮不易，無人不懷。』齊侯修禮於諸侯，諸侯官受方物。宗堯按，管仲之學術多矣，左氏每稱之必不離乎禮、義、信等説，意謂仲之他學不足取，其所長者仍不過假儒學以爲用耳。此儒家門户之見，意謂仲即有所長，亦不出乎儒術之外耳。

鄭伯使大子華聽命於會，言於齊侯曰：『洩氏、孔氏、子人氏三族，實違君命。若君去之以爲成〔一四〕，我以鄭爲内臣，君亦無所不利焉。』齊侯將許之。管仲曰：『君以禮與信屬諸侯，而以姦終之，無乃不可乎？子父不奸之謂禮，守命共時之謂信，違此二者，姦莫大焉。』公曰：『諸侯有討於鄭，未捷；今苟有釁，從之，不亦可乎？』對曰：『君若綏之以德，加之以訓，辭，而帥諸侯以討鄭。鄭將覆亡之不暇，豈敢不懼？若揔其罪人以臨之，鄭有辭矣，何懼？且夫合諸侯以崇德也，會而列姦，何以示後嗣？夫諸侯之會，其德、刑、禮、義，無國不記〔一五〕。記姦之位，君盟替矣。作而不記，非盛德也。君其勿許！鄭必受盟。夫子華既爲大子，而求介於大國以弱其國，亦必不免。鄭有叔詹、堵叔、師叔三良爲政，未可間也。』齊侯辭焉。子華由是得罪於鄭。

冬，鄭伯使請盟于齊。

閏月，惠王崩。襄王惡大叔帶之難，懼不立，不發喪，而告難于齊。

八年春，盟于洮，謀王室也。鄭伯乞盟，請服也。襄王定位而後發喪。

冬，王人來告喪，難故也，是以緩。

九年夏，會于葵丘，尋盟，且修好，禮也。

王使宰孔賜齊侯胙，曰：『天子有事于文武，使孔賜伯舅胙。』齊侯將下拜。孔曰：『且有後命——天子使孔曰：「以伯舅耋老，加勞，賜一級，無下拜！」』對曰：『天威不違顏咫尺，小白余敢貪天子之命，無下拜？恐隕越于下，以遺天子羞。敢不下拜？』下，拜；登，受。假王命以自重，伯者之作用也。宗堯按，桓文亦一時之雄，左氏欲以見天子之禮侮弄之，故偏寫其恭謹之狀。

秋，齊侯盟諸侯于葵丘，曰：『凡我同盟之人，既盟之後，言歸于好。』宰孔先歸，遇晉侯，曰：『可無會也。齊侯不務德而勤遠略，故北伐山戎，南伐楚，西爲此會也。東略之不知，西則否矣。其在亂乎！君務靖亂，無勤於行。』此全篇大頓束處，借宰孔口中斷定，想其意中菲薄特甚，文尤有遠神。晉侯乃還。

冬，齊侯以諸侯之師伐晉，及高梁而還，討晉亂也。令不及魯，故不書。『令不及魯』亦曲說。

十二年春，諸侯城衛楚丘之郛，懼狄難也。

冬，齊侯使管夷吾平戎于王，使隰朋平戎于晉。

王以上卿之禮享管仲。管仲辭曰：『臣，賤有司也。有天子之二守國高在，若節春秋來承王命，何以禮焉？陪臣敢辭。』王曰：『舅氏，余嘉乃勳！應乃懿德，謂督不忘。往踐乃職，無逆朕命！』管仲受下卿之禮而還。桓之霸業皆仲之力也，故於此特書以褒之。

君子曰：『管氏之世祀也宜哉！讓不忘其上。詩曰：「愷悌君子，神所勞矣。」』

十三年夏，會于鹹，淮夷病杞故，且謀王室也。十四年春，諸侯城緣陵而遷杞焉。不書其人，有闕也。

十五年春，楚人伐徐，徐即諸夏故也。此見桓不能擯楚。三月，盟于牡丘，尋葵丘之盟，且救徐也。孟穆伯帥師及諸侯之師救徐，諸侯次于匡以待之。秋，伐厲，以救徐也。

冬，宋人伐曹，討舊怨也。

楚敗徐于婁林，徐恃救也。

十六年夏，齊伐厲，不克救徐而還。『不克救徐而還』作一句讀，言其無功也。與下『不果城而還』對照。

十二月，會于淮，謀鄫，且東略也。承上『東略之不知』。城鄫，役人病，有夜登丘而呼曰：『齊有亂！』不果城而還。

十七年春，齊人爲徐伐英氏，以報婁林之役也。不能救徐而伐英氏，亦譏之也，霸氣衰矣。

齊侯之夫人三，王姬、徐嬴、蔡姬，皆無子。齊侯好内，多内寵，内嬖如夫人者六人：詳敘内寵，固信史直筆，亦菲薄之旨。長衛姬，生武孟；少衛姬，生惠公；鄭姬，生孝公；葛嬴，生昭公；密姬，生懿公；宋華子，生公子雍。公與管仲屬孝公於宋襄公以爲大子〔一六〕。雍巫有寵於衛共姬，因寺人貂以薦羞於公，亦有寵。公許之立武孟。管仲卒，五公子皆求立。冬十月乙亥，齊桓公卒。易牙入，與寺人貂因内寵以殺羣吏，而立公子無虧。至此始見前伏「漏師多魚」之筆妙。孝公奔宋。十二月乙亥，赴。辛巳，夜殯。

十八年春，宋襄公以諸侯伐齊。三月，齊人殺無虧。

鄭伯始朝于楚。楚子賜之金，既而悔之，與之盟曰：「無以鑄兵！」故以鑄三鐘。此見中國無霸之害。

齊人將立孝公，不勝四公子之徒，遂與宋人戰。夏五月，宋敗齊師于甗〔一七〕，立孝公而還。

秋八月，葬齊桓公。遲之也。宗堯按，此篇以黜霸爲主。

校記

〔一〕原校：倭庫本有「爲」字。

〔二〕楊校：金澤文庫本『謀』下有『伐』字。

〔三〕原校：公羊疏無『小』字。

〔四〕原校：倭庫本『大布』上有『衣』字。

〔五〕原校：倭庫本有『六月』字。

〔六〕原校：倭庫本『勤』作『懃』。

〔七〕原校：石經作『未之絶也』，倭庫本同。

〔八〕原校：倭庫本『夾』作『俠』。

〔九〕原校：倭庫本『包』作『苞』。説文『縮』作『莤』。

〔一〇〕原校：吕覽高注引『征』下有『没』字。

〔一一〕原校：吕覽高注引『給』作『乎』。

〔一二〕原校：史記『漢水』作『江漢』。

〔一三〕原校：倭庫本『陵』下有『也』字。

〔一四〕原校：『若君』石經作『君若』。

〔一五〕原注：義，古『儀』字。刑　原作『行』，今正。

〔一六〕大子　原作『太子』，今正。

〔一七〕敗　原作『取』，今正。

慶父之亂　此篇以哀姜亂魯爲主。

莊公二十三年夏，公如齊觀社，非禮也。曹劌諫曰：『不可。夫禮，所以整民也。故會以訓上下之則，制財用之節，朝以正班爵之義，帥長幼之序，征伐以討其不然。慶父亂而不能制，無上下之則、長幼之序也。丹楹刻桷，無財用之節也。皆於閑文中見意。征伐句則譏其忘齊仇，與詩之『以御亂兮』同意。諸侯有王，王有巡守，以大習之。非是，君不舉矣。君舉必書。書而不法，後嗣何觀？』實譏其有姦不能討，故有長幼之序。『征伐以討』云云，非爲觀社而發，皆深文曲致也，若曰『將無以庇其後嗣爾』。

秋，丹桓宮之楹〔一〕。二十四年春，刻其桷，皆非禮也。御孫諫曰：『臣聞之：儉，德之共也；侈，惡之大也。先君有共德，而君納諸大惡，無乃不可乎？』此皆憂亂之旨。

秋，哀姜至，公使宗婦覿，用幣，非禮也。御孫諫曰〔二〕：『男贄，大者玉帛，小者禽鳥，以章物也。女贄，不過榛、栗、棗、脩，以告虔也〔三〕。今男女同贄，是無別也。男女之別，國之大節也；而由夫人亂之，無乃不可乎？』夫人之惡尚在後文，此逆攝取影而痛斥責之。

二十五年春，陳女叔來聘，始結陳好也。嘉之，故不名。

二十七年秋，公子友如陳葬原仲，非禮也。原仲，季友之舊也。

三十二年，初，公築臺臨黨氏，見孟任，從之。閟。而以夫人言，許之，割臂盟公。生子般焉。紀瑣事語殊簡覈，見般之始本不正，故肇亂也。雩，講于梁氏女，『女公子』之稱殊不調。古者，男女皆曰『子』，公之女子子不得爲『女公子』也。據史記、班説，梁氏女往觀，圉人犖與梁氏女戲云云，則『梁氏女』三字連文。疑『雩講』下更有脱文。公以孟任生般，般以梁女肇禍，兩世情事相類，故連記以爲文法。杜不知梁氏女之爲連文，而臆説『女公子』爲子般妹，望文生訓，盡失其趣矣。公子觀之。圉人犖自牆外與之戲。子般怒，使鞭之。公曰：『不如殺之，是不可鞭。犖有力焉，能投蓋于稷門。』

公疾，問後於叔牙。對曰：『慶父材。』『慶父材』者，謙不敢言，而以立嗣之事讓之慶父也，非謂慶父當爲後。問於季友。對曰：『臣以死奉般。』公曰：『鄉者牙曰慶父材。』成季使以君命命僖叔，待于鍼巫氏，使鍼季酖之。曰：『飲此，則有後於魯國；不然，死且無後。』飲之，歸，及逵泉而卒。立叔孫氏。

八月癸亥，公薨於路寢。子般即位，次于黨氏。冬十月己未，共仲使圉人犖賊子般于黨氏。成季奔陳。立閔公。

閔公元年春，不書即位，亂故也。夏六月，葬莊公。亂故〔四〕，是以緩。

秋八月，公及齊侯盟于落姑，請復季友也。齊侯許之，使召諸陳，公次于郎以待之。『季子來歸』，嘉之也。

冬，齊仲孫湫來省難，書曰『仲孫』，亦嘉之也。仲孫歸，曰：『不去慶父，魯難未已。』公曰：『若之何而去之？』對曰：『難不已，將自斃，君其待之！』公曰：『魯可取乎？』對曰：『不可。亂而不亡，亦用逆提。猶秉周禮。周禮，所以本也。臣聞之：國將亡，本必先顛，而後枝葉從之。魯不棄周禮，未可動也。君其務寧魯難而親之。親有禮，因重固，間攜貳，覆昏亂，霸王之器也。』

二年夏，吉禘于莊公，速也。

初，公傅奪卜齮田，公不禁。秋八月辛丑，共仲使卜齮賊公于武闈。與前文相配，以爲章法。成季以僖公適邾。共仲奔莒，乃入，立之。以賂求共仲于莒，莒人歸之。及密，使公子魚請。不許，哭而往。共仲曰：『奚斯之聲也。』乃縊。紀述筆意殊妙。

閔公，哀姜之娣叔姜之子也，故齊人立之。共仲通於哀姜，哀姜欲立之。閔公之死也，哀姜與知之，補敘，文勢便不平順。故孫于邾。齊人取而殺之于夷，以其尸歸，僖公請而葬之。

成季之將生也，桓公使卜楚丘之父卜之。曰：『男也，其名曰友，在公之右；閒于兩社，爲公室輔。季氏亡〔五〕，則魯不昌。』又筮之，遇大有䷍之乾䷀，曰：『同復于父，敬如君所。』及生，有文在其手曰『友』，遂以命之。成風聞成季之繇，乃事之，而屬僖公焉，故成季立之。定亂立君，成季之大功，故借卜筮重筆補敘於後，全文一振，又便及僖公之所以得立，尤妙於位置。

僖公元年春，不稱即位，公出故也。公出復入，不書，諱之也。公出復入，固無可諱，此皆漢經師臆增之曲説也。諱國惡，禮也。

九月，公敗邾師于偃，虚丘之戍將歸者也。

冬，莒人來求賂。公子友敗諸酈，獲莒子之弟挐。——非卿也，嘉獲之也。此嘉季友之餘波。公賜季友汶陽之田及費。

夫人氏之喪至自齊。君子以齊人之殺哀姜也爲已甚矣，女子，從人者也。譏莊公也，筆情敏妙，乃知起處用意。

八年秋，禘而致哀姜焉，非禮也。凡夫人，不薨于寢，不殯于廟，不赴于同，不祔于姑，則弗致也。

校記

〔一〕宫　原作『公』，今正。
〔二〕原校：『諫』字從倭庫本補。
〔三〕脩　原作『修』，今正。
〔四〕原校：倭庫本『故』下有『也』字。
〔五〕原校：下文『季氏』史記作『友是』。

僖公逆祀　以臧文仲之不智爲主。

僖公三十三年，齊國莊子來聘，自郊勞至于贈賄，禮成而加之以敏。臧文仲言於公曰：『國子爲政，齊猶有禮，君其朝焉！臣聞之：服於有禮，社稷之衛也。』

冬，公如齊朝，且弔有狄師也。反，薨于小寢，即安也。

葬僖公，緩作主，非禮也。凡君薨，卒哭而祔，祔而作主，特祀于主，烝、嘗、禘于廟。

文公元年夏四月丁巳，葬僖公。

穆伯如齊，始聘焉，禮也。凡君即位，卿出并聘，踐修舊好，要結外援，好事鄰國，以衛社稷，忠、信、卑讓之道也。忠，德之正也；信，德之固也；卑讓，德之基也。

二年丁丑，作僖公主。書，不時也。秋八月丁卯，大事于大廟，躋僖公，逆祀也。於是夏父弗忌爲宗伯，尊僖公，且明見曰：『吾見新鬼大，故鬼小。先大後小，順也。躋聖賢，明也。明、順，禮也。』

君子以爲失禮：『禮無不順。祀，國之大事也，而逆之，可謂禮乎？子雖齊聖，不先父食久矣。故禹不先鯀，湯不先契，文武不先不窋。宋祖帝乙，鄭祖厲王，猶上祖也。是以魯頌曰：「春秋匪解，享祀不忒，皇皇后帝，皇祖后稷。」君子曰「禮」，謂其后稷親而先帝也。詩曰：「問我諸姑，遂及伯姊。」君子曰「禮」，謂其姊親而先姑也。』

仲尼曰：『臧文仲，其不仁者三，不知者三。下展禽，廢六關，妾織蒲，三不仁也。作虛器，縱逆祀，祀爰居，三不知也。』縱筆及仲尼之論文仲，古人文字往往如此，而神氣仍自迴合。

四年冬，成風薨。五年春，王使榮叔來含且賵〔二〕，召昭公來會葬，禮也。九年，秦人來歸僖公、成風之襚，禮也。諸侯相弔賀也，雖不當事，苟有禮焉，書也，以無忘舊好。

校記

〔一〕據春秋，『來』下當有『歸』字。

晉滅虞虢

此篇以晉之啓士爲主，重在『親以寵偪』三句。虞虢無罪，以見侵欺於强大而滅。文若責之者，皆詭詞也。

桓公十年，虢仲譖其大夫詹父於王。詹父有辭，以王師伐虢。夏，虢公出奔虞。

初，虞叔有玉，虞公求旃。弗獻。既而悔之，曰：『周諺有之：「匹夫無罪，懷璧其罪。」吾焉用此，其以賈害也？』已爲璧、馬亡虞作影。乃獻之。又求其寶劍。叔曰：『是無厭也。無厭，將及我。』遂伐虞公。故虞公出奔共池。

莊公二十六年秋，虢人侵晉。冬，虢人又侵晉。

二十七年，晉侯將伐虢。宗堯按，此篇以虢取滅亡爲主，以虞附之。士蔿曰：『不可。虢公驕，若驟得勝於我，必棄其民。無衆而後伐之，欲禦我，誰與〔一〕？』先記謀略，於文章則逆提之妙也。夫禮、樂、慈、愛，戰所畜也。夫民，讓事、樂和、愛親、哀喪，而後可用也。虢弗畜也，亟戰，將饑。』

二十九年，樊皮叛王。三十年春，王命虢公討樊皮。夏四月丙辰，虢公入樊，執樊仲皮，歸于京師。

三十二年秋七月，有神降于莘。惠王問諸内史過曰：『是何故也？』對曰：『國之將興，明神降之，監其德也；將亡，神又降之，觀其惡也。故有得神以興，亦有以亡〔二〕。虞、夏、商、周皆有之。』議論皆因虢發。王曰：『若之何？』對曰：『以其物享焉。其至之日，亦其物也。』宗堯云：韓退之論文章之美，於左氏謂其浮誇，且與春秋之謹嚴並稱。春秋筆削，貴在謹嚴；左氏褒譏，寄於浮誇也。凡侈言神怪，皆其浮誇之處。王從之。内史過往，聞虢請命，反曰：『虢必亡矣。虐而聽於神。』

神居莘六月。虢公使祝應、宗區、史嚚享焉。神賜之土田。史嚚曰：『虢其亡乎！吾聞之：國將興，聽於民；將亡，聽於神。神，聰明正直而壹者也，依人而行。虢多涼德，其何土之能得？』此專爲虢亡取影，特以神降爲詭異之觀。宗堯按，『依人而行』，是有神如無神，而必曰『有神降于莘』者，故著其妖異以刺之耳。

閔公二年春，虢公敗犬戎于渭汭。舟之僑曰：『無德而禄，殃也。殃將至矣。』遂奔晉。

僖公二年，晉荀息請以屈産之乘與垂棘之璧假道於虞以伐虢。公曰：『是吾寶也。』對曰：『若得道於虞，猶外府也。』公曰：『宫之奇存焉。』對曰：『宫之奇之爲人也，懦而不能强諫。且少長於君，君暱之；雖諫，將不聽。』從晉君臣口中，先將虞之必亡及宫之奇之不能强諫一一倒攝取影。筆墨空靈，文勢遒緊，此左氏定法。乃使荀息假道於虞，曰：『冀爲不道，入自顛軨，伐鄍三門。冀之既病，則亦唯君故。今虢爲不道，保於逆旅〔三〕，以侵敝邑之南鄙。敢請假道，以請罪于虢。』虞公許之，且請先伐虢。宫之奇諫，不聽。六字簡甚，因已倒影於前，且避後文之地也。遂起師。夏，晉里克、荀息帥師會虞師伐虢，滅下陽。先書虞，賄故也。調侃，趣甚。

虢公敗戎于桑田。晉卜偃曰：『虢必亡矣。亡下陽不懼，而又有功，是天奪之鑒，而益其疾也。必易晉而不撫其民矣。不可以五稔。』插入此段，筆力奇縱，一片神機，不落滯相。

五年，晉侯復假道於虞以伐虢。宫之奇諫曰：『虢，虞之表也。虢亡，虞必從之。晉不可啓，寇不可翫。一之謂甚，其可再乎？諺所謂「輔車相依，脣亡齒寒」者，其虞虢之謂也。』公曰：『晉，吾宗也，豈害我哉？』對曰：『大伯、虞仲，大王之昭也；大伯不從，是以不嗣。虢仲、虢叔，王季之穆也；爲文王卿士，勳在王室，藏於盟府。將虢是滅，何愛於虞？且虞能親於桓莊乎，其愛之也？此與下『猶有令名，與其及也』皆倒句文法也。桓莊之族何罪？而以爲戮，不唯偪乎？親以寵偪，猶尚害之，況以國乎？』幷兼之禍始於春秋，晉楚爲甚。左氏記此等議論，有恫心矣。涉及桓莊，精神旁溢，文勢一縱。古人文字遠勝後人者，實在此等。此文字死活之判也。公曰：『吾享祀豐絜，神必據我。』對曰：『臣聞之，鬼神非人實親，惟德是依。故周書曰：「皇天無親，惟德是輔。」又曰：「黍稷非馨，明德惟馨。」又曰：「民不易物，惟德繄物。」如是，則非德，民不和，神不享矣。神所馮依，將在德矣。若晉取虞，而明德以薦馨香，神其吐之乎？』此段蓋借以形虞公之愚，與虢聽命於神同意。弗聽，許晉使。宮之奇以其族行，曰：『虞不臘矣。在此行也，晉不更舉矣。』再用逆提。

八月甲午，晉侯圍上陽。問於卜偃曰：『吾其濟乎？』對曰：『克之。』公曰：『何時？』對曰：『童謡云：「丙之晨，龍尾伏辰，均服振振，取虢之旂。鶉之賁賁，天策焞焞，火中成軍，虢公其奔。」』此乃涉筆成趣，所謂浮誇者也。不然，直記其事，更有何味？童謡尤古雅可誦。宗堯按，猶云晉非有德以勝人也，童謠使然耳。此與史記所稱『東方物之所生，西方物之成熟』意同。其九月、十月之交乎！丙子旦，日在尾，月在策，鶉火中，必是時也。』

冬十二月丙子，朔，晉滅虢。虢公醜奔京師。師還，館于虞，遂襲虞，滅之。執虞公及其大夫井伯，以媵秦穆姬，而修虞祀，『而修虞祀』應前事神，乃詼詭之旨之所寄也。且歸其職貢於王。故書曰『晉人執虞公』，罪虞，且言易也。

校記

〔一〕原校：倭庫本『誰』上有『其』字。
〔二〕原校：倭庫本『以亡』上有『得神』二字。
〔三〕原校：荀子『逆』作『御』。

楚滅諸國 附子元之難。此篇哀諸國之亡，以『德之不建，民之無援』二語爲主。

莊公六年，楚文王伐申，過鄧。鄧祁侯曰：『吾甥也。』止而享之。騅甥、聃甥、養甥請殺楚子。鄧侯弗許。三甥曰：『亡鄧國者，必此人也。若不早圖，後君噬齊。其及圖之乎！楚之翦滅諸國多矣，借此以發忿也。圖之，此爲時矣。』鄧侯曰：『人將不食吾餘。』對曰：『若不從三臣，抑社稷實不血食，而君焉取餘？』弗從。還年，楚子伐鄧。

十六年，楚復伐鄧，滅之。鄧侯以仁厚取亡，亦惜之也。

隱公十一年，鄭息有違言。息侯伐鄭，鄭伯與戰于竟，息師大敗而還。君子是以知息之將亡也，『不度德，不量力，不親親，不徵辭，不察有罪。犯五不韙而以伐人，其喪師也，不亦宜乎？』憤詞。并兼之世，別無是非，惟以强弱爲是非也。

桓公十七年，蔡桓侯卒。蔡人召蔡季于陳。秋，蔡季自陳歸于蔡，蔡人嘉之也。

莊公十年，蔡哀侯娶于陳，息侯亦娶焉。息嬀將歸，過蔡。蔡侯曰：『吾姨也。』止而見之，弗賓。息侯聞之，怒，使謂楚文王曰：『伐我，吾求救於蔡而伐之。』楚子從之。

秋九月，楚敗蔡師于莘，以蔡侯獻舞歸。

十四年，蔡哀侯爲莘故，繩息嬀以語楚子。楚子如息，以食入享，遂滅息。以息嬀歸，生堵敖及成王焉。未言。楚子問之。對曰：『吾一婦人，而事二夫，縱弗能死，其又奚言？』楚子以蔡侯滅息，遂伐蔡。秋七月，楚入蔡。

君子曰：『商書所謂「惡之易也，如火之燎于原，不可鄉邇，其猶可撲滅」者，其如蔡哀侯乎！』外責蔡侯，實疾楚勢日盛之不可遏也。有紘外音，詳翫之自見。以上楚文王所滅。

二十八年，楚令尹子元欲蠱文夫人，爲館於其宮側，而振萬焉。連上文讀之，見一代梟雄身後衰壞如此。夫人聞之，泣曰：『先君以是舞也，習戎備也。今令尹不尋諸仇讎，而於未亡人之側，不亦異乎！』御人以告子元。子元曰：『婦人不忘襲讎，我反忘之！』秋，子元以車六百乘伐鄭，入于桔柣之門。子元、鬬御彊、鬬梧、耿之不比爲旆，鬬班、王孫游、王孫喜殿。衆車入自純門，及逵市。縣門不發。楚言而出。子元曰：『鄭有人焉。』諸侯救鄭。楚師夜遁。鄭人將奔桐丘，諜告曰：『楚幕有烏。』乃止。敘述微妙。

三十年，楚公子元歸自伐鄭，而處王宮。鬬射師諫，則執而梏之。秋，申公鬬班殺子元。鬬穀於菟爲令尹，自毁其家以紓楚國之難。僖公五年，楚鬬穀於菟滅弦，弦子奔黃。於是江、黃、道、柏方睦於齊，皆弦姻也。江、黃、道、柏，皆於此一提。弦子恃之而不事楚，又不設備，故亡。

十一年，黃人不歸楚貢。冬，楚人伐黃。十二年，黃人恃諸侯之睦于齊也，不共楚職，曰：『自郢及我九百里，焉能害我？』此見齊不能庇諸小國，又見楚威所及之遠也。夏，楚滅黄。

二十五年秋，秦晉伐鄀。楚鬭克、屈禦寇以申息之師戍商密。秦人過析，隈入而係輿人，以圍商密，昏而傅焉。宵，坎血加書，僞與子儀、子邊盟者。商密人懼，曰：『秦取析矣！戍人反矣！』乃降秦師。秦師囚申公子儀、息公子邊以歸。楚令尹子玉追秦師，弗及。遂圍陳，納頓子于頓。

二十六年，夔子不祀祝融與鬻熊，楚人讓之。對曰：『我先王熊摯有疾，鬼神弗赦，而自竄于夔。吾是以失楚，又何祀焉？』此見其滅國不辟宗。秋，楚成得臣、鬭宜申帥師滅夔，以夔子歸。每小國之滅，必疏其所以失國之罪。雖關勸懲，而從無一言責楚之蠶食，亦文章微旨也。以上成王所滅。

文公三年，楚師圍江，晉先僕伐楚以救江。冬，晉以江故告于周，王叔桓公、晉陽處父伐楚以救江，門于方城，遇息公子朱而還。四年，楚人滅江。

五年，六人叛楚即東夷。秋，楚成大心、仲歸帥師滅六。冬，楚公子燮滅蓼。臧文仲聞六與蓼滅，曰：『皋陶、庭堅不祀忽諸。德之不建，民之無援，哀哉！』以慨嘆總收。以上穆王所滅。宗堯按，此篇以小國見翦滅爲主，所以著楚之强也。

晉驪姬之亂

此篇以申生之死爲主，後附奚齊、卓子，則其必至之效也。

莊公二十三年，晉桓、莊之族偪，獻公患之。士蔿曰：『去富子，則羣公子可謀也已。』公曰：『爾試其事。』士蔿與羣公子謀，譖富子而去之。二十四年，晉士蔿又與羣公子謀，使殺游氏之二子。士蔿告晉侯曰：『可矣。不過二年，君必無患。』盡誅同族，驪姬所以起禍也。六卿分晉，皆肇於此。『君必無患』一語趣甚。二十五年，晉士蔿使羣公子盡殺游氏之族，乃城聚而處之。冬，晉侯圍聚，盡殺羣公子。

二十六年春，晉士蔿爲大司空。夏，士蔿城絳，以深其宫。

二十八年，晉獻公娶于賈，無子。烝於齊姜，生秦穆夫人及太子申生。又娶二女於戎，大戎狐姬生重耳，小戎子生夷吾。晉伐驪戎，驪戎男女以驪姬。歸，生奚齊，其娣生卓子。提挈極分明，史公所本。驪姬嬖，欲立其子，賂外嬖梁五與東關嬖五，使言於公曰：『曲沃，君之宗也；蒲與二屈，君之疆也；不可以無主。宗邑無主，則民不威；疆埸無主，則啓戎心；戎之生心，民慢其政，國之患也。若使大子主曲沃，而重耳、夷吾主蒲與屈，則可以威民而懼戎，且旌君伐。』使俱曰：『狄之廣莫，於晉爲都。晉之啓土，不亦宜乎？』晉侯説之。夏，使大子居曲沃，重耳居蒲城，夷吾居屈。羣公子皆鄙，唯二姬之子在絳。二五卒與驪姬譖羣公子而立奚齊，晉人謂之『二五耦』。事前總挈之筆。長篇如此，便不散漫。

閔公元年，晉侯作二軍，公將上軍，大子申生將下軍。趙夙御戎，畢萬爲右，以滅耿、滅霍、滅魏。還，爲大子城曲沃，賜趙夙耿，賜畢萬魏，以爲大夫。

士蔿曰：『大子不得立矣。分之都城，而位以卿，先爲之極，又焉得立？不如逃之，無使罪至。爲吳大伯，不亦可乎？猶有令名，與其及也。此段橫空倒捲。且諺曰：「心苟無瑕，何恤乎無家？」天若祚大子，其無晉乎！』

卜偃曰：『畢萬之後必大。萬，盈數也；魏，大名也。以是始賞，天啓之矣。天子曰兆民，諸侯曰萬民。今名之大，以從盈數，其必有衆。』宗堯云：敬仲奔齊，意極奇肆，然猶自爲一篇。此則於太子之不得立而倒攝二百年後之篡謀。發之於此，以警當時，卻爲文之旁枝，尤覺奇肆無匹。

初，畢萬筮仕於晉，遇屯䷂之比䷇。辛廖占之，曰：『吉。屯固比入，吉孰大焉？其必蕃昌。震爲土，車從馬，足居之，兄長之，母覆之，衆歸之，六體不易，合而能固，安而能殺，公侯之卦也。公侯之子孫，必復其始。』先大夫評曰：載此占與田完同。蓋田氏未取齊，三家未分晉，識者已能見之。姚姬傳乃疑爲吳起所續，何其專輒耶？

二年，晉侯使大子申生伐東山皋落氏。里克諫曰：『大子奉冢祀、社稷之粢盛，以朝夕視君膳者也，故曰冢子。君行則守，有守則從。從曰撫軍，守曰監國，古之制也。夫帥師，專行謀，誓軍旅，君與國政之所圖也，非大子之事也。師在制命而已，稟命則不威，專命則不孝，故君之嗣適不可以帥師。君失其官，帥師不威，將焉用之？此皆倒攝太子之死，而里克窺探君心，小人心事如繪。且臣聞皋落氏將戰。君其舍之！』公曰：『寡人有子，未知其誰立焉！』不對而退。見大子。大子曰：『吾其廢乎？』對曰：『告之以臨民，教之以軍旅，不共是懼，何故廢乎？且子懼不孝，無懼弗得立。修己而不責人，則免於難。』

大子帥師，公衣之偏衣，佩之金玦。狐突御戎，先友爲右。梁餘子養御罕夷，先丹木爲右。羊舌大夫爲尉。從衣、佩倒提，趁勢鋪敘諸人一番，以開下文，所以深惜申生之死也。以下諸將聚謀，悲憤之氣滿紙。先友曰：『衣身之偏，握兵之要，在此行也，子其勉之！偏躬無慝，兵要遠災，親以無災，又何患焉！』狐突嘆曰：『時，事之徵也；衣，身之章也；佩，衷之旗也。故敬其事，則命以始；服其身，則衣之純；用其衷，則佩之度。今命以時卒，閟其事也；衣之尨服，遠其躬也；佩以金玦，棄其衷也。服以遠之，時以閟之；尨，涼；冬，殺；金，寒；玦，離；胡可恃也？雖欲勉之，狄可盡乎？』梁餘子養曰：『帥師者，受命於廟〔一〕，受脤於社，有常服矣。不獲而尨，命可知也。死而不孝，不如逃之。』罕夷曰：『尨奇無常，金玦不復。雖復何爲？君有心矣。』先丹木曰：『是服也，狂夫阻之。曰「盡敵而反」，敵可盡乎？國語：『且是衣也，狂夫阻之衣也。其言曰：盡敵而反。』韋注：『狂夫，方相氏之士也。阻，古詛字。言謂狂夫祭詛之言也。』今案，韋注極當。蓋公所衣之偏衣，亦非自爲，此製本巫覡祭詛之服，所由衣以此者，取其詛詞『盡敵而反』之言，實以隱示疏外之意也。雖盡敵，猶有內讒，不如違之。』狐突欲行。羊舌大夫曰：『不可，違命不孝，棄事不忠。雖知其寒，惡不可取。子其死之！』

大子將戰，狐突諫曰：『不可，昔辛伯諗周桓公云：「內寵并后，外寵二政，嬖子配適，大都耦國，亂之本也。」周公弗從，故及於難。今亂本成矣，立可必乎？孝而安民，子其圖之！與其危身以速罪也。』古人文字之妙者，略如時文家之截下題，眼光注射一物，詞氣吞吐間皆爲此事，卻不輕揭破，便爲神妙。此章止懷一憂慮太子不立之意，反覆猜疑，皆是此故，文情何等生動。

僖公四年，初，晉獻公欲以驪姬爲夫人，卜之，不吉；筮之，吉。公曰：『從筮。』卜人曰：『筮短龜長，不如從長。且其繇曰：「專之渝，攘公之羭。一薰一蕕，十年尚猶有臭〔一〕。」從繇詞，攝後。必不可！』弗聽，立之。生奚齊，其娣生卓子。及將立奚齊，既與中大夫成謀，特提之筆。姬謂大子曰：『君夢齊姜，必速祭之！』大子祭于曲沃，歸胙于公。公田，姬置諸宮六日〔二〕。公至，毒而獻之。公祭之地，地墳。與犬，犬斃。與小臣，小臣亦斃。姬泣曰：『賊由大子。』敘寫工絕。大子奔新城。公殺其傅杜原款。

或謂大子：『子辭，君必辯焉。』大子曰：『君非姬氏，居不安，食不飽。我辭，姬必有罪。君老矣，吾又不樂。』嗚咽唏噓，所以發明申生之孝也。『吾又不樂』，言己不能娛親也。解者多誤。曰：『子其行乎？』大子曰：『君實不察其罪，被此名也以出，人誰納我？』十二月戊申，縊于新城。

姬遂譖二公子曰：『皆知之。』譖太子止四字，譖二公子止三字，簡括之至，所以極獻公之昏庸，不待多言之間也。重耳奔蒲，夷吾奔屈。

五年，晉侯使以殺大子申生之故來告。

初，晉侯使士蔿爲二公子築蒲與屈，不慎，寘薪焉。將敘攻二子，不肯平落，故追敘此。夷吾訴之。公使讓之。士蔿稽首而對曰：『臣聞之：無喪而慼，憂必讎焉；無戎而城，讎必保焉。寇讎之保，又何慎焉？守官廢命，不敬；固讎之保，不忠。失忠與敬，何以事君？詩云：「懷德惟寧，宗子惟城。」君其修德而固宗子，何城如之？獻公殺子之不道，未嘗一言及也。於此微諷而已。三年將尋師焉，焉用慎？』退而賦曰：『狐裘尨茸，一國三公，吾誰適從？』此見重耳、夷吾其時已各有黨與羽翼，而公不知也。

及難，公使寺人披伐蒲。重耳曰：『君父之命不校。』乃徇曰：『校者，吾讎也。』踰垣而走。披斬其祛。遂出奔翟。

六年春，晉侯使賈華伐屈。夷吾不能守，盟而行。將奔狄，郤芮曰：『後出同走，罪也。不如之梁。梁近秦而幸焉。』乃之梁。敘二公子出亡，爲先後入國張本。文筆明捷之至，如弈棋之布局。

八年，晉里克帥師，梁由靡御，虢射爲右，以敗狄于采桑。梁由靡曰：『狄無耻，從之，必大克。』里克曰：『懼之而已，無速衆狄。』虢射曰：『期年狄必至，示之弱矣。』夏，狄伐晉，報采桑之役也。復期月。

九年九月，晉獻公卒。里克、丕鄭欲納文公，故以三公子之徒作亂。提筆勁爽。初，獻公使荀息傅奚齊。公疾，召之，曰：『以是藐諸孤辱在大夫，其若之何？』稽首而對曰：『臣竭其股肱之力，加之以忠、貞。其濟，君之靈也；不濟，則以死繼之。』公曰：『何謂忠、貞？』對曰：『公家之利，知無不爲，忠也；送往事居，耦俱無猜，貞也。』

及里克將殺奚齊，先告荀息曰：『三怨將作，秦晉輔之，子將何如〔四〕？』荀息曰：『將死之。』里克曰：『無益也。』荀叔曰：『吾與先君言矣，不可以貳。能欲復言而愛身乎？雖無益也，將焉辟之？且人之欲善，誰不如我？我欲無貳，而能謂人已乎？』冬十月，里克殺奚齊于次。書曰『殺其君之子』，未葬也。荀息將死之，人曰：『不如立卓子而輔之。』荀息立公子卓以葬。十一月，里克殺公子卓于朝。荀息死之。君子曰：『詩所謂「白圭之玷，尚可磨也；斯言之玷，不可爲也」，荀息有焉。』宗堯云：議荀息爲『斯言之玷』，以見驪姬之子不當立也。此於結束處論定晉大子廢立之事。

校記

〔一〕廟　原作『朝』，今正。
〔二〕原校：禮內則注『蝤』作『廼』。
〔三〕原校：『六日』史記作『二日』。
〔四〕原校：『何如』一本作『如何』。

晉惠之入　此篇記惠公入國後事。

晉郤芮使夷吾重賂秦以求入，『重賂秦以求入』，六字提挈，已貫全篇。曰：『人實有國，我何愛焉？入而能民，土於何有？』從之。齊隰朋帥師會秦師納晉惠公。秦伯謂郤芮曰：『公子誰恃？』對曰：『臣聞亡人無黨，有黨必有讎。夷吾弱不好弄，能鬬不過，長亦不改，不識其他。』公謂公孫枝曰：『夷吾其定乎？』對曰：『臣聞之，唯則定國。詩曰「不識不知，順帝之則」，文王之謂也。又曰「不僭不賊，鮮不爲則」，無好無惡，不忌不克之謂也。今其言多忌克，難哉！』公曰：『忌則多怨，又焉能克？是吾利也。』先大夫評曰：詞旨譏刺重耳，故曰『言多忌克』。

僖公十年夏四月，周公忌父、王子黨會齊隰朋立晉侯。晉侯殺里克以説。將殺里克，公使謂之曰：『微子，則不及此。雖然，子弒二君與一大夫〔一〕，爲子君者不亦難乎？』對曰：『不有廢也，君何以興？欲加之罪，其無辭乎？臣聞命矣。』伏劍而死。於是丕鄭聘于秦，且謝緩賂，故不及。

晉侯改葬共大子。

秋，狐突適下國，遇大子。大子使登，僕，而告之曰：『夷吾無禮，余得請於帝矣，將以晉畀秦，秦將祀余。』上顧申生之冤，下起韓原之戰，此文中脈胳貫輸之處。對曰：『臣聞之：「神不歆非類，民不祀非族。」君祀無乃殄乎？且民何罪？失刑、乏祀，君其圖之！』君曰：『諾。吾將復請。七日，新城西偏將有巫者而見我焉〔二〕。』許之，遂不見。及期而往，告之曰：『帝許我罰有罪矣，敝於韓〔三〕。』此故作離奇誕幻之説，以深惜太子之冤也。

宗堯按，此與『有神降于莘』筆意相類。

丕鄭之如秦也，言於秦伯曰：『呂甥、郤稱、冀芮實爲不從，若重問以召之，臣出晉君，君納重耳，蔑不濟矣。』

冬，秦伯使泠至報、問，且召三子。郤芮曰：『幣重而言甘，誘我也。』遂殺丕鄭、祁舉及七輿大夫：左行共華、右行賈華、叔堅、騅歂、纍虎、特宮、山祁，皆里丕之黨也。丕豹奔秦，言於秦伯曰：『晉侯背大主而忌小怨，民弗與也。伐之，必出。』公曰：『失衆，焉能殺？違禍，誰能出君？』

十一年春，晉侯使以丕鄭之亂來告。天王使召武公、内史過賜晉侯命，受玉惰。過歸，告王曰：『晉侯其無後乎！王賜之命，而惰於受瑞，先自棄也已，其何繼之有？禮，國之幹也；敬，禮之輿也。不敬則禮不行，禮不行則上下昏，何以長世？』此論定夷吾。

校記

〔一〕原校：宋本『弑』作『殺』，倭庫本同。

〔二〕原校：『七日』史記作『十日』。

〔三〕原校：倭庫本『敝』作『弊』。案古本『斃』字皆作『獘』，此亦當同。

秦晉韓之戰

此篇前半記惠公無道，明韓戰之必敗。後記晉諸臣敗而不屈，以起晉侯之復歸。

十三年冬，晉薦饑，使乞糴于秦。秦伯謂子桑：『與諸乎？』對曰：『重施而報，君將何求？重施而不報，其民必攜；攜而討焉，無衆必敗。』謂百里：『與諸乎？』對曰：『天災流行，國家代有。救災、恤鄰，道也。行道，有福。』丕鄭之子豹在秦，請伐晉。秦伯曰：『其君是惡，其民何罪？』秦於是乎輸粟于晉，自雍及絳相繼，命之曰『汎舟之役』。起下韓之戰。

十四年秋八月辛卯，沙鹿崩。晉卜偃曰：『期年將有大咎，幾亡國。』此筆尤奇詭。

冬，秦饑，使乞糴于晉，晉人弗與。慶鄭曰：『背施，無親；幸災，不仁；貪愛，不祥；怒鄰，不義。四德皆失，何以守國？』虢射曰：『皮之不存，毛將安傅？』慶鄭曰：『棄信背鄰，患孰恤之？無信，患作；失援，必斃〔一〕。是則然矣。』虢射曰：『無損於怨，而厚於寇，不如勿與。』慶鄭曰：『背施幸災，民所棄也。近猶讎之，況怨敵乎？』弗聽。退曰：『君其悔是哉！』以慶鄭爲綫索，以明晉侯之乖戾。

十五年，晉侯之入也，秦穆姬屬賈君焉，且曰：『盡納羣公子。』晉侯烝於賈君，又不納羣公子，是以穆姬怨之。晉侯許賂中大夫，既而皆背之。賂秦伯以河外列城五，東盡虢略，南及華山，內及解梁城，既而不與。晉饑，秦輸之粟；秦饑，晉閉之糴。故秦伯伐晉。

卜徒父筮之，吉：『涉河，侯車敗。』詰之。對曰：『乃大吉也。三敗，必獲晉君。其卦遇蠱䷑，曰：「千乘三去，三去之餘，獲其雄狐。」夫狐蠱，必其君也。蠱之貞，風也；其悔，山也〔二〕。歲云秋矣，我落其實，而取其材，所以克也。實落、材亡，不敗，何待？』

三敗及韓。就上繇詞『敗』字陡入，奇峭。晉侯謂慶鄭曰：『寇深矣，若之何？』對曰：『君實深之，可若何！』公曰：『不孫！』卜右，慶鄭吉。弗使。步揚御戎，家僕徒爲右。乘小駟，鄭入也。慶鄭曰：『古者大事，必乘其産。生其水土，而知其人心；安其教訓，而服習其道；唯所納之，無不如志。今乘異産，以從戎事，及懼而變，將與人易。亂氣狡憤，陰血周作，張脈僨興，外彊中乾。進退不可，周旋不能，君必悔之。』弗聽。

前借『占筮』逆入，猶嫌徑熟，乃更就『小駟』生波，倍饒風趣。其措語之工切，尤不易到。

九月，晉侯逆秦師，使韓簡視師。復曰：『師少於我，鬭士倍我。』再提。公曰：『何故？』對曰：『出因其資，入用其寵，饑食其粟，三施而無報，是以來也。今又擊之，我怠秦奮，倍猶未也。』公曰：『一夫不可狃，況國乎？』遂使請戰，曰：『寡人不佞，能合其衆而不能離也。君若不還，無所逃命。』秦伯使公孫枝對曰：『君之未入，寡人懼之；入而未定列，猶吾憂也。苟列定矣，敢不承命？』韓簡退曰：『吾幸而得囚。』三提。

壬戌，戰于韓原。晉戎馬還濘而止。公號慶鄭。慶鄭曰：『愎諫、違卜，固敗是求，又何逃焉？』遂去之。梁由靡御韓簡，虢射爲右，輅秦伯，將止之。鄭以救公誤之，遂失秦伯。秦獲晉侯以歸。左氏敘諸大戰，每於已敗之國特見其長，不肯埋没，倍覺生動。晉大夫反首拔舍從之。才了戰事，便提筆急寫晉諸臣戰後氣概凜凜，所以能復其君。秦伯使辭焉，曰：『二三子何其慼也！寡人之從君而西也〔三〕，亦晉之妖夢是踐，豈敢以至？』晉大夫三拜稽首曰：『君履后土而戴皇天，皇天后土實聞君之言，羣臣敢在下風。』穆姬聞晉侯將至，以大子罃、弘與女簡璧登臺而履薪焉。使以免服衰絰逆，且告借穆姬再提。曰：『上天降災，使我兩君匪以玉帛相見，而以興戎。若晉君朝以入，則婢子夕以死；夕以入，則朝以死。唯君裁之！』先大夫評曰：以上四十二字，陸孔并云古本無，應刪。乃舍諸靈臺。

大夫請以入。公曰：『獲晉侯，以厚歸也；厚，倭庫本作『虖』。案『虖』即『嫭』字，漢書韓安國傳『即以嫭鄙小縣』，服虔曰：『嫭，誇奼也。』鄧展曰：『嫭，好也，以車服之好曜邊鄙也。』今本作『厚』，疑後之淺人妄改之。既而喪歸，焉用之？大夫其何有焉？且晉人感憂以重我，天地以要我。不圖晉憂，重其怒也；我食吾言，背天地也。重怒難任，背天不祥，必歸晉君。』公子縶曰：『不如殺之，無聚慝焉。』子桑曰：『歸之而質其大子，必得大成。晉未可滅，而殺其君，祇以成惡。皆於事前提挈之筆。且史佚有言曰：「無始禍，無怙亂，無重怒。」重怒，難任；陵人，不祥。』乃許晉平。

晉侯使郤乞告瑕呂飴甥，且召之。子金教之言曰：『朝國人而以君命賞。且告之曰：「孤雖歸，辱社稷矣，其卜貳圉也。」國語云『其改置以代圉也』，文義最明了。衆皆哭，晉於是乎作爰田。呂甥曰：『君亡之不恤，而羣臣是憂，惠之至也。將若君何？』衆曰：『何爲而可？』對曰：『征繕以輔孺子也〔四〕。諸侯聞之，喪君有君，羣臣輯睦，甲兵益多。好我者勸，惡我者懼，庶有益乎！』衆說，晉於是乎作州兵。此段寫晉人謀復其君，生氣勃勃，所以敗而不亡之故。千載下讀之，猶爲奮動。

初，晉獻公筮嫁伯姬於秦〔五〕，遇歸妹䷵之睽䷥。史蘇占之，曰：『不吉。其繇曰：「士刲羊，亦無衁也；女承筐，亦無貺也。西鄰責言，不可償也。歸妹之睽，猶無相也。」震之離，亦離之震。「爲雷爲火，爲嬴敗姬。車說其輹，火焚其旗，不利行師，敗于宗丘。歸妹睽孤，寇張之弧。姪其從姑，六年其逋，逃歸其國，而棄其家，明年其死於高梁之虛。」』繇詞極奇幻弔詭，而將後事一一攝起，尤爲奇妙。及惠公在秦，曰：『先君若從史蘇之占，吾不及此夫！』韓簡侍，曰：『龜，象也；筮，數也。物生而後有象，象而後有滋〔六〕，滋而後有數。先君之敗德，及可數乎？』先大夫評曰：『敗德』猶今俗言『敗運』也。五運謂之五德。盤庚『降我凶德』與此『敗德』亦同。『可』者，『何』之借省。言先君之敗運及此，何關筮數也？闓生謹案，古本春秋『何』、『可』二字多互通。史蘇是占，勿從何益？詩曰：「下民之孽，匪降自天。僔沓背憎，職競由人。」』論定戰事，責惠公也。宗堯按，蓍不足信，狐突遇太子愈不足信矣。左氏遇有所惡之人與事，往往取妖妄以驚之弄之，猶云妖由人興，不自作也。

十月，晉陰飴甥會秦伯，盟于王城。秦伯曰：『晉國和乎？』對曰：『不和。小人恥失其君而悼喪其親，不憚征繕以立圉也，曰：「必報讎，寧事戎狄。」君子愛其君而知其罪，不憚征繕以待秦命，曰：「必報德，有死無二。」以此不和。』此篇詞令妙絶千古，在本書中亦爲有數文字。秦伯曰：『國謂君何？』對曰：『小人慼，謂之不免；君子恕，以爲必歸。小人曰：「我毒秦，秦豈歸君？」君子曰：「我知罪矣，秦必歸君。貳而執之，服而舍之，德莫厚焉，刑莫威焉。服者懷德，貳者畏刑，此一役也，秦可以霸。納而不定，廢而不立，以德爲怨，秦不其然。」秦伯曰：『是吾心也。』改館晉侯，饋七牢焉。

蛾析謂慶鄭曰：『盍行乎？』對曰：『陷君於敗，敗而不死，又使失刑，非人臣也。臣而不臣，行將焉入？』十一月，晉侯歸。丁丑，殺慶鄭而後入。

是歲，晉又饑，秦伯又餼之粟，曰：『吾怨其君，而矜其民。且吾聞唐叔之封也，箕子曰：「其後必大。」晉其庸可冀乎？姑樹德焉，以待能者。』惠公事纔了，又透文公消息。此等纔落便提處最可愛。

於是秦始征晉河東，置官司焉。

十六年秋，狄侵晉，取狐、廚、受鐸，涉汾，及昆都，因晉敗也。

十七年夏，晉大子圉爲質於秦，秦歸河東而妻之。惠公之在梁也，梁伯妻之。梁嬴孕，過期。卜招父與其子卜之。其子曰：『將生一男一女。』招曰：『然。男爲人臣，女爲人妾。』故名男曰圉，女曰妾。及子圉西質秦〔七〕，妾爲宦女焉。

二十二年，晉大子圉爲質於秦，將逃歸，謂嬴氏曰：『與子歸乎？』對曰：『子，晉大子，而辱於秦。子之欲歸，不亦宜乎？寡君之使婢子侍執巾櫛，以固子也。從子而歸，棄君命也。不敢從，亦不敢言。』遂逃歸。

二十三年九月，晉惠公卒。懷公立〔八〕，命無從亡人，期，期而不至，無赦。狐突之子毛及偃從重耳在秦，弗召。冬，懷公執狐突，曰：『子來則免。』對曰：『子之能仕，父教之忠，古之制也。策名、委質，貳乃辟也。今臣之子，名在重耳，有年數矣。若又召之，教之貳也。父教子貳，何以事君？刑之不濫，君之明也，臣之願也。淫刑以逞，誰則無罪？臣聞命矣。』乃殺之。卜偃稱疾不出，曰：『周書有之：「乃大明服。」己則不明，而殺人以逞，不亦難乎？民不見德，而唯戮是聞，其何後之有？』附此見懷公之無道，以開重耳。

校　記

〔一〕原校：倭庫本『斃』作『弊』。

〔二〕悔　説文作『𠃛』，云『易卦之上體也』。

〔三〕依嚴可均説，『從』字下有『晉』字。

〔四〕原校：『子』下『也』字依倭庫本補。

〔五〕原校：倭庫本『秦』下有『也』字。

〔六〕原校：倭庫本『後』下無『有』字，是。

〔七〕原校：依倭庫本『質』下補『秦』字。

〔八〕『公』下原無『立』字，依王引之説補。詳經義述聞。

衛文滅邢

此文以滅同姓而諸侯莫救爲主。全文隱遏不露，至末特載禮至一銘，以寄深曲之旨，筆意高絶。

僖公十八年冬，邢人、狄人伐衛，圍菟圃。衛侯以國讓父兄子弟及朝衆，曰：『苟能治之，燬請從焉。』此時衛尚弱，數語凜凜，便有滅邢之氣。衆不可，而後師于訾婁。狄師還。

十九年秋，衛人伐邢，以報菟圃之役。於是衛大旱，卜有事於山川，不吉。甯莊子曰：『昔周饑，克殷而年豐。今邢方無道，諸侯無伯，天其或者欲使衛討邢乎〔一〕？』從甯子口中再提諸侯無伯，衛之所以敢滅邢也。此惜之之詞，而反謂『欲衛討邢』。文之深曲如此。從之。師興而雨。

二十年秋，齊狄盟于邢，爲邢謀衛難也。於是衛方病邢。

二十四年，衛人將伐邢，禮至曰：『不得其守，國不可得也。我請昆弟仕焉。』乃往，得仕。

二十五年春，衛人伐邢，二禮從國子巡城，掖以赴外，殺之。正月丙午，衛侯燬滅邢。同姓也，故名。禮至爲銘曰〔二〕：『余掖殺國子，莫余敢止。』譏衛之滅同姓，卻於禮至銘中見意，詭極。

校　記

〔一〕『欲』下脱『使』字，今補。

〔二〕原校：『禮至』下倭庫本有『自以』二字。

宋襄之霸

此篇惜宋爲商後，有可圖霸之基而不能也。『天之棄商，亡國之餘』二語，乃其見意處，爲一篇之眼。

僖公八年，宋公疾，大子茲父固請曰：『目夷長且仁，君其立之！』公命子魚。子魚辭，曰：『能以國讓，仁孰大焉？臣不及也，且又不順。』遂走而退。

九年春，宋桓公卒。未葬而襄公會諸侯，故曰子。凡在喪，王曰小童，公侯曰子。

宋襄公即位，以公子目夷爲仁，使爲左師以聽政，於是宋治。故魚氏世爲左師。

十六年春，隕石于宋五，隕星也。六鷁退飛，過宋都，風也。周内史叔興聘于宋，宋襄公問焉，曰：『是何祥也？吉凶焉在？』對曰：『今兹魯多大喪，明年齊有亂，君將得諸侯而不終。』退而告人曰：『君失問。是陰陽之事〔一〕，非吉凶所生也。吉凶由人。吾不敢逆君故也。』此見左公本不信妖祥之事。全書多載此等，特以寄其詼詭之趣而已。宗堯按，攝起全篇，妙絶。

十九年，宋人執滕宣公。夏，宋公使邾文公用鄫子于次睢之社，欲以屬東夷。司馬子魚曰：『古者六畜不相爲用，小事不用大牲，而況敢用人乎？祭祀以爲人也。民，神之主也。用人，其誰饗之？齊桓公存三亡國以屬諸侯，義士猶曰薄德，不滿齊桓，偶然一露。今一會而虐二國之君，又用諸淫昏之鬼，將以求霸，不亦難乎？得死爲幸。』

宋人圍曹，討不服也。子魚言於宋公曰：『文王聞崇德亂而伐之，軍三旬而不降。退修教而復伐之，因壘而降。詩曰：「刑于寡妻，至于兄弟，以御于家邦。」今君德無乃猶有所闕，而以伐人，若之何？盍姑内省德乎，無闕而後動。』此篇專以子魚言作眼目，猶昭公之難專以子家子言作眼目，乃左氏之家法也。

陳穆公請修好於諸侯，以無忘齊桓之德。宗堯云：横插陳欲修好，貶襄之不如桓也，文情妙遠之至。冬，盟于齊，修桓公之好也。

二十年，宋襄公欲合諸侯。提筆。臧文仲聞之，曰：『以欲從人，則可；以人從欲，鮮濟。』宗堯案，文仲之論中宋襄骨髓，左氏借之以爲一篇骨干。二十一年春，宋人爲鹿上之盟，以求諸侯於楚。楚人許之。公子目夷曰：『小國争盟，禍也。宋其亡乎！幸而後敗。』每於宋襄有所舉動，便載子魚諷刺之言以貶之。章旨瀏亮而文情剽姚生動。秋，諸侯會宋公于盂。子魚曰：『禍其在此乎！君欲已甚，其何以堪之？』於是楚執宋公以伐宋。冬，會于薄以釋之。子魚曰：『禍猶未也，未足以懲君。』此與上下兩語尤極抑揚之致。

二十二年三月，鄭伯如楚。夏，宋公伐鄭。子魚曰：『所謂禍在此矣。』楚人伐宋以救鄭。宋公將戰，大司馬固諫曰：『天之棄商久矣，君將興之，弗可赦也已。』弗聽。讀此，知宋襄之志在興商，非同漫舉，而其罪狀徒以違天，遂在不赦，亦并無何等過惡也，乃作者寓意憤惋之處。即子魚之言，亦但以小國争盟爲禍，并無指斥宋公之語。冬十一月己巳朔，宋公及楚人戰于泓。宋人既成列，楚人未既濟。司馬曰：『彼衆我寡，及其未既濟也，請擊之。』公曰：『不可。』既濟而未成列，又以告。公曰：『未可。』既陳而後擊之，宋師敗績。公傷股。門官殲焉。

國人皆咎公。公曰：『君子不重傷，不禽二毛。古之爲軍也，不以阻隘也。寡人雖亡國之餘，不鼓不成列。』宋襄圖霸雖不量力，然其志量亦超絶矣。左氏如其分而記之，短長具見，不失壘黍，尤見定識，不似後世史官，心惡其人，便不見分毫長處也。子魚曰：『君未知戰。勍敵之人，隘而不列，天贊我也；阻而鼓之，不亦可乎？猶有懼焉。且今之勍者，皆吾敵也。雖及胡耇，獲則取之，何有於二毛？明耻、教戰，求殺敵也。傷未及死，如何勿重？若愛重傷，則如勿傷；愛其二毛，則如服焉。三軍以利用也，金鼓以聲氣也。利而用之，阻隘可也；聲盛致志，鼓儳可也。』子魚論戰一段，殊凜烈有英氣，可爲宋襄生色。且觀其所論，正惜其臨戰之不力，并非謂不當戰也。蠻夷方張，中國不振，宋欲圖霸，雖不量力，夫豈有可指之罪哉！

丙子晨，鄭文夫人芈氏、姜氏勞楚子於柯澤。楚子使師縉示之俘馘。宗堯云：敘宋襄旁及楚子之不遂霸，多鄙夷之辭。闓生案，重抑楚子，亦所以伸襄公之志也。君子曰：『非禮也。婦人送迎不出門，見兄弟不踰閾，戎事不邇女器。』

丁丑，楚子入饗于鄭，九獻，庭實旅百，加籩豆六品。饗畢，夜出，文芈送于軍。取鄭二姬以歸。叔詹曰：『楚王其不没乎！爲禮卒於無别。無别不可謂禮。將何以没？』諸侯是以知其不遂霸也。

二十三年春，齊侯伐宋，圍緡，以討其不與盟于齊也。

夏五月，宋襄公卒，傷於泓故也。宗堯案，此篇以宋襄公不能定霸爲主。

秋，楚成得臣帥師伐陳，討其貳於宋也。遂取焦夷，城頓而還。子文以爲之功，使爲令尹。叔伯曰：『子若國何？』對曰：『吾以靖國也。夫有大功而無貴仕，其人能靖者與有幾？』

二十四年，宋及楚平，宋成公如楚。還，入於鄭。鄭伯將享之，問禮於皇武子。對曰：『宋，先代之後也，於周爲客。天子有事，膰焉；有喪，拜焉。豐厚可也。』鄭伯從之，享宋公有加，禮也。

校記

〔一〕原校：倭庫本『事』下有『也』字。

王子帶之亂

此篇以『兄弟小忿，不廢懿親』爲主。

莊公十八年，虢公、晉侯、鄭伯使原莊公逆王后于陳。陳媯歸于京師，實惠后。

僖公十一年夏，揚、拒、泉、皋、伊、雒之戎同伐京師，入王城，焚東門，王子帶召之也。秦晉伐戎以救周。秋，晉侯平戎于王。

十二年，王以戎難故，討王子帶。秋，王子帶奔齊。

十三年春，齊侯使仲孫湫聘于周，且言王子帶。事畢，不與王言。歸，復命曰：『未可。王怒未怠，其十年乎？不十年，王弗召也。』

秋，爲戎難故，諸侯戍周。齊仲孫湫致之。

十六年，王以戎難告于齊。齊徵諸侯而戍周〔一〕。

二十年，滑人叛鄭，而服於衛。夏，鄭公子士、泄堵寇帥師入滑。甫提便斷，似史記。

二十二年，富辰言於王曰：此篇專以富辰爲綫索。『請召大叔。詩曰：「協比其鄰，昏姻孔云。」吾兄弟之不協，焉能怨諸侯之不睦？』王説。王子帶自齊復歸于京師，王召之也。

二十四年，鄭之入滑也，滑人聽命。師還，又即衛。鄭公子士、泄堵俞彌帥師伐滑。王使伯服、游孫伯如鄭請滑。鄭伯怨惠王之入而不與厲公爵也，又怨襄王之與衛滑也。故不聽王命，而執二子。王怒，將以狄伐鄭。富辰諫曰：『不可。臣聞之：大上以德撫民，其次親親以相及也。昔周公弔二叔之不咸，故封建親戚以藩屏周。管、蔡、郕、霍、魯、衛、毛、聃、郜、雍、曹、滕、畢、原、酆、郇，文之昭也。邘、晉、應、韓，武之穆也。凡、蔣、邢、茅、胙、祭，周公之胤也。典重浩博，惟三代之文有此。召穆公思周德之不類，故糾合宗族于成周而作詩，曰：「棠棣之華，鄂不韡韡。凡今之人，莫如兄弟。」其四章曰：「兄弟鬩于牆，外御其侮。」如是，則兄弟雖有小忿，不廢懿親。借鄭以映子帶。今天子不忍小忿以棄鄭親，其若之何？庸勳、親親、暱近、尊賢，德之大者也。即聾、從昧、與頑、用嚚〔二〕，姦之大者也。棄德、崇姦，禍之大者也。鄭有平惠之勳，又有厲宣之親，棄嬖寵而用三良，於諸姬爲近，四德具矣。耳不聽五聲之和爲聾，目不別五色之章爲昧，心不則德義之經爲頑〔三〕，口不道忠信之言爲嚚。狄皆則之，四姦具矣。周之有懿德也，猶曰「莫如兄弟」，故封建之。其懷柔天下也，猶懼有外侮；扞御侮者，莫如親親，故以親屏周。召穆公亦云。提挈警聳，兩『猶』字折落，尤深痛。左氏每敘及周事，輒有無限悲涼嗚咽之音。此忠鯁之天性也。今周德既衰，於是乎又渝周召，以從諸姦，無乃不可乎？民未忘禍，王又興之，其若文武何？』激宕沈鬱。王弗聽，使頹叔、桃子出狄師。

夏，狄伐鄭，取櫟。

王德狄人，將以其女爲后。富辰諫曰：『不可。臣聞之曰：「報者倦矣，施者未厭。」狄固貪惏，王又啓之。女德無極，婦怨無終，狄必爲患。』王又弗聽。

初，甘昭公有寵於惠后，惠后將立之，未及而卒。昭公奔齊，王復之，又通於隗氏。王替隗氏。頹叔、桃子曰：『我實使狄，狄其怨我。』遂奉大叔以狄師攻王〔四〕。王御士將禦之，王曰：『先后其謂我何？寧使諸侯圖之。』王遂出，及坎欿，國人納之。

秋，頹叔、桃子奉大叔以狄師伐周，大敗周師，獲周公忌父、原伯、毛伯、富辰。王出適鄭，處于氾。大叔以隗氏居于温〔五〕。

冬，王使來告難，曰：『不穀不德，得罪于母弟之寵子帶〔六〕，鄙在鄭地氾，敢告叔父。』臧文仲對曰：『天子蒙塵于外，敢不奔問官守？』王使簡師父告于晉，使左鄢父告于秦。

天子無出，書曰『天王出居于鄭』，辟母弟之難也。天子凶服、降名，禮也。

鄭伯與孔將鉏、石甲父、侯宣多省視官、具于氾，而後聽其私政，禮也。

校記

〔一〕原校：石經『諸侯』下無『而』字，倭庫本同。

〔二〕昧　原作『味』，今正。

〔三〕原校：倭庫本『則』作『測』。

〔四〕王引之經義述聞：『「狄師」二字蓋因下文而衍……先奉大叔以攻王，欲以大叔代王也。』

〔五〕原校：倭庫本『居』下無『于』字。

〔六〕原校：僖五年疏引『弟』作『氏』。

左傳微卷弟三

晉文之入國

此篇譏晉文之無大志，以『天實置之』及『下義其罪，上賞其姦』二語爲主。

僖公二十三年，晉公子重耳之及於難也，晉人伐諸蒲城。蒲城人欲戰，重耳不可，曰：『保君父之命而享其生禄，於是乎得人。有人而校，罪莫大焉。吾其奔也。』遂奔狄。從者狐偃、趙衰、顛頡、魏武子、司空季子。提筆醒。狄人伐廧咎如，獲其二女叔隗、季隗，納諸公子。公子取季隗，生伯儵、叔劉；以叔隗妻趙衰，生盾。將適齊，謂季隗曰：『待我二十五年〔二〕，不來而後嫁。』以二十五年爲期，蓋其經營霸業胸有成算。對曰：『我二十五年矣，又如是而嫁，則就木焉。請待子。』季隗、齊姜、懷嬴及僖負羈妻前後映帶生情，以爲章法，最有機趣。處狄十二年而行。

過衛，衛文公不禮焉。出於五鹿，乞食於野人，野人與之塊。公子怒，欲鞭之。子犯曰：『天賜也。』稽首受而載之。宗堯按，語帶諧謔。

及齊，過衛、及齊、及曹，直貫下入國，如一筆書，特開奇局。齊桓公妻之，有馬二十乘。公子安之。宗堯云：于筆高者，往往好弄當代英雄，如齊桓傳蔡姬、申侯，皆此意也。從者以爲不可。將行，謀於桑下。蠶妾在其上，以告姜氏。姜氏殺之，而謂公子曰：『子有四方之志，其聞之者，吾殺之矣。』公子曰：『無之。』姜曰：『行也！懷與安，實敗名。』公子不可。姜與子犯謀，醉而遣之。醒，以戈逐子犯。

及曹，曹共公聞其駢脅，欲觀其裸。浴，薄而觀之。僖負羈之妻曰：『吾觀晉公子之從者，皆足以相國。言從者之賢，則公子爲凡人可知。若以相，夫子必反其國。反其國，必得志於諸侯。得志於諸侯，而誅無禮，曹其首也。子盍蚤自貳焉！』乃饋盤飧，寘璧焉。公子受飧反璧。

及宋，宋襄公贈之以馬二十乘。

及鄭，鄭文公亦不禮焉。叔詹諫曰：『臣聞天之所啓，人弗及也。晉公子有三焉，天其或者將建諸，君其禮焉！男女同姓，其生不蕃。晉公子，姬出也，而至於今，通篇多菲薄之意，此尤顯。一也。離外之患，而天不靖晉國，殆將啓之，二也。有三士，足以上人，而從之，三也。晉鄭同儕，其過子弟，固將禮焉，況天之所啓乎？』弗聽。

及楚，楚子饗之，曰：『公子若反晉國，則何以報不穀？』對曰：『子、女、玉、帛，則君有之；羽、毛、齒、革，則君地生焉〔一〕。其波及晉國者，君之餘也，其何以報君？』曰：『雖然，何以報我？』對曰：『若以君之靈，得反晉國，晉楚治兵，遇於中原，其辟君三舍。若不獲命，其左執鞭、弭，右屬櫜、鞬，以與君周旋。』晉侯創霸，必以攘楚爲功，此事實之無可避免者。不欺楚子，即自見其大略處。宗堯按，雄氣亦自不可没也，齊桓傳述其救邢衛，與此段皆非貶辭。古人非好慢罵，苟有所長，固不没其實也。子玉請殺之。楚子曰：『晉公子廣而儉，文而有禮。其從者肅而寬，忠而能力。晉侯無親，外内惡之。吾聞姬姓唐叔之後，其後衰者也，其將由晉公子乎！天將興之，誰能廢之？違天，必有大咎。』語多歸重天命，皆薄之之詞也。乃送諸秦。

秦伯納女五人，懷嬴與焉。奉匜沃盥，既而揮之。怒，怒者嬴也。揮者公子也。既而揮之者，謂沃盥既畢，揮之使去也。公子本無惡意，嬴嫌其不敬，故怒。此處多誤解。曰：『秦晉，匹也，何以卑我？』公子懼，降服而囚。記其諂秦以求入。他日，公享之。子犯曰：『吾不如衰之文也〔三〕，請使衰從。』公子賦河水〔四〕。公賦六月。趙衰曰：『重耳拜賜！』公子降，拜，稽首，公降一級而辭焉。衰曰：『君稱所以佐天子者命重耳，重耳敢不拜？』以上寫奔亡之事，凜然有創霸之氣。

二十四年春王正月，秦伯納之。不書，不告入也。『不書』六字，乃經師竄入。及河，子犯以璧授公子，曰：『臣負羈紲從君巡於天下，臣之罪甚多矣，臣猶知之，而況君乎？請由此亡。』此子犯要君處。篇末介之推之論由此發。公子曰：『所不與舅氏同心者，有如白水！』投其璧于河。濟河，圍令狐，入桑泉，取臼衰。二月甲午，晉師軍于廬柳。秦伯使公子縶如晉師。師退，軍于郇。辛丑，狐偃及秦晉之大夫盟于郇。壬寅，公子入于晉師。丙午，入于曲沃。丁未，朝于武宮。一路經涉，到此始住。戊申，使殺懷公于高梁。不書，亦不告也。呂郤畏偪，將焚公宮而弒晉侯。寺人披請見〔五〕。公使讓之，且辭焉，記此二事，見晉侯之褊。曰：『蒲城之役，君命一宿，女即至。其後余從狄君以田渭濱，女爲惠公來求殺余，命女三宿，女中宿至。『渭濱』，韓非子引作『惠竇』。惠、渭古字通，濱即竇也。惠竇之難，前文所不載，故其詞較詳。可見前記蒲城事與此本一篇也。雖有君命，何其速也？夫袪猶在。女其行乎！』對曰：『臣謂君之入也，其知之矣。若猶未也，又將及難。君命無二，古之制也。除君之惡，唯力是視。蒲人、狄人，余何有焉？今君即位，其無蒲狄乎！齊桓公置射鉤，而使管仲相。君若易之，何辱命焉？行者甚衆〔六〕，豈唯刑臣？』公見之，以難告。三月，晉侯潛會秦伯于王城。己丑晦，公宫火。瑕甥、郤芮不獲公，乃如河上，秦伯誘而殺之。敘難事，極爲簡括。晉侯逆夫人嬴氏以歸。秦伯送衛於晉三千人，實紀綱之僕。

初，晉侯之豎頭須，守藏者也，其出也，竊藏以逃，盡用以求納之。及入，求見。公辭焉以沐。謂僕人曰：『沐則心覆，心覆則圖反，宜吾不得見也。居者爲社稷之守，行者爲羈紲之僕，其亦可也，何必罪居者？國君而讎匹夫，懼者甚衆矣〔七〕。』僕人以告，公遽見之。

狄人歸季隗于晉，而請其二子。文公妻趙衰，生原同、屏括、樓嬰。趙姬請逆盾與其母，子餘辭。姬曰：『得寵而忘舊，何以使人？文公之編，于此一露。必逆之！』固請，許之。來，以盾爲才，固請于公，以爲嫡子，而使其三子下之；以叔隗爲内子，而己下之。

晉侯賞從亡者，介之推不言禄，禄亦弗及。推曰：『獻公之子九人，唯君在矣。惠懷無親，外内棄之。天未絶晉，必將有主。主晉祀者，非君而誰？此意弔詭已極。言兄弟九人，今僅餘其一，苟天命未絶，則此人無論如何必當繼起，以其他無可代也。然則更不必問其才行功德爲何如矣。天實置之，而二三子以爲己力，不亦誣乎？竊人之財，猶謂之盜，況貪天之功以爲己力乎？下義其罪，上賞其姦；上下相蒙，難與處矣。』晉文入國，赫赫震人耳目。獨著此段，極力冷刺，使其君臣皆自顧生媿。一段絶大議論，卻借介子推口中發之，巧不可階。句句挺接硬轉，最不易及，神氣所以振厲也。『下義其罪』者，指其殺懷公以立重耳之不義也，特此意不輕吐耳。『竊人之財猶謂之盜』，此下當接云『況竊人之國乎』，今茹鬱不吐而轉變其詞，以取深隱之致，所以詼詭而敏妙也。其母曰：『盍亦求之？以死，誰懟？』對曰：『尤而效之，罪又甚焉。且出怨言，不食其食。』其母曰：『亦使知之，若何？』對曰：『言，身之文也。身將隱，焉用文之？是求顯也。』其母曰：『能如是乎？與女偕隱。』遂隱而死。宗堯按，高潔之士鄙夷當時，此古今之通例也。左氏採而録之，述志士之高潔，即含鄙薄晉君臣之意。晉侯求之不獲。以緜上爲之田，曰：『以志吾過，且旌善人。』

校記

〔一〕原校：倭庫本『年』下有『矣』字，蓋誤衍。

〔二〕原校：『則君地生焉』倭庫本作『君地焉生之』。今案，國語文與今本同。

〔三〕原校：倭庫本『衰』上有『趙』字。

〔四〕國語晉語四韋注：『河當爲沔，字相似誤也。其詩曰：「沔彼流水，朝宗于海。」言己反國，當朝事秦。』

〔五〕原校：『寺』釋文又作『侍』。

〔六〕甚　王引之述聞云：『甚當作其，言君若念舊惡，則行者其衆矣。其者將然之詞。』

〔七〕原校：釋文『甚』作『其』，是也。此『甚』字涉上文而誤。

齊魯之釁

此篇記成穀一役，乃城濮戰前應有節目。

僖公二十五年，衛人平莒於我。十二月，盟于洮，修衛文公之好，且及莒平也。

二十六年春王正月，公會莒茲丕公、寧莊子盟于向〔一〕，尋洮之盟也。

齊師侵我西鄙，討是二盟也。夏，齊孝公伐我北鄙，衛人伐齊，洮之盟故也。

公使展喜犒師，使受命于展禽。齊侯未入竟，展喜從之，曰：『寡君聞君親舉玉趾，將辱於敝邑，使下臣犒執事。』齊侯曰：『魯人恐乎？』對曰：『小人恐矣，君子則否。』齊侯曰：『室如縣罄，野無青草，何恃而不恐〔二〕？』對曰：『恃先王之命。昔周公、大公股肱周室，夾輔成王。成王勞之，而賜之盟，曰：「世世子孫無相害也！」載在盟府，大師職之。桓公是以糾合諸侯，而謀其不協，彌縫其闕，而匡救其災，昭舊職也。及君即位，諸侯之望曰：「其率桓之功〔三〕！」我敝邑用不敢保聚〔四〕，曰：「豈其嗣世九年，而棄命廢職？其若先君何？君必不然。」恃此以不恐。』左傳詞令之美妙絕古今，此亦其一也。齊侯乃還。

東門襄仲、臧文仲如楚乞師。臧孫見子玉而道之伐齊宋〔五〕，以其不臣也。

宋以其善於晉侯也，叛楚即晉。冬，楚令尹子玉、司馬子西帥師伐宋，圍緡。

公以楚師伐齊，取穀。凡師，能左右之曰『以』。魯從楚者，豈有能左右之之理？此經師望文妄說。寘桓公子雍於穀，易牙奉之以爲魯援。楚申公、叔侯戍之。桓公之子七人，爲七大夫於楚。

二十七年夏，齊孝公卒。有齊怨，不廢喪紀，禮也。

校　記

〔一〕原校：倭庫本『丕』作『犿』。

〔二〕原校：『如』亦作『而』，『罄』亦作『磬』。『縣』原作『懸』，今正。

〔三〕原校：倭庫本『桓』下有『公』字。

〔四〕原校：倭庫本『用』下有『是』字。

〔五〕原校：倭庫本『道』作『導』。

晉文之霸

此篇敘文公定霸，分勝楚、勤王二事。勝楚以狐疑多慮爲主，見其儌倖；勤王以『天子降心』爲主，明其不臣。

僖公二十五年，秦伯師于河上，將納王。狐偃言於晉侯曰：『求諸侯，莫如勤王。揭明本旨，所謂五霸假之也。諸侯信之，且大義也。繼文之業，而信宣於諸侯，今爲可矣。』使卜偃卜之，曰：『吉。遇黃帝戰于阪泉之兆。』公曰：『吾不堪也。』揭其無君之心。對曰：『周禮未改，今之王，古之帝也。』公曰：『筮之！』筮之，遇大有䷍之睽䷥，曰：『吉。遇「公用享于天子」之卦也。戰克而王饗，吉孰大焉？且是卦也，天爲澤以當日，天子降心以逆公，直貫後文『狩于河陽』。不亦可乎？大有去睽而復，亦其所也。』晉侯辭秦師而下。三月甲辰，次于陽樊，右師圍温，左師逆王。夏四月丁巳，王入于王城。取大叔于温，殺之于隰城。戊午，晉侯朝王。王饗醴，命之宥。請隧，弗許，曰：『王章也。未有代德，而有二王，亦叔父之所惡也。』借王言以抑其侈心。國語王詞數百言，此以二語約之，愈見其妙。與之陽樊、温、原、欑茅之田。晉於是始啓南陽。陽樊不服，圍之。蒼葛呼曰〔一〕：『德以柔中國，刑以威四夷，宜吾不敢服也。此，誰非王之親姻，其俘之也？』乃出其民。借蒼葛以痛斥之。又案，勤王，大業也，乃處處揭其陰私，并無一字美詞，何等識量。

冬，晉侯圍原，命三日之糧。原不降，命去之。諜出，曰：『原將降矣。』軍吏曰：『請待之。』公曰：『信，國之寶也，民之所庇也。得原失信，何以庇之？所亡滋多。』寫其假信義以服人處。退一舍而原降。遷原伯貫于冀。趙衰爲原大夫，狐溱爲温大夫。記其斥逐王臣，自樹私黨。晉侯問原守於寺人勃鞮，對曰：『昔趙衰以壺飧從徑，餒而弗食。』故使處原。

二十七年夏，楚子將圍宋，使子文治兵於睽，終朝而畢，不戮一人。子玉復治兵於蔿，終日而畢，鞭七人，貫三人耳。國老皆賀子文。子文飲之酒。蔿賈尚幼，後至，不賀。生波。子文問之。對曰：『不知所賀。子之傳政於子玉，曰「以靖國也」。靖諸内而敗諸外，所獲幾何？子玉之敗，子之舉也。舉以敗國，將何賀焉？逆攝後事。子玉之敗尚在後文，此時并未嘗敗，徑稱『子玉之敗』云云，文筆奇矯無對。子玉剛而無禮，不可以治民，過三百乘，其不能以入矣。苟入而賀，何後之有？」

冬，楚子及諸侯圍宋。宋公孫固如晉告急。先軫曰：『報施、救患，取威、定霸，於是乎在矣。』點明圖霸。狐偃曰：『楚始得曹，而新昏於衛，若伐曹衛，楚必救之，則齊宋免矣。』於是乎蒐于被廬，作三軍，謀元帥。提筆。趙衰曰：『郤縠可。臣亟聞其言矣，說禮、樂而敦詩書。詩書，義之府也；禮、樂，德之則也；德、義，利之本也。夏書曰：「賦納以言，明試以功，車服以庸。」君其試之！』乃使郤縠將中軍，郤溱佐之。使狐偃將上軍，讓於狐毛而佐之。命趙衰爲卿，讓於欒枝、先軫。使欒枝將下軍，先軫佐之。荀林父御戎，魏犨爲右。

晉侯始入而教其民，二年欲用之。子犯曰：『民未知義，未安其居。』於是乎出定襄王，入務利民，民懷生矣。將用之。子犯曰：『民未知信，未宣其用。』於是乎伐原以示之信。民易資者，不求豐焉，明徵其辭。公曰：『可矣乎？』子犯曰：『民未知禮，未生其共。』於是乎大蒐以示之禮，作執秩以正其官。民聽不惑，而後用之。出穀戍，釋宋圍，一戰而霸，文之教也。宗堯云：此段鋪張晉文之重信義，然實寫其信義皆臨時措辦耳。

『於是乎』字凡三見，所謂假仁義也。闓生案，城濮之戰乃春秋大事，故於事前數數提頓，以見其鄭重。前篇賈之論一提，此段再提，皆極慘淡經營出之。

二十八年春，晉侯將伐曹，假道于衛。衛人弗許。還，自南河濟，侵曹，伐衛。正月戊申，取五鹿。二月，晉郤縠卒。原軫將中軍，胥臣佐下軍，上德也。晉侯、齊侯盟于斂盂。衛侯請盟，晉人弗許。衛侯欲與楚，國人不欲，故出其君，以説于晉。衛侯出居于襄牛。

公子買戍衛，楚人救衛，不克。公懼於晉，殺子叢以説焉。謂楚人曰：『不卒戍也。』

晉侯圍曹，門焉，多死。曹人尸諸城上，晉侯患之。晉侯患之，公疑焉，是以懼，皆敘晉侯之狐疑虚怯，即以爲文字章法。聽輿人之謀曰〔一〕，稱『舍於墓』。師遷焉。曹人兇懼，爲其所得者棺而出之。因其兇也而攻之。三月丙午，入曹，數之以其不用僖負羈，而乘軒者三百人也，且曰獻狀。令無入僖負羈之宮而免其族，報施也。魏犨、顛頡怒，曰：『勞之不圖，報於何有？』入曹而亟報私惠，其量淺矣，故借魏犨等言以責之。爇僖負羈氏。魏犨傷於胷。公欲殺之，而愛其材。使問，且視之。病，將殺之。魏犨束胷見使者，曰：『以君之靈，不有寧也！』距躍三百，曲踊三百。乃舍之。殺顛頡以徇于師，立舟之僑以爲戎右。

宋人使門尹般如晉師告急。公曰：『宋人告急，舍之則絶，告楚不許。我欲戰矣，齊秦未可，若之何？』先軫曰：『使宋舍我而賂齊秦，藉之告楚。我執曹君，而分曹衛之田以賜宋人。楚愛曹衛，必不許也。喜賂、怒頑，能無戰乎？』寫其臨戰用計。宗堯按，述其計之譎也，執宛春一段亦然。公説，執曹伯，分曹衛之田以畀宋人。

楚子入居于申，使申叔去穀，使子玉去宋，曰：『無從晉師！晉侯在外十九年矣，而果得晉國。險阻艱難，備嘗之矣；民之情僞，盡知之矣。天假之年，而除其害，天之所置，其可廢乎？軍志曰：「允當則歸。」又曰：「知難而退。」又曰：「有德不可敵。」此三志者，晉之謂矣。』晉勝楚敗，此處三提。子玉使伯棼請戰，曰：『非敢必有功也，願以間執讒慝之口。』王怒，少與之師，唯西廣、東宮與若敖之六卒實從之。子玉實有將才，坐兵少而敗。此爲探源破的之論。

子玉使宛春告於晉師曰：『請復衛侯而封曹，臣亦釋宋之圍。』子犯曰：『子玉無禮哉！君取一，臣取二，不可失矣！』見子犯之無識可笑。先軫曰：『子與之！定人之謂禮，楚一言而定三國，我一言而亡之。我則無禮，何以戰乎？不許楚言，是棄宋也；

救而棄之，謂諸侯何？楚有三施，我有三怨，怨讎已多，將何以戰？不如私許復曹衛以攜之，執宛春以怒楚，既戰而後圖之。』公説。宗堯按，此用譎處，與前相對。乃拘宛春於衛，且私許復曹衛，曹衛告絶於楚。

子玉怒，從晉師。晉師退，軍吏曰：『以君辟臣，辱也；且楚師老矣，何故退？』子犯曰：『師直爲壯，曲爲老，豈在久乎？微楚之惠不及此，退三舍辟之，所以報也。背惠食言，以亢其讎，我曲楚直，其衆素飽，不可謂老。我退而楚還，我將何求？若其不還，君退、臣犯，曲在彼矣。』此實子犯老謀。退三舍。楚衆欲止，子玉不可。頓挫。

夏四月戊辰，晉侯、宋公、齊國歸父、崔夭、秦小子憖次于城濮。楚師背酅而舍，晉侯患之。聽輿人之誦曰：『原田每每，舍其舊而新是謀。』公疑焉。一路敘其虛怯，見本無剛斷，徼倖成功也。子犯曰：『戰也！戰而捷，必得諸侯。若其不捷，表裏山河，必無害也。』公曰：『若楚惠何？』欒貞子曰：『漢陽諸姬，楚實盡之。思小惠而忘大耻，不如戰也。』晉侯夢與楚子搏，楚子伏己而盬其腦〔三〕，是以懼。子犯曰：『吉，我得天，楚伏起罪，吾且柔之矣。』此使筆狡獪爲戲耳。宗堯按，此與荅野人與塊之技同，左氏含輕晉君之意。

子玉使鬭勃請戰，曰：『請與君之士戲，君馮軾而觀之，得臣與寓目焉。』晉侯使欒枝對曰：『寡君聞命矣。楚君之惠，未之敢忘，是以在此。爲大夫退，其敢當君乎？既不獲命矣，敢煩大夫，謂二三子：「戒爾車乘，敬爾君事，詰朝將見。」』

晉車七百乘，韅、靷、鞅、靽。晉侯登有莘之虛以觀師，曰：『少長有禮，其可用也。』已有戰勝之氣。第四提。 遂伐其木，以益其兵。

己巳，晉師陳于莘北，胥臣以下軍之佐當陳蔡。子玉以若敖之六卒將中軍，曰：『今日必無晉矣！』寫子玉之輕躁。 子西將左，子上將右。胥臣蒙馬以虎皮，先犯陳蔡。陳蔡奔，楚右師潰。狐毛設二旆而退之。欒枝使輿曳柴而僞遁，楚師馳之，原軫、郤溱以中軍公族横擊之。狐毛、狐偃以上軍夾攻子西，楚左師潰。楚師敗績。宗堯云：不滿百字，寫盡戰事。 子玉收其卒而止，故不敗。特表子玉。

晉師三日館、穀，及癸酉而還。甲午，至于衡雍，作王宫于踐土。

鄉役之三月〔四〕，鄭伯如楚致其師。爲楚師既敗而懼，使子人九行成于晉。晉欒枝入盟鄭伯。五月丙午，晉侯及鄭伯盟于衡雍。

丁未，獻楚俘于王：駟介百乘，徒兵千。鄭伯傅王，用平禮也。己酉，王享醴，命晉侯宥。王命尹氏及王子虎、内史叔興父策命晉侯爲侯伯，賜之大輅之服、戎輅之服，彤弓一、彤矢百，玈弓矢千，秬鬯一卣，虎賁三百人，曰：『王謂叔父，敬服王命，以綏四國，糾逖王慝。』晉侯三辭，從命，曰：『重耳敢再拜稽首，奉揚天子之丕顯休命。』受策以出。出入三覲。鋪張王命，文中應有之義，猶齊桓事中宰孔賜齊侯一段也。

癸亥，王子虎盟諸侯于王庭，要言曰：『皆獎王室，無相害也！有渝此盟，明神殛之，俾隊其師，無克祚國，及而玄孫，無有老幼。』君子謂是盟也信，謂晉於是役也，能以德攻。宗堯云，眼光直射一百四十年之戰。盟此後并此舉，皆無有也。

初，楚子玉自爲瓊弁、玉纓，未之服也。先戰，夢河神謂己曰：『畀余！余賜女孟諸之麋。』弗致也。大心與子西使榮黄諫，弗聽。榮季曰：『死而利國，猶或爲之，況瓊玉乎？是糞土也。而可以濟師，將何愛焉？』弗聽。出，告二子曰：『非神敗令尹，令尹其不勤民，實自敗也。』先大夫評曰：文若抑子玉，實乃著其不惑神怪。既敗，王使謂之曰：『大夫若入，其若申息之老何？』子西、孫伯曰：『得臣將死。二臣止之，曰：「君其將以爲戮也〔五〕。」』及連穀而死。

晉侯聞之而後喜可知也，曰：『莫余毒也已。蔿吕臣實爲令尹，奉己而已，不在民矣。』前路許多疑畏結穴於此，所以深惜子玉之死也。先大夫評曰：此見蔿賈之譏慝，非料事之智矣。

城濮之戰，晉中軍風于澤，亡大旆之左旃。祁瞞奸命，司馬殺之，以徇于諸侯，使茅茷代之。師還。壬午，濟河。舟之僑先歸，士會攝右。秋七月丙申，振旅，愷以入于晉〔六〕，獻俘、授馘，飲至、大賞，徵會討貳。『振旅愷』以下數語，實敘戰勝後定霸之圖。此下緊接召王以誅其不臣之罪。殺舟之僑以徇于國，民於是大服。君子謂：『文公其能刑矣，三罪而民服。詩云「惠此中國，以綏四方」，不失賞、刑之謂也。』顛頡等乃舊臣，殺之太過，見其殘忍要譽。

冬，會于溫，討不服也。是會也，晉侯召王，以諸侯見，且使王狩。仲尼曰：『以臣召君，不可以訓。故書曰「天王狩于河陽」，言非其地也，且明德也。』明德者，明晉侯之不德也，前路鋪張策命，極其堂皇，忽於此處揭出不臣之實，一字之誅嚴於斧鉞矣。此篇文至此止，以下皆事後餘波。

壬申，公朝于王所。

丁丑，諸侯圍許。

晉侯有疾，曹伯之豎侯獳貨筮史，使曰以曹爲解：『齊桓公爲會而封異姓，今君爲會而滅同姓。曹叔振鐸，文之昭也；先君唐叔，武之穆也。且合諸侯而滅兄弟，非禮也；與衛偕命，而不與偕復，非信也；同罪異罰，非刑也。禮以行義，信以守禮，刑以正邪。舍此三者，君將若之何？』此正言以深責之。公説，復曹伯，遂會諸侯于許。倭庫本『于』作『圍』。

二十九年夏，公會王子虎、晉狐偃、宋公孫固、齊國歸父、陳轅濤塗、秦小子憖盟于翟泉，尋踐土之盟，且謀伐鄭也。卿不書，罪之也。在禮，卿不會公侯，會伯子男可也。明責其僭，所以尊王也。

三十年冬，東門襄仲將聘于周，遂初聘于晉。

三十一年春，取濟西田，分曹地也。使臧文仲往，宿於重館。重館人告曰：『晉新得諸侯，必親其共。不速行，將無及也。』從之。分曹地，自洮以南，東傅於濟，盡曹地也。復曹伯，仍分曹地，亦刺之也。

三十二年春，楚鬭章請平于晉，晉陽處父報之，晉楚始通。襄仲如晉，拜曹田也。

校　記

〔一〕蒼　原作『倉』，今正。

〔二〕曰　據王引之經義述聞，『曰』字應删。

〔三〕己　原作「巳」，今正。
〔四〕原注：「鄉」同「嚮」。
〔五〕原校：從倭庫本「戮」下增「也」字。
〔六〕原校：倭庫本「愷」作「凱」。

衛元咺之難　此篇記寧武子，以「邦有道則智，邦無道則愚」爲主。

僖公二十八年，衛侯聞楚師敗，懼，出奔楚，遂適陳，使元咺奉叔武以受盟。或訴元咺於衛侯曰：「立叔武矣。」其子角從公，公使殺之。咺不廢命，奉夷叔以入守。

六月，晉人復衛侯。寧武子與衛人盟于宛濮，曰：「天禍衛國，君臣不協，以及此憂也。點睛之筆。今天誘其衷，使皆降心以相從也。不有居者，誰守社稷？不有行者，誰扞牧圉？不協之故，用昭乞盟于爾大神以誘天衷。自今日以往，既盟之後，行者無保其力，居者無懼其罪。有渝此盟，以相及也。明神先君，是糾是殛。」國人聞此盟也，而後不貳。反射下文亂事，章法奇特。

衛侯先期入，寧子先，長牂守門，以爲使也，與之乘而入。公子歂犬、華仲前驅。叔武將沐，聞君至，喜，捉髮走出，前驅射而殺之。公知其無罪也，枕之股而哭之。敘事曲折詳盡，此最見左氏史才。歂犬走出，公使殺之。元咺出奔晉。

衛侯與元咺訟，寧武子爲輔，鍼莊子爲坐，士榮爲大士。衛侯不勝。殺士榮，刖鍼莊子，謂寧俞忠而免之。執衛侯，歸之于京師，寘諸深室。寧子職納橐饘焉。元咺歸于衛，立公子瑕。

三十年，晉侯使醫衍酖衛侯。不能明正其罪而陰酖之。記此見晉之失政。寧俞貨醫，使薄其酖，不死。公爲之請，納玉於王與晉侯，皆十瑴，王許之。秋，乃釋衛侯。晉人納賄之始。

衛侯使賂周歂、冶廑，曰：『苟能納我，吾使爾爲卿。』周冶殺元咺及子適、子儀。公入，祀先君，周冶既服，將命，周歂先入，及門，遇疾而死。冶廑辭卿。不直衛侯，故假神怪以著之。此下當別爲一章。

三十一年冬，狄圍衛，衛遷于帝丘，卜曰三百年。

衛成公夢康叔曰：『相奪予享。』公命祀相。寧武子不可，曰：『鬼神非其族類，不歆其祀。杞鄫何事？相之不享於此久矣，非衛之罪也，不可以間成王、周公之命祀，請改祀命。』

三十二年夏，狄有亂，衛人侵狄，狄請平焉。秋，衛人及狄盟。

文公四年，衛甯武子來聘，公與之宴，爲賦湛露及彤弓。不辭，又不答賦。使行人私焉。對曰：『臣以爲肄業及之也。左傳辭令極可愛，此其一也。昔諸侯朝正於王，王宴樂之，於是乎賦湛樂，則天子當陽，諸侯用命也。諸侯敵王所愾，而獻其功，王於是乎賜之彤弓一、彤矢百、玈弓矢千，以覺報宴。今陪臣來繼舊好，君辱貺之，其敢干大禮以自取戾？』

鄭穆公之立

以『姬姞偶，其後必蕃』爲主。同一公族，穆後何以獨盛？此無理可言，故假夢蘭、姞甥等情事幻此奇文，亦戲筆也。

僖公十六年冬十一月乙卯，鄭殺子華。

二十四年，鄭子華之弟子臧出奔宋，好聚鷸冠。鄭伯聞而惡之，使盜誘之。八月，盜殺之于陳宋之間。君子曰：『服之不衷，身之災也。詩曰：「彼己之子，不稱其服。」子臧之服〔一〕，不稱也夫！詩曰「自詒伊慼」，其子臧之謂矣。夏書曰「地平天成」，稱也。』聚鷸冠，小過也，君自欲殺之耳，君子乃責子臧。文詞婉曲。

三十年，初，鄭公子蘭出奔晉，從於晉侯伐鄭，請無與圍鄭。許之，寫子蘭，初起便不凡。使待命于東。鄭石甲父、侯宣多逆以爲大子，以求成于晉，晉人許之。

三十一年，鄭洩駕惡公子瑕，鄭伯亦惡之，故公子瑕出奔楚。三十三年，楚令尹子上侵陳蔡。陳蔡成，遂伐鄭，將納公子瑕。門于桔秩之門，瑕覆于周氏之汪，外僕髡屯禽之以獻。文夫人斂而葬之鄶城之下。

宣公三年冬，鄭穆公卒。

初，鄭文公有賤妾曰燕姞，夢天使與己蘭，曰：『余爲伯鯈。余，而祖也。以是爲而子，以蘭有國香，人服媚之如是。』既而文公見之，與之蘭而御之。辭曰：『妾不才，幸而有子。將不信，敢徵蘭乎！』公曰：『諾。』生穆公，名之曰蘭。左氏好奇，故記此等誕幻之事，輒有異采。

文公報鄭子之妃曰陳嬀，生子華、子臧。子臧得罪而出。誘子華而殺之南里，使盜殺子臧於陳宋之間。又娶于江，生公子士。朝于楚，楚人酖之，及葉而死。又娶于蘇，生子瑕、子俞彌。俞彌早卒。洩駕惡瑕，文公亦惡之，故不立也。總敘諸子不終，以見穆公之得天命。文情奇肆而氣緊遒。瑕死已見於前，故不復記，知此與上文本爲一篇也。公逐羣公子，公子蘭奔晉，從晉文公伐鄭。石癸曰：『吾聞姬姞耦，其子孫必蕃。姞，吉人也，后稷之元妃也。又幻出姬姞偶一段，而以姞爲吉人。愈幻愈妙。蓋穆公之後於鄭最盛，故聚精會神而爲此文，空幻輕靈，不肯驟落。古人言輕燕掠波，最是此等妙境。今公子蘭，姞甥也，天或啓之，必將爲君，其後必蕃。先納之，可以亢寵。』與孔將鉏、侯宣多納之，盟于大宫而立之，以與晉平。

穆公有疾，曰：『蘭死，吾其死乎！吾所以生也。』刈蘭而卒。餘波亦弔詭可愛，收不枯寂。『刈蘭而卒』，言蘭瘁當刈時而公卒也。馬驌云：穆公之子十有三人，靈襄嗣位，公子嘉誅，子然士，子孔之族奔楚，羽氏適晉，不在其數，其餘罕氏、駟氏、國氏、良氏、游氏、豐氏、印氏，謂之七穆。宋之盟，七子賦詩，則七族也。韓起之聘，六卿賦詩，其時良氏微矣。終春秋世，穆族代爲卿也。

校記

〔一〕原校：『服』釋文作『及』。王念孫曰：『作及者是也。及謂及于難……』說詳述聞。

秦晉之争

此篇以穆公之霸、能用孟明爲主。燭武、弦高、先軫、狼瞫，皆映帶生色處。

僖公三十年春，晉人侵鄭，以觀其可攻與否。狄間晉之有鄭虞也。夏，狄侵齊。

九月甲午，晉侯、秦伯圍鄭，以其無禮於晉，且貳於楚也。晉軍函陵，秦軍氾南。佚之狐言於鄭伯曰：『國危矣，若使燭之武見秦君，師必退。』公從之。辭曰：『臣之壯也，猶不如人〔一〕；今老矣，無能爲也已。』譏公子不早用之也。語特婉妙，左氏多用此筆法。公曰：『吾不能早用子，今急而求子，是寡人之過也。然鄭亡〔二〕，子亦有不利焉。』許之。

夜，縋而出。見秦伯曰：『秦晉圍鄭，鄭既知亡矣。若亡鄭而有益於君，敢以煩執事〔三〕？越國以鄙遠，君知其難也，焉用亡鄭以陪鄰？鄰之厚，君之薄也。若舍鄭以爲東道主〔四〕，行李之往來，共其乏困，君亦無所害。且君嘗爲晉君賜矣，許君焦瑕，朝濟而夕設版焉，君之所知也。『朝濟而夕設版』等句，撰語絶工。左氏詞令之美，此等亦一秘訣。夫晉，何厭之有？既東封鄭，又欲肆其西封。若不闕秦，將焉取之〔五〕？闕秦以利晉，唯君圖之。』秦伯説，與鄭人盟，使杞子、逢孫、揚孫戍之，乃還。

子犯請擊之。公曰：『不可。微夫人之力不及此。因人之力而敝之〔六〕，不仁。失其所與，不知。以亂易整，不武。吾其還也。』亦去之。

三十二年冬，晉文公卒。庚辰，將殯于曲沃。出絳，柩有聲如牛。卜偃使大夫拜，曰：『君命大事。將有西師過軼我，擊之，必大捷焉。』逆攝，奇詭。

杞子自鄭使告于秦曰：『鄭人使我掌其北門之管，若潛師以來，國可得也。』穆公訪諸蹇叔。蹇叔曰：『勞師以襲遠，非所聞也。師勞力竭，遠主備之，無乃不可乎？師之所爲，鄭必知之，勤而無所，必有悖心。攝下滅滑。且行千里，其誰不知？』公辭焉。召孟明、西乞、白乙，使出師於東門之外。蹇叔哭之，曰：『孟子〔七〕！吾見師之出而不見其入也！』聲情俱出。公使謂之曰：『爾何知？中壽，爾墓之木拱矣。』蹇叔之子與師，哭而送之，曰：『晉人禦師必於殽。殽有二陵焉：其南陵，夏后皋之墓也；其北陵，文王之所辟風雨也。必死是間，余收爾骨焉！』此精神旁溢處，俶儻詼麗，極文章能事，後人無能及之者。太史公所以不如左氏，止争此等，他更無論矣。秦師遂東。

三十三年春，秦師過周北門，左右免胄而下，超乘者三百乘。王孫滿尚幼，觀之，言於王曰：『秦師輕而無禮，必敗。輕則寡謀，無禮則脱。入險而脱，又不能謀，能無敗乎？』再提。

及滑，鄭商人弦高將市於周，遇之，以乘韋先牛十二犒師，曰：『寡君聞吾子將步師出於敝邑，敢犒從者。不腆敝邑，爲從者之淹，居則具一日之積，行則備一夕之衛。』且使遽告于鄭。

鄭穆公使視客館，則束載、厲兵、秣馬矣。横接，超妙。使皇武子辭焉，曰：『吾子淹久於敝邑，唯是脯資、餼牽竭矣。爲吾子之將行也，鄭之有原圃，猶秦之有具囿也，吾子取其麋鹿，以閒敝邑，若何？』杞子奔齊，逢孫、揚孫奔宋。

孟明曰：『鄭有備矣，不可冀也。攻之不克，圍之不繼〔八〕，吾其還也。』滅滑而還。

晉原軫曰：『秦違蹇叔，而以貪勤民，天奉我也。奉不可失，敵不可縱。縱敵患生，違天不祥。必伐秦師！』提起，全神俱振。此節專於先軫著意，寫其生氣凜凜處。欒枝曰：『未報秦施，而伐其師，其爲死君乎？』先軫曰：『秦不哀吾喪，而伐吾同姓，秦則無禮，何施之爲？吾聞之：「一日縱敵，數世之患也。」謀及子孫，可謂死君乎！』遂發命，遽興姜戎。子墨衰絰，梁弘御戎，萊駒爲右。夏四月辛巳，敗秦師于殽，獲百里孟明視、西乞術、白乙丙以歸。三將連姓、名、字記之，重其事也。遂墨以葬文公，晉於是始墨。旁及墨衰之制，筆力强處。後人亦少此等。苟爲之，必支離矣。

文嬴請三帥，曰：『彼實構吾二君，寡君若得而食之，不厭，君何辱討焉？使歸就戮于秦以逞寡君之志，若何？』公許之。先軫朝，問秦囚。公曰：『夫人請之，吾舍之矣。』先軫怒，曰：『武夫力而拘諸原，婦人暫而免諸國，暫，讀尚書『暫遇奸宄』之『暫』，謂欺詐也。莊子『知詐漸毒』之『漸』亦是此字。從來注家無知其義者。隳軍實而長寇讎，亡無日矣！』不顧而唾。公使陽處父追之，及諸河，則在舟中矣。釋左驂，以公命贈孟明。孟明稽首曰：『君之惠，不以纍臣釁鼓，使歸就戮于秦，寡君之以爲戮，死且不朽。若從君惠而免之，三年將拜君賜。』此段敘寫最生動有態。

秦伯素服郊次，鄉師而哭曰：『孤違蹇叔，以辱二三子，孤之罪也。』不替孟明，『孤之過也，大夫何罪？李右周云：一本『不替孟明』下有『曰』字，蓋『不替孟明』四字乃記者之詞。此說於文義最合。且吾不以一眚掩大德。』

狄侵齊，因晉喪也。

狄伐晉，及箕。八月戊子，晉侯敗狄于箕。郤缺獲白狄子。先軫曰：『匹夫逞志於君而無討，敢不自討乎？』免冑入狄師，死焉。狄人歸其元，面如生。終先軫之事，因縱筆以及臼季，文勢磅礴；古人文字，故時時有旁枝也，且與秦伯用孟明事相映。

初，臼季使，過冀，見冀缺耨，其妻饁之，敬，相待如賓。與之歸，言諸文公曰：『敬，德之聚也。能敬必有德。德以治民，君請用之！臣聞之：出門如賓，承事如祭，仁之則也。』公曰：『其父有罪，可乎？』對曰：『舜之罪也殛鯀，其舉也興禹。管敬仲，桓之賊也，實相以濟。康誥曰：「父不慈，子不祇，兄不友，弟不共，不相及也〔九〕。」詩曰：「采葑采菲，無以下體。」君取節焉可也。』文公以爲下軍大夫。反自箕，襄公以三命命先且居將中軍，以再命命先茅之縣賞胥臣，曰：『舉郤缺，子之功也。』以一命命郤缺爲卿，復與之冀，亦未有軍行。

殽之役，晉人既歸秦帥，秦大夫及左右皆言於秦伯曰：『是敗也，孟明之罪也，必殺之。』秦伯曰：『是孤之罪也。周芮良夫之詩曰：「大風有隧，貪人敗類。聽言則對，誦言如醉。匪用其良，覆俾我悖。」是貪故也，孤之謂矣。孤實貪以禍夫子，夫子何罪？』復使爲政。

文公二年春，秦孟明視帥師伐晉，以報殽之役。二月，晉侯禦之，先且居將中軍，趙衰佐之。王官無地御戎，狐鞫居爲右。甲子，及秦師戰于彭衙，秦師敗績。晉人謂秦『拜賜之師』。趣語。

戰于殽也，晉梁弘御戎，萊駒爲右。戰之明日，晉襄公縛秦囚，使萊駒以戈斬之。囚呼，萊駒失戈，狼瞫取戈以斬囚，禽之以從公乘。遂以爲右。箕之役，先軫黜之，而立續簡伯。狼瞫怒。其友曰：『盍死之？』瞫曰：『吾未獲死所。』其友曰：『吾與女爲難。』瞫曰：『周志有之：「勇則害上，不登於明堂。」死而不義，非勇也。共用之謂勇。吾以勇求右，無勇而黜，亦其所也。謂上不我知，黜而宜，乃知我矣。子姑待之。』及彭衙，既陳，以其屬馳秦師，死焉。記此與先軫相配。晉師從之，大敗秦師。君子謂『狼瞫於是乎君子。詩曰：「君子如怒，亂庶遄沮。」又曰：「王赫斯怒，爰整其旅。」怒不作亂，而以從師，可謂君子矣。』

秦伯猶用孟明。孟明增修國政，重施於民。趙成子言於諸大夫曰：『秦師又至，將必辟之。懼而增德，不可當也。詩曰：「毋念爾祖，聿修厥德。」孟明念之矣。念德不怠，其可敵乎？』此表章秦伯。

冬，晉先且居、宋公子成、陳轅選、鄭公子歸生伐秦，取汪及彭衙而還。以報彭衙之役。卿不書，爲穆公故，尊秦也，謂之崇德。

三年，秦伯伐晉，濟河焚舟，取王官及郊〔一〇〕，晉人不出。遂自茅津濟，封殽尸而還。遂霸西戎，用孟明也。前文排山倒海，專爲此處，故特鄭重而道之。君子是以知『秦穆公之爲君也〔一一〕，舉人之周也，與人之壹也；孟明之臣也，其不解也，能懼思也；子桑之忠也，其知人也，能舉善也。前文勢重，故極力蕩漾以承之。詩曰，「于以采蘩？于沼于沚。于以用之？公侯之事」，秦穆有焉。「夙夜匪解，以事一人」，孟明有焉。「詒厥孫謀，以燕翼子」，子桑有焉』。旁及子桑，尤極洋溢。子桑，舉百里奚者，故云翼子。

四年秋，晉侯伐秦，圍邧、新城，以報王官之役〔一二〕。

楚人滅江，秦伯爲之降服，出次，不舉，過數。大夫諫。公曰：『同盟滅，雖不能救，敢不矜乎？吾自懼也。』君子曰：『詩云「惟彼二國，其政不獲；唯此四國，爰究爰度」，其秦穆之謂矣。』

初，鄀叛楚即秦，又貳於楚。五年夏，秦人入鄀。

六年，秦伯任好卒，以子車氏之三子奄息、仲行、鍼虎爲殉，皆秦之良也。國人哀之，爲之賦黃鳥。

君子曰：『秦穆之不爲盟主也，宜哉！死而棄民。先王違世，猶詒之法，而況奪之善人乎？詩曰：「人之云亡，邦國殄瘁。」無善人之謂。若之何奪之？古之王者知命之不長，是以並建聖哲，樹之風聲，分之采物，著之話言，爲之律度，陳之藝極，引之表儀，予之法制，告之訓典，教之防利，委之常秩，道之以禮則〔一三〕，使毋失其土宜，衆隸賴之，而後即命。聖王同之。今縱無法以遺後嗣，而又收其良以死，難以在上矣。』『無法』句主腦，論定秦穆也。借三良發議，意實不在三良，故妙。君子是以知秦之不復東征也。結句雄遠。作此文尚在春秋時，若戰國以後，秦日盛强，作者必不爲此論矣。

校　記

〔一〕原校：倭庫本『人』下有『也』字。
〔二〕原校：石經『然』作『雖然』。
〔三〕原校：敢，何敢也。此句爲婉轉反問句。
〔四〕原校：倭庫本『若』下有『也』字。
〔五〕原校：石經初刻無『若』字、『將』字，宋本同。
〔六〕原校：『敝』同『斃』。按『斃』通『弊』。

〔七〕原校：「子」原作「兮」，依釋文改。各本皆作「孟子」，作「兮」誤。

〔八〕原校：「不繼」倭庫本作「無繼」。

〔九〕康誥之脱文，今本無。

〔一〇〕原校：史記「郊」作「鄗」。

〔一一〕原校：石經「穆」下無「公」字。

〔一二〕原注：倭庫本「役」下有「也」字。

〔一三〕原校：倭庫本「之」下無「以」字，是。石經初刻同。

晉襄之霸 以主諸侯而不務德爲主。

僖公三十三年，晉、陳、鄭伐許，討其貳於楚也。

文公元年，晉文公之季年，諸侯朝晉，衛成公不朝，使孔達侵鄭，伐緜、訾及匡。晉襄公既祥，使告于諸侯而伐衛，及南陽。先且居曰：『效尤，禍也。請君朝王，臣從師。』譏其不知有王耳，文特婉妙。晉侯朝王于温。先且居、胥臣伐衛。五月辛酉朔，晉師圍戚。六月戊戌，取之，獲孫昭子。

衛人使告于陳。陳共公曰：『更伐之，我辭之。』衛孔達帥師伐晉。君子以爲古。古者，越國而謀。

秋，晉侯疆戚田，故公孫敖會之。

文公二年，晉人以公不朝來討，公如晉。夏四月己巳，晉人使陽處父盟公以耻之。書曰『及晉處父盟』，以厭之也。適晉不書，諱之也。記此，見晉霸之失其道也。

公未至，六月，穆伯會諸侯及晉司空士縠盟于垂隴，晉討衛故也。書『士縠』，堪其事也。

陳侯爲衛請成于晉，執孔達以說。

三年春，莊叔會諸侯之師伐沈，以其服於楚也。沈潰。凡民逃其上曰潰，在上曰逃。

衛侯如陳，拜晉成也。

晉人懼其無禮於公也，請改盟。公如晉，及晉侯盟。晉侯饗公，賦菁菁者莪。莊叔以公降拜。曰：『小國受命於大國，敢不慎儀？君貺之以大禮，何樂如之？抑小國之樂，大國之惠也。』晉侯降，辭。登，成拜。公賦嘉樂。

四年春，晉人歸孔達于衛，以爲衛之良也，故免之。夏，衛侯如晉拜。

曹伯如晉會正。

六年，臧文仲以陳、衛之睦也，欲求好於陳。夏，季文子聘于陳，且娶焉。

秋，季文子將聘於晉，使求遭喪之禮以行。其人曰：『將焉用之？』文子曰：『備豫不虞，古之善教也。求而無之，實難。過求，何害？』

八月乙亥，晉襄公卒。冬十月，襄仲如晉葬襄公。

七年，晉郤缺言於趙宣子曰：『日衛不睦，故取其地。今已睦矣，可以歸之。叛而不討，何以示威？服而不柔，何以示懷？非威非懷，何以示德？無德，何以主盟？子爲正卿，以主諸侯，而不務德，將若之何？從郤缺口中責趙盾。夏書曰：「戒之用休，董之用威，勸之以九歌，勿使壞。」九功之德皆可歌也，謂之九歌。六府、三事，謂之九功。水、火、金、木、土、穀，謂之六府。正德、利用、厚生，謂之三事。義而行之，謂之德、禮。無禮不樂，所由叛也。若吾子之德，莫可歌也，其誰來之？盍使睦者歌吾子乎？』宣子説之。

八年春，晉侯使解揚歸匡戚之田于衛，且復致公壻池之封，自申至于虎牢之竟。

公孫敖之難 以穆伯失道爲主。

文公元年春，王使内史叔服來會葬。公孫敖聞其能相人也，見其二子焉。叔服曰：「穀也食子，難也收子。穀也豐下，必有後於魯國。」發端奇詭。穆伯娶于莒，曰戴己，生文伯；其娣聲己生惠叔。戴己卒，又聘于莒，莒人以聲己辭，則爲襄仲聘焉。

七年冬，徐伐莒，莒人來請盟，穆伯如莒涖盟，且爲仲逆。及鄢陵，登城見之，美，自爲娶之。仲請攻之，公將許之。叔仲惠伯諫，曰：「臣聞之：『兵作於内爲亂，於外爲寇。寇猶及人，亂自及也。』今臣作亂而君不禁，以啓寇讎，若之何？」公止之。惠伯成之，使仲舍之，公孫敖反之，復爲兄弟如初。從之。

八年秋，襄王崩。穆伯如周弔喪，不至，以幣奔莒，從己氏焉。

十四年，穆伯之從己氏也，此與上文本相屬，後人斷之以隸經，因復增起句也。魯人立文伯。穆伯生二子於莒，而求復。文伯以爲請。襄仲使無朝聽命。復而不出。三年而盡室以復適莒。文伯疾，而請曰：「穀之子弱，請立難也。」許之。文伯卒，立惠叔。穆伯請重賂以求復。惠叔以爲請，許之。將來，九月，卒于齊。告喪，請葬，弗許。此與申公巫臣敘鄖夫貪色皆極委婉纏緜之致，淡而意永。

十五年，齊人或爲孟氏謀，曰：『魯，爾親也，飾棺寘諸堂阜，魯必取之。』從之。卞人以告。惠叔猶毁以爲請，立於朝以待命。許之。取而殯之。齊人送之。書曰：『齊人歸公孫敖之喪。』爲孟氏，且國故也。葬視共仲。聲己不視，帷堂而哭。襄仲欲勿哭。惠伯曰：『喪，親之終也。雖不能始，善終可也。收束亦有致。史佚有言曰：「兄弟致美。救乏、賀善、弔災、祭敬、喪哀，情雖不同，毋絶其愛，親之道也。」子無失道，何怨於人？』襄仲説。帥兄弟以哭之。

他年，其二子來，孟獻子愛之，聞於國。或譖之，曰：『將殺子。』獻子以告季文子。二子曰：『夫子以愛我聞，我以將殺子聞，不亦遠於禮乎？遠禮不如死。』一人門于句鼆，一人門于戾丘，皆死。附記二子之志節，凜然生動。

楚商臣之變

弑父大逆，記者有深痛存焉。文以商臣之忍爲主。

僖公三十三年，晉陽處父侵蔡，楚子上救之，與晉師夾泜而軍。陽子患之，使謂子上曰：『吾聞之：「文不犯順，武不違敵。」子若欲戰，則吾退舍，子濟而陳，遲速唯命。不然，紓我。老師費財，亦無益也。』乃駕以待。子上欲涉，大孫伯曰：『不可。晉人無信，半涉而薄我，悔敗何及？不如紓之。』乃退舍。陽子宣言曰：『楚師遁矣。』遂歸。記晉人之畏楚也。楚師亦歸。

大子商臣譖子上曰：『受晉賂而辟之，楚之恥也。罪莫大焉。』王殺子上。

文公元年，初，楚子將以商臣爲大子，訪諸令尹子上。子上曰：『君之齒未也，而又多愛，黜乃亂也。楚國之舉，恆在少者。且是人也，蠭目而豺聲，忍人也，不可立也。』將敘其大逆，先露端倪。弗聽。既，又欲立王子職，而黜大子商臣。商臣聞之而未察，告其師潘崇曰：『若之何而察之？』潘崇曰：『享江芈而勿敬也。』從之。江芈怒曰：『呼！役夫！宜君王之欲殺女而立職也。』婦人口吻畢肖。史記外戚世家從此出。告潘崇曰：『信矣。』潘崇曰：『能事諸乎？』曰：『不能。』『能行乎？』曰：『不能。』『能行大事乎？』曰：『能。』

冬十月，以宮甲圍成王。王請食熊蹯而死。弗聽。丁未，王縊。謚之曰『靈』，不瞑；曰『成』，乃瞑。言其忍也。微詞，補筆。

穆王立，以其爲大子之室與潘崇，使爲大師，且掌環列之尹。

宋昭之弑

此篇明昭公之冤而重責華元，以『棄君于惡』爲主。

文公七年夏四月，宋成公卒。於是公子成爲右師，公孫友爲左師，樂豫爲司馬，鱗矔爲司徒，公子蕩爲司城，華御事爲司寇。

昭公將去羣公子，樂豫曰：『不可。公族，公室之枝葉也，若去之，則本根無所庇蔭矣。葛藟猶能庇其本根，故君子以爲比，況國君乎？此諺所謂「庇焉而縱尋斧焉」者也。必不可，君其圖之！親之以德，皆股肱也，誰敢攜貳？若之何去之？』不聽。公之所謂無道止此而已，故詳著於前，言其罪不至死也。穆襄之族率國人以攻公，殺公孫固、公孫鄭于公宫。六卿和公室，樂豫舍司馬以讓公子卬。昭公即位而葬。書曰『宋人殺其大夫』，不稱名，衆也，且言非其罪也。攻公而殺其黨，豈得以衆爲解？且與『非其罪』之義不合，此皆曲説之不可信者。公死亦非罪，此處取影。

八年，宋襄夫人，襄王之姊也，昭公不禮焉。夫人因戴氏之族，以殺襄公之孫孔叔、公孫鍾離及大司馬公子卬，皆昭公之黨也。司馬握節以死，故書以官。司城蕩意諸來奔，效節於府人而出。公以其官逆之，皆復之。亦書以官，皆貴之也。褒忠義也。公之黨多賢，足見公之無罪矣。

十一年，襄仲聘于宋，且言司城蕩意諸而復之。因賀楚師之不害也。

十四年，宋高哀爲蕭封人，以爲卿，不義宋公而出，遂來奔。書曰『宋子哀來奔』，貴之也。經師之旨，蓋以死節者爲最貴，其次自免於幾先，亦可貴也。然此等解釋皆曲説附會，非孔子之意。

十五年三月，宋華耦來盟，其官皆從之。書曰『宋司馬華孫』，貴之也。公與之宴。辭曰：『君之先臣督得罪於宋殤公，名在諸侯之策。臣承其祀，其敢辱君？請承命於亞旅。』魯人以爲敏。此尤無足取，何以貴之？尤曲説之不可通者。『魯人以爲敏』，記者痛時人之無識也。

十六年，宋公子鮑禮於國人，宋饑，竭其粟而貸之。年自七十以上，無不饋詒也，時加羞珍異。加述一句，倍覺酣恣。無日不數於六卿之門。冷雋語。國之材人，無不事也；親自桓以下，無不恤也。以上皆揭其陰私，而詞反若褒之者。公子鮑美而豔，襄夫人欲通之，而不可，乃助之施。昭公無道，國人奉公子鮑以因夫人。此處頓斷。於是華元爲右師，公孫友爲左師，華耦爲司馬，鱗矔爲司徒，蕩意諸爲司城，公子朝爲司寇。補敘六卿，與篇首爲章法。大書華元，所以罪之也。初，司城蕩卒，公孫壽辭司城，請使意諸爲之。既而告人曰：『君無道，吾官近，懼及焉。棄官，則族無所庇。子，身之貳也，姑紓死焉。雖亡子，猶不亡族。』逆提後事。

既，夫人將使公田孟諸而殺之。公知之，盡以寶行。蕩意諸曰：『盍適諸侯？』公曰：『不能其大夫至于君祖母以及國人，諸侯誰納我？文中屢言昭公無道，然實夫人及文公之傾陷之也，故記此數語，以表見其人，特深致惋惜之意。且既爲人君，而又爲人臣，不如死。』盡以其寶賜左右而使行。夫人使謂司城去公。對曰：『臣之而逃其難，若後君何？』

冬十一月甲寅，宋昭公將田孟諸，未至，夫人王姬使帥甸攻而殺之。蕩意諸死之。書曰『宋人弒其君杵臼』，君無道也。此亦經師妄解失經旨者。左氏文中雖數言昭公無道，然乃深曲之文，不似此句淺率如此。左氏之法，凡其無道之實迹皆已具見，則不復加議論，文公、襄夫人是也。無實迹可指，則往往於議論斥之，昭公是也。

文公即位，使母弟須爲司城。華耦卒，而使蕩虺爲司馬。

十七年春，晉荀林父、衛孔達、陳公孫寧、鄭石楚伐宋，討曰：『何故弒君？』猶立文公而還。譏之也，用筆曲甚。卿不書，失其所也。

十八年，宋武氏之族道昭公子，將奉司城須以作亂。十二月，宋公殺母弟須及昭公子，使戴、莊、桓之族攻武氏於司馬子伯之館，遂出武穆之族。使公孫師爲司城。公子朝卒，使樂吕爲司寇，以靖國人。華元、樂吕皆黨文公者，故並譏之。

宣公三年，宋文公即位三年，殺母弟須及昭公子，武氏之謀也。使戴桓之族攻武氏於司馬子伯之館，盡逐武穆之族。武穆之族以曹師伐宋。秋，宋師圍曹，報武氏之亂也。

九年，滕昭公卒。冬，宋人圍滕，因其喪也。

十年，滕人恃晉而不事宋，六月，宋師伐滕〔一〕。

成公二年八月，宋文公卒，始厚葬，用蜃炭，益車馬，始用殉，重器備。椁有四阿，棺有翰、檜。

君子謂華元、樂舉『於是乎不臣。臣，治煩去惑者也，是以伏死而争。今二子者，君生則縱其惑，死又益其侈，是棄君於惡也，何臣之爲？』文公以叛逆得國，而華元贊之。左氏無一語斥責，至此始借厚葬以痛斥之，其深曲如此。左氏全書用意大率如是也。

四年春，宋華元來聘，通嗣君也。

五年，孟獻子如宋，報華元也。

校　記

〔一〕滕　原作『宋人』，今正。

齊商人之亂

懿公昏悖，自取死禍。以『不畏于天，將何能保』爲主。

文公十四年，子叔姬妃齊昭公，生舍。叔姬無寵，舍無威。公子商人驟施於國，而多聚士，盡其家，貸於公有司以繼之。左氏於人之陰謀，記之每有切齒之概。夏五月，昭公卒，舍即位。

秋七月乙卯，夜，齊商人殺舍而讓元。元曰：『爾求之久矣。我能事爾，爾不可使多蓄憾，將免我乎？爾爲之！』纔了懿事，便攝惠公，所謂一波未平，一波又起，此等絶可愛。且倒攝惠公於前，而後通篇局勢緊湊也。

齊人定懿公，使來告難，故書以『九月』。齊公子元不順懿公之爲政也，終不曰『公』，曰『夫己氏』。

襄仲使告于王，請以王寵求昭姬于齊，曰：『殺其子，焉用其母？請受而罪之。』冬，單伯如齊請子叔姬，齊人執之。又執子叔姬。極寫懿公無道。

十五年春，季文子如晉，爲單伯與子叔姬故也。齊人許單伯請而赦之，使來致命。書曰『單伯至自齊』，貴之也。

秋，齊人侵我西鄙，故季文子告于晉。

冬十一月，晉侯、宋公、衛侯、蔡侯、陳侯、鄭伯、許男、曹伯盟于扈，尋新城之盟，且謀伐齊也。齊人賂晉侯，故不克而還。於是有齊難，是以公不會。書曰『諸侯盟于扈』，無能爲故也。凡諸侯會，公不與，不書，諱君惡也。與而不書，後也。

齊人來歸子叔姬，王故也。

齊侯侵我西鄙，謂諸侯不能也。遂伐曹，入其郛，討其來朝也。

季文子曰：『齊侯其不免乎？已則無禮，而討於有禮者，曰：「女何故行禮？」』禮以順天，天之道也。已則反天，而又以討人，難以免矣。詩曰：「胡不相畏？不畏于天。」君子之不虐幼賤，畏于天也。『不虐幼賤』，乃指弒舍而言，特借端發之以取深曲。『以亂取國』，則固明言之矣。在周頌曰：「畏天之威，于時保之。」不畏于天，將何能保？以亂取國，奉禮以守，猶懼不終；多行無禮，弗能在矣。』痛責懿公之意於此發之，使前後俱振。

十六年春王正月，及齊平。公有疾，使季文子會齊侯于陽穀。請盟，齊侯不肯，曰：『請俟君間。』公使襄仲納賂于齊侯，故盟于郪丘。

十七年，齊侯伐我北鄙，襄仲請盟。六月，盟于穀。

襄仲如齊，拜穀之盟。復曰：『臣聞齊人將食魯之麥，以臣觀之，將不能。齊君之語偷。臧文仲有言曰：「民主偷，必死。」』

十八年春，齊侯戒師期，而有疾。醫曰：『不及秋，將死。』公聞之，卜，曰：『尚無及期！』惠伯令龜。卜楚丘占之，曰：『齊侯不及期，非疾也。君亦不聞。令龜有咎。』此皆隨手拈來，玩弄作戲耳。二月丁丑，公薨。

齊懿公之爲公子也，與邴歜之父爭田，弗勝。及即位，乃掘而刖之，而使歜僕。納閻職之妻，而使職驂乘。

夏五月，公游于申池。二人浴于池。歜以撲抶職。職怒。歜曰：『人奪女妻而不怒，一抶女，庸何傷？』職曰：『與刖其父而弗能病者何如？』乃謀弒懿公，納諸竹中。歸，舍爵而行。極言懿公之無與，所謂失道者寡助也。齊人立公子元。馬驌云：史記『孝公卒，昭公因開方殺孝公子而自立』。殺人之子者，人亦殺其子。昭公殺孝公子，春秋略其事。

襄仲之亂

此篇著襄仲之惡，以『謀人，人亦謀己』爲主。又歸咎於季文子而痛斥責之，以『保姦主藏』爲主。

文公二年，襄仲如齊納幣，禮也。凡君即位，好舅甥，修昏姻，娶元妃以奉粢盛，孝也。孝，禮之始也。開首著此，大義凜然。

四年，逆婦姜于齊，卿不行，非禮也。君子是以知出姜之不允於魯也，曰：『貴聘而賤逆之，君而卑之，立而廢之，棄信而壞其主，在國必亂，在家必亡。不允宜哉！深致惋嘆之詞而寄託無端。此等慨嘆若於事後發之，則意味全失矣。此爲文之所以貴用逆也。詩曰：「畏天之威，于時保之」，敬主之謂也。』

十八年六月，葬文公。

秋，襄仲、莊叔如齊，惠公立故，且拜葬也。

文公二妃敬嬴生宣公。敬嬴嬖，而私事襄仲。宣公長，而屬諸襄仲。襄仲欲立之，叔仲不可。仲見于齊侯而請之。齊侯新立，而欲親魯，許之。敬嬴私事襄仲，齊侯親魯，皆誅及隱微之筆。

冬十月，仲殺惡及視，而立宣公。書曰『子卒』，諱之也。仲以君命召惠伯，其宰公冉務人止之，曰：『入必死。』叔仲曰：『死君命可也。』公冉務人曰：『若君命，可死；非君命，何聽？』弗聽，乃入，殺而埋之馬矢之中。著叔仲之節及遂之惡。公冉務人奉其帑以奔蔡，既而復叔仲氏。夫人姜氏歸于齊，大歸也。將行，哭而過市，曰：『天乎！仲爲不道，殺適立庶。』市人皆哭。魯人謂之哀姜。哀惋之情聲動天地矣。

莒紀公生大子僕，又生季佗，愛季佗而黜僕，且多行無禮於國。僕因國人以弒紀公，以其寶玉來奔，納諸宣公。公命與之邑，曰：『今日必授！』季文子使司寇出諸竟，曰：『今日必達！』公問其故。季文子使大史克對曰：先大夫臧文仲教行父事君之禮，行父奉以周旋，弗敢失隊，曰：『見有禮於其君者，事之，如孝子之養父母也；見無禮於其君者，誅之，如鷹鸇之逐鳥雀也。』襄仲之無道不足論矣。季文子當國而不能討，故附記此事，所以深刺諷之。先大夫臧文仲教行父事君之禮云云，皆刺筆也，若曰此固嘗受教於臧文仲者也。用意微婉雋妙之至。國語載此書，無季文子使對云云，其文亦不及此篇之美，疑此對本不干季文子，左氏牽涉及之，以寓其誅伐之意也。先君周公制周禮曰：『則以觀德，德以處事，事以度功，功以食民。』作誓命曰：『毁則爲賊，掩賊爲藏。竊賄爲盜，盜器爲姦。主藏之名，賴姦之用，爲大凶德，有常無赦〔一〕。在九刑不忘。』行父還觀莒僕，莫可則也。孝敬、忠信爲吉德，盜賊、藏姦爲凶德。夫莒僕，則其孝敬，則弑君父矣；則其忠信，則竊寶玉矣。其人，則盜賊也；其器，則姦兆也。保而利之，則主藏也。以訓則昏，民無則焉。不度於善，而皆在於凶德，是以去之。言在此而意在彼，最爲文之神境，所謂語南而意北者也。以下文氣尤極汪洋滂沛，極瑰瑋浩汗之觀，固左氏書中極盛文字。

昔高陽氏有才子八人，蒼舒、隤敳、檮戭、大臨、尨降、庭堅、仲容、叔達，齊、聖、廣、淵、明、允、篤、誠，天下之民謂之八愷。高辛氏有才子八人，伯奮、仲堪、叔獻、季仲、伯虎、仲熊、叔豹、季貍，忠、肅、共、懿、宣、慈、惠、和，天下之民謂之八元。此十六族也，世濟其美，不隕其名。以至于堯，堯不能舉。舜臣堯，舉八愷，使主后土，以揆百事，莫不時序，地平天成。舉八元，使布五教于四方，父義、母慈、兄友、弟共、子孝，內平外成。公負大疚在躬，述此等告之，自使芒刺在背。

昔帝鴻氏有不才子，掩義隱賊，好行凶德，醜類惡物，頑嚚不友，是與比周，天下之民謂之渾敦。少皞氏有不才子，毁信廢忠，崇飾惡言，靖譖庸回，『靖譖庸回』，即書之『静言庸違』。服讒蒐慝，以誣盛德，天下之民謂之窮奇。顓頊氏有不才子，不可教訓，不知話言，告之則頑，舍之則嚚，傲很明德，以亂天常，天下之民謂之檮杌。此三族也，世濟其凶，增其惡名，以至于堯，堯不能去。縉雲氏有不才子，貪于飲食，冒于貨賄，侵欲崇侈，不可盈厭，聚斂積實，不知紀極，不分孤寡，不恤窮匱，天下之民以比三凶，謂之饕餮。舜臣堯，賓于四門，流四凶族，渾敦、窮奇、檮杌、饕餮，投諸四裔，以禦螭魅。是以堯崩而天下如一，同心戴舜，以爲天子，以其舉十六相，去四凶也。跌落復起，文勢如大海之上風起潮涌，蔚爲異觀。故虞書數舜之功，曰『慎徽五典，五典克從』，無違教也。曰『納于百揆，百揆時序』，無廢事也。曰『賓于四門，四門穆穆』，無凶人也。

舜有大功二十而爲天子。今行父雖未獲一吉人，去一凶矣，於舜之功，二十之一也，庶幾免於戾乎！此段尤離奇敏妙，不可方物。二十之一者，明謂其尚有大姦未能盡去也。此等文字，千古以來竟成絶詣，尚不敢望有解人，安望有能學步者乎？

宣公元年春王正月，公子遂如齊逆女。尊君命也。三月，遂以夫人歸姜至自齊。尊夫人也。

夏，季文子如齊，納賂以請會。會于平州，以定公位。東門襄仲如齊拜成。六月，齊人取濟西之田，爲立公故，以賂齊也。

四年春，公及齊侯平莒及郯，莒人不肯。公伐莒，取向，非禮也。平國以禮，不以亂。伐而不治，亂也。以亂平亂，何治之有？無治，何以行禮？此左氏不義宣公之立，而發之於此。

五年春，公如齊。高固使齊侯止公，請叔姬焉。

夏，公至自齊，書，過也。

秋九月，齊高固來逆女，自爲也〔二〕。故書曰「逆叔姬」，卿自逆也。

冬，來，反馬也。

七年夏，公會齊侯伐萊，不與謀也。凡師出，與謀曰「及」，不與謀曰「會」。

八年，有事于大廟，襄仲卒而繹，非禮也。

冬，葬敬嬴，旱，無麻，始用葛茀。雨，不克葬，禮也。禮，卜葬，先遠日，辟不懷也。

十年春，公如齊。齊侯以我服故，歸濟西之田。

夏，齊惠公卒。公如齊奔喪。

季文子初聘于齊。國武子來報聘。

十四年冬，公孫歸父會齊侯于穀，見晏桓子，與之言魯，樂。桓子告高宣子曰：『子家其亡乎！懷於魯矣。懷必貪，貪必謀人。謀人，人亦謀己。一國謀之，何以不亡？』此皆忿恨首惡切齒之音。

十五年，初稅畝，非禮也。穀出不過藉，以豐財也。

十七年冬，公弟叔肸卒，公母弟也。凡大子之母弟，公在曰公子，不在曰弟。凡稱弟，皆母弟也。

十八年，公孫歸父以襄仲之立公也，有寵，欲去三桓，以張公室。歸父之力，未必能遽去三桓，此季氏加之罪狀也。與公謀而聘于晉，欲以晉人去之。冬，公薨。季文子言於朝曰：『使我殺適立庶以失大援者，仲也夫！』文子之罪於此微微一露，然公薨，敢爲是言，又見其無君之心也。臧宣叔怒曰：『當其時不能治也，後之人何罪？合觀此節，則前文之義益明矣。子欲去之，許請去之。』遂逐東門氏。

子家還，及笙，壇帷，復命於介。既復命，袒、括髮，即位哭，三踊而出。遂奔齊。書曰『歸父還自晉』，善之也。

校記

〔一〕原校：倭庫本『常』下有『刑』字，疑非是。

〔二〕原校：倭庫本『爲』下有『逆』字。

左傳微卷弟四

晉靈之難 此篇以趙盾爲主。盾，弑君之賊，文無一字貶詞，最見精心結譔處。

僖公二十八年，晉侯作三行以禦狄。荀林父將中行，屠擊將右行，先蔑將左行。

三十一年秋，晉蒐于清原，作五軍以禦狄。趙衰爲卿。記趙氏得位之始。

文公五年，晉陽處父聘于衛，反過甯，甯嬴從之。及温而還。其妻問之。嬴曰：『以剛〔一〕。商書曰：「沈漸剛克，高明柔克。」夫子壹之，其不没乎！借陽處父逆入晉難。天爲剛德，猶不干時，況在人乎？且華而不實，怨之所聚也。犯而聚怨，不可以定身。責陽處父，亦痛惜狐氏之意所激而發。余懼不獲其利而離其難，是以去之。』

晉趙成子、欒貞子、霍伯、臼季皆卒。老成雕謝，晉難之始，無一閑筆。

六年春，晉蒐于夷，舍二軍。使狐射姑將中軍，趙盾佐之。陽處父至自温，改蒐于董，易中軍。陽子，成季之屬也，故黨於趙氏，點睛。且謂趙盾能，曰：『使能，國之利也。』是以上之。宣子於是乎始爲國政，此篇專以趙盾弑君爲主，眼光專爲此事，前後皆烘托激射之筆也。自陽處父易帥，而賈季不能復存於晉，狐氏亡，而趙盾專國之勢成矣。宗堯按，狐趙舊勳，趙氏盡奪其權而狐氏亡。此段敘述最分明。制事典，正法罪，辟獄刑，董逋逃，由質要〔一〕，治舊洿，本秩禮，續常職，出滯淹。既成，以授大傅陽子與大師賈佗，使行諸晉國，以爲常法。

八月乙亥，晉襄公卒〔三〕。靈公少，晉人以難故，欲立長君。趙孟曰：『立公子雍。好善而長，先君愛之，且近於秦：秦，舊好也。置善則固，事長則順，立愛則孝，結舊則安。爲難故，故欲立長君。有此四德者，難必抒矣〔四〕。』賈季曰：『不如立公子樂。辰嬴嬖於二君，立其子，民必安之。』此段以狐趙二人意氣之爭爲主眼，蓋趙盾必去賈季，而後得晉權。今日之爭，則去賈季之始也。趙孟曰：『辰嬴賤，班在九人，其子何震之有？且爲二君嬖〔五〕，淫也。爲先君子，不能求大，而出在小國，辟也。母淫子辟，無威；陳小而遠，無援。將何安焉？杜祁以君故，讓偪姞而上之；以狄故，讓季隗而已次之，故班在四。先君是以愛其子，而仕諸秦，爲亞卿焉。秦大而近，足以爲援；母義子愛，足以威民。立之，不亦可乎？』宗堯云，辨倒賈季，又殺公子樂，立子雍之謀甚決矣。爲下文蓄勢。

使先蔑、士會如秦逆公子雍。賈季亦使召公子樂于陳，趙孟使殺諸郫。

賈季怨陽子之易其班也，而知其無援於晉也。九月，賈季使續鞫居殺陽處父。賈季罪案。書曰『晉殺其大夫』，侵官也。

十一月丙寅，晉殺續簡伯。賈季奔狄。完結賈季。宣子使臾駢送其帑。臾駢，賈季之仇，宣子使之，欲以滅狐氏也。夷之蒐，賈季戮臾駢，臾駢之人欲盡殺賈氏以報焉。臾駢曰：『不可。吾聞前志有之曰：「敵惠敵怨，不在後嗣，忠之道也。」夫子禮於賈季，我以其寵報私怨，無乃不可乎？介人之寵，非勇也。損怨益仇，非知也。以私害公，非忠也。釋此三者，何以事夫子？』盡具其帑與其器用財賄，親帥扞之，送致諸竟〔六〕。舅犯於晉有莫大之功，且文公之戚姻也，以意氣之争而逐其子，盾之僭端見矣。左氏不明言之，特於此處嗚咽纏綿，以盡其意。太息狐氏之不終而又不明揭趙盾之姦，最是文情深曲處。

七年，秦康公送公子雍于晉，曰：『文公之入也無衛，故有呂郤之難。』乃多與之徒衛。

穆嬴日抱大子以啼于朝，曰：『先君何罪？其嗣亦何罪？舍適嗣不立，而外求君，將焉寘此？』夾此數語，趣甚。內有適嗣，而外求君，羣臣之荒謬可笑。著此以見其舉措之妄，詞筆警湛，光焰動人。出朝，則抱以適趙氏，頓首於宣子，曰：『先君奉此子也而屬諸子，曰：「此子也才，吉受子之賜；不才，吾唯子之怨。」今君雖終，言猶在耳，而棄之，若何？』此尤精心結撰，痛快淋漓。宗堯按，此實寫宣子失策處。宣子與諸大夫皆患穆嬴，且畏偪，乃背先蔑而立靈公，以禦秦師。箕鄭居守。趙盾將中軍，先克佐之；荀林父佐上軍；先蔑將下軍，先都佐之。步招御戎，戎津爲右。及堇陰。宣子曰：『我若受秦，秦則賓也；不受，寇也。記其舉措荒謬，毫無信義於人。既不受矣，而復緩師，秦將生心。先人有奪人之心，軍之善謀也。逐寇如追逃，軍之善政也。』訓卒，利兵，秣馬，蓐食，潛師夜起。戊子，敗秦師于令狐，至于刳首。己丑，先蔑奔秦，士會從之。

先蔑之使也，荀林父止之，曰：『夫人、大子猶在，而外求君，此必不行。三語著趙盾及諸臣之無識。子以疾辭，若何？不然，將及。攝卿以往，可也，何必子？同官爲寮，吾嘗同寮，敢不盡心乎？』弗聽。爲賦板之三章，又弗聽。及亡，荀伯盡送其帑及其器用財賄於秦，曰：『爲同寮故也。』此爲文情旁溢之處。其關切同寮，正爲賈季事取影。觀送帑及器用財賄，與臾駢爲複詞，可悟其微意所寄，正復妙遠不測也。

士會在秦三年，不見士伯。其人曰：『能亡人於國，不能見於此，焉用之？』士季曰：『吾與之同罪，非義之也，將何見焉？』及歸，遂不見。此寫士會身分。士會在春秋爲第一等人物，書中往往用特筆寫之。宗堯按，寫先蔑之不當逆公子雍，所譏在宣子也。

狄侵我西鄙，公使告於晉。趙宣子使因賈季問酆舒，且讓之。酆舒問於賈季曰：『趙衰、趙盾孰賢？』對曰：『趙衰，冬日之日也；趙盾，夏日之日也。』此寫賈季庸才，不能制盾而畏之特甚，是爲補筆。宗堯按，傳以此刺盾之餤也。

秋八月，齊侯、宋公、衛侯、陳侯、鄭伯、許男、曹伯會晉趙盾盟于扈，晉侯立故也。公後至，故不書所會。凡會諸侯，不書所會，後也。後至，不書其國，辟不敏也。

八年夏，秦人伐晉，取武城，以報令狐之役。

晉人以扈之盟來討。冬，襄仲會晉趙孟于衡雍，報扈之盟也。遂會伊雒之戎。書曰『公子遂』，珍之也。春秋以誅亂賊，豈有反珍襄仲之理？此等多經師曲説，而此語尤爲紕繆。

夷之蒐，晉侯將登箕鄭父、先都，而使士縠、梁益耳將中軍。先克曰：『狐趙之勳，不可廢也。』激射語。從之。先克奪蒯得田於堇陰。故箕鄭父、先都、士縠、梁益耳、蒯得作亂。九年春王正月己酉，使賊殺先克。乙丑，晉人殺先都、梁益耳。三月甲戌，晉人殺箕鄭父、士縠、蒯得。箕鄭等之死，趙盾賊之也。先記晉侯將大用之，而後記其罪狀，此爲曲筆，趙盾之恣横，更不煩加一字。

十年春，晉人伐秦，取少梁。

夏，秦伯伐晉，取北徵。

十二年，秦伯使西乞術來聘，且言將伐晉。宗堯按，秦之切齒於晉，皆謀立公子雍所致。魯與晉稍有不睦，秦輒欲構成其釁，以見秦之痛恨晉也。襄仲辭玉，曰：『君不忘先君之好，照臨魯國，鎮撫其社稷，重之以大器，寡君敢辭玉。』對曰：『不腆敝器〔七〕，不足辭也。』主人三辭。賓答曰：『寡君願徼福于周公、魯公以事君，不腆先君之敝器，使下臣致諸執事，以爲瑞節，要結好命，所以藉寡君之命，結二國之好，是以敢致之。』秦告魯伐晉，以今語言之，此密約也，故主賓之詞皆略不及。襄仲曰：『不有君子，其能國乎？國無陋矣。』厚賄之。

秦爲令狐之役故，冬，秦伯伐晉，取羈馬。晉人禦之。趙盾將中軍，荀林父佐之。郤缺將上軍，臾駢佐之。欒盾將下軍，胥甲佐之。范無恤御戎，以從秦師于河曲。臾駢曰：『秦不能久，請深壘固軍以待之。』從之。

秦人欲戰。秦伯謂士會曰：『若何而戰？』對曰：『趙氏新出其屬曰臾駢，必實爲此謀，將以老我師也。趙有側室曰穿，晉君之壻也，以穿爲晉君之壻，其謀至深險，故趙穿弑君至易。千古權姦之所爲，固出一轍也。有寵而弱，不在軍事，好勇而狂，且惡臾駢之佐上軍也。

若使輕者肆焉，其可。』此寫趙盾之無軍律，不能將衆。又案，著士會數語，前後俱振。宗堯按，士會此謀，不惟能料駢與穿也，趙孟之不能用駢棄穿亦爲所料。秦伯以璧祈戰于河。

十二月戊午，秦軍掩晉上軍。趙穿追之，不及。反，怒曰：『裹糧坐甲，固敵是求。敵至不擊，將何俟焉〔八〕？』寫趙穿之驕横。軍吏曰：『將有待也。』穿曰：『我不知謀，將獨出。』乃以其屬出。宣子曰：『秦獲穿也，獲一卿矣。記其袒穿。秦以勝歸，我何以報？』乃皆出戰，交綏。

秦行人夜戒晉師曰：『兩軍之士皆未憖也，明日請相見也。』臾駢曰：『使者目動而言肆，懼我也，將遁矣。薄諸河，必敗之。』胥甲、趙穿當軍門呼曰：『死傷未收而棄之，不惠也。不待期而薄人於險，無勇也。』乃止。秦師夜遁。復侵晉，入瑕。宗堯按，終士會之言，兼以伏下文討不用命者，意含刺譏。

十三年春，晉侯使詹嘉處瑕，以守桃林之塞。

晉人患秦之用士會也，特提。夏，六卿相見於諸浮。趙宣子曰：『隨會在秦，賈季在狄，難日至矣，若之何？』中行桓子曰：『請復賈季，能外事，且由舊勳。』不平賈季之亡，微微一逗。郤成子曰：『賈季亂，且罪大，不如隨會能。先大夫讀『能』字絶句〔九〕。賤而有恥，柔而不犯，其知足使也，『賤而有恥，柔而不犯』，皆阿曲從諛之謂，非真以此譽士會也。乃反射諸人得罪於趙氏者，皆不肯阿附之者耳。此爲微曲深至。且無罪。』乃使魏壽餘僞以魏叛者，以誘士會。執其帑於晉，使夜逸。請自歸于秦，秦伯許之。履士會之足於朝。敘述敏妙詭宕。秦伯師于河西，魏人在東。壽餘曰：『請東人之能與夫二三有司言者，吾與之先。』使士會。士會辭，曰：『晉人，虎狼也。若背其言，臣死，妻子爲戮，無益於君，不可悔也。』秦伯曰：『若背其言，所不歸爾帑者，有如河！』乃行。繞朝贈之以策，曰：『子無謂秦無人，吾謀適不用也。』此段敘事靈妙無比，故曾太傅特取此節，以爲詼詭之趣。繞朝數語尤爲頰上添豪。宗堯按，公子雍之事屈在晉，故刺晉。然秦伯再受人欺，其誰之咎？此處譏秦伯，係帶寫，文法最爲周密。既濟，魏人譟而還。寫其得意疾驅，摹畫入妙。秦人歸其帑。其處者爲劉氏。

宣公元年，晉人討不用命者，放胥甲父于衛，而立胥克。先辛奔齊。獨放胥甲，言其祖趙穿也。宗堯按，『不用命者』，不獨胥甲。

晉欲求成於秦。趙穿曰：『我侵崇，秦急崇，必救之。吾以求成焉。』冬，趙穿侵崇。秦弗與成。

二年，秦師伐晉，以報崇也，遂圍焦。夏，晉趙盾救焦，遂自陰地〔一〇〕，及諸侯之師侵鄭，以報大棘之役。楚鬬椒救鄭，曰：『能欲諸侯而惡其難乎？』遂次于鄭，以待晉師。趙盾曰：『彼宗競于楚，殆將斃矣。姑益其疾。』乃去之。先大夫評曰：此與楚子元伐鄭略同，皆有異謀，志不在敵也。

晉靈公不君：言靈公不君，與言宋昭無道同。此左氏之定法，所以迷惑讀者之耳目也。厚斂以彫牆；從臺上彈人，而觀其辟丸也；宰夫胹熊蹯不熟，殺之，寘諸畚，使婦人載以過朝。見其幷無大過，非不可諫誨。趙盾、士季見其手，問其故，而患之。將諫，士季曰：『諫而不入，則莫之繼也。會請先，不入，則子繼之。』三進，及溜，而後視之，曰：『吾知所過矣，將改之。』稽首而對曰：『人誰無過〔一一〕，過而能改，善莫大焉。詩曰：「靡不有初，鮮克有終」，夫如是，則能補過者鮮矣。君能有終，則社稷之固也，豈惟羣臣賴之。又曰，「袞職有闕，惟仲山甫補之」，能補過也。君能補過，袞不廢矣。』寫士會之恭謹，以反形趙盾，又見趙盾之謀弒逆，士會絕不知也。士會之諫，專以補過爲詞，所以明靈公之過非不可諫，而盾之逆乃益著也。『惟仲山甫補之』，從士會口中斥責趙孟之詞也。猶不改。宣子驟諫，公患之，使鉏麑賊之。晨往，寢門闢矣，盛服將朝。尚早，坐而假寐。麑退，歎而言曰：『不忘恭敬，民之主也。賊民之主，不忠；棄君之命，不信。

有一於此，不如死也。』觸槐而死。此亦小節耳，且鉏麑之言，其誰聞之？紀文達已疑之矣。宗堯按，此不没宣子之長，通篇所譏乃不能屈護其短耳。

秋九月，晉侯飲趙盾酒，伏甲，將攻之。其右提彌明知之，趨登，曰：『臣侍君宴，過三爵，非禮也。』遂扶以下。公嗾夫獒焉〔一二〕，明搏而殺之。盾曰：『棄人用犬，雖猛何爲！』無君處，明目張膽言之矣。鬭且出。提彌明死之。

初，宣子田於首山，舍于翳桑，見靈輒餓，問其病。鉏麑、提彌明、靈輒三事，見其收拾姦雄得人心。先大夫評曰：敘此三人，見趙盾收召姦俠，君臣相圖。曰：『不食三日矣。』食之，舍其半。問之。曰：『宦三年矣，未知母之存否，今近焉，請以遺之。』使盡之，而爲之簞食與肉，寘諸橐以與之。既而與爲公介，倒戟以禦公徒而免之。問何故。對曰：『翳桑之餓人也。』問其名居，不告而退，遂自亡也。宗堯按，盾前失策，後弒君，罪皆難掩。靈公以拒諫謀殺，盾又非也。故寫宣子脱禍處，餘音繚繞，以見晉靈之非。

乙丑，趙穿攻靈公於桃園〔一三〕。宣子未出山而復。故作頓挫，生出文情。大史書曰『趙盾弒其君』，以示於朝。借太史氏大書特書。宣子曰：『不然。』對曰：『子爲正卿，亡不越竟，反不討賊，非子而誰？』正言以痛責之，所謂誅姦諛於既死也。先大夫評曰：就董狐口中見正意。宣子曰：『烏呼！詩曰：「我之懷矣，自詒伊慼。」其我之謂矣。』宗堯云：『我之懷矣』云者，用以解『亡不越竟』可也，『反不討賊』將何辭以自解乎？孔子曰：『董狐，古之良史也，書法不隱〔一四〕。趙宣子，古之良大夫也，爲法受惡。記聖言以兩贊之，妙極。謂其『爲法受惡』，見其惡固已無可辭矣。惜也，越竟乃免。』此轉尤極詼諧敏妙之致，明言其終未能免也。

宣子使趙穿逆公子黑臀于周而立之。先大夫評曰：於迎立事一露『使』字。壬申，朝于武宮。

初，驪姬之亂，詛無畜羣公子，自是晉無公族。及成公即位，乃宦卿之適而爲之田，以爲公族。又宦其餘子，亦爲餘子；其庶子爲公行。晉於是有公族、餘子、公行。此六卿分晉之由來。

趙盾請以括爲公族，先大夫評曰：敘其挾迎立之恩，自樹私黨。曰：『君姬氏之愛子也。微君姬氏，則臣狄人也。』公許之。意私而詞甚公，姦雄之作用也。宗堯按，文似稱盾不忘姬氏之德，意實謂滅狐氏、先氏、梁氏而自殖其族也。冬，趙盾爲旄車之族，使屏季以其故族爲公族大夫。宗堯按，是篇以刺盾爲主，餘皆旁文。

校記

〔一〕原注：『以』同『已』。

〔二〕由　原作「出」，今正。

〔三〕晉　原脱，今補。

〔四〕原校：「抒」服虔本作「紓」，釋文作「抒」。

〔五〕原校：從倭庫本「二」下補「君」字。

〔六〕致　原作「至」，今正。

〔七〕原校：「不腆敝器」倭庫本作「不腆幣器」；案國語亦有「不腆幣器」句。

〔八〕原校：宋本「焉」作「矣」，石經初刻同。

〔九〕按，一讀「不如隨會能」之「能」字下屬爲句，「能」爲助動詞。顧炎武補正云：「以傳上文證之，『能外事』，兩『能』字并相比。」

〔一〇〕原校：倭庫本有「入」字。

〔一一〕原校：倭庫本「無」作「不」。

〔一二〕原校：服虔本「扶」作「跣」，「嗾」作「㖃」，「獒」作「敖」。倭庫本「扶」亦作「跣」。

〔一三〕原校：「攻」釋文本或作「弑」。

〔一四〕原校：倭庫本「隱」下有「也」字。

楚穆之强　以小國困於事大爲主。

文公九年，范山言於楚子曰：『晉君少，不在諸侯，北方可圖也。』一起儁偉得勢。賀松坡先生以此語爲全書關鍵。楚子師于狼淵以伐鄭。囚公子堅、公子尨及樂耳。鄭及楚平。公子遂會晉趙盾、宋華耦、衛孔達、許大夫救鄭，不及楚師。卿不書，緩也，以懲不恪。冷刺之筆。

夏，楚侵陳，克壺丘，以其服於晉也。秋，楚公子朱自東夷伐陳，陳人敗之，獲公子茷。陳懼，乃及楚平。

十年，初，楚范巫矞似謂成王與子玉、子西曰：『三君皆將强死。』人臣稱君始此。城濮之役，王思之，故使止子玉曰：『毋死。』不及。止子西，子西縊而縣絶〔一〕，王使適至，遂止之，使爲商公。沿漢泝江，將入郢。王在渚宫，下，見之。懼，而辭曰：『臣免於死，又有讒言，謂臣將逃，臣歸死於司敗也。』王使爲工尹，又與子家謀弒穆王。穆王弒父元惡，子西之舉未可厚非，不得與尋常叛逆同例也。穆王聞之，五月，殺鬭宜申及仲歸。

陳侯、鄭伯會楚子于息。冬，遂及蔡侯次于厥貉，將以伐宋。

宋華御事曰：『楚欲弱我也，先爲之弱乎？何必使誘我？我實不能，民何罪？』乃逆楚子，勞且聽命。遂道以田孟諸。宋公爲右盂，鄭伯爲左盂。期思公復遂爲右司馬，子朱及文之無畏爲左司馬，命夙駕載燧。宋公違命，無畏抶其僕以徇。楚之盛强於斯極矣。

或謂子舟曰：『國君不可戮也。』子舟曰：『當官而行，何彊之有？詩曰：「剛亦不吐，柔亦不茹。」「毋縱詭隨，以謹罔極。」是亦非辟彊也。敢愛死以亂官乎？』

十一年夏，叔仲惠伯會晉郤缺于承匡，謀諸侯之從於楚者。

十三年冬，公如晉朝，且尋盟。衛侯會公于沓，請平于晉。公還，鄭伯會公于棐，亦請平于晉。公皆成之。

鄭伯與公宴于棐，子家賦鴻鴈。季文子曰：『寡君未免於此。』見小國困於事大。一篇柱意在此。文子賦四月。子家賦載馳之四章。文子賦采薇之四章。鄭伯拜，公答拜。

十四年，邾文公元妃齊姜生定公，二妃晉姬生捷菑。文公卒，邾人立定公。捷菑奔晉。

六月，同盟于新城，從於楚者服，且謀邾也。晉趙盾以諸侯之師八百乘納捷菑于邾。

郳人辭曰：『齊出貜且長。』宣子曰：『辭順，而弗從，不祥。』乃還。

十五年，新城之盟，蔡人不與。晉郤缺以上軍、下軍伐蔡，曰：『君弱，不可以怠。』映章首。戊申，入蔡，以城下之盟而還。凡勝國，曰滅之；獲大城焉，曰入之。

十七年，晉侯蒐于黄父，遂復合諸侯于扈，平宋也。公不與會，齊難故也。書曰『諸侯』，無功也。

於是晉侯不見鄭伯，以爲貳於楚也。鄭子家使執訊而與之書，以告趙宣子，曰：寡君即位三年，召蔡侯而與之事君。九月，蔡侯入于敝邑以行。敝邑以侯宣多之難，寡君是以不得與蔡侯偕。十一月，克滅侯宣多，而隨蔡侯以朝于執事。十二年六月，歸生佐寡君之嫡夷，以請陳侯于楚，而朝諸君。十四年七月，寡君又朝以蕆陳事。十五年五月，陳侯自敝邑往朝于君。往年正月，燭之武往，朝夷也。八月，寡君又往朝。以陳蔡之密邇於楚，而不敢貳焉，則敝邑之故也。雖敝邑之事君，何以不免？在位之中，一朝于襄，而再見于君。夷與孤之二三臣相及於絳。雖我小國，則蔑以過之矣。今大國曰：『爾未逞吾志。』敝邑有亡，無以加焉。

古人有言曰：『畏首畏尾，身其餘幾？』又曰：『鹿死不擇音。』小國之事大國也，德則其人也，不德則其鹿也，鋌而走險，急何能擇？命之罔極，亦知亡矣，將悉敝賦以待於鯈。唯執事命之。窺見晉瑕，乃敢爲此論。詞氣致爲憤鬱。

文公二年六月壬申，朝于齊。四年二月壬戌，爲齊侵蔡，亦獲成於楚。居大國之間，而從於彊令，豈其罪也？大國若弗圖，無所逃命。晉不能與楚争衡而欺陵小國，故載此書以痛斥之。

晉鞏朔行成於鄭，趙穿、公壻池爲質焉。冬十月，鄭大子夷、石楚爲質于晉。

校記

〔一〕縣　原作『懸』，今正。縣，同懸。

鄭靈之弑　以不知有君爲主。

宣公四年，楚人獻黿於鄭靈公。公子宋與子家將見〔一〕。子公之食指動，以示子家，曰：『他日我如此，必嘗異味。』入題瓌詭有致。及入，宰夫將解黿，相視而笑。公問之，子家以告。及食大夫黿，召子公而弗與也。子公怒，染指於鼎，嘗之而出。公怒，欲殺子公。子公與子家謀先。子家曰：『畜老，猶憚殺之，而況君乎？』君臣之義，其時之人不知久矣，記此所以傷之也。反譖子家。子家懼而從之。宗堯按，反譖子家，是子家不從，則子公不能爲也。不能以其力去子公而反假其力於子公，故罪之也。夏，弑靈公。

書曰『鄭公子歸生弑其君夷』，權不足也。特爲之解，妙甚。左氏皆此筆法。『越竟乃免』，用意與此正同。君子曰：『仁而不武，無能達也。凡弑君：稱君，君無道也；稱臣，臣之罪也。』

鄭人立子良。辭曰：『以賢，則去疾不足；以順，則公子堅長。』乃立襄公。襄公將去穆氏，而舍子良。子良不可，曰：『穆氏宜存，則固願也。若將亡之，則亦皆亡，去疾何爲？』乃舍之，皆爲大夫。

六年，鄭公子曼滿與王子伯廖語，欲爲卿。伯廖告人曰：『無德而貪，其在周易豐䷶之離䷝，弗過之矣。』間一歲，鄭人殺之。

十年，鄭子家卒。鄭人討幽公之亂，斲子家之棺，而逐其族。改葬幽公，謚之曰『靈』。敘述此等，皆作者憤邪嫉惡之衷所激而發焉者也。宗堯按，此痛誅子家處。

校記

〔一〕原校：倭庫本『見』上有『入』字。

楚越椒之亂

以『子文無後，何以勸善』爲主。

文公九年冬，楚子越椒來聘，執幣傲。叔仲惠伯曰：『是必滅若敖氏之宗。傲其先君，神弗福也。』

宣公四年，初，楚司馬子良生子越椒。子文曰：『必殺之！逆攝，驚矯。是子也，熊虎之狀而豺狼之聲；弗殺，必滅若敖氏矣。同一記事，若倒置文後，便索然無味。此可悟逆筆之妙。諺曰：「狼子野心。」是乃狼也，其可畜乎？』子良不可。子文以爲大慼。及將死，聚其族，曰：『椒也知政，乃速行矣，無及於難。』宗堯云：此篇爲謀逆亂者戒，故屢述子文滅宗之言及下文箴尹之論。且泣曰：『鬼猶求食，若敖氏之鬼不其餒而！』沈著痛切，無以復加。及令尹子文卒，鬬般爲令尹，子越爲司馬。蔿賈爲工正，譖子揚而殺之，子越爲令尹，己爲司馬。子越又惡之，乃以若敖氏之族，圄伯嬴於轑陽而殺之。遂處烝野，將攻王〔一〕。王以三王之子爲質焉，弗受。師于漳澨。秋七月戊戌，楚子與若敖氏戰于皋滸。伯棼射王，汰輈，及鼓跗，著於丁寧。又射，汰輈，以貫笠轂。宗堯云：文事往往以寫景真切爲聖境。漢、唐、宋、明諸家於此等處百變其用，常成詣極之文。師懼，退。王使巡師曰：『吾先君文王克息，獲三矢焉，伯棼竊其二，盡於是矣。』鼓而進之，遂滅若敖氏。敘戰事有聲有色。

初，若敖娶於䢵，生鬭伯比。若敖卒，從其母畜於䢵，淫於䢵子之女，生子文焉。䢵夫人使棄諸夢中。虎乳之。䢵子田，見之，懼而歸。夫人以告，遂使收之。楚人謂乳穀，謂虎於菟，故命之曰鬭穀於菟。宗堯按：生趣。以其女妻伯比。實爲令尹子文。其孫箴尹克黄使於齊，還及宋，聞亂。其人曰：『不可以入矣。』箴尹曰：『棄君之命，獨誰受之？君，天也，天可逃乎？』反射越椒之叛。遂歸，復命，而自拘於司敗。王思子文之治楚國也，曰：『子文無後，何以勸善？』使復其所，改命曰生。若敖，楚之世勳，滅族太過，故記此以終之。篇首嘆嗟鬼餒亦是此意。宗堯按，以此事作轉筆，文勢自爾不測。

校　記

〔一〕原校：倭庫本『將』下有『以』字。

陳靈之弑

以『取而與之』爲主。

宣公九年，陳靈公與孔寧、儀行父通于夏姬，皆衷其衵服，以戲于朝。洩冶諫曰：『公卿宣淫，民無效焉，且聞不令。君其納之！』公曰：『吾能改矣。』公告二子。二子請殺之，公弗禁，遂殺洩冶。

孔子曰：『詩云：「民之多辟，無自立辟。」其洩冶之謂乎！』猶言舉世混濁，無得獨爲君子，乃忿世至切之言也。若公卿宣淫，正無待誅伐矣。宗堯按，洩冶忠諫而反譏之，乃痛世變而爲此激宕之論也。

十年，陳靈公與孔寧、儀行父飲酒于夏氏。公謂行父曰：『徵舒似女。』對曰：『亦似君。』徵舒病之。公出，自其廄射而殺之。二子奔楚。

十一年冬，楚子爲陳夏氏亂故，伐陳。謂陳人：『無動！將討於少西氏。』遂入陳，殺夏徵舒，轘諸栗門。因縣陳。陳侯在晉。

申叔時使於齊，反，復命而退。王使讓之，曰：『夏徵舒爲不道，弑其君，寡人以諸侯討而戮之，諸侯、縣公皆慶寡人，女獨不慶寡人，何故？』對曰：『猶可辭乎？』王曰：『可哉！』以宕漾見風趣。曰：『夏徵舒弑其君，其罪大矣；討而戮之，君之義也。抑人亦有言曰：「牽牛以蹊人之田，而奪之牛。」牽牛以蹊者，信有罪矣；而奪之牛，罰已重矣。宗堯云：孔子之論洩冶，靈公之謂徵舒，申叔之論縣陳，寫變亂之世未有如此之微至者。諸侯之從也，曰討有罪也。今縣陳，貪其富也。以討召諸侯，而以貪歸之，無乃不可乎？』王曰：『善哉！吾未之聞也。反之，可乎？』對曰：『吾儕小人所謂「取諸其懷而與之」也。』著語趣極。又案，兩喻極有風趣，而筆筆跳脱，此左氏閑逸之妙。乃復封陳。鄉取一人焉以歸，謂之夏州。故書曰『楚子入陳。納公孫寧、儀行父于陳』，書有禮也。納淫人烏得爲禮？亦曲説也。

楚莊之霸

楚莊爲春秋令辟，此篇所以表章之，以德刑政事典禮不易爲主。

宣公元年，宋人之弑昭公也，晉荀林父以諸侯之師伐宋，宋及晉平，宋文公受盟于晉。又會諸侯于扈，將爲魯討齊。皆取賂而還。鄭穆公曰：『晉不足與也。』借以誚晉。遂受盟于楚。陳共公之卒〔一〕，楚人不禮焉。陳靈公受盟于晉。秋，楚子侵陳，遂侵宋。晉趙盾帥師救陳宋。會于棐林，以伐鄭也。楚蔿賈救鄭，遇于北林，囚晉解揚。晉人乃還。晉人伐鄭，以報北林之役〔二〕。於是晉侯侈，趙宣子爲政，驟諫而不入，故不競於楚。此頓挫之筆，震川所謂如人吐氣也。又案，譏趙盾之無能，反若爲之解者。宗堯按，頓跌之筆，敘事之文所最重，史記多用此。

二年春，鄭公子歸生受命于楚伐宋〔三〕，宋華元、樂吕御之。二月壬子，戰于大棘。宋師敗績。囚華元，獲樂吕，及甲車四百六十乘，俘二百五十人，馘百人。狂狡輅鄭人，鄭人入于井。倒戟而出之，獲狂狡。此節取詼詭之趣，故閒語皆有致。君子曰：『失禮違命，宜其爲禽也。戎，昭果毅以聽之之謂禮。殺敵爲果，致果爲毅。易之，戮也。』

將戰，華元殺羊食士，其御羊斟不與。及戰，曰：『疇昔之羊，子爲政；今日之事，我爲政。』與入鄭師〔四〕，故敗。君子謂『羊斟非人也，以其私憾，敗國殄民，先大夫答賀松坡書云：史記載華元饗士，其御羊羹不及。古以『斟』爲『羹』，而非御者之姓名甚晰。今左氏乃有『羊斟非人也』等説，此必經師講論時有疑羊斟爲人者，而其師知『斟』之爲『羹』，故曰『羊斟非人』。豈知後之淺者入此語於左氏書中，而賡續之以『私怨殄民』云云者哉！此皆文中攙雜膚受淺説，尤爲謬亂，全書中此類尚多也。於是刑孰大焉？詩所謂「人之無良」者，其羊斟之謂乎！殘民以逞。』

宋人以兵車百乘、文馬百駟以贖華元于鄭。半入，華元逃歸。立于門外，告而入。見叔牂，曰：『子之馬然也？』對曰：『非馬也，其人也。』既合而來奔〔五〕。宋城，華元爲植，巡功。城者謳曰：『睅其目，皤其腹，棄甲而復。于思于思，棄甲復來。』使其驂乘謂之曰：『牛則有皮，犀兕尚多，棄甲則那？』役人曰：『從其有皮，丹漆若何？』華元曰：『去之！夫其口衆我寡〔六〕。』詼詭之妙，冠絶古今。

三年，晉侯伐鄭，及郔。鄭及晉平，士會入盟。

楚子伐陸渾之戎，遂至於雒，觀兵於周疆。定王使王孫滿勞楚子。楚子問鼎之大小、輕重焉。對曰：『在德不在鼎。宗堯云：左氏於桓文之霸也，多微辭；於楚子之霸也，則顯折之，所以攘夷狄也。昔夏之方有德也，遠方圖物，貢金九牧，鑄鼎象物，百物而爲之備，使民知神、姦。故民入川澤、山林，不逢不若。螭魅罔兩，莫能逢之〔七〕。用能協于上下，以承天休。桀有昏德，鼎遷于商，載祀六百。商紂暴虐，鼎遷于周。德之休明，雖小，重也。其姦回昏亂，雖大，輕也。『雖小』、『雖大』，指鼎言，即隱譏楚國。天祚明德，有所底止〔八〕。成王定鼎于郟鄏，卜世三十，卜年七百，天所命也。周德雖衰，天命未改。鼎之輕重，未可問也。』或謂此等詞令已開戰國談辨之習，然戰國之士競尚詭譎，此文渾穆而嚴毅，固自不同。

夏，楚人侵鄭，鄭即晉也。敘晉楚爭鄭，多用簡括之筆，以避下文郯也。

四年冬，楚子伐鄭，鄭未服也。

五年，楚子伐鄭。陳及楚平。晉荀林父救鄭，伐陳。

六年春，晉衛侵陳，陳即楚故也。

楚人伐鄭，取成而還。馬驌云：是爲厲之役。

七年春，衛孫桓子來盟〔九〕，始通，且謀會晉也。

鄭及晉平，公子宋之謀也，故相鄭伯以會。冬，盟于黑壤。王叔桓公臨之，以謀不睦。

晉侯之立也，公不朝焉，又不使大夫聘，晉人止公于會。盟于黄父，公不與盟。以賂免。故黑壤之盟不書，諱之也。

八年，陳及晉平。楚師伐陳，取成而還。

九年，會于扈，討不睦也。陳侯不會。晉荀林父以諸侯之師伐陳。晉侯卒于扈，乃還。

楚子爲厲之役故，伐鄭。晉郤缺救鄭。鄭伯敗楚師于柳棼。國人皆喜，唯子良憂曰：『是國之災也，吾死無日矣。』

十年，鄭及楚平，諸侯之師伐鄭，取成而還。楚子伐鄭。晉士會救鄭，逐楚師于潁北。諸侯之師戍鄭。

十一年春，楚子伐鄭，及櫟。子良曰：『晉楚不務德而兵争，與其來者可也。晉楚無信，我焉得有信？』開下戰事。乃從楚。夏，楚盟于辰陵，陳鄭服也〔一〇〕。以上雜敘列國之役，以下開邲之戰。

楚左尹子重侵宋，王待諸郔。

令尹蔿艾獵城沂，使封人慮事，以授司徒。量功命日，分財用，平板榦，稱畚築，程土物，議遠邇，略基趾，具餱糧，度有司。事三旬而成，不愆于素。爲莊霸鋪張。

厲之役，鄭伯逃歸，自是楚未得志焉。鄭既受盟于辰陵，又徼事于晉。

十二年春，楚子圍鄭，旬有七日。鄭人卜行成，不吉；卜臨于大宫，且巷出車，吉。國人大臨，守陴者皆哭。楚子退師。鄭人修城。進復圍之，三月，克之。入自皇門，至于逵路。鄭伯肉袒牽羊以逆，曰：『孤不天，不能事君，使君懷怒以及敝邑，孤之罪也，敢不唯命是聽？其俘諸江南，以實海濱，亦唯命；其翦以賜諸侯，使臣妾之，亦唯命。若惠顧前好，徼福於厲、宣、桓、武，不泯其社稷，使改事君，夷於九縣，君之惠也，孤之願也，非所敢望也。敢布腹心，君實圖之。』左右曰：『不可許也，得國無赦。』王曰：『其君能下人，必能信用其民矣，庸可幾乎？』表楚莊。退三十里而許之平。潘尪入盟，子良出質。

夏六月，晉師救鄭。荀林父將中軍，先縠佐之；士會將上軍，郤克佐之；趙朔將下軍，欒書佐之。趙括、趙嬰齊爲中軍大夫，鞏朔、韓穿爲上軍大夫，荀首、趙同爲下軍大夫。韓厥爲司馬。將敘大戰，故先鋪敘將帥，震川所謂『鋪張程節』。及河，聞鄭既及楚平，桓子欲還，此役桓子本不欲戰，倉卒應敵，又不豫爲之備，臨戰倉皇，一敗涂地。文中敘次最明。曰：『無及於鄭而剿民，焉用之？楚歸而動，不後。』隨武子曰：『善。會聞用師，觀釁而動。德、刑、政、事、典、禮不易，不可敵也，不爲是征。楚軍討鄭〔一二〕，怒其貳而哀其卑。叛而伐之，服而舍之，德、刑成矣。伐叛，刑也；柔服，德也。二者立矣。昔歲入陳，今茲入鄭，民不罷勞，君無怨讟，政有經矣。荆尸而舉，商、農、工、賈不敗其業，而卒乘輯睦，事不奸矣。蔿敖爲宰，擇楚國之令典，軍行，右轅，左追蓐，前茅慮無，中權後勁，百官象物而動，軍政不戒而備，能用典矣。其君之舉也，内姓選於親，外姓選於舊，舉不失德，賞不失勞，老有加惠，旅有施舍，君子小人，物有服章，貴有常尊，賤有等威，禮不逆矣。德立、刑行，政成、事時，典從、禮順，若之何敵之？此皆實叙楚莊霸略，而從士會口中虛寫，文境空靈之至。此篇以鋪張楚莊霸業爲主，而行文專從晉師一面叙述，運實於虛，特開奇局，且有内中國而外夷狄之意也。見可而進，知難而退，軍之善政也。兼弱攻昧，武之善經也。子姑整軍而經武乎！猶有弱而昧者，何必楚？宗堯按：楚君能盡其職，其所以勝且强，盡具於士會語中。仲虺有言曰，「取亂侮亡」，兼弱也。汋曰，「於鑠王師，遵養時晦」，耆昧也。武曰：「無競惟烈。」撫弱耆昧，以務烈所，可也。』彘子曰：『不可。晉所以霸，師武、臣力也。今失諸侯，不可謂力；有敵而不從，不可謂武。由我失霸，不如死。且成師以出，聞敵彊而退，非夫也。命為軍帥，而卒以非夫，唯羣子能，我弗爲也。』以中軍佐濟。寫彘子壯鋭，以反形桓子。

知莊子曰：『此師殆哉！周易有之，在師䷆之臨䷒，曰：「師出以律，否臧，凶。」執事順成爲臧，逆爲否。衆散爲弱，川壅爲澤。有律以如己也，故曰律。否臧，且律竭也。盈而以竭，夭且不整，所以凶也。不行謂之臨，有帥而不從，臨孰甚焉？語讖彘子，實以形桓子之不能行令也。重在「有帥不從」四字。此之謂矣。果遇，必敗，彘子尸之，雖免而歸，必有大咎。』韓獻子謂桓子曰：『彘子以偏師陷，子罪大矣。子爲元帥，師不用命，誰之罪也？主句。失屬亡師，爲罪已重，不如進也。事之不捷，惡有所分。與其專罪，六人同之，不猶愈乎？』師遂濟。以上寫晉師進退狼狽。

楚子北師次於郔。沈尹將中軍，子重將左，子反將右，將飲馬於河而歸。聞晉師既濟，王欲還，嬖人伍參欲戰。令尹孫叔敖弗欲，曰：『昔歲入陳，今茲入鄭，不無事矣。戰而不捷，參之肉其足食乎？』參曰：『若事之捷，孫叔爲無謀矣。不捷，參之肉將在晉軍，可得食乎？』令尹南轅、反旆，伍參言於王曰：『晉之從政者新，未能行令。其佐先穀剛愎不仁，未肯用命。其三帥者專行不獲。聽而無上，衆誰適從？此行也，晉師必敗。宗堯按，晉之所以敗，盡於伍參語中。且君而逃臣，若社稷何？』王病之，告令尹改乘轅而北之，次于管以待之。以上寫楚，伍參主戰。

晉師在敖、鄗之間。鄭皇戌使如晉師，曰：『鄭之從楚，社稷之故也，未有貳心。楚師驟勝而驕，其師老矣，而不設備。子擊之，鄭師爲承，楚師必敗。』彘子曰：『敗楚、服鄭，於此在矣。必許之！』欒武子曰：『楚自克庸以來，其君無日不討國人而訓之于民生之不易、禍至之無日、戒懼之不可以怠；此下亦極力發楚莊霸業，文氣極爲騰逸。在軍，無日不討軍實而申儆之于勝之不可保、紂之百克而卒無後，訓之以若敖、蚡冒篳路籃縷以啓山林。箴之曰：「民生在勤，勤則不匱。」不可謂驕。先大夫子犯有言曰：「師直爲壯，曲爲老。」我則不德，而徼怨于楚，我曲楚直，不可謂老。其君之戎，分爲二廣，廣有一卒，卒偏之兩。右廣初駕，數及日中；左則受之，以至于昏。内官序當其夜，以待不虞，不可謂無備。子良，鄭之良也。師叔，楚之崇也。師叔不可謂良，故曰『崇』。此句中字法。師叔入盟，子良在楚，楚鄭親矣。來勸我戰，我克則來，不克遂往，以我卜也！鄭不可從。』趙括、趙同曰：『率師以來，唯敵是求。克敵、得屬，又何俟？必從彘子！』知季曰：『原屏，咎之徒也。』趙莊子曰：『欒伯善哉！實其言，必長晉國。』宗堯按，寫衆論紛馳，刺主帥也。

楚少宰如晉師，曰：『寡君少遭閔凶，不能文。聞二先君之出入此行也，將鄭是訓定，豈敢求罪于晉？二三子無淹久？』隨季對曰：『昔平王命我先君文侯曰：「與鄭夾輔周室，毋廢王命！」今鄭不率，寡君使羣臣問諸鄭，豈敢辱候人？敢拜君命之辱。』彘子以爲諂，使趙括從而更之，曰：『行人失辭。寡君使羣臣遷大國之迹於鄭，曰：「無辟敵！」羣臣無所逃命。』以上寫晉師羣言淆亂。楚許伯御樂伯，攝叔爲右，以致晉師。許伯曰：『吾聞致師者，御靡旌摩壘而還。』樂伯曰：『吾聞致師者，左射以菆，代御執轡，御下，兩馬、掉鞅而還〔一二〕。』攝叔曰：『吾聞致師者，右入壘，折馘、執俘而還。』皆行其所聞而復。文情恣肆，其布局設景尤極蕭閒雅麗。大戰中包括此等，最是左公才力可愛處。宗堯按，是役也，楚實輕晉，求成於晉，有成約矣，而又致師，蓋楚以節制之師，輕晉之既無成謀，又無紀律，故挑之也，而文特姿肆。晉人逐之，左右角之。樂伯左射馬而右射人，角不能進。矢一而已。麋興於前，射麋麗龜。晉鮑癸當其後，使攝叔奉麋獻焉，曰：『以歲之非時，獻禽之未至，敢膳諸從者。』鮑癸止之，曰：『其左善射，其右有辭，君子也。』既免。晉魏錡求公族未得而怒，欲敗晉師。請致師，弗許。請使，許之。遂往，請戰而還。楚潘黨逐之，及熒澤，見六麋，射一麋以顧獻，曰：『子有軍事，獸人無乃不給於鮮？敢獻於從者。』叔黨命去之。趙旃求卿未得，且怒於失楚之致師者，請挑戰，弗許。請召盟，許之，與魏錡皆命而往。見桓子之不能節制諸將。宗堯按，楚非挑戰也，挑晉之亂人也，而亂人果應之。『弗許』，『許之』，凡兩見，此寫晉師之庸劣。郤獻子曰：『二憾往矣，弗備，必敗。』

彘子曰：『鄭人勸戰，弗敢從也；楚人求成，弗能好也。師無成命，多備何爲？』士季曰：『備之善。若二子怒楚，楚人乘我，喪師無日矣，不如備之。楚之無惡，除備而盟，何損於好？若以惡來，有備不敗。且雖諸侯相見，軍衛不徹，警也。』彘子不可。

士季使鞏朔、韓穿帥七覆于敖前，故上軍不敗。趙嬰齊使其徒先具舟于河，故敗而先濟。就『彘子不可』陡入敗後情形，文境峭絶。以上寫晉師臨戰逡巡，以下正敘戰中情事。宗堯按，上下軍不得已，皆各自爲謀，林父不得帥之，且不能效之。彘子即爲梗，亦自主其偏師耳。林父並本部之師，不能自將，其又誰尤？

潘黨既逐魏錡，趙旃夜至於楚軍，此長篇接卸之法。席於軍門之外，使其徒入之。楚子爲乘廣三十乘，分爲左右。右廣鷄鳴而駕，日中而説；左則受之，日入而説。許偃御右廣，養由基爲右；彭名御左廣，屈蕩爲右。乙卯，王乘左廣以逐趙旃。趙旃棄車而走林，屈蕩搏之，得其甲裳。晉人懼二子之怒楚師也，使軘車逆之。潘黨望其塵，使騁而告曰：『晉師至矣！』楚人亦懼王之入晉軍也，遂出陳。孫叔曰：『進之！寧我薄人，無人薄我。此表孫叔。孫叔本不欲戰，及臨事乃更英發，楚所以成霸，又正以反形桓子也。詩云，「元戎十乘，以先啓行」，先人也。軍志曰，「先人有奪人之心」，薄之也。』遂疾進師，車馳、卒奔，乘晉軍。寫楚軍聲勢，精悍之至，詞氣俱盛。桓子不知所爲，鼓於軍中曰：『先濟者有賞！』惡謔，使千載下讀者爲之拊掌。中軍、下軍爭舟，舟中之指可掬也。此等譔語尤精絶。

晉師右移，上軍未動。士會爲一時麟鳳，特於敗軍中極力表而出之。工尹齊將右拒卒以逐下軍。楚子使唐狡與蔡鳩居告唐惠侯曰：『不穀不德而貪，以遇大敵，不穀之罪也。然楚不克，君之羞也。敢藉君靈，以濟楚師。』使潘黨率游闕四十乘，從唐侯以爲左拒，以從上軍。『右拒』僅一句，『左拒』則十餘句，長短參差，極行文之樂事。駒伯曰：『待諸乎？』隨季曰：『楚師方壯，若萃於我，吾師必盡，不如收而去之。分謗、生民，不亦可乎？』殿其卒而退，不敗。敗中能分別名將，最難。以上正敘戰中情事，以下戰後餘波。王見右廣，將從之乘。屈蕩户之〔一三〕，曰：『君以此始，亦必以終。』自是楚之乘廣先左。晉人或以廣隊不能進，楚人惎之脱扃。少進，馬還，又惎之拔旆投衡，乃出。顧曰：『吾不如大國之數奔也。』風趣絶佳，非才力極大，不能有此文字，所以有生龍活虎之致，全在此等。史公不及左氏者亦在此。

趙旃以其良馬二濟其兄與叔父，以他馬反。遇敵不能去，棄車而走林。接前。逢大夫與其二子乘，謂其二子無顧。顧曰：『趙傁在後。』寫此等瑣事情趣，極見敘事之才，真所謂大含細入，無所不包者也。怒之，使下，指木曰：『尸女於是。』授趙旃綏，以免。明日，以表尸之，表，即所指之木。『尸女』、『尸之』，皆謂求其尸也。此實字虛用法。皆重獲在木下。

楚熊負羈囚知罃，知莊子以其族反之〔一四〕，見其怯於公鬬，勇於私戰。廚武子御，下軍之士多從之。每射，抽矢，菆，納諸廚子之房。廚子怒曰：『非子之求，而蒲之愛，董澤之蒲，可勝既乎？』知季曰：『不以人子，吾子其可得乎？吾不可以苟射故也。』宗堯按，求子者尚能舒徐審慎以求之，三軍之帥遇事不知擇別，抑獨何哉？射連尹襄老，獲之，遂載其尸；射公子穀臣，囚之。以二者還。文情俱妙，言其有此才而不能一戰也。

及昏，楚師軍於邲。晉之餘師不能軍，宵濟，亦終夜有聲。惜其有如此之衆而不能戰也。宗堯按，妙絕，文有餘痛。

丙辰〔一五〕，楚重至於邲，遂次于衡雍。潘黨曰：『君盍築武軍而收晉尸以爲京觀？臣聞克敵必示子孫，以無忘武功。』楚子曰：『非爾所知也。夫文，止戈爲武。於宋之盟，則曰『兵不可弭』，此又曰『禁暴戢兵』，通兩義觀之，乃左氏救時之特識也。武王克商，作頌曰：

「載戢干戈，載櫜弓矢。我求懿德，肆于時夏，允王保之。」又作武，其卒章曰：「耆定爾功。」其三曰：「鋪時繹思，我徂惟求定。」其六曰：「綏萬邦，屢豐年。」夫武，禁暴、戢兵、保大、定功、安民、和衆、豐財者也，故使子孫無忘其章。今我使二國暴骨，暴矣；觀兵以威諸侯，兵不戢矣；暴而不戢，安能保大？猶有晉在，焉得定功？所違民欲猶多，民何安焉？無德而强爭諸侯，何以和衆？利人之幾，而安人之亂，以爲己榮，何以豐財？武有七德，我無一焉，何以示子孫？借楚子口中以爲論斷，又以見楚莊之賢，與前隨會、欒書兩段相配，以成篇法。其爲先君宮，告成事而已，武非吾功也。古者明王伐不敬，取其鯨鯢而封之，以爲大戮，於是乎有京觀以懲淫慝。今罪無所，而民皆盡忠以死君命，又何以爲京觀乎？」悲世之衷，鬱然紙上，千載而下，如聞慨嘆之聲。左公此等文最沈痛。祀于河，作先君宮，告成事而還。

是役也，鄭石制實入楚師，將以分鄭，而立公子魚臣。辛未，鄭殺僕叔及子服。君子曰：「史佚所謂『毋怙亂』者，謂是類也。詩曰：『亂離瘼矣，爰其適歸』，歸於怙亂者也夫！」晉楚之爭實皆怙亂而已，故引莊言不足，復就石制事以致其痛惻之意。凡文字要旨，特於閒處發之，所以詭妙，尤左氏定法也。

鄭伯、許男如楚。

秋，晉師歸，桓子請死，晉侯欲許之。士貞子諫曰：『不可。城濮之役，晉師三日穀，文公猶有憂色。左右曰：「有喜而憂，如有憂而喜乎？」公曰：「得臣猶在，憂未歇也。困獸猶鬬，況國相乎？」及楚殺子玉，公喜而後可知也。曰：「莫余毒也已。」是晉再克而楚再敗也，楚是以再世不競。今天或者大警晉也〔一六〕，而又殺林父以重楚勝，其無乃久不競乎？林父之事君也，進思盡忠，退思補過，社稷之衛也，若之何殺之？夫其敗也，如日月之食焉，何損於明？』前路譏刺桓子太甚，此處特放寬一筆，所謂棋無盡殺也。晉侯使復其位。

冬，楚子伐蕭，宋華椒以蔡人救蕭。蕭人囚熊相宜僚及公子丙。王曰：『勿殺，吾退。』蕭人殺之。蕭人尚能抗楚，深痛晉師之不競也。王怒，遂圍蕭。蕭潰。申公巫臣曰：『師人多寒。』王巡三軍，拊而勉之，三軍之士皆如挾纊。寫楚莊。遂傅於蕭。

還無社與司馬卯言，號申叔展。叔展曰：『有麥麴乎？』曰：『無。』『有山鞠窮乎？』曰：『無。』『河魚腹疾奈何〔一七〕？』河魚無疾。腹疾者，煮熟之後箸入其腹，以喻死也。言無禦濕之具，將死奈何？此語人多不得其解。曰：『目於眢井而拯之。』筆意敏妙。記小邑被兵之苦，生人不能自存，又見楚軍内羸，深惜晉之不能抗也。『若爲茅絰，哭井則己。』己，讀如字。己者，疾已也，對上『腹疾』而言。明日，蕭潰。申叔視其井，則茅絰存焉，號而出之。

晉原縠、宋華椒、衛孔達、曹人同盟于清丘，曰：『恤病，討貳。』於是卿不書，不實其言也。

宋爲盟故，伐陳。衛人救之，孔達曰：『先君有約言焉，若大國討，我則死之。』

十三年夏，楚子伐宋，以其救蕭也。君子曰：『清丘之盟，唯宋可以免焉。』輕妙，然此在左傳猶其顯而易見者。

秋，赤狄伐晉，及清，先縠召之也。

冬，晉人討邲之敗與清之師，歸罪於先縠而殺之，句中有眼。盡滅其族。君子曰：『「惡之來也，己則取之」，其先縠之謂乎！』惜先縠也。先縠壯士，林父懦怯致敗，乃歸罪先縠，故惜之。邲戰之文至此已止。

清丘之盟，晉以衛之救陳也，討焉。使人弗去，曰：『罪無所歸，將加而師。』孔達曰：『苟利社稷，請以我說，罪我之由。我則爲政，而亢大國之討，將以誰任？我則死之。』

十四年春，孔達縊而死。衛人以説于晉而免。遂告于諸侯曰：『寡君有不令之臣達，構我敝邑于大國，既伏其罪矣。敢告。』衛人以爲成勞，復室其子，使復其位。後文記董安于亦用此筆法，褒忠義也。

夏，晉侯伐鄭，爲邲故也。告於諸侯，蒐焉而還。中行桓子之謀也，曰：『示之以整，使謀而來。』宗堯按，孟明終能雪恥，林父之謀豈亦雪恥邪？其後幸有滅狄之功耳。然於楚終不競也。隨武子不云乎：『猶有弱而昧者，何必楚？』桓子後能伸之於狄，而中土霸權實已讓楚矣。鄭人懼，使子張代子良于楚。鄭伯如楚，謀晉故也。鄭以子良爲有禮，故召之。

楚子使申舟聘于齊，曰：『無假道于宋。』亦使公子馮聘于晉，不假道于鄭。申舟以孟諸之役惡宋，曰：『鄭昭、宋聾，晉使不害，我則必死。』王曰：『殺女，我伐之。』見犀而行。及宋，宋人止之。華元曰：『過我而不假道，鄙我也。鄙我，亡也。殺其使者，必伐我。伐我亦亡也。亡一也。』乃殺之。楚子聞之，投袂而起。屨及於室皇，劍及於寢門之外，車及於蒲胥之市。創語奇特，尤凜凜有英氣。秋九月，楚子圍宋。

孟獻子言於公曰：『臣聞小國之免於大國也，聘而獻物，於是有庭實旅百；朝而獻功，於是有容貌采章，嘉淑而有加貨，謀其不免也。誅而薦賄，則無及也。今楚在宋，君其圖之！』公説。見邲戰之後，楚子横行中國，莫敢犯也。

十五年春，公孫歸父會楚子于宋。

宋人使樂嬰齊告急于晉，晉侯欲救之。伯宗曰：『不可。古人有言曰：「雖鞭之長，不及馬腹。」天方授楚，未可與爭。雖晉之彊，能違天乎？諺曰「高下在心」。川澤納污，山藪藏疾，瑾瑜匿瑕，國君含垢，天之道也〔一八〕。君其待之！』乃止。自此以後，晉不能與楚爭矣。『納污含垢』等詞，非薄已甚。

使解揚如宋，使無降楚，曰：『晉師悉起，將至矣。』鄭人囚而獻諸楚。楚子厚賂之，使反其言。不許。三而許之。登諸樓車，使呼宋人而告之。遂致其君命。楚子將殺之，使與之言曰：『爾既許不穀，而反之，何故？非我無信，女則棄之。速即爾刑！』對曰：『臣聞之，君能制命爲義，臣能承命爲信，信載義而行之爲利。謀不失利，以衛社稷，民之主也。義無二信，信無二命。君之賂臣，不知命也。受命以出，有死無霣，又可賂乎？臣之許君，以成命也。死而成命，臣之禄也。寡君有信臣，下臣獲考死，『考死』連文，讀者多誤。又何求？』楚子舍之以歸。

夏五月，楚師將去宋，申犀稽首於王之馬前曰：『毋畏知死而不敢廢王命，王棄言焉。』王不能答。申叔時僕，曰：『築室，反耕者，宋必聽命。』從之。宋人懼，使華元夜入楚師，登子反牀，起之，曰：『寡君使元以病告，曰：「敝邑易子而食，析骸以爨。雖然，城下之盟，有以國斃，不能從也。去我三十里，唯命是聽。」』子反懼，與之盟，而告王。退三十里，宋及楚平。華元爲質。盟曰：『我無爾詐，爾無我虞。』

成公三年春，諸侯伐鄭，次于伯牛，討邲之役也。遂東侵鄭，鄭公子偃帥師禦之，使東鄙覆諸鄤，敗諸丘輿。皇戌如楚獻捷。

晉人歸楚公子穀臣與連尹襄老之尸于楚，以求知罃。於是荀首佐中軍矣，故楚人許之。王送知罃，曰：『子其怨我乎？』對曰：『二國治戎，臣不才，不勝其任，以爲俘馘。執事不以釁鼓，使歸即戮，君之惠也。臣實不才，又誰敢怨？』王曰：『然則德我乎？』對曰：『二國圖其社稷，而求紓其民，二國之争無關大局，徒以苦民而已。左氏時見此意。各懲其忿，以相宥也。兩釋纍囚，以成其好。二國有好，臣不與及，其誰敢德？』王曰：『子歸，何以報我？』對曰：『臣不任受怨，君亦不任受德，無怨無德，不知所報。』王曰：『雖然，必告不穀。』對曰：『以君之靈，纍臣得歸骨於晉，寡君之以爲戮，死且不朽。若從君之惠而免之，以賜君之外臣首；首其請於寡君，而以戮於宗，亦死且不朽。若不獲命，而使嗣宗職，次及於事，而帥偏師，以修封疆；雖遇執事，其弗敢違，其竭力致死，無有二心，以盡臣禮，所以報也。』王曰：『晉未可與争。』重爲之禮而歸之。

荀罃之在楚也，鄭賈人有將寘諸褚中以出。既謀之，未行，而楚人歸之。賈人如晉，荀罃善視之，如實出己。賈人曰：『吾無其功，敢有其實乎？吾小人，不可以厚誣君子。』遂適齊。宗堯按，世之不自核其名實，而冒然居其位、受其禄者，曾賈人之不如也。此篇以能盡職任爲主。

校　記

〔一〕原校：倭庫本『卒』下有『也』字。
〔二〕原校：倭庫本『役』下有『也』字。
〔三〕原校：釋文『命』上無『受』字，云有者非。
〔四〕原校：倭庫本、閩本『與』皆作『輿』。
〔五〕原注：合，同答。

〔六〕原校：倭庫本『衆』下有『而』字。
〔七〕原校：文選注引『之』作『旃』。
〔八〕厎　原作『底』，今正。
〔九〕來　原作『求』，今正。
〔一〇〕原校：倭庫本『楚』下有『子』字，釋文一本同。
〔一一〕原校：石經『軍』作『君』。
〔一二〕原校：釋文『兩』或作『㧕』。
〔一三〕原注：户，同扈，止也。
〔一四〕族　原作『卒』，今正。
〔一五〕辰　原作『子』，今正。
〔一六〕原校：倭庫本『大』上有『將』字。
〔一七〕原校：倭庫本『何』下有『乎』字。
〔一八〕原校：漢書『垢』作『詬』，釋文一本同。

晉滅赤狄

此篇專爲邲戰解嘲，眼光四射，以『率是道也，其何不濟』二句爲主。

宣公六年秋，赤狄伐晉，圍懷及邢丘。晉侯欲伐之。中行桓子曰：『使疾其民，以盈其貫。將可殪也。周書曰，「殪戎殷」，此類之謂也。』

七年，赤狄侵晉，取向陰之禾。

十一年，晉郤成子求成于衆狄。衆狄疾赤狄之役，遂服于晉。此見非晉之能下之也。秋，會于欑函，衆狄服也。是行也，諸大夫欲召狄。郤成子曰：『吾聞之，非德，莫如勤，非勤，何以求人？能勤，有繼。其從之也。詩曰：「文王既勤止。」文王猶勤，況寡德乎？』

十五年，潞子嬰兒之夫人，晉景公之姊也。酆舒爲政而殺之，又傷潞子之目。晉侯將伐之。諸大夫皆曰：『不可。酆舒有三儁才，不如待後之人。』伯宗曰：『必伐之。記其伐狄之鋭，正所以譏其畏楚也。先大夫評曰：避楚而專力謀狄，伯宗之策也。狄有五罪，儁才雖多，何補焉？不祀，一也。耆酒，二也。棄仲章而奪黎氏地，三也。虐我伯姬，四也。傷其君目，五也。怙其儁才而不以茂德，兹益罪也。後之人或者將敬奉德義以事神人，而申固其命，若之何待之？不討有罪，曰「將待後」，後有辭而討焉，毋乃不可乎？夫恃才與衆，亡之道也。商紂由之，故滅。天反時爲災，地反物爲妖，民反德爲亂。亂則妖災生。故文，反正爲乏。盡在狄矣。』晉侯從之。六月癸卯，晉荀林父敗赤狄于曲梁；辛亥，滅潞。酆舒奔衛，衛人歸諸晉，晉人殺之。晉侯賞桓子狄臣千室，亦賞士伯以瓜衍之縣，曰：『吾獲狄土，子之功也。微子，吾喪伯氏矣。』聊以解嘲耳。記克狄，而有邲敗一役在喉吻間，故妙。羊舌職説是賞也，曰：『周書所謂「庸庸祗祗」者，謂此物也夫。先大夫評曰：譏其行賞不及伯宗也。士伯庸中行伯，君信之，亦庸士伯，此之謂明德矣。文王所以造周，不是過也。皆諷詞也，與後成鱄稱魏獻子同法。故詩曰：「陳錫哉周」，能施也〔一〕。率是道也，其何不濟？』猶曰『惜乎，其獨不能敵楚耳』。

十六年春，晉士會帥師滅赤狄甲氏及留吁、鐸辰。三月，獻狄俘。晉侯請于王，戊申，以黻冕命士會將中軍，且爲大傅。於是晉國之盜逃奔于秦。此寫士會也。隨武子，賢者傳中數數表之。羊舌職曰：『吾聞之，「禹稱善人，不善人遠」，此之謂也夫。詩曰，「戰戰兢兢，如臨深淵，如履薄冰」，善人在上也。善人在上，則國無幸民。諺曰，「民之多幸，國之不幸也」，是無善人之謂也。』惜當時之人不能皆如士會也。

成公三年，晉郤克、衛孫良夫伐廧咎如，討赤狄之餘焉。廧咎如潰，上失民也。

校記

〔一〕原校：「哉」石經作「載」。

王師敗于茅戎

「欺大國，不義」云者，傷王室之微，痛詞也。

文公十七年秋，周甘歜敗戎于邥垂，乘其飲酒也。成公元年春，晉侯使瑕嘉平戎于王，單襄公如晉拜成。劉康公徼戎，將遂伐之。叔服曰：「背盟而欺大國，此必敗。背盟，不祥；欺大國，不義。神、人弗助，將何以勝？」不聽，遂伐茅戎。三月癸未，敗績于徐吾氏。秋，王人來告敗。

晉齊鞌之戰

哀晉之失政，罪郤克也。以「唯器與名，不可假人」，「政亡，則國家從之」爲主。

宣公十三年春，齊師伐莒，莒恃晉而不事齊故也。十七年春，晉侯使郤克徵會于齊。齊頃公帷婦人使觀之。郤子登，婦人笑於房。獻子怒，出而誓曰：『所不此報，無能涉河！』將後文戰事一齊提起。獻子先歸，使欒京廬待命于齊，曰：『不得齊事，無復命矣。』郤子至，請伐齊。晉侯弗許。請以其私屬，又弗許。晉侯不欲動兵而卒不得。自此以後，晉權遂旁落矣。

齊侯使高固、晏弱、蔡朝、南郭偃會。及斂盂，高固逃歸。夏，會于斷道，討貳也。盟于卷楚，辭齊人。晉人執晏弱于野王，執蔡朝于原，執南郭偃于溫。苗賁皇使，見晏桓子。歸，言於晉侯曰：『夫晏子何罪？記郤克之横。昔者諸侯事吾先君，皆如不逮，舉言蓋言諸侯之於晉，不如昔者之事先君也。倒裝句法，即襄十四年所謂『諸侯事我寡君不如昔者也』。羣臣不信，諸侯皆有貳志。齊君恐不得禮，故不出，而使四子來。左右或沮之，曰：「君不出，必執吾使。」故高子及斂盂而逃。夫三子者曰：「若絶君好，寧歸死焉。」爲是犯難而來。吾若善逆彼以懷來者，吾又執之，以信齊沮，吾不既過矣乎？過而不改，而又久之，以成其悔，何利之有焉？使反者得辭，而害來者，以懼諸侯，將焉用之？』晉人緩之，逸。譏其失霸主之道。

秋八月，晉師還。

范武子將老，横接之筆。召文子曰：『燮乎！吾聞之，喜怒以類者鮮，易者實多。詩曰：「君子如怒，亂庶遄沮。君子如祉，亂庶遄已。」君子之喜怒，以已亂也。弗已者，必益之。郤子其或者欲已亂於齊乎。不然，余懼其益之也。余將老，使郤子逞其志，庶有豸乎。爾從二三子唯敬。』乃請老。郤獻子爲政。此段横空而來，神氣駿邈無匹。『已亂於齊』者，言洩忿於齊以免晉國之亂也。若無鞌戰，晉國之亂不待三郤時矣。此情唯范武子知之耳。

十八年春，晉侯、衛大子臧伐齊，至于陽穀。齊侯會晉侯盟于繒，以公子彊爲質于晉。晉師還。晉侯親會齊侯，而不能免戰事。蔡朝、南郭偃逃歸。

夏，公使如楚乞師，欲以伐齊。楚莊王卒，楚師不出。既而用晉師，楚於是乎有蜀之役。

成公元年，爲齊難故，作丘甲。聞齊將出楚師，夏，盟于赤棘。

冬，臧宣叔令修賦、繕完、具守備，曰：『齊楚結好，我新與晉盟，晉楚爭盟，齊師必至。雖晉人伐齊，楚必救之，是齊楚同我也。知難而有備，乃可以逞。』爲鞌戰攝影，蓋郤克之忿，列國皆洞見之也。

二年春，齊侯伐我北鄙，圍龍。頃公之嬖人盧蒲就魁門焉。龍人囚之。齊侯曰：

『勿殺，吾與而盟，無入而封。』弗聽，殺而膊諸城上。齊侯親鼓，士陵城。三日，取龍。遂南侵，及巢丘。

衛侯使孫良夫、石稷、甯相、向禽將侵齊，與齊師遇。石子欲還。孫子曰：『不可，以師伐人，遇其師而還，將謂君何？若知不能，則如無出。今既遇矣，不如戰也。』

夏，有……〔一〕

石成子曰：『師敗矣，子不少須，衆懼盡。子喪師徒，何以復命？』皆不對。又曰：『子，國卿也。隕子〔二〕，辱矣。子以衆退，我此乃止。』且告車來甚衆。齊師乃止，次于鞫居。新築人仲叔于奚救孫桓子，桓子是以免。

既，衛人賞之以邑，辭，請曲縣、繁纓以朝。許之。

仲尼聞之，曰：『惜也，不如多與之邑。唯器與名，不可以假人，君之所司也。名以出信，信以守器，器以藏禮，禮以行義，義以生利，利以平民，政之大節也。若以假人，與人政也。政亡，則國家從之，弗可止也已。』仲尼此論極爲痛切，譏晉侯失權、强臣恣横也。借新築辭賞事以發之。

孫桓子還於新築，不入，遂如晉乞師。臧宣叔亦如晉乞師。皆主郤獻子。此文氣湊拍處，如四達之衢，車馬湊集一處。長篇文中節奏也。晉侯許之七百乘。郤子曰：『此城濮之賦也。有先君之明與先大夫之肅，故捷。克於先大夫，無能爲役，請八百乘。』許之。郤克將中軍，士燮佐上軍，欒書將下軍，韓厥爲司馬，以救魯衛。臧宣叔逆晉師，且道之。季文子帥師會之。

及衛地，韓獻子將斬人，郤獻子馳，將救之。至，則既斬之矣。郤子使速以徇〔三〕，告其僕曰：『吾以分謗也。』

師從齊師于莘。六月壬申，師至于靡笄之下。齊侯使請戰，曰：『子以君師辱於敝邑，不腆敝賦，詰朝請見。』對曰：「晉與魯衛，兄弟也，來告曰：「大國朝夕釋憾於敝邑之地。」寡君不忍，使羣臣請於大國，無令輿師淹於君地。能進不能退，君無所辱命。』齊侯曰：『大夫之許，寡人之願也；若其不許，亦將見也。』齊高固入晉師，桀石以投人，禽之而乘其車，繫桑本焉，以徇齊壘，曰：『欲勇者賈余餘勇！』

癸酉，師陳于鞌。邴夏御齊侯，逢丑父爲右。晉解張御郤克，鄭丘緩爲右。齊侯曰：『余姑翦滅此而朝食〔四〕。』不介馬而馳之。此篇寫齊侯殊有英氣，所以抑晉也。郤克傷於矢，流血及屨，未絶鼓音，曰：『余病矣！』張侯曰：『自始合，而矢貫余手及肘，余折以御。左輪朱殷，豈敢言病？吾子忍之！』緩曰：『自始合，苟有險，余必下推車，子豈識之〔五〕？然子病矣！』張侯曰：『師之耳目，在吾旗鼓，進退從之。此車一人殿之，可以集事。若之何其以病敗君之大事也？擐甲執兵，固即死也，病未及死，吾子勉之！』語氣英壯絕倫。左并轡，右援枹而鼓〔六〕。馬逸不能止，師從之。齊師敗績。逐之，三周華不注。左氏諸大戰皆精心結譔，而爲之聲勢采色，無不曲盡其妙，古今之至文也。宗堯按，此寫晉臣之堅忍，與齊反對處。

韓厥夢子輿謂己曰：『旦辟左右〔七〕！』故中御而從齊侯。此又其涉筆成趣，以寓其恢詭之致，所謂浮誇者也。邴夏曰：『射其御者，君子也。』公曰：『謂之君子而射之，非禮也。』射其左，越于車下。射其右，斃于車中。寫齊侯。綦毋張喪車，從韓厥曰：『請寓乘！』從左右，皆肘之，使立於後。韓厥俛，定其右。此見韓厥雖倖獲丑父，而己亦危甚，皆所以伸齊而抑晉也。逢丑父與公易位。將及華泉，驂絓於木而止。丑父寢於轏中，蛇出於其下，以肱擊之，傷而匿之，故不能推車而及。敘此，言齊非不能戰也。左氏敘敗軍，必特見其長處，此篇尤極顯明。韓厥執縶馬前〔八〕，再拜稽首，奉觴加璧以進，曰：『寡君使羣臣爲魯衛請，曰：「無令輿師陷入君地。」下臣不幸，屬當戎行，無所逃隱。且懼奔辟，而忝兩君臣，辱戎士。『忝兩君臣』爲句，『辱戎士』爲句。今讀誤〔九〕。敢告不敏，攝官承乏。』詞令皆極可觀。丑父使公下，如華泉取飲。鄭周父御佐車。宛茷爲右，載齊侯以免。宗堯按，敘事簡峭。韓厥獻丑父，郤獻子將戮之，呼曰：『自今無有代其君任患者，有一於此，將爲戮乎？』郤子曰：『人不難以死免其君，我戮之，不祥。赦之，以勸事君者。』乃免之。

齊侯免，求丑父，三入三出。每出，齊師以帥退。入于狄卒，狄卒皆抽戈楯冒之。以入于衛師，衛師免之。齊侯實有威嚴，左公敘述尤廩廩生動，有生龍活虎之致，所謂敗而不撓者也。遂自徐關入。齊侯見保者，曰：『勉之！齊師敗矣！』敘寫處生氣淋漓。辟女子。女子曰：『君免乎？』曰：『免矣。』曰：『鋭司徒免乎？』曰：『免矣。』曰：『苟君與吾父免矣，可若何？』乃奔。齊侯以爲有禮。既而問之，辟司徒之妻也。予之石窌。此乃閒文曲致、文情旁溢之處，所以寄其逸韻也。千古以來，紀事之文，此種境界遼絶久矣。言辟司徒妻者，見其有夫而不暇及也。

晉師從齊師，入自丘輿。擊馬陘。

齊侯使賓媚人賂以紀甗、玉磬與地。『不可，則聽客之所爲。』媾和亦絶倔强。賓媚人致賂。晉人不可，曰：『必以蕭同叔子爲質，而使齊之封内盡東其畝。』對曰：『蕭同叔子非他，寡君之母也。若以匹敵，則亦晉君之母也。吾子布大命於諸侯，而曰必質其母以爲信，其若王命何？借口以誚晉之失政，且見齊之未嘗示弱也。且是以不孝令也。詩曰：「孝子不匱，永錫爾類。」若以不孝令於諸侯，其無乃非德類也乎？先王疆理天下，物土之宜，而布其利〔一〇〕。故詩曰：「我疆我理，南東其畝。」今吾子疆理諸侯，而曰「盡東其畝」而已，唯吾子戎車是利，無顧土宜，其無乃非先王之命也乎？反先王則不義，何以爲盟主？其晉實有闕。四王之王也，樹德而濟同欲焉。五伯之霸也，勤而撫之，以役王命。今吾子求合諸侯，以逞無疆之欲。此斥郤克。詩曰：「布政優優，百禄是遒。」子實不優，而棄百禄，諸侯何害焉？不然，寡君之命使臣，則有辭矣。曰：「子以君師辱於敝邑，不腆敝賦，以犒從者。畏君之震，師徒橈敗。吾子惠徼齊國之福，不泯其社稷，使繼舊好，唯是先君之敝器、土地不敢愛。子又不許，請收合餘燼，背城借一。敝邑之幸，亦云從也；况其不幸，敢不唯命是聽？」』勁厲而婉曲，最爲可愛，誦之如聞其聲。宗堯按，此敘晉雖勝齊，而失討罪之實。魯、衛諫曰：『齊疾我矣。其死亡者，皆親暱也。子若不許，讎我必甚。唯子，則又何求？子得其國寶，我亦得地，而紓於難，其榮多矣。齊晉亦唯天所授，豈必晉？』寫齊敗後殊不短氣。晉人許之，對曰：『羣臣帥賦輿，以爲魯衛請。若苟有以藉口，而復於寡君，君之惠也。敢不唯命是聽？』

禽鄭自師逆公。

秋七月，晉師及齊國佐盟于爰婁。使齊人歸我汶陽之田。公會晉師于上鄍。賜三帥先路三命之服。司馬、司空、輿帥、候正、亞旅皆受一命之服。

九月，衛穆公卒，晉三子自役弔焉，哭於大門之外。衛人逆之，婦人哭於門內。送亦如之。遂常以葬。

晉師歸，范文子後入。武子曰：『無爲吾望爾也乎？』寫士會父子分外出色，叔世之鳳麟也。文情亦栩栩欲活，又與章首一段遥遥相對。對曰：『師有功，國人喜以逆之，先入，必屬耳目焉，是代帥受名也，故不敢。』武子曰：『吾知免矣。』『知免』與前『已亂』意相映。郤伯見，公曰：『子之力也夫！』對曰：『君之訓也，二三子之力也，臣何力之有焉？』范叔見，勞之如郤伯。對曰：『庚所命也，克之制也，燮何力之有焉？』欒伯見，公亦如之。對曰：『燮之詔也，士用命也，書何力之有焉？』以晉服齊亦常事耳，而君臣矜誇如勝大敵，所以刺之也。

晉侯使鞏朔獻齊捷于周。王弗見，使單襄公辭焉，曰：『蠻夷戎狄，不式王命，淫湎毁常，王命伐之，則有獻捷。王親受而勞之，所以懲不敬、勸有功也。兄弟甥舅，侵敗王略，王命伐之，告事而已，不獻其功，所以敬親暱、禁淫慝也。今叔父克遂，有功于齊，而不使命卿鎮撫王室，所使來撫余一人，而鞏伯實來，未有職司於王室，又奸先王之禮。抗楚猶可曰攘夷也，以陪臣之忿而伐與國，晉於是爲失刑矣。故以王命深責之。余雖欲於鞏伯，其敢廢舊典以忝叔父？夫齊，甥舅之國也，而大師之後也，寧不亦淫從其欲以怒叔父，抑豈不可諫誨？』委宛曲至。士莊伯不能對。王使委於三吏，禮之如侯伯克敵使大夫告慶之禮。降於卿禮一等。王以鞏伯宴，而私賄之。使相告之曰：『非禮也，勿籍！』寫王之畏晉，所以哀之也。宗堯按：天子不能行其政也久矣！

三年夏，公如晉，拜汶陽之田。

秋，叔孫僑如圍棘，取汶陽之田。棘不服，故圍之。

冬十一月，晉侯使荀庚來聘，且尋盟。衛侯使孫良夫來聘，且尋盟。公問諸臧宣叔曰：『中行伯之於晉也，其位在三；孫子之於衛也，位爲上卿。將誰先？』對曰：

『次國之上卿，當大國之中，中當其下，下當其上大夫。小國之上卿，當大國之下卿，中當其上大夫，下當其下大夫。上下如是，古之制也。衛在晉，不得爲次國。晉爲盟主，其將先之。』丙午盟晉，丁未盟衛，禮也。

十二月甲戌，晉作六軍。韓厥、趙括、鞏朔、韓穿、荀騅、趙旃皆爲卿，賞鞌之功也。

齊侯朝于晉，將授玉。郤克趨進曰：『此行也，君爲婦人之笑辱也，寡君未之敢任。』再寫郤克驕横。

晉侯享齊侯。齊侯視韓厥。韓厥曰：『君知厥也乎？』齊侯曰：『服改矣。』韓厥登，舉爵曰：『臣之不敢愛死，爲兩君之在此堂也。』將前戰事重提一番，章法極佳，文情亦不枯寂。

六年二月，季文子以鞌之功立武宮，非禮也。聽於人以救其難，不可以立武。立武由己，非由人也。以誚魯作收，層層結束。

校　記

〔一〕原校：闕文，失新築戰事。

〔二〕原校：説文『隕』作『抎』。

〔三〕徇　原作『狥』，今正。

〔四〕原校：『翦滅』説文繫傳作『揃搣』。

〔五〕原校：倭庫本『之』下有『乎』字。

〔六〕原校：倭庫本『左』上有『乃』字。

〔七〕原校：石經『且』作『旦』，是。宋本同。

〔八〕原校：『執縶馬前』説文作『執㬎前』。

〔九〕今讀 指另一種流行句讀，即『且懼奔辟，而忝兩君。臣辱戎士，敢告不敏……』

〔一〇〕疆 原作『彊』，今正。

晉楚之爭

晉景公、楚共王。記晉之失諸侯，以『德則不競』爲主。

成公二年，宣公使求好于楚，莊王卒，宣公薨，不克作好。公即位，受盟于晉，會晉伐齊。衛人不行使于楚，而亦受盟于晉，從於伐齊。故楚令尹子重爲陽橋之役以救齊。將起師，子重曰：『君弱，羣臣不如先大夫，師衆而後可。楚國形勢，於子重口中見之。『衆』字直貫下文。詩曰：「濟濟多士，文王以寧。」夫文王猶用衆，况吾儕乎？且先君莊王屬之曰：「無德以及遠方，莫如惠恤其民而善用之。」』乃大户，閲户口謂之『户』，亦實字虛用之法。已責，逮鰥，救乏，赦罪。悉師，王卒盡行。彭名御戎，蔡景公爲左，許靈公爲右。二君弱，皆強冠之。

冬，楚師侵衛，遂侵我師于蜀。使臧孫往。辭曰：『楚遠而久，固將退矣。無功而受名，臣不敢。』楚侵及陽橋，孟孫請往賂之以執斲、執鍼、織紝，皆百人，公衡爲質，以請盟。楚人許平。

十一月，公及楚公子嬰齊、蔡侯、許男、秦右大夫説、宋華元、陳公孫寧、衛孫良夫、鄭公子去疾及齊國之大夫盟于蜀。卿不書，匱盟也。於是乎畏晉而竊與楚盟，故曰『匱盟』〔一〕。蔡侯、許男不書，乘楚車也，謂之失位。君子曰：『位其不可不慎也乎！蔡許之君，一失其位，不得列於諸侯，況其下乎？詩曰：「不解于位，民之攸塈。」其是之謂矣。』

楚師及宋，公衡逃歸。臧宣叔曰：『衡父不忍數年之不宴，以棄魯國，國將若之何？誰居？後之人必有任是夫！國棄矣。』

是行也，晉辟楚，畏其衆也。君子曰：『衆之不可以已也。大夫爲政，猶以衆克，況明君而善用其衆乎？諧語趣極，面面俱到。宗堯按，此刺晉之人民非不衆，而不能用衆也。大誓所謂『商兆民離，周十人同』者，衆也。』

四年夏，公如晉。晉侯見公，不敬。季文子曰：『晉侯必不免。詩曰：「敬之敬之！天惟顯思，命不易哉！」夫晉侯之命在諸侯矣，可不敬乎？』

秋，公至自晉，欲求成于楚而叛晉。季文子曰：『不可。晉雖無道，未可叛也。國大臣睦，而邇於我，諸侯聽焉，未可以貳。史佚之志有之曰：「非我族類，其心必異。」楚雖大，非吾族也，其肯字我乎？』公乃止。

五年夏，晉荀首如齊逆女，故宣伯餫諸穀。

宋公子圍龜爲質于楚而歸，華元享之。請鼓噪以出，鼓噪以復入，曰：『習攻華氏。』宋公殺之。

冬，同盟于蟲牢，鄭服也。

諸侯謀復會，宋公使向爲人辭以子靈之難。

六年三月，晉伯宗、夏陽説、衛孫良夫、甯相、鄭人伊雒之戎、陸渾、蠻氏侵宋，以其辭會也。師于鍼。衛人不保。説欲襲衛，曰：『雖不可入，多俘而歸，有罪不及死。』伯宗曰：『不可。衛唯信晉，故師在其郊而不設備。若襲之，是棄信也。雖多衛俘，而晉無信，何以求諸侯？』乃止。師還，衛人登陴。

晉人謀去故絳，諸大夫皆曰：『必居郇、瑕氏之地，沃饒而近鹽，國利君樂，不可失也。』韓獻子將新中軍，且爲僕大夫。公揖而入，獻子從。公立於寢庭，謂獻子曰：『何如？』對曰：『不可。郇、瑕氏土薄水淺，其惡易覯。易覯則民愁，民愁則墊隘，於是乎有沈溺重膇之疾。不如新田，土厚水深，居之不疾，有汾澮以流其惡，且民從教，十世之利也。夫山、澤、林、鹽，國之寶也。國饒，則民驕佚。近寶，公室乃貧。不可謂樂。』公說，從之。此等議論剴切通遠，有關治教，百世而下所不能廢也。夏四月丁丑，晉遷于新田。

子叔聲伯如晉，命伐宋。秋，孟獻子、叔孫宣伯侵宋，晉命也。

楚子重伐鄭，鄭從晉故也。

冬，季文子如晉，賀遷也。

晉欒書救鄭，與楚師遇於繞角。楚師還。晉師遂侵蔡。楚公子申、公子成以申息之師救蔡，禦諸桑隧。趙同、趙括欲戰，請於武子，武子將許之。知莊子、范文子、韓獻子諫曰：『不可。吾來救鄭，楚師去我，吾遂至於此，是遷戮也。戮而不已，又怒楚師，戰必不克。雖克，不令。成師以出，而敗楚之二縣，何榮之有焉？若不能敗，爲辱已甚，不如還也。』乃遂還。

於是軍帥之欲戰者衆〔二〕。或謂欒武子曰：『聖人與衆同欲，是以濟事，子盍從衆？子爲大政，將酌於民者也。子之佐十一人，其不欲戰者三人而已。欲戰者可謂衆矣。商書曰，「三人占，從二人」，衆故也。』武子曰：『善鈞從衆。夫善，衆之主也。三卿爲主，可謂衆矣。從之，不亦可乎？』畏楚也，是時楚亦不競，故無戰事。

七年，鄭子良相成公以如晉，見，且拜師。

秋，楚子重伐鄭，師于氾。諸侯救鄭。鄭共仲、侯羽軍楚師，囚鄖公鍾儀，獻諸晉。

八月，同盟于馬陵，尋蟲牢之盟，且莒服故也。

晉人以鍾儀歸，囚諸軍府。伏後晉楚之成。

八年春，晉侯使韓穿來言汶陽之田，歸之于齊。季文子餞之，私焉，曰：『大國制義，以爲盟主，是以諸侯懷德畏討，無有貳心。謂汶陽之田，敝邑之舊也，而用師於齊，使歸諸敝邑。今有二命，曰「歸諸齊」。信以行義，義以成命，小國所望而懷也。信不可知，義無所立，四方諸侯，其誰不解體？此等皆著眼之處。詩曰：「女也不爽，士貳其行。士也罔極，二三其德。」七年之中，一與一奪，二三孰甚焉？士之二三，猶喪妃耦，而況霸主？霸主將德是以，而二三之，其何以長有諸侯乎？詩曰：「猶之未遠，是用大簡〔三〕。」行父懼晉之不遠猶而失諸侯也，是以敢私言之。』晉失諸侯，於季文子口中點出。

晉欒書侵蔡，遂侵楚，獲申驪。楚師之還也，晉侵沈，獲沈子揖初，從知、范、韓也。君子曰：『從善如流，宜哉！詩曰：「愷悌君子，遐不作人〔四〕？」求善也夫！作人，斯有功績矣。』小勝耳，意極諧謔。是行也，鄭伯將會晉師，門于許東門，大獲焉。

晉侯使申公巫臣如吳〔五〕，假道于莒。與渠丘公立於池上，曰：『城已惡〔六〕。』莒子曰：『辟陋在夷，其孰以我爲虞？』對曰：『夫狡焉思啓封疆以利社稷者，何國蔑有？唯然，故多大國矣。此亦痛世之微旨也。宗堯按，唾罵大國，快甚。此文之旁枝，亦精神旁溢。唯或思或縱也。思者戒慎，縱者放逸。杜注誤。勇夫重閉，況國乎？』

九年，爲歸汶陽之田故，諸侯貳於晉。晉人懼，會於蒲，以尋馬陵之盟〔七〕。季文子謂范文子曰：『德則不競，尋盟何爲？』范文子曰：『勤以撫之，寬以待之，堅彊以御之，明神以要之，柔服而伐貳，德之次也。』范文數語，强自支厲之詞，是時晉已不振矣。是行也，將始會吴，吴人不至。

楚人以重賂求鄭，鄭伯會楚公子成于鄧。

秋，鄭伯如晉，晉人討其貳於楚也，執諸銅鞮。

欒書伐鄭，鄭人使伯蠲行成，晉人殺之。非禮也。兵交，使在其間可也。

楚子重侵陳以救鄭。

冬十一月，楚子重自陳伐莒，圍渠丘。渠丘城惡，衆潰，奔莒。戊申，楚入渠丘。莒人囚楚公子平。楚人曰：『勿殺，吾歸而俘。』莒人殺之。先大夫評曰：此調左氏習用。楚師圍莒。莒城亦惡。庚申，莒潰。楚遂入鄆，莒無備故也。

君子曰：『恃陋而不備，罪之大者也；備豫不虞，善之大者也。莒恃其陋，而不修城郭，浹辰之間，而楚克其三都，無備也夫！詩曰：「雖有絲、麻，無棄菅、蒯；雖有姬姜，無棄蕉萃；凡百君子，莫不代匱。」言備之不可以已也。』

鄭人圍許，示晉不急君也。是則公孫申謀之，曰：『我出師以圍許，爲將改立君者，而紓晉使，晉必歸君。』

十年，衛子叔黑背侵鄭，晉命也。

鄭公子班聞叔申之謀。三月，子如立公子繻。夏四月，鄭人殺繻，立髡頑。子如奔許。欒武子曰：『鄭人立君，我執一人焉，何益？不如伐鄭而歸其君，以求成焉。』晉侯有疾，五月，晉立大子州蒲以爲君，而會諸侯伐鄭。鄭子罕賂以襄鐘，子然盟于脩澤，子駟爲質。辛巳，鄭伯歸。

鄭伯討立君者，戊申，殺叔申、叔禽。君子曰：『忠爲令德，非其人猶不可，況不令乎？』

十三年六月丁卯夜，鄭公子班自訾求入于大宮，不能，殺子印、子羽，反軍于市。己巳，子駟帥國人盟于大宮，遂從而盡焚之，殺子如、子駹、孫叔、孫知。

校記

〔一〕原校：倭庫本有『也』字。

〔二〕帥　原作『師』，阮刻本同。據釋文，當作『帥』，今從之。

〔三〕簡　今詩作『諫』。

〔四〕遐　原脱，今補。

〔五〕公　原脱，今補。

〔六〕原校：倭庫本有『矣』字，釋文或本同。

〔七〕原校：倭庫本有『也』字。

晉趙氏之難　以『成宣無後，何以勸善』爲主。

宣公十五年，晉侯使趙同獻狄俘于周，不敬。劉康公曰：『不及十年，原叔必有大咎。天奪之魄矣。』逆提。

成公四年，晉趙嬰通于趙莊姬。

五年春，原屏放諸齊。嬰曰：『我在，故欒氏不作。我亡，吾二昆其憂哉。時諸卿已有吞并之勢，著此語明之。且人各有能、有不能，舍我，何害？』弗聽。嬰夢天使謂己：『祭余，余福女。』使問諸士貞伯。貞伯曰：『不識也。』既而告其人曰：『神福仁而禍淫。淫而無罰，福也。祭其得亡乎？』祭之，之明日而亡。

八年，晉趙莊姬爲趙嬰之亡故，譖之於晉侯，曰：『原屏將爲亂。』欒郤爲徵。六月，晉討趙同、趙括。武從姬氏畜于公宫。以其田與祁奚。韓厥言於晉侯曰：『成季之勳，宣孟之忠，而無後，爲善者其懼矣。三代之令王皆數百年保天之祿。夫豈無辟王？賴前哲以免也。周書曰「不敢侮鰥寡」，所以明德也。』乃立武，而反其田焉。宗堯按，此謂趙氏亦勳舊之一，其不當滅與狐氏等同也。

十年，晉侯夢大厲，被髮及地，搏膺而踊，曰：『殺余孫，不義。余得請於帝矣！』壞大門及寢門而入。公懼，入于室。又壞戶。此托神怪之詞，以深雪趙氏之冤。公覺，召桑田巫。巫言如夢。公曰：『何如？』曰：『不食新矣。』公疾病，求醫于秦。秦伯使醫緩爲之。未至，公夢疾爲二豎子，曰：『彼，良醫也，懼傷我，焉逃之？』其一曰：『居肓之上，膏之下，若我何？』醫至，曰：『疾不可爲也，在肓之上，膏之下，攻之不可，達之不及，藥不至焉，不可爲也。』公曰：『良醫也。』厚爲之禮而歸之。六月丙午，晉侯欲麥，使甸人獻麥，饋人爲之。召桑田巫，示而殺之。將食，張，如廁，陷而卒。小臣有晨夢負公以登天，及日中，負晉侯出諸廁，遂以爲殉。此皆游戲之筆，玩弄一切以示鄙夷之意。宗堯云：趙氏之難與史記不同，而史記敘鬼怪瘖夢諸事，與此文神趣略似。

左傳微卷弟五

晉楚鄢陵之戰 以「天益其疾」爲主。

成公九年，晉侯觀於軍府，見鍾儀。問之曰：「南冠而縶者，誰也？」有司對曰：「鄭人所獻楚囚也。」徐徐引起，極饒蕭閑、麗則之致。使稅之。召而弔之。再拜稽首。問其族。對曰：「泠人也。」公曰：「能樂乎？」對曰：「先人之職官也，敢有二事？」使與之琴，操南音。公曰：「君王何如？」對曰：「非小人之所得知也。」固問之。對曰：「其爲大子也，師、保奉之，以朝于嬰齊而夕于側也。不知其他。」公語范文子。文子曰：「楚囚，君子也。言稱先職，不背本也；樂操土風，不忘舊也；稱大子，抑無私也；名其二卿，尊君也。不背本，仁也；不忘舊，信也；無私，忠也；尊君，敏也。仁以接事，信以守之，忠以成之，敏以行之。事雖大，必濟。君盍歸之，使合晉楚之成。」公從之，重爲之禮，使歸求成。十二月，楚子使公子辰如晉，報鍾儀之使，請修好、結成。

十年春，晉侯使糴茷如楚，報大宰子商之使也。秋，公如晉。晉人止公，使送葬。於是糴茷未反。冬，葬晉景公。公送葬，諸侯莫在。魯人辱之，故不書，諱之也。

十一年春王三月，公至自晉。晉人以公爲貳於楚，故止公。公請受盟，而後使歸。郤犨來聘，且涖盟。夏，季文子如晉報聘，且涖盟也。

宋華元善於令尹子重，又善於欒武子，聞楚人既許晉糴茷成，而使歸復命矣。冬，華元如楚，遂如晉，合晉楚之成。

十二年，宋華元克合晉楚之成，夏五月，晉士燮會楚公子罷、許偃。癸亥，盟于宋西門之外，曰：『凡晉楚無相加戎，好惡同之，同恤菑危，備救凶患。若有害楚，則晉伐之；在晉，楚亦如之。交贄往來，道路無壅〔一〕；謀其不協，而討不庭。有渝此盟，明神殛之，俾隊其師，無克胙國。』鄭伯如晉聽成，會于瑣澤，成故也。

狄人間宋之盟以侵晉，而不設備。秋，晉人敗狄于交剛。以上晉楚之成。

晉郤至如楚聘，且涖盟。楚子享之，子反相，爲地室而縣焉。郤至將登，金奏作於下，驚而走出。子反曰：『日云莫矣，寡君須矣，吾子其入也！』賓曰：『君不忘先君之好，施及下臣，貺之以大禮，重之以備樂。如天之福，兩君相見，何以代此？下臣不敢。』子反曰：『如天之福，兩君相見，無亦唯是一矢以相加遺？焉用樂？伏筆。寡君須矣，吾子其入也！』賓曰：『若讓之以一矢，禍之大者，其何福之爲？世之治也，諸侯間於天子之事，則相朝也，於是乎有享、宴之禮。享以訓共儉，宴以示慈惠。共儉以行禮，而慈惠以布政。政以禮成，民是以息。百官承事，朝而不夕，朝而不夕，民息而事簡也。舊説誤。此公侯之所以扞城其民也。故詩曰：「赳赳武夫，公侯干城〔二〕。」及其亂也，諸侯貪冒，侵欲不忌，争尋常以盡其民，略其武夫，以爲己腹心、股肱、爪牙。故詩曰：「赳赳武夫，公侯腹心。」觀此，則兔罝之詩乃刺詩也。天下有道，則公侯能爲民干城，而制其腹心。亂則反之。今吾子之言，亂之道也，不可以爲法。然吾子，主也，至敢不從？』遂入，卒事。歸以語范文子。文子曰：『無禮，必食言，吾死無日矣夫！』宗堯云：春秋變亂之由，盛世治平之故，蓄之懷抱，時時所欲言者盡在此。百餘字中，卻借晉楚之平，於郤子宴享之時發之，兼以逆攝鄢陵之戰，文勢奇縱，最爲鉅觀。闓生按，文氣雍容典蔚，漢之匡劉、唐之柳宗元、宋之曾鞏，皆從此出。

冬，楚公子罷如晉聘，且涖盟。十二月，晉侯及楚公子罷盟于赤棘。以上二國涖盟，伏下戰事。

十五年，楚將北師。提筆。子囊曰：『新與晉盟而背之，無乃不可乎？』子反曰：『敵利則進，何盟之有？』申叔時老矣，在申，聞之，曰：『子反必不免。伏筆。信以守禮，禮以庇身，信、禮之亡，欲免得乎？』

楚子侵鄭，及暴隧。遂侵衛，及首止。鄭子罕侵楚，取新石。

欒武子欲報楚。韓獻子曰：『無庸，使重其罪，民將叛之。無民，孰戰？』

十六年春，楚子自武城使公子成以汝陰之田求成于鄭。鄭叛晉，子駟從楚子盟于武城。

夏四月，滕文公卒。

鄭子罕伐宋，宋將鉏、樂懼敗諸汋陂。退，舍於夫渠，不儆。鄭人覆之，敗諸汋陵，獲將鉏、樂懼。宋恃勝也。

衛侯伐鄭，至于鳴鴈，爲晉故也。以上楚人北師。

晉侯將伐鄭。提筆。范文子曰：『若逞吾願，諸侯皆叛，晉可以逞。若唯鄭叛，晉國之憂可立俟也。』倒提不測，令人不知所謂。此篇專以范文子憂亂爲主，若茹若吐，鬱爲至文，而此處提筆尤爲驚矯。宗堯云：晉之勝楚，亦中原之幸。左氏之意，則以晉之内亂實階於此，以爲通篇主意，此左氏識見夐絶常人處。通篇范文子之言凡六見，字字悲鬱沈痛。欒武子曰：『不可以當吾世而失諸侯，必伐鄭。』乃興師。欒書將中軍，士燮佐之；郤錡將上軍，荀偃佐之；韓厥將下軍；郤至佐新軍。荀罃居守。郤犨如衛，遂如齊，皆乞師焉。欒黶來乞師。孟獻子曰：『有勝矣。』先大夫評曰：『有』讀曰『又』。闓生謹按，『又勝矣』承麻隧之戰而言。戊寅，晉師起。

鄭人聞有晉師，使告于楚，姚句耳與往。楚子救鄭。司馬將中軍，令尹將左，右尹子辛將右。過申，子反入見申叔時，曰：『師其何如？』對曰：『德、刑、詳、義、禮、信，戰之器也。德以施惠，刑以正邪，詳以事神，義以建利，禮以順時，信以守物。民生厚而德正，用利而事節，時順而物成，上下和睦，周旋不逆，求無不具，各知其極。故詩曰：「立我烝民，莫匪爾極。」是以神降之福，時無災害，民生敦厖，和同以聽，莫不盡力以從上命，致死以補其闕，此戰之所由克也。今楚内棄其民，而外絶其好；瀆齊盟，而食話言；奸時以動，而疲民以逞。民不知信，進退罪也。人恤所厎，其誰致死？子其勉之！吾不復見子矣。』詞旨沈鬱。姚句耳先歸，子駟問焉。對曰：『其行速，過險而不整。速則失志，不整喪列。志失列喪，將何以戰？楚懼不可用也。』凡敘大戰，必再三逆提以重其事。且厚集其文勢也。

五月，晉師濟河。聞楚師將至，范文子欲反，曰：『我僞逃楚，可以紓憂。夫合諸侯，非吾所能也，以遺能者。我若羣臣輯睦以事君，多矣〔三〕。』前言晉國之憂不知從何而來，至此始露羣臣輯睦之意，然其難言之隱則始終不能吐出也。武子曰：『不可。』

六月，晉楚遇於鄢陵。范文子不欲戰。郤至曰：『韓之戰，惠公不振旅；箕之役，先軫不反命；邲之師，荀伯不復從，皆晉之恥也。子亦見先君之事矣。今我辟楚，又益恥也。』文子曰：『吾先君之亟戰也，有故。秦、狄、齊、楚皆彊，不盡力，子孫將弱。今三彊服矣，敵楚而已。唯聖人能外內無患。自非聖人，外寧必有內憂，盍釋楚以爲外懼乎？』至此始説到內憂，其言以次而切。

甲午晦，楚晨壓晉軍而陳。軍吏患之。范匄趨進，曰：『塞井夷竈，陳於軍中，而疏行首。晉楚唯天所授，何患焉？』特以范匄之言爲文子埶筆。文子執戈逐之，曰：『國之存亡，天也，童子何知焉？』至此始説到亡國，而執戈怒逐其子，倍有精神。欒書曰：『楚師輕窕，固壘而待之，三日必退。退而擊之，必獲勝焉。』郤至曰：『楚有六間，不可失也。

其二卿相惡，王卒以舊〔四〕，鄭陳而不整，蠻軍而不陳，陳不違晦，在陳而囂，合而加囂。各顧其後，莫有鬬心。舊不必良，以犯天忌，我必克之。』楚軍敗徵於郤至口中盡之。

楚子登巢車，以望晉軍。子重使大宰伯州犁侍于王後。王曰：『騁而左右，何也？』曰：『召軍吏也。』『皆聚於中軍矣。』曰：『合謀也。』『張幕矣。』曰：『虔卜於先君也。』『徹幕矣。』曰：『將發命也。』『甚囂，且塵上矣。』曰：『將塞井夷竈而爲行也。』『皆乘矣，左右執兵而下矣。』曰：『聽誓也。』『戰乎？』此節繪聲繪影，神采畢現。『戰乎』二字一揚，聲情逾美。曰：『未可知也。』『乘而左右皆下矣。』曰：『戰禱也。』晉軍部勒形勢，一一從楚子望中寫出，俶麗瑰奇，千古無兩。王與伯州犁一問一答，以曲盡其情態，文境尤爲奇詭。宗堯按，只敘事耳，便能繪爲陣圖。伯州犁以公卒告王。苗賁皇在晉侯之側，亦以王卒告。再虛寫晉軍一句，筆意尤極空靈。皆曰：『國士在，且厚，不可當也。』苗賁皇言於晉侯曰：『楚之良，在其中軍王族而已。請分良以擊其左右，而三軍萃於王卒，必大敗之。』公筮之。史曰：『吉。其卦遇復䷗曰：「南國蹙，射其元王，中厥目。」從卦詞逆入王傷，奇絕，不肯使一平筆。國蹙、王傷，不敗何待？』公從之。

有淖於前，乃皆左右相違於淖。步毅御晉厲公，欒鍼爲右。彭名御楚共王，潘黨爲右。石首御鄭成公，唐苟爲右。於逼仄處忽帶敘楚鄭之君，故能寬展不迫。欒范以其族夾公行，陷於淖。欒書將載晉侯。鍼曰：『書退！國有大任，焉得專之？且侵官，冒也；失官，慢也；離局，姦也。有三罪焉，不可犯也。』乃掀公以出於淖。欒書，弑君之賊，故借其子口中以斥之，嫉惡微旨。宗堯云：此寫欒鍼臨變不亂處。

癸巳，潘尫之黨與養由基蹲甲而射之〔五〕，徹七札焉。以示王，曰：『君有二臣如此，何憂於戰？』王怒曰：『大辱國！詰朝爾射，死藝。』因共王中射，故倒插吕錡之夢，又因吕錡爲由基所中，又倒插由基與潘黨之射於前，全是用逆筆之法，奇矯無對。吕錡夢射月，中之，退入於泥。占之，曰：『姬姓，日也；異姓，月也，必楚王也。射而中之，退入於泥，亦必死矣。』一路借徑而來，奇幻不測。及戰，射共王中目。斗落峭勁。王召養由基，與之兩矢，使射吕錡，中項，伏弢。以一矢復命。

郤至三遇楚子之卒，見楚子，必下，免冑而趨風。楚子使工尹襄問之以弓，曰：『方事之殷也，有韎韋之跗注〔六〕，君子也。識見不穀而趨，無乃傷乎〔七〕？』此等處雍容閑雅，極文章之勝境。使左公率軍，亦必將材也。郤至見客，免冑承命，曰：『君之外臣至從寡君之戎事，以君之靈，間蒙甲冑，不敢拜命。敢告不寧，君命之辱。爲事之故，敢肅使者。』三肅使者而退。宗堯按，此篇爲厲公作難伏根。三郤之獄實伏於此，作者於此代白其獄之誣。下文韓厥之免鄭伯、欒鍼之好整與暇，均係於戰事中，寓有從容不迫之節，以見温季之心無他也。

晉韓厥從鄭伯，其御杜溷羅曰：『速從之？其御屢顧，不在馬，可及也。』韓厥曰：『不可以再辱國君。』乃止。郤至從鄭伯，其右茀翰胡曰：『諜輅之，余從之乘，而俘以下。』郤至曰：『傷國君有刑。』亦止。石首曰：『衛懿公唯不去其旗，是以敗於熒。』乃内旌於弢中。兩從鄭伯，正以不去其旌之故，此倒補之筆。唐苟謂石首曰：『子在君側，敗者壹大。我不如子，子以君免，我請止。』乃死。

楚師薄於險，叔山冉謂養由基曰：『雖君有命，爲國故，子必射。』乃射，再發，盡殪。叔山冉搏人以投，中車，折軾。晉師乃止。寫敗軍能事，藉作停頓。囚楚公子茷。

欒鍼見子重之旌，請曰：『楚人謂：夫旌，子重之麾也。彼其子重也。日臣之使於楚也，子重問晉國之勇，臣對曰：「好以衆整。」曰：「又何如？」臣對曰：「好以暇〔八〕。」極雍容之致，文章之妙亦可謂好整以暇者矣。今兩國治戎，行人不使，不可謂整；臨事而食言，不可謂暇。請攝飲焉。』公許之。使行人執榼承飲，造于子重，曰：『寡君乏使，使鍼御持矛，是以不得犒從者，使某攝飲。』子重曰：『夫子嘗與吾言於楚，必是故也。不亦識乎？』受而飲之，免使者而復鼓。楚王中射，則戰事勝負已決，無可再記，乃加入往還酬對等詞令，以極蕭閑儒雅之風度，使讀者心志耳目灑然一變，頓開異境。千古以來，史家無能及其萬一者，古今絕無僅有之大文也。旦而戰，見星未已。總結一句，筆力千鈞。又見共王雖傷，而戰事固未遽敗也。

子反命軍吏察夷傷，補卒乘，繕甲兵，展車馬，鷄鳴而食，唯命是聽。晉人患之。寫敗軍能事。苗賁皇徇曰：『蒐乘、補卒，秣馬、利兵，修陳、固列，蓐食、申禱，明日復戰！』乃逸楚囚。王聞之，召子反謀。穀陽豎獻飲於子反〔九〕，子反醉而不能見。王曰：『天敗楚也夫！余不可以待。』乃宵遁。

晉入楚軍。三日穀。范文子立於戎馬之前，曰：『君幼，諸臣不佞，何以及此？君其戒之！周書曰：「惟命不于常。」有德之謂。』歸入正意，老成持重，凜然憂國之衷躍躍紙上。

楚師還，及瑕，王使謂子反曰：『先大夫之覆師徒者，君不在。子無以爲過，不穀之罪也。』子反再拜稽首曰：『君賜臣死，死且不朽。臣之卒實奔，臣之罪也。』子重復謂子反曰：『初隕師徒者，而亦聞之矣。盍圖之！』對曰：『雖微先大夫有之，大夫命側，側敢不義？側亡君師，敢忘其死？』補敘子重之忮害子反，并不另起波瀾，已自瞭然，是才力大處。王使止之，弗及而卒。

十七年春王正月，鄭子駟侵晉虛、滑。衛北宫括救晉，侵鄭，至于高氏。夏五月，鄭大子髠頑、侯獳爲質於楚，楚公子成、公子寅戍鄭。公會尹武公、單襄公及諸侯伐鄭，自戲童至于曲洧。鄢陵之戰亦倖勝耳，記此，見勝後仍不能服鄭，與他時異矣。

晉范文子反自鄢陵，使其祝宗祈死，曰：『君驕侈而克敵，是天益其疾也，難將作矣。愛我者唯祝我，使我速死，無及於難，范氏之福也。』六月戊辰，士燮卒。敘至此，沈鬱悲憤無以復加矣。眼光專注三郤之亂，而文中始終并不露出一字，此文章之茹鬱處，愈鬱則其神愈茂也。

乙酉，同盟于柯陵，尋戚之盟也。

楚子重救鄭，師于首止。諸侯還。

冬，諸侯伐鄭，十月庚午，圍鄭。楚公子申救鄭，師于汝上。十一月，諸侯還。連用『諸侯還』句，見晉之終畏楚也。

襄公十三年，楚子疾。告大夫曰：『不穀不德，少主社稷。生十年而喪先君，未及習師保之教訓而應受多福，是以不德，而亡師于鄢，以辱社稷，爲大夫憂，其弘多矣。若以大夫之靈，獲保首領以殁於地，唯是春秋窀穸之事、所以從先君於禰廟者，請爲

「靈」若「厲」。大夫擇焉！』莫對。及五命，乃許。秋，楚共王卒。子囊謀謚。大夫曰：『君有命矣。』子囊曰：『君命以「共」，若之何毀之？赫赫楚國，而君臨之，撫有蠻夷，奄征南海，以屬諸夏，而知其過，可不謂共乎？請謚之「共」。』大夫從之。五霸之盛，左氏皆有貶詞。楚於此役王夷師熸，而傳特深致惋惜之旨，不有過人之識，何足與於斯文哉？又此篇雖寫鄢陵戰事，而眼光專注三郤之難，所以意鬱而神遠。宗堯云：楚共之賢，與晉厲不可同日而語，故作者於晉之勝多危詞，於楚之敗有頌詞，於此可悟文家陰陽予奪之用。

校記

〔一〕原校：石經『壅』作『雍』，宋本同。
〔二〕原校：釋文『干』亦作『扞』。
〔三〕原校：倭庫本『若』下有『退』字。
〔四〕原注：『以』同『已』。
〔五〕原校：釋文一本『黨』上有『子』字。
〔六〕原校：鄭志『跗』作『不』。
〔七〕原校：國語『識』作『屬』，惠棟云當作『適』。
〔八〕原校：石經初刻無『以』字。

〔九〕原校：史記、吕覽、淮南皆作『陽穀豎』，國語、韓非、漢書則與左傳同。

叔孫僑如之亂 以『棄位而姣』爲主。

文公十一年，鄋瞞侵齊，遂伐我。公卜使叔孫得臣追之，吉。侯叔夏御莊叔，緜房甥爲右，富父終甥駟乘。冬十月甲午，敗狄于鹹，獲長狄僑如。富父終甥摏其喉以戈，殺之。埋其首於子駒之門。以命宣伯。初，宋武公之世，鄋瞞伐宋。司徒皇父帥師禦之。耏班御皇父充石，公子穀甥爲右，司寇牛父駟乘，以敗狄于長丘，獲長狄緣斯。皇父之二子死焉，宋公於是以門賞耏班，使食其征，謂之耏門。晉之滅潞也，獲僑如之弟焚如。齊襄公之二年〔一〕，鄋瞞伐齊。齊王子成父獲其弟榮如。埋其首於周首之北門。衛人獲其季弟簡如。鄋瞞由是遂亡。長狄爲蠻夷奇種，詳此以志異也。

成公八年，宋華元來聘，聘共姬也。夏，宋公使公孫壽來納幣，禮也。衛人來媵共姬，禮也。凡諸侯嫁女，同姓媵之，異姓則否。

九年二月，伯姬歸于宋。夏，季文子如宋致女，復命，公享之。賦韓奕之五章。穆姜出于房，再拜，曰：『大夫勤辱，不忘先君，以及嗣君，施及未亡人，先君猶有望也。敢拜大夫之重勤。』又賦緑衣之卒章而入。詞令絶佳，所以刺有文而無行者。

晉人來媵，禮也。

十一年秋，宣伯聘于齊，以修前好。

十四年秋，宣伯如齊逆女。稱族，尊君命也。九月，僑如以夫人婦姜氏至自齊。舍族，尊夫人也。故君子曰：『春秋之稱，微而顯，志而晦，婉而成章，盡而不汙，懲惡而勸善，非聖人，誰能修之？』

十六年，戰之日〔二〕，宗堯云：戰之日，戰於鄢陵之日也。後人將此文移附於鄢陵戰事之後，故將鄢陵字削去以順適文義，疑本有『鄢陵』字也。齊國佐、高無咎至于師，衛侯出于衛，公出于壞隤。宣伯通於穆姜，欲去季孟而取其室。將行，穆姜送公，而使逐二子。公以晉難告，曰：『請反而聽命。』姜怒，公子偃、公子鉏趨過，指之曰：『女不可，是皆君也。』公待於壞隤，申宫、儆備、設守，而後行，是以後。使孟獻子守于公宫。

秋，會于沙隨，謀伐鄭也。宣伯使告郤犨曰：『魯侯待于壞隤，以待勝者。』郤犨將新軍，且爲公族大夫，以主東諸侯。取貨于宣伯，而訴公于晉侯。晉侯不見公。

七月，公會尹武公及諸侯伐鄭。將行，姜又命公如初。公又申守而行。諸侯之師次于鄭西，我師次于督揚，不敢過鄭。子叔聲伯使叔孫豹請逆于晉師，爲食於鄭郊。師逆以至。聲伯四日不食以待之，食使者而後食。此篇專以聲伯之忠反形僑如。諸侯遷于制田，知武子佐下軍，以諸侯之師侵陳，至于鳴鹿。遂侵蔡。未反，諸侯遷于潁上。戊午，鄭子罕宵軍之，宋、齊、衛皆失軍。

宣伯使告郤犨曰：『魯之有季孟，猶晉之有欒范也，政令於是乎成。今其謀曰：「晉政多門，不可從也。寧事齊楚，有亡而已，蔑從晉矣。」若欲得志於魯，請止行父而殺之，我斃蔑也，而事晉，蔑有貳矣。魯不貳，小國必睦。不然，歸必叛矣。』九月，晉人執季文子于苕丘。公還，待于鄆，使子叔聲伯請季孫于晉。郤犨曰：『苟去仲孫蔑，而止季孫行父，吾與子國，親於公室。』對曰：『僑如之情，子必聞之矣。若去蔑與行父，是大棄魯國，而罪寡君也。若猶不棄，而惠徼周公之福，使寡君得事晉君，則夫二人者，魯國社稷之臣也。若朝亡之，魯必夕亡。以魯之密邇仇讎，亡而爲讎，治之何及？』郤犨曰：『吾爲子請邑。』對曰：『嬰齊，魯之常隸也，敢介大國以求厚焉？背面烘托之妙。承寡君之命以請，若得所請，吾子之賜多矣，又何求？』范文子謂欒武子曰：『季孫於魯，相二君矣。妾不衣帛，馬不食粟，可不謂忠乎？信讒慝而棄忠良，若諸侯何？子叔嬰齊奉君命無私，謀國家不貳，圖其身不忘其君。若虛其請，是棄善人也。子其圖之！』乃許魯平，赦季孫。

冬十月，出叔孫僑如而盟之。僑如奔齊。十二月，季孫及郤犨盟于扈。歸，刺公子偃。召叔孫豹于齊而立之。

齊聲孟子通僑如，使立於高國之間。僑如曰：『不可以再罪。』奔衞〔三〕，亦間於卿。此左氏傷時之旨，言正人無所容，姦邪所如得意也。

十七年，初，聲伯夢涉洹，或與己瓊瑰食之，泣而爲瓊瑰盈其懷，從而歌之曰：『濟洹之水，贈我以瓊瑰。歸乎歸乎，瓊瑰盈吾懷乎！』懼，不敢占也。還自鄭，壬申，至于貍脤而占之，曰：『余恐死，故不敢占也。今衆繁而從余三年矣，無傷也。』言之，之莫而卒。左氏好奇，故多記此等異聞。宗堯云：聲伯良臣，載此者惜其死也。魯君之禍，構自穆姜，而解於聲伯，故述占夢以傷聲伯之死，又借蓍以詆穆姜也。

襄公九年，穆姜薨于東宫。始往而筮之，遇艮之八䷳〔四〕。史曰：『是謂艮之隨䷐。隨，其出也。君必速出！』姜曰：『亡！是於周易曰：「隨，元亨利貞，無咎。」元，體之長也；亨，嘉之會也；利，義之和也；貞，事之幹也。體仁足以長人，嘉德足以合禮，利物足以和義，貞固足以幹事。然，固不可誣也，是以雖隨無咎。今我婦人而與於亂，固在下位而有不仁，不可謂元。不靖國家，不可謂亨。作而害身，不可謂利。棄位而姣，不可謂貞。有四德者，隨而無咎。我皆無之，豈隨也哉？我則取惡，能無咎乎？必死於此，弗得出矣。』此與南蒯之占同，見吉凶由人，不在卦象，左氏之特識也。

三十年，或叫于宋大廟，曰：『譆譆，出出。』鳥鳴于亳社，如曰『譆譆』。甲午，宋大災。宋伯姬卒，待姆也。君子謂宋共姬『女而不婦。女待人，婦義事也』。

秋七月，叔弓如宋，葬共姬也。宗堯云：此篇以外戚之禍爲主，而旁及共姬，以其子守禮之過形其母之蕩越也。

校　記

〔一〕原校：史記作『齊惠』。當從史記。

〔二〕原校：倭庫本作『戰之明日』。
〔三〕原校：倭庫本『奔』上有『遂』字。
〔四〕原校：列女傳『八』作『六』。

秦晉之成

以『臣不心競而力爭』及趙孟『愒日』兩義爲主。

宣公八年春，白狄及晉平。夏，會晉伐秦。晉人獲秦諜，殺諸絳市，六日而蘇。

十五年秋七月，秦桓公伐晉，次于輔氏。壬午，晉侯治兵于稷，以略狄土，立黎侯而還。及雒，魏顆敗秦師于輔氏，獲杜回，秦之力人也。

初，魏武子有嬖妾，無子。武子疾，命顆曰：『必嫁是。』疾病，則曰：『必以爲殉〔一〕！』及卒，顆嫁之，曰：『疾病則亂，吾從其治也。』及輔氏之役，顆見老人結草以亢杜回。杜回躓而顛，故獲之。夜夢之曰：『余，而所嫁婦人之父也。爾用先人之治命，余是以報。』

成公九年，秦人、白狄伐晉，諸侯貳故也。

十一年，秦晉爲成，將會于令狐。晉侯先至焉。秦伯不肯涉河，次于王城，使史顆盟晉侯于河東。晉郤犨盟秦伯于河西。范文子曰：『是盟也何益？齊盟，所以質信也。會所，先大夫評曰：『「會所」二字爲句，日本翻宋刻斷句如此。信之始也。始之不從，其可質乎？』秦伯歸而背晉成。

十三年三月，公如京師。宣伯欲賜，請先使。王以行人之禮禮焉。孟獻子從。王以爲介而重賄之。

公及諸侯朝王，遂從劉康公、成肅公會晉侯伐秦。成子受脤于社，不敬。劉子曰：『吾聞之：民受天地之中以生，所謂命也。是以有動作禮義威儀之則，以定命也。能者養之以福〔一〕，不能者敗以取禍。是故君子勤禮，小人盡力。勤禮莫如致敬，盡力莫如敦篤。敬在養神，篤在守業。國之大事，在祀與戎。祀有執膰，戎有受脤，神之大節也。今成子惰，棄其命矣，其不反乎？』

夏四月戊午，晉侯使呂相絶秦，曰：

昔逮我獻公及穆公相好，戮力同心，申之以盟誓，重之以昏姻。天禍晉國，文公如齊，惠公如秦。無禄，獻公即世。穆公不忘舊德，俾我惠公用能奉祀于晉。又不能成大勳，而爲韓之師。亦悔于厥心，用集我文公，是穆之成也。文公躬擐甲胄，跋履山川，踰越險阻，征東之諸侯，虞、夏、商、周之胤而朝諸秦，則亦既報舊德矣。鄭人怒君之疆埸，我文公帥諸侯及秦圍鄭。秦大夫不詢于我寡君，擅及鄭盟。諸侯疾之，將致命于秦。文公恐懼，綏静諸侯，秦師克還無害，則是我有大造于西也。無禄，文公即世，穆爲不弔，蔑死我君〔三〕，寡我襄公，迭我殽地，奸絶我好，伐我保城，殄滅我費滑，散離我兄弟，撓亂我同盟，傾覆我國家。我襄公未忘君之舊勳，而懼社稷之隕，是以有殽之師。猶願赦罪于穆公。穆公弗聽，而即楚謀我。天誘其衷，成王隕命，穆公是以不克逞志于我。穆、襄即世，康靈即位。康公，我之自出，又欲闕翦我公室，傾覆我社稷，帥我蝥賊，以來蕩摇我邊疆，我是以有令狐之役。康猶不悛，入我河曲，伐我涑川，俘我王官，翦我羈馬，我是以有河曲之戰。東道之不通，則是康公絶我好也。

及君之嗣也，我君景公引領西望曰：『庶撫我乎！』君亦不惠稱盟，不惠猶不恤也。利吾有狄難，入我河縣，焚我箕郜，芟夷我農功，虔劉我邊垂，我是以有輔氏之聚。君亦悔禍之延，而欲徼福于先君獻、穆，使伯車來命我景公曰：『吾與女同好棄惡，復修舊德，以追念前勳。』言誓未就，景公即世，我寡君是以有令狐之會〔四〕。君又不祥，背棄盟誓。白狄及君同州，君之仇讎，而我昏姻也。君來賜命曰：『吾與女伐狄。』寡君不敢顧昏姻，畏君之威，而受命于吏。君有二心於狄，曰：『晉將伐女。』狄應且憎，『應且憎』三字，古人常語。晉語『懼子之應且憎也』，周語『其叔父實應且憎，以非余一人』，『應』如『私欲養求不給則應』之『應』。蓋應、憎義近，故詩以『應』與『懲』對文。解者望文説之，非也。是用告我。楚人惡君之二三其德也，亦來告我曰：『秦背令狐之盟，而來求盟于我：「昭告昊天上帝、秦三公、楚三王曰：『余雖與晉出入，余唯利是視。』不穀惡其無成德，是用宣之，以懲不壹。」諸侯備聞此言，斯是用痛心疾首，暱就寡人。寡人帥以聽命，唯好是求。君若惠顧諸侯，矜哀寡人，而賜之盟，則寡人之願也，其承寧諸侯以退，豈敢徼亂？君若不施大惠，寡人不佞，其不能以諸侯退矣。敢盡布之執事，俾執事實圖利之。』呂相之書，文詞頗善，爲後世檄文之祖，左氏愛其文采而録之。宗堯云：秦晉之兵幾無寧歲，爲春秋戰爭之最劇者，文乃盡匯其源委於呂相口中，而出以矯誣誇詐之詞，猶以爲未足以盡也，於是首以『六日而蘇』、『老人結草』諸種鬼怪之詞以誚之，末復以臣强君弱結之，以爲其最後之結果也。

秦桓公既與晉厲公爲令狐之盟，而又召狄與楚，欲道以伐晉，諸侯是以睦於晉。呂相多誣詞，獨此一事爲秦罪，故左氏申言之。晉欒書將中軍，荀庚佐之；士燮將上軍，郤錡佐之；韓厥將下軍，荀罃佐之；趙旃將新軍，郤至佐之。郤毅御戎，欒鍼爲右。孟獻子曰：『晉帥乘和，師必有大功。』五月丁亥，晉師以諸侯之師及秦師戰于麻隧。秦師敗績，獲秦成差及不更女父。曹宣公卒于師。師遂濟涇，及侯麗而還。迓晉侯于新楚〔五〕。

成肅公卒于瑕。

曹人使公子負芻守，使公子欣時逆曹伯之喪。秋，負芻殺其大子而自立也。諸侯乃請討之。晉人以其役之勞，請俟他年。冬，葬曹宣公。既葬，子臧將亡，國人皆將從之。成公乃懼，告罪，且請焉。乃反，而致其邑。

十五年春，會于戚，討曹成公也，執而歸諸京師。書曰『晉侯執曹伯』，不及其民也。凡君不道於其民，諸侯討而執之，則曰『某人執某侯』，不然則否。

諸侯將見子臧於王而立之。子臧辭曰：『前志有之曰：「聖達節，次守節，下失節。」爲君非吾節也。雖不能聖，敢失守乎？』遂逃，奔宋。詳載旁枝，所以表子臧之節也。

十六年，曹人請于晉，曰：『自我先君宣公即位，國人曰：「若之何？憂猶未弭。」而又討我寡君，以亡曹國社稷之鎮公子，是大泯曹也，先君無乃有罪乎？若有罪，則君列諸會矣。君唯不遺德、刑以伯諸侯，豈獨遺諸敝邑？敢私布之。』曹人復請于晉。晉侯謂子臧：『反，吾歸而君。』子臧反，曹伯歸。子臧盡致其邑與卿而不出。

襄公九年，秦景公使士雃乞師于楚，將以伐晉，楚子許之。子囊曰：『不可，當今吾不能與晉爭。晉君類能而使之，舉不失選，官不易方。其卿讓於善，其大夫不失守，其士競於教，其庶人力於農穡，商工皁隸不知遷業。韓厥老矣，知罃稟焉以爲政。范匄少於中行偃而上之，使佐中軍。韓起少於欒黶，而欒黶、士魴上之，使佐上軍。魏絳多功，以趙武爲賢，而爲之佐。君明、臣忠，上讓、下競。當是時也，晉不可敵，事之而後可。君其圖之！』王曰：『吾既許之矣，雖不及晉，必將出師。』

秋，楚子師于武城，以爲秦援。秦人侵晉。晉饑，弗能報也。

十年，晉荀罃伐秦，報其侵也。

十一年，秦庶長鮑、庶長武帥師伐晉以救鄭。鮑先入晉地，士魴禦之，少秦師而弗設備。壬午，武濟自輔氏，與鮑交伐晉師。己丑，秦晉戰于櫟，晉師敗績，易秦故也。

十二年，秦嬴歸于楚。楚司馬子庚聘于秦，爲夫人寧，禮也。

十四年夏，諸侯之大夫從晉侯伐秦，以報櫟之役也。晉侯待于竟，使六卿帥諸侯之師以進。及涇，不濟。叔向見叔孫穆子，穆子賦匏有苦葉，叔向退而具舟。魯人、莒人先濟。鄭子蟜見衛北宮懿子，曰：『與人而不固，取惡莫甚焉，若社稷何？』此見諸侯以從晉爲苦，且皆有貳心也。懿子說。二子見諸侯之師而勸之濟。濟涇而次。秦人毒涇上流，師人多死。鄭司馬子蟜帥鄭師以進，師皆從之，至于棫林，不獲成焉。荀偃令曰：『鷄鳴而駕，塞井夷竈，唯余馬首是瞻。』欒黶曰：『晉國之命，未是有也。余馬首欲東。』乃歸。此見號令不善，帥乘不和。下軍從之。左史謂魏莊子曰：『不待中行伯乎？』莊子曰：『夫子命從帥，欒伯，吾帥也，吾將從之。從帥，所以待夫子也。』伯游曰：『吾令實過，悔之何及，多遺秦禽。』乃命大還。晉人謂之『遷延之役』。

欒鍼曰：『此役也，報櫟之敗也〔六〕。役又無功，晉之恥也。吾有二位於戎路，敢不恥乎？』與士鞅馳秦師，死焉。著欒鍼之節，以形諸人之惰。士鞅反。欒黶謂士匄曰：『余弟不欲往，而子召之。余弟死，而子來，是而子殺余之弟也。弗逐，余亦將殺之。』士鞅奔秦。

於是齊崔杼、宋華閱、仲江會伐秦。不書，惰也。向之會亦如之。衛北宮括不書於向。書於伐秦，攝也。

秦伯問於士鞅曰：『晉大夫其誰先亡？』對曰：『其欒氏乎！』秦伯曰：『以其汰乎？』對曰：『然。欒黶汰虐已甚，猶可以免，其在盈乎！』秦伯曰：『何故？』對曰：『武子之德在民，如周人之思召公焉，愛其甘棠，況其子乎？欒黶死，盈之善未能及人，武子所施没矣，而黶之怨實章，將於是乎在。』秦伯以爲知言，爲之請於晉而復之。

十九年，於四月丁未，鄭公孫蠆卒，赴於晉大夫。范宣子言於晉侯，以其善于伐秦也。六月，晉侯請於王，王追賜之大路，使以行，禮也。

二十四年，會于夷儀之歲，齊人城郟。其五月，秦晉爲成，晉韓起如秦涖盟，秦伯車如晉涖盟。成而不結。

二十六年春，秦伯之弟鍼如晉修成，叔向命召行人子員。行人子朱曰：『朱也當御。』三云，叔向不應。子朱怒，曰：『班爵同，何以黜朱於朝？』撫劍從之。叔向曰：『秦晉不和久矣。今日之事，幸而集，晉國賴之。不集，三軍暴骨。子員道二國之言無私，子常易之。姦以事君者，吾所能御也。』拂衣從之。人救之。平公曰：

『晉其庶乎！吾臣之所争者大。』師曠曰：『公室懼卑。臣不心競而力争，不務德而争善，私欲已侈，能無卑乎？』皆於閒文見正意。

昭公元年，秦后子有寵於桓，如二君於景。其母曰：『弗去，懼選。』癸卯〔七〕，鍼適晉，其車千乘。書曰『秦伯之弟鍼出奔晉』，罪秦伯也。

后子享晉侯，造舟于河，十里舍車，自雍及絳。歸取酬幣，終事八反。司馬侯問焉，曰：『子之車盡於此而已乎？』以其多也，反若少者。尋常一語，亦不平直。對曰：『此之謂多矣。若能少此，吾何以得見？』女叔齊以告公，且曰：『秦公子必歸。臣聞君子能知其過，必有令圖。令圖，天所贊也。』

后子見趙孟。趙孟曰：『吾子其曷歸？』對曰：『鍼懼選於寡君，是以在此，將待嗣君。』趙孟曰：『秦君何如？』對曰：『無道。』趙孟曰：『亡乎？』對曰：『何爲？一世無道，國未艾也。國於天地，有與立焉。不數世淫，弗能斃也。』案，晉之所以久霸，其理亦如此。趙孟曰：『天乎〔八〕？』對曰：『有焉。』趙孟曰：『其幾何？』對曰：『鍼聞之，國無道而年穀和熟，天贊之也。鮮不五稔。』趙孟視蔭，曰：『朝夕不相及，誰能待五？』后子出，而告人曰：『趙孟將死矣。主民，翫歲而愒日〔九〕，其與幾何？』借斥趙孟。

子干奔晉，從車五乘，叔向使與秦公子同食，皆百人之餼。趙文子曰：『秦公子富。』叔向曰：『底禄以德，德鈞以年，年同以尊。公子以國，不聞以富。且夫以千乘去其國，彊禦已甚。詩曰：「不侮鰥寡，不畏彊禦。」秦楚，匹也。』使后子與子干齒，辭曰：『鍼懼選，楚公子不獲，是以皆來，亦唯命。且臣與羈齒，無乃不可乎？史佚有言曰：「非羈，何忌？」』

五年，秦后子復歸於秦，景公卒故也。

六年，大夫如秦，葬景公，禮也。

校記

〔一〕原校：釋文無『爲』字，是。

〔二〕原校：漢志、石經皆作『養以之福』，劉熊碑同。

〔三〕原校：石經初刻作『蔑我先君』。

〔四〕原校：釋文『君』作『人』。

〔五〕原校：釋文『迓』作『訝』，石經同。

〔六〕敗　原作「役」，今正。

〔七〕卯　原作「亥」，今正。

〔八〕原校：本作「天」，漢志作「夭」。

〔九〕原校：説文「翫」作「忨」，「愒」作「潡」。

晉三郤之難

文右郤至而疾欒書，以「德、刑不立，姦、軌并至」爲主。

宣公八年，晉胥克有蠱疾，郤缺爲政。秋，廢胥克，使趙朔佐下軍。

成公十一年，聲伯之母不聘，穆姜曰：「吾不以妾爲姒。」生聲伯而出之，嫁於齊管于奚，生二子而寡，以歸聲伯。聲伯以其外弟爲大夫，而嫁其外妹於施孝叔。郤犨來聘，求婦於聲伯。聲伯奪施氏婦以與之。婦人曰：「鳥獸猶不失儷，子將若何？」曰：「吾不能死亡。」婦人遂行〔一〕。生二子於郤氏。郤氏亡，晉人歸之施氏。施氏逆諸河，沈其二子。婦人怒曰：「已不能庇其伉儷而亡之，已，讀如字，非人己之「己」。又不能字人之孤而殺之，將何以終？」遂誓施氏。此皆作者嫉惡之衷，激而旁溢者。宗堯按，此敘晉滅三郤耳，卻於郤氏既滅之後，施氏婦攜子沈河敘起，至爲奇矯。

晉郤至與周爭鄇田，王命劉康公、單襄公訟諸晉。郤至曰：『温，吾故也，故不敢失。』劉子、單子曰：『昔周克商，使諸侯撫封，蘇忿生以温爲司寇，與檀伯達封于河。蘇氏即狄，又不能于狄而奔衛。襄王勞文公而賜之温，狐氏、陽氏先處之，而後及子。若治其故，則王官之邑也，子安得之？』晉侯使郤至勿敢爭。

十三年春，晉侯使郤錡來乞師，將事不敬。孟獻子曰：『郤氏其亡乎！禮，身之幹也；敬，身之基也。郤子無基。且先君之嗣卿也，受命以求師，將社稷是衛，而惰，棄君命也，不亡何爲？』

十四年，衛侯饗苦成叔，甯惠子相。苦成叔傲。甯子曰：『苦成家其亡乎〔二〕！古之爲享食也，以觀威儀、省禍福也，故詩曰：「兕觵其觩，旨酒思柔。彼交匪傲，萬福來求。」今夫子傲，取禍之道也。』

十五年，晉三郤害伯宗，譖而殺之，及欒弗忌。伯州犁奔楚。韓獻子曰：『郤氏其不免乎！善人，天地之紀也，而驟絶之，不亡何待？』

初，伯宗每朝，其妻必戒之曰：『「盜憎主人，民惡其上。」子好直言，必及於難。』爲郤至不平也。宗堯云：作者每敘婦人之戒詞以見意，文亦悲憤沈痛。

十六年，晉侯使郤至獻楚捷于周，與單襄公語，驟稱其伐。單子語諸大夫曰：『温季其亡乎！三郤之亂，晉之大事也，故數數提掇，亦所以深惜郤至之冤也。位於七人之下，而求掩其上。怨之所聚，亂之本也。多怨而階亂，何以在位？夏書曰：「怨豈在明？不見是圖。」將慎其細也。此語尤妙，明謂其無大過也。今而明之，其可乎？』宗堯按，郤氏驕横，自取滅亡，前文盡揭其短，此後赤族之獄則欒氏陷之也。

十七年，晉厲公侈，多外嬖。反自鄢陵，欲盡去羣大夫而立其左右。提筆爽健，揭公之私，足見非郤氏之過矣。胥童以胥克之廢也，怨郤氏，而嬖於厲公。郤錡奪夷陽五田，五亦嬖於厲公。郤犨與長魚矯争田，執而梏之，與其父母妻子同一轅。既，矯亦嬖於厲公。欒書怨郤至，以其不從己而敗楚師也，欲廢之。使楚公子茷告公曰：『此戰也，郤至實召寡君，以東師之未至也，與軍帥之不具也，曰：「此必敗，吾因奉孫周以事君。」』明揭欒氏陰謀。公告欒書。書曰：『其有焉。不然，豈其死之不恤，而受敵使乎？君盍嘗使諸周而察之？』郤至聘于周，欒書使孫周見之。公使覘之，信。遂怨郤至。

厲公田，與婦人先殺而飲酒，後使大夫殺。郤至奉豕，寺人孟張奪之，郤至射而殺之。公曰：『季子欺余！』載此等瑣節，以見其無大過。

厲公將作難，胥童曰：『必先三郤。族大，多怨。去大族，不偪；敵多怨，有庸。』公曰：『然。』郤氏聞之，郤錡欲攻公，曰：『難死，君必危。』郤至曰：『人所以立，信、知、勇也。信不叛君，知不害民，勇不作亂。失茲三者，其誰與我？左氏於忠正被禍之人，必極力表揚之，以明其冤。申生、宗昭皆如此。死而多怨，將安用之？君實有臣而殺之，其謂君何？我之有罪，吾死後矣。若殺不辜，將失其民，欲安，得乎？待命而已。受君之祿，是以聚黨。有黨而爭命，罪孰大焉？』壬午，胥童、夷羊五帥甲八百將攻郤氏，長魚矯請無用衆，公使清沸魋助之。抽戈結衽，而僞訟者。三郤將謀於榭，矯以戈殺駒伯、苦成叔於其位。溫季曰：『逃威也。』遂趨。矯及諸其車，以戈殺之。皆尸諸朝。

胥童以甲劫欒書、中行偃於朝。矯曰：『不殺二子，憂必及君。』公曰：『一朝而尸三卿，余不忍益也。』對曰：『人將忍君。臣聞亂在外爲姦，在内爲軌。御姦以德，御軌以刑。不施而殺，不可謂德；臣偪而不討，不可謂刑。全文抑遏，至此一放，直揭欒氏之姦，即伏下弑公。先大夫評曰：左氏蓋以三郤爲冤，而深惜厲公之不殺書偃。德、刑不立，姦、軌并至，此處詞未及畢而遽咽止，用意尤勝。蓋憤嫉而不能終其詞，而爲此茹咽噤齘之聲也。臣請行。』遂出奔狄。公使辭於二子曰：『寡人有討於郤氏，郤氏既伏其辜矣，大夫無辱，其復職位！』皆再拜稽首曰：『君討有罪，而免臣於死，君之惠也。二臣雖死。敢忘君德？』乃皆歸。公使胥童爲卿。

公游于匠麗氏，欒書、中行偃遂執公焉。召士匄，士匄辭。召韓厥，韓厥辭，曰：『昔吾畜於趙氏，孟姬之讒，吾能違兵。古人有言曰，「殺老牛莫之敢尸」，而況君乎？二三子不能事君，焉用厥也？』韓厥之比於欒氏，爲有間矣，而其言亦無人理如此。記此，見其時人心之喪亡，與鄭子家之言同。宗堯按，誅責書偃之言盡於韓厥語中。

閏月乙卯晦，欒書、中行偃殺胥童。民不與郤氏，胥童道君爲亂，故皆書曰『晉殺其大夫』。此解全未得經旨，亦經師之曲説也。

十八年春王正月庚申，晉欒書、中行偃使程滑弒厲公，葬之于翼東門之外，以車一乘。使荀罃、士魴逆周子于京師而立之，生十四年矣。大夫逆于清原。周子曰：『孤始願不及此，雖及此，豈非天乎？抑人之求君，使出命也。立而不從，將安用君？二三子用我今日，否亦今日。共而從君，神之所福也。』寫其立於强臣之手，不能自振。

悼公劫於欒氏之威，不能明正其罪，大權益旁落而六晉之禍愈亟矣。傳於悼公，往往有虚譽之詞，不足信也。宗堯按，『生十四年矣』，至此，寫其能馭强臣處。對曰：『羣臣之願也，敢不唯命是聽？』庚午，盟而入，館于伯子同氏。辛巳〔三〕，朝于武宫。逐不臣者七人。周子有兄而無慧〔四〕，不能辨菽麥，故不可立。

校記

〔一〕原校：倭庫本『人』作『懼』。

〔二〕原校：『家』疑『叔』字之誤。

〔三〕原校：服本作『辛未』。

〔四〕原校：倭庫本『慧』作『惠』。

吴通上國

以『中國不振，蠻夷入伐』爲主。前幅敘巫臣事，情趣絶佳。

成公二年，楚之討陳夏氏也，莊王欲納夏姬。申公巫臣曰：『不可。君召諸侯，以討罪也；今納夏姬，貪其色也。貪色爲淫，淫爲大罰。周書曰，「明德慎罰」，文王所以造周也。明德，務崇之之謂也；愼罰，務去之之謂也。若興諸侯，以取大罰，非愼之也。君其圖之！』王乃止。子反欲取之，巫臣曰：『是不祥人也。是夭子蠻，殺御叔，弑靈侯，戮夏南，出孔儀，喪陳國，何不祥如是？人生實難，其有不獲死乎？天下多美婦人，何必是？』子反乃止。前半敘申公竊妻，詞旨特爲敏妙。史公相如傳略取其意。王以予連尹襄老。襄老死於邲，不獲其尸。其子黑要烝焉。巫臣使道焉，曰：『歸，吾聘女。』又使自鄭召之，曰：『尸可得也，必來逆之。』姬以告王。王問諸屈巫。對曰：『其信。知罃之父，成公之嬖也，而中行伯之季弟也，新佐中軍，而善鄭皇戌，甚愛此子。其必因鄭而歸王子與襄老之尸以求之。鄭人懼於邲之役，而欲求媚於晉，其必許之。』王遣夏姬歸。將行，謂送者曰：『不得尸，吾不反矣。』巫臣聘諸鄭，鄭伯許之。

及共王即位，將爲陽橋之役，使屈巫聘于齊，且告師期。巫臣盡室以行。申叔跪從其父，將適郢，遇之，曰：『異哉！夫子有三軍之懼，而又有桑中之喜，宜將竊妻以逃者也。』葩豔動人，此筆墨流珠處也。及鄭，使介反幣，而以夏姬行。將奔齊。齊師新敗，曰：『吾不處不勝之國。』遂奔晉，而因郤至以臣於晉。晉人使爲邢大夫。

子反請以重幣錮之。王曰：『止！其自爲謀也則過矣，其爲吾先君謀也則忠。以正論結之。忠，社稷之固也，所蓋多矣。且彼若能利國家，雖重幣，晉將可乎？若無益於晉，晉將棄之，何勞錮焉？』

七年春，吴伐郯，郯成。

季文子曰：『中國不振旅，蠻夷入伐而莫之或恤。無弔者也夫！詩曰，「不弔昊天，亂靡有定」，其此之謂乎！有上不弔，其誰不受亂？吾亡無日矣。』此皆左氏憂世之衷，横溢而四出者。君子曰：『知懼如是，斯不亡矣。』

楚圍宋之役，師還，子重請取於申呂以爲賞田。王許之。申公巫臣曰：『不可。此申呂所以邑也，是以爲賦，以御北方。若取之，是無申呂也，晉鄭必至于漢。』王乃止。子重是以怨巫臣。子反欲取夏姬，巫臣止之，遂取以行，子反亦怨之。及共王即位，子重、子反殺巫臣之族子閻、子蕩及清尹弗忌及襄老之子黑要，而分其室。子重取子閻之室，使沈尹與王子罷分子蕩之室，子反取黑要與清尹之室。巫臣自晉遺二子書，曰：『爾以讒慝貪惏事君，而多殺不辜，余必使爾罷於奔命以死。』

巫臣請使於吴，晉侯許之。吴子壽夢説之。乃通吴于晉，以兩之一卒適吴，舍偏兩之一焉。與其射御，以下氣極馳驟。教吳乘車，教之戰陣，教之叛楚。寘其子狐庸焉，使爲行人於吳。吳始伐楚、伐巢、伐徐，子重奔命。馬陵之會，吳入州來，子重自鄭奔命。子重、子反於是乎一歲七奔命。蠻夷屬於楚者，吳盡取之，是以始大，通吳於上國。吳通上國，有關世局甚大，故特以重筆提掇之，氣勢極盛。宗堯云：吳之始大，乃春秋一大變局，而啓之者實由巫臣。巫臣之啓之也，實由夏姬，故敘夏姬事特詳。

八年，晉士燮來聘，言伐郯也，以其事吳故。公賂之，請緩師。文子不可，曰：『君命無貳，失信不立，禮無加貨，事無二成。君後諸侯，是寡君不得事君也。燮將復之。』季孫懼，使宣伯帥師會伐郯。

十五年十一月，會吳于鍾離，始通吳也。

襄公三年春，楚子重伐吳，爲簡之師。克鳩兹，至于衡山。使鄧廖帥組甲三百、被練三千，以侵吳。吳人要而擊之，獲鄧廖。其能免者，組甲八十、被練三百而已。子重歸，既飲至三日，吳人伐楚，取駕。駕，良邑也；鄧廖，亦楚之良也。君子謂『子重於是役也，所獲不如所亡』。楚人以是咎子重。子重病之，遂遇心病而卒。應前『罷於奔命以死』。

五年，吴子使壽越如晉，辭不會于鷄澤之故，且請聽諸侯之好。晉人將爲之合諸侯，使魯衛先會吴，且告會期。故孟獻子、孫文子會吴于善道。十年春，會于柤，會吴子壽夢也。

三月癸丑，齊高厚相大子光，以先會諸侯于鍾離，不敬。士莊子曰：『高子相大子以會諸侯，將社稷是衛，而皆不敬，棄社稷也，其將不免乎！』

十二年秋，吴子壽夢卒，臨於周廟，禮也。凡諸侯之喪，異姓臨於外，同姓於宗廟，同宗於祖廟，同族於禰廟。是故魯爲諸姬，臨於周廟；爲邢、凡、蔣、茅、胙、祭，臨於周公之廟。

十三年，吴侵楚，養由基奔命，子庚以師繼之。養叔曰：『吴乘我喪，謂我不能師也，必易我而不戒。子爲三覆以待我，我請誘之。』子庚從之。戰于庸浦，大敗吴師，獲公子黨。君子以吴爲不弔，詩曰：『不弔昊天，亂靡有定。』

十四年春，吴告敗于晉。

秋，楚子爲庸浦之役故，子囊師于棠以伐吴。吴不出而還。子囊殿，以吴爲不能而弗儆。吴人自皋舟之隘要而擊之，楚人不能相救。吴人敗之，獲楚公子宜穀。

宋桓族之亂 以『公室卑而不能正』爲主。

成公十五年夏六月，宋共公卒。秋八月，葬宋共公。於是華元爲右師，魚石爲左師，蕩澤爲司馬，華喜爲司徒，公孫師爲司城，向爲人爲大司寇，鱗朱爲少司寇，向帶爲大宰，魚府爲少宰。蕩澤弱公室，殺公子肥。華元曰：『我爲右師，君臣之訓，師所司也。今公室卑，而不能正，吾罪大矣。不能治官，敢賴寵乎？』乃出奔晉。二華，戴族也；司城，莊族也；六官者，皆桓族也。魚石將止華元。魚府曰：『右師反，必討，是無桓氏也。』魚石曰：『右師苟獲反，雖許之討，必不敢。且多大功，國人與之，不反，懼桓氏之無祀於宋也。右師討，猶有戌在。桓氏雖亡，必偏。』魚石自止華元于河上。請討，許之，乃反。使華喜、公孫師帥國人攻蕩氏，殺子山。書曰『宋殺其大夫山』，言背其族也。魚石、向爲人、鱗朱、向帶、魚府出舍於睢上，華元使止之，不可。冬十月，華元自止之，不可，乃反。魚府曰：『今不從，不得入矣。右師視速而言疾，有異志焉。若不我納，今將馳矣。』登丘而望之，則馳。騁而從之，則決睢澨、閉門登陴矣。五人之叛，華元實從之。左師、二司寇、二宰遂出奔楚。華元使向戌爲左師，老佐爲司馬，樂裔爲司寇，以靖國人。

十八年夏六月，鄭伯侵宋，及曹門外。遂會楚子伐宋，取朝郟。楚子辛、鄭皇辰侵城郜，取幽丘。同伐彭城，納宋魚石、向爲人、鱗朱、向帶、魚府焉，以三百乘戍之而還。書曰『復入』。凡去其國，國逆而立之，曰『入』；復其位，曰『復歸』；諸侯納之，曰『歸』，以惡曰『復入』。先大夫嘗謂，凡空釋經文無事實者，皆後之經師所爲，非左氏之文，如所謂五十『凡』者皆是也。此文『宋人患之』自與上文相連，而誤增『書曰』云云於其中。宋人患之，西鉏吾曰：『何也！若楚人與吾同惡，以德於我，吾固事之也，不敢貳矣。大國無厭，鄙我猶憾。不然，而收吾憎，使贊其政，以間吾釁，亦吾患也。今將崇諸侯之姦而披其地，以塞夷庚。逞姦而攜服，毒諸侯而懼吳晉，吾庸多矣，非吾憂也。且事晉何爲？晉必恤之。』

七月，宋老佐、華喜圍彭城，老佐卒焉。

冬十一月，楚子重救彭城，伐宋。宋華元如晉告急。韓獻子爲政，曰：『欲求得人，必先勤之。成霸、安疆，自宋始矣。』悼公初立，故曰『始』。晉侯師于台谷以救宋。遇楚師于靡角之谷，楚師還。晉士魴來乞師。季文子問師數於臧武仲，對曰：『伐鄭之役，知伯實來，下軍之佐也。今彘季亦佐下軍，如伐鄭可也。事大國，無失班爵而加敬焉，禮也。』從之。十二月，孟獻子會于虚朾，謀救宋也。宋人辭諸侯而請師以圍彭城。孟獻子請于諸侯而先歸會葬。

襄公元年春己亥〔一〕，圍宋彭城。非宋地，追書也。於是爲宋討魚石，故稱宋，且不登叛人也，謂之宋志。彭城降晉，晉人以宋五大夫在彭城者歸，寘諸瓠丘。

校　記

〔一〕己亥　杜注云『正月無己亥』，楊注云『疑乙亥之誤』。

晉悼復霸　以『諸侯道敝』及『官之師旅，實有所闕』爲主。

成公十八年二月乙酉朔，晉悼公即位于朝。始命百官，施舍、已責，逮鰥寡，振廢滯，匡乏困，救災患，禁淫慝，薄賦斂，宥罪戾，節器用，時用民，欲無犯時。使魏相、士魴、魏頡、趙武爲卿，荀家、荀會、欒黶、韓無忌爲公族大夫，使訓卿之子弟共儉孝弟。使士渥濁爲大傅，使修范武子之法；右行辛爲司空，使修士蔿之法。弁糾御戎，校正屬焉，使訓諸御知義。荀賓爲右，司士屬焉，使訓勇力之士時使。卿無共御，立軍尉以攝之。祁奚爲中軍尉，羊舌職佐之；魏絳爲司馬，張老爲候奄。鐸遏寇爲上軍尉，籍偃爲之司馬，使訓卒乘，親以聽命。程鄭爲乘馬御，六騶屬焉，使訓羣騶知禮。凡六官之長，皆民譽也。舉不失職，官不易方，爵不踰德，師不陵正，旅不偪師，民無謗言，所以復霸也。左氏於悼公多諛詞而無損挹，其因中國無霸已久，故張之歟。然全書本由集録而成，非出一手，此等亦皆有所本，固非邱明自譔之文也。

公如晉，朝嗣君也。公至自晉。晉范宣子來聘，且拜朝也。君子謂晉於是乎有禮。

秋，杞桓公來朝，勞公，且問晉故。公以晉君語之。杞伯於是驟朝于晉而請爲昏。此

見晉悼當日本有一時之譽，故傳亦多因之耳。

襄公元年，齊人不會彭城，晉人以爲討。二月，齊大子光爲質於晉。

夏五月，晉韓厥、荀偃帥諸侯之師伐鄭，入其郛，敗其徒兵於洧上。於是東諸侯之師

次于鄫，以待晉師。晉師自鄭以鄫之師侵楚焦、夷及陳。晉侯、衛侯次于戚，以爲之援。

秋，楚子辛救鄭，侵宋吕、留。鄭子然侵宋，取犬丘。

二年春，鄭師侵宋，楚令也。

鄭成公疾，子駟請息肩於晉。公曰：『楚君以鄭故，親集矢於其目，非異人任，寡人也。若背之，是棄力與言，其誰暱我？免寡人，唯二三子。』

秋七月庚辰，鄭伯睔卒。於是子罕當國，子駟爲政，子國爲司馬。晉師侵鄭。諸大夫欲從晉。子駟曰：『官命未改。』

會于戚，謀鄭故也。孟獻子曰：『請城虎牢以逼鄭。』知武子曰：『善。鄫之會，吾子聞崔子之言，今不來矣。滕、薛、小邾之不至，皆齊故也。寡君之憂不唯鄭。罃將復於寡君，而請於齊。得請而告，吾子之功也。若不得請，事將在齊。吾子之請，諸侯之福也，豈惟寡君賴之？』是時諸侯已叛，悼公能復屬之，其所謂復霸者在此而已。

冬，復會于戚，齊崔武子及滕、薛、小邾之大夫皆會，知武子之言故也。遂城虎牢，鄭人乃成。

楚公子申爲右司馬，多受小國之賂，以偪子重、子辛。楚人殺之，故書曰『楚殺其大夫公子申』。

三年，晉爲鄭服故，且欲修吴好，將合諸侯。使士匄告于齊曰：『寡君使匄，以歲之不易，不虞之不戒，寡君願與一二兄弟相見，以謀不協。請君臨之，使匄乞盟。』齊侯欲勿許，而難爲不協，乃盟于耏外。

祁奚請老，晉侯問嗣焉。稱解狐，其讎也，將立之而卒。又問焉。對曰：『午也可。』於是羊舌職死矣，晉侯曰：『孰可以代之？』對曰：『赤也可。』於是使祁午爲中軍尉，羊舌赤佐之。

君子謂：『祁奚於是能舉善矣。稱其讎，不爲諂；立其子，不爲比；舉其偏，不爲黨。商書曰，「無偏無黨，王道蕩蕩」，其祁奚之謂矣。解狐得舉，祁午得位，伯華得官，建一官而三物成，能舉善也夫！唯善，故能舉其類。詩云，「惟其有之，是以似之」，祁奚有焉。』

六月，公會單頃公及諸侯。己未，同盟于鷄澤。

晉侯使荀會逆吴子于淮上，吴子不至。

楚子辛爲令尹，侵欲於小國，陳成公使袁僑如會求成。晋侯使和組父告于諸侯。秋，叔孫豹及諸侯之大夫及陳袁僑盟，陳請服也。

晋侯之弟揚干亂行於曲梁，魏絳戮其僕。晋侯怒，謂羊舌赤曰：『合諸侯以爲榮也。揚干爲戮，何辱如之？必殺魏絳，無失也！』對曰：『絳無貳志，事君不辟難，有罪不逃刑，其將來辭，何辱命焉？』言終，魏絳至，授僕人書，將伏劍。士魴、張老止之。公讀其書，曰：『日君乏使，使臣斯司馬〔一〕。臣聞「師衆以順爲武，軍事有死無犯爲敬」。君合諸侯，臣敢不敬？君師不武，執事不敬，罪莫大焉。臣懼其死，以及揚干，無所逃罪。不能致訓，至於用鉞，臣之罪重，敢有不從以怒君心？請歸死於司寇。』公跣而出，曰：『寡人之言，親愛也；吾子之討，軍禮也。寡人有弟，弗能教訓，使干大命，寡人之過也。子無重寡人之過，敢以爲請。』晋侯以魏絳爲能以刑佐民矣，反役，與之禮食，使佐新軍。張老爲中軍司馬，士富爲候奄。

楚司馬公子何忌侵陳，陳叛故也。

許靈公事楚，不會于鷄澤。冬，晋知武子帥師伐許。

四年春，楚師爲陳叛故，猶在繁陽。韓獻子患之，言於朝曰：『文王帥殷之叛國以事紂，唯知時也。今我易之，難哉！』

三月，陳成公卒。楚人將伐陳，聞喪乃止。陳人不聽命。臧武仲聞之，曰：『陳不服於楚，必亡。大國行禮焉，而不服；在大猶有咎，而況小乎？』夏，楚彭名侵陳，陳無禮故也。

楚人使頓間陳而侵伐之，故陳人圍頓。

無終子嘉父使孟樂如晉，因魏莊子納虎豹之皮，以請和諸戎。晉侯曰：『戎狄無親而貪，不如伐之。』魏絳曰：『諸侯新服，陳新來和，將觀於我。我德則睦，否則攜貳。勞師於戎，而楚伐陳，必弗能救，是棄陳也。諸華必叛。戎，禽獸也。獲戎失華，無乃不可乎？夏訓有之曰：「有窮后羿——」』公曰：『后羿何如？』語未終，插入問詞，爲文字之奇例。霍光傳『太后曰止』，文法本此。宗堯按，開戰國策之蹊徑。對曰：『昔有夏之方衰也，后羿自鉏遷于窮石，因夏民以代夏政。恃其射也，不修民事，而淫于原獸，棄武羅、伯因、熊髡、尨圉，而用寒浞。寒浞，伯明氏之讒子弟也，伯明后寒棄之，夷羿收之，信而使之，以爲己相〔一〕。浞行媚于內，而施賂于外，愚弄其民，而虞羿于田。樹之詐慝，以取其國家，外內咸服。羿猶不悛，將歸自田，家衆殺而亨之，以食其子，其子不忍食諸，死于窮門。詳敘此事，意蓋存古史耳。靡奔有鬲氏。浞因羿室，生澆及豷；恃其讒慝詐僞，而不德于民，使澆用師，滅斟灌及斟尋氏。處澆于過，處豷于戈。靡自有鬲氏收二國之燼，以滅浞而立少康。少康滅澆于過，后抒滅豷于戈，有窮由是遂亡，失人故也。昔周辛甲之爲大史也〔三〕，命百官，官箴王闕。於虞人之箴曰：「芒芒禹迹，畫爲九州，經啓九道。民有寢、廟，獸有茂草；各有攸處，德用不擾。在帝夷羿，冒于原獸，忘其國恤，而思其麀牡。武不可重，用不恢于夏家。獸臣司原，敢告僕夫。」此千古箴銘之祖，揚子雲十二州箴皆仿此體。虞箴如是，可不懲乎？』於是晉侯好田，故魏絳及之。此亦從旁插入之句，又以明魏絳之微旨。

公曰：『然則莫如和戎乎？』對曰：『和戎有五利焉：戎狄薦居，貴貨易土，土可賈焉，一也；邊鄙不聳，民狎其野，穡人成功，二也；戎狄事晉，四鄰振動，諸侯威懷，三也；以德綏戎，師徒不勤，甲兵不頓，四也；鑒于后羿，而用德度，遠至邇安，五也。君其圖之！』

公說，使魏絳盟諸戎。修民事，田以時。

五年，楚人討陳叛故，曰：『由令尹子辛實侵欲焉。』乃殺之。書曰『楚殺其大夫公子壬夫』，貪也。君子謂：『楚共王於是不刑。詩曰：「周道挺挺，我心扃扃。講事不令，集人來定。」已則無信，而殺人以逞，不亦難乎？夏書曰：「成允成功。」』

九月丙午，盟于戚，會吳，且命戍陳也。

楚子囊爲令尹。范宣子曰：『我喪陳矣。楚人討貳而立子囊，必改行，而疾討陳。陳近于楚，民朝夕急，能無往乎？有陳，非吾事也，無之而後可。』譏晉之不能也。

冬，諸侯戍陳。子囊伐陳。十一月甲午，會于城棣以救之。

七年冬十月，晉韓獻子告老，公族穆子有廢疾，將立之。辭曰：『詩曰：「豈不夙夜？謂行多露。」又曰：「弗躬弗親，庶民弗信。」無忌不才，讓，其可乎？請立起也。與田蘇游，而曰「好仁」。詩曰：「靖共爾位，好是正直。神之聽之，介爾景福。」恤民爲德，正直爲正，正曲爲直，參和爲仁。如是，則神聽之，介福降之。立之，不亦可乎？』庚戌，使宣子朝，遂老。晉侯謂韓無忌仁，使掌公族大夫。

楚子囊圍陳，會于鄬以救之。

陳人患楚。慶虎、慶寅謂楚人曰：『吾使公子黃往，而執之。』楚人從之。二慶使告陳侯于會，曰：『楚人執公子黃矣。君若不來，羣臣不忍社稷宗廟，懼有二圖。』陳侯逃歸。宗堯云：此上敘晉不能有陳，以下敘晉與楚爭鄭。

八年春，公如晉，朝，且聽朝聘之數。

庚寅，鄭子國、子耳侵蔡，獲蔡司馬公子燮。鄭人皆喜，唯子產不順，曰：『小國無文德而有武功，禍莫大焉。楚人來討，能勿從乎？從之，晉師必至。晉楚伐鄭，自今鄭國不四五年弗得寧矣。』子國怒之曰：『爾何知！國有大命，而有正卿，童子言焉，將爲戮矣！』

五月甲辰，會于邢丘，以命朝聘之數，使諸侯之大夫聽命。季孫宿、齊高厚、宋向戌、衛甯殖、邾大夫會之。鄭伯獻捷于會，故親聽命。大夫不書，尊晉侯也。

冬，楚子囊伐鄭，討其侵蔡也。

子駟、子國、子耳欲從楚，子孔、子蟜、子展欲待晉。子駟曰：『周詩有之曰：「俟河之清，人壽幾何？兆云詢多，職競作羅。」謀之多族，民之多違，事滋無成。民急矣，姑從楚以紓吾民。晉師至，吾又從之。敬共幣帛，以待來者，小國之道也。犧牲玉帛，待於二竟，以待彊者而庇民焉。寇不爲害，民不罷病，不亦可乎？』記此，見小國事大之難。子展曰：『小所以事大，信也。小國無信，兵亂日至，亡無日矣。五會之信，馬驌云：五會者，三年鷄澤，五年戚，又城棣，七年鄬，八年邢丘。今將背之，雖楚救我，將安用之？親我無成，鄙我是欲，不可從也。不如待晉。晉君方明，四軍無闕，八卿和睦，必不棄鄭。楚師遼遠，糧食將盡，必將速歸，何患焉？舍之聞之：杖莫如信。完守以老楚，杖信以待晉，不亦可乎？』子駟曰：『詩云：「謀夫孔多，是用不集。發言盈庭，誰敢執其咎？如匪行邁謀，是用不得于道。」請從楚，騑也受其咎。』乃及楚平。使王子伯駢告于晉，曰：『君命敝邑：「修而車賦，儆而師徒，以討亂略。」蔡人不從，敝邑之人不敢寧處，悉索敝賦，以討于蔡，獲司馬燮，獻于邢丘。今楚來討曰：「女何故稱兵于蔡？」焚我郊保，馮陵我城郭。敝邑之衆，夫婦男女，不皇啓處，以相救也。翦焉傾覆，無所控告。民死亡者，非其父兄，即其子弟。夫人愁痛，不知所庇。民知窮困，而受盟于楚。孤也與其二三臣不能禁止，不敢不告。』知武子使行人子員對之曰：『君有楚命，亦不使一介行李告于寡君〔四〕，而即安于楚。君之所欲也，誰敢違君？寡君將帥諸侯以見于城下。唯君圖之！』

晉范宣子來聘，且拜公之辱，告將用師于鄭。公享之。宣子賦摽有梅。季武子曰：『誰敢哉？今譬於草木，寡君在君，君之臭味也。歡以承命，何時之有？』武子賦角弓。賓將出，武子賦彤弓。宣子曰：『城濮之役，我先君文公獻功于衡雍，受彤弓于襄王，以爲子孫藏。匄也，先君守官之嗣也，敢不承命？』君子以爲知禮。

九年夏，季武子如晉，報宣子之聘也。

冬十月，諸侯伐鄭。庚午，季武子、齊崔杼、宋皇鄖從荀罃、士匄門于鄟門，衛北宫括、曹人、邾人從荀偃、韓起門于師之梁，滕人、薛人從欒黶、士魴門于北門，杞人、郳人從趙武、魏絳斬行栗。甲戌，師于氾。令於諸侯曰：『修器備，盛餱糧，歸老幼，居疾于虎牢，肆眚，圍鄭。』

鄭人恐，乃行成。中行獻子曰：『遂圍之，以待楚人之救也，而與之戰。不然，無成。』知武子曰：『許之盟而還師，以敝楚人。』吾三分四軍，與諸侯之鋭，以逆來者，於我未病，楚不能矣。猶愈於戰。暴骨以逞，不可以争。大勞未艾。君子勞心，小人勞力，先王之制也。』諸侯皆不欲戰，乃許鄭成。十一月己亥，同盟于戲，鄭服也。

將盟，鄭六卿，公子騑、公子發、公子嘉、公孫輒、公孫蠆、公孫舍之及其大夫、門子，皆從鄭伯。晉士莊子爲載書，曰：『自今日既盟之後，鄭國而不唯晉命是聽，而或有異志者，有如此盟！』公子騑趨進曰：『天禍鄭國，使介居二大國之間，大國不加德音，而亂以要之，使其鬼神不獲歆甚禋祀，其民人不獲享其土利，夫婦辛苦墊隘，無所厎告〔五〕。自今日既盟之後，鄭國而不唯有禮與彊可以庇民者是從，而敢有異志者，亦如之！』宗堯按，列國之不幸，未有甚於鄭者，以其介於晉楚。晉楚争强之術多矣，而必以争鄭爲事，殊無意義，故篇中以晉之用人、行政、和戎爲定霸主腦，其屢勤諸侯以争鄭并無關於威權之消長，而徒以殘無罪之鄭耳。即借子駟之言謫其非。荀偃曰：『改載書！』公孫舍之曰：『昭大神要言焉。若可改也，大國亦可叛也。』知武子謂獻子曰：『我實不德，而要人以盟，豈禮也哉？非禮，何以主盟？姑盟而退，修德息師而來，終必獲鄭，何必今日？我之不德，民將棄我，豈唯鄭？若能休和，遠人將至，何恃于鄭？』乃盟而還。

晉人不得志於鄭，以諸侯復伐之。十二月癸亥，門其三門。閏月戊寅，濟于陰阪，侵鄭。次于陰口而還。子孔曰：『晉師可擊也，師老而勞，且有歸志，必大克之。』子展曰：『不可。』

公送晉侯，晉侯以公宴于河上，問公年。季武子對曰：『會于沙隨之歲，寡君以生。』晉侯曰：『十二年矣，是謂一終，一星終也。國君十五而生子，冠而生子，禮也。君可以冠矣。大夫盍爲冠具？』武子對曰：『君冠，必以裸享之禮行之，以金石之樂節之，以先君之祧處之。今寡君在行，未可具也，請及兄弟之國而假備焉。』晉侯曰：『諾。』公還，及衛，冠于成公之廟，假鐘磬焉，禮也。先大夫評曰：晉楚謀鄭中，忽入此節，此文字閑淡處也。昧者畫分爲數章，失左氏妙趣矣。闓生謹按，古人文字往往包羅宏富，所以體勢雄遠。後人爲文僅及一事，唯恐枝蔓，義儉而局亦促矣。

楚子伐鄭。子駟將及楚平，子孔、子蟜曰：『與大國盟，口血未乾而背之，可乎？』子駟、子展曰：『吾盟固云「唯彊是從」，今楚師至，晉不我救，則楚彊矣。盟誓之言，豈敢背之？且要盟無質，神弗臨也。所臨唯信，信者，言之瑞也，善之主也，是故臨之。明神不蠲要盟，背之可也。』乃及楚平。公子罷戎入盟，同盟于中分。

楚莊夫人卒，王未能定鄭而歸。

晉侯歸，謀所以息民。魏絳請施舍，輸積聚以貸。自公以下，苟有積者，盡出之。國無滯積，亦無困人；公無禁利，亦無貪民。祈以幣更，賓以特牲，器用不作，車服從給。行之期年，國乃有節。三駕而楚不能與爭。

十年夏四月戊午，會于柤。

晉荀偃、士匄請伐偪陽，而封宋向戌焉。荀罃曰：『城小而固，勝之不武，弗勝爲笑。』固請。丙寅，圍之，弗克。孟氏之臣秦堇父輦重如役。偪陽人啓門，諸侯之士門焉。縣門發，郰人紇抉之，以出門者，狄虒彌建大車之輪，而蒙之以甲，以爲櫓。左執之，右拔戟，以成一隊。孟獻子曰：『詩所謂「有力如虎」者也。』主人縣布，堇父登之，及堞而絶之，隊，則又縣之。蘇而復上者三，主人辭焉，乃退。帶其斷以徇於軍三日。文易枯寂，借此等以爲生色。

諸侯之師久於偪陽，荀偃、士匄請於荀罃曰：『水潦將降，懼不能歸，請班師。』知伯怒，投之以机，出於其間，曰：『女成二事，而後告余。余恐亂命，以不女違。女既勤君而興諸侯，牽帥老夫以至于此，既無武守，而又欲易余罪，曰：「是實班師。不然，克矣。」余羸老也，可重任乎？七日不克，必爾乎取之！』實誚晉之無能也。五月庚寅，荀偃、士匄帥卒攻偪陽，親受矢石。甲午，滅之。書曰『遂滅偪陽』，言自會也。以與向戌。向戌辭曰：『君若猶辱鎮撫宋國，而以偪陽光啓寡君，羣臣安矣，其何貺如之！若專賜臣，是臣興諸侯以自封也，其何罪大焉？敢以死請。』乃予宋公。

宋公享晉侯于楚丘，請以桑林。荀罃辭。荀偃、士匄曰：『諸侯宋魯，於是觀禮，魯有禘樂，賓祭用之。宋以桑林享君，不亦可乎？』舞，師題以旌夏。晉侯懼而退入于房。去旌，卒享而還。及著雍，疾。卜，桑林見。荀偃、士匄欲奔請禱焉，荀罃不可，曰：『我辭禮矣，彼則以之。猶有鬼神，於彼加之。』晉侯有間，以偪陽子歸，獻于武宮，謂之夷俘。偪陽，妘姓也。使周内史選其族嗣納諸霍人，禮也。

師歸，孟獻子以秦堇父爲右。生秦丕茲，事仲尼。

六月，楚子囊、鄭子耳伐宋，師于訾毋。庚午，圍宋，門于桐門。

衛侯救宋，師于襄牛。鄭子展曰：『必伐衛。不然，是不與楚也。得罪於晉，又得罪於楚，國將若之何？』子駟曰：『國病矣。』子展曰：『得罪於二大國，必亡。病，不猶愈於亡乎？』此皆見小國自立之難。諸大夫皆以爲然。故鄭皇耳帥師侵衛，楚令也。孫文子卜追之，獻兆於定姜。姜氏問繇。曰：『兆如山陵，有夫出征，而喪其雄。』姜氏曰：『征者喪雄，禦寇之利也。大夫圖之！』衛人追之，孫蒯獲鄭皇耳于犬丘。

秋七月，楚子囊、鄭子耳侵我西鄙。還，圍蕭。八月丙寅，克之。九月，子耳侵宋北鄙。孟獻子曰：『鄭其有災乎！師競已甚。周猶不堪競。況鄭乎！有災，其執政之三士乎！』

莒人間諸侯之有事也，故伐我東鄙。

諸侯伐鄭，齊崔杼使太子光先至于師，故長於滕。己酉，師于牛首。馬驌云：牛首，悼公三駕之一。

諸侯之師城虎牢而戍之，晉師城梧及制，士魴、魏絳戍之。書曰『戍鄭虎牢』，非鄭地也，言將歸焉。鄭及晉平。

楚子囊救鄭。十一月，諸侯之師還鄭而南，至於陽陵。楚師不退。知武子欲退，曰：『今我逃楚，楚必驕，驕則可與戰矣。』欒黶曰：『逃楚，晉之恥也。合諸侯以益恥，不如死。我將獨進。』師遂進。己亥，與楚師夾潁而軍〔六〕。子蟜曰：『諸侯既有成行，必不戰矣。從之將退，不從亦退。退，楚必圍我。猶將退也，不如從楚，亦以退之。』宵涉潁〔七〕，與楚人盟。欒黶欲伐鄭師，荀罃不可，曰：『我實不能禦楚，又不能庇鄭，文中眼目。鄭何罪？不如致怨焉而還。今伐其師，楚必救之。戰而不克，爲諸侯笑。克不可命，不如還也。』丁未，諸侯之師還，侵鄭北鄙而歸。楚人亦還。

十一年，鄭人患晉楚之故，諸大夫曰：『不從晉，國幾亡。楚弱於晉，晉不吾疾也。

晉疾，楚將辟之。是時晉微，楚亦不競，但苦小國耳。敘述處明晰如畫。何爲而使晉師致死於我，楚弗敢敵，而後可固與也。』子展曰：『與宋爲惡，諸侯必至，吾從之盟。楚師至，吾又從之，則晉怒甚矣。晉能驟來，楚將不能，吾乃固與晉。』大夫説之，使疆埸之司惡於宋。宋向戌侵鄭，大獲。子展曰：『師而伐宋可矣。若我伐宋，諸侯之伐我必疾，吾乃聽命焉，且告於楚。楚師至，吾又與之盟，而重賂晉師，乃免矣。』夏，鄭子展侵宋。

四月，諸侯伐鄭。己亥，齊太子光、宋向戌先至于鄭，門于東門。其莫，晉荀罃至于西郊，東侵舊許。衛孫林父侵其北鄙。六月，諸侯會于北林，師于向。師向，悼公三駕之二。右還，次于瑣。圍鄭，觀兵于南門，西濟于濟隧。鄭人懼，乃行成。

秋七月，同盟于亳。范宣子曰：『不慎，必失諸侯。諸侯道敝而無成，能無貳乎？』文中眼目。乃盟。載書曰：『凡我同盟，毋蘊年，毋壅利，毋保姦，毋留慝，救災患〔八〕，恤禍亂，同好惡，獎王室。或間茲命，司慎、司盟，名山、名川，羣神、羣祀，先王先公，七姓十二國之祖，明神殛之，俾失其民，隊命亡氏，踣其國家。』宗堯按，此次載書善矣，而亦不能有鄭，益見必以争鄭爲勝負之衡，實非策也。

楚子囊乞旅于秦。秦右大夫詹帥師從楚子，將以伐鄭。鄭伯逆之。丙子，伐宋。

九月，諸侯悉師以復伐鄭，鄭人使良霄、大宰石㚟如楚，告將服于晉，曰：『孤以社稷之故，不能懷君，君若能以玉帛綏晉，不然，則武震以攝威之，孤之願也。』楚人執之。書曰『行人』，言使人也。

諸侯之師觀兵于鄭東門。東門，悼公三駕之三。鄭人使王子伯駢行成。甲戌，晉趙武入盟鄭伯。冬十月丁亥，鄭子展出盟晉侯。十二月戊寅，會于蕭魚。庚辰，赦鄭囚，皆禮而歸之；納斥候；禁侵掠。晉侯使叔肸告于諸侯。悼公復霸止在爭鄭，鄭服則霸業爲已成矣。公使臧孫紇對曰：『凡我同盟，小國有罪，大國致討，苟有以藉手，鮮不赦宥，寡君聞命矣。』

鄭人賂晉侯以師悝、師觸、師蠲；廣車、軘車淳十五乘，甲兵備，凡兵車百乘；歌鐘二肆，及其鎛、磬；女樂二八。

晉侯以樂之半賜魏絳，曰：『子教寡人和諸戎狄以正諸華，八年之中，九合諸侯，如樂之和，無所不諧，請與子樂之。』三駕多遷延之役耳，其去桓文之功遠矣，此亦誇詞也。宗堯按，和戎修治，皆左氏之所許也，故每敘至此等處，皆津津有味。辭曰：『夫和戎狄，國之福也；八年之中，九合諸侯，諸侯無慝，君之靈也，二三子之勞也，臣何力之有焉？抑臣願君安其樂而思其終也。詩曰：「樂只君子，殿天子之邦。樂只君子，福祿攸同。便蕃左右，亦是帥從。」夫樂以安德，義以處之，禮以行之，信以守之，仁以厲之，而後可以殿邦國，同福祿，來遠人，所謂樂也。書曰：「居安思危。」思則有備，有備無患。敢以此規。』公曰：『子之教，敢不承命！抑微子，寡人無以待戎，不能濟河。夫賞，國之典也，藏在盟府，不可廢也。子其受之！』魏絳於是乎始有金石之樂，禮也。

冬，楚子囊、秦庶長無地伐宋，師于揚梁，以報晉之取鄭也。見服鄭之後，仍不能禦楚也。

十二年夏，晉士魴來聘，且拜師。

公如晉，朝，且拜士魴之辱，禮也。

十三年春，公至自晉，孟獻子書勞于廟，禮也。

荀罃、士魴卒，晉侯蒐于緜上以治兵。使士匄將中軍，辭曰：『伯游長。昔臣習於知伯，是以佐之，非能賢也。請從伯游。』荀偃將中軍〔九〕，士匄佐之。使韓起將上軍，辭以趙武。又使欒黶，辭曰：『臣不如韓起，韓起願上趙武，君其聽之。』使趙武將上軍，韓起佐之；欒黶將下軍，魏絳佐之。新軍無帥，晉侯難其人，使其什吏率其卒乘官屬，以從於下軍，禮也。晉國之民是以大和，諸侯遂睦。

君子曰：『讓，禮之主也。范宣子讓，其下皆讓。欒黶爲汏，弗敢違也。晉國以平，數世賴之，刑善也夫！一人刑善，百姓休和，可不務乎！書曰「一人有慶，兆民賴之，其寧惟永」，其是之謂乎！周之興也，其詩曰：「儀刑文王，萬邦作孚」，言刑善也。及其衰也，其詩曰：「大夫不均，我從事獨賢」，言不讓也。世之治也，君子尚能而讓其下，小人農力以事其上〔一〇〕，是以上下有禮，而讒慝黜遠，由不争也，謂之懿德。及其亂也，君子稱其功以加小人，小人伐其技以馮君子，是以上下無禮，亂虐并生，由争善也，謂之昏德。國家之敝，恆必由之。』論平衍而少精神，疑曲儒之附益之也。

鄭良霄、大宰石㚟猶在楚。石㚟言於子囊曰：『先王卜征五年，而歲習其祥，祥習則行。不習，則增修德而改卜。今楚實不競，行人何罪？止鄭一卿，以除其偪，使睦而疾楚，以固於晉，焉用之？使歸而廢其使，怨其君以疾其大夫，而相牽引也，不猶愈乎？』楚人歸之。

十四年，會于向，爲吳謀楚故也。范宣子數吳之不德也，以退吳人。吳自通晉以來，晉不能得其力，故退之。

執莒公子務婁，以其通楚使也。

將執戎子駒支，范宣子親數諸朝，曰：『來！姜戎氏！昔秦人迫逐乃祖吾離于瓜州，乃祖吾離被苫蓋、蒙荆棘以來歸我先君，我先君惠公有不腆之田，與女剖分而食之。今諸侯之事我寡君，不如昔者，蓋言語漏洩，則職女之由。詰朝之事，爾無與焉。與，將執女。』對曰：『昔秦人負恃其衆，貪于土地，逐我諸戎。惠公蠲其大德，謂我諸戎，是四嶽之裔胄也，毋是翦棄。賜我南鄙之田，狐狸所居，豺狼所嗥。我諸戎除翦其荆棘，驅其狐狸豺狼，以爲先君不侵不叛之臣，至于今不貳。昔文公與秦伐鄭，秦人竊與鄭盟，而舍戍焉，於是乎有殽之師。晉禦其上，戎亢其下，秦師不復，我諸戎實然。譬如捕鹿，晉人角之，諸戎掎之，與晉踣之。戎何以不免？自是以來，晉之百役，與我諸戎相繼于時，以從執政，猶殽志也，豈敢離逷？今官之師旅無乃實有所闕，借戎子口中以見微意。以攜諸侯，而罪我諸戎！我諸戎飲食衣服不與華同，贄幣不通，言語不達，何惡之能爲？不與於會，亦無瞢焉。』賦青繩而退。宣子辭焉，使即事於會，成愷悌也。

於是子叔齊子爲季武子介以會，自是晉人輕魯幣而益敬其使。

師歸自伐秦。晉侯舍新軍，禮也。成國不過半天子之軍。周爲六軍，諸侯之大者三軍可也。

於是知朔生盈而死，盈生六年而武子卒，彘裘亦幼，皆未可立也。新軍無帥，故舍之。雖曰『新軍無帥，故舍之』，自是以往，晉之武功益微矣。

校記

〔一〕原校：『黄生云，當讀廝。』

〔二〕己　原作『巳』，今正。

〔三〕辛甲　原作『辛伯』，今正。

〔四〕原校：石經『介』作『个』，倭庫本同。

〔五〕厎　原作『底』，今正。

〔六〕潁　原作『穎』，今正。

〔七〕潁　原作『穎』，今正。

〔八〕災　原作『荒』，今正。

〔九〕原校：御覽『苟』上有『使』字。

〔一〇〕原注：農，勉也。

左傳微卷弟六

齊靈滅萊 以靈公之『靈』爲主。

襄公二年，齊侯伐萊，萊人使正輿子賂夙沙衛以索馬牛，皆百匹，齊師乃還。君子是以知齊靈公之爲『靈』也。

齊侯使諸姜、宗婦來送葬，召萊子。萊子不會，故晏弱城東陽以偪之。

六年十一月，齊侯滅萊，萊恃謀也。

於鄭子國之來聘也，四月，晏弱城東陽，而遂圍萊。甲寅，堙之環城，傅於堞。及杞桓公卒之月，古人記載年月之法與後世不同，『杞桓公卒之月』、『鑄刑書之歲二月』，乃古人紀年之法也。此等猶可想見古史之舊。乙未，王湫帥師及正輿子、棠人軍齊師，齊師大敗之。丁未，入萊。萊共公浮柔奔棠。正輿子、王湫奔莒，莒人殺之。四月，陳無宇獻萊宗器于襄宫。晏弱圍棠，十一月丙辰而滅之〔一〕。遷萊于郳。高厚、崔杼定其田。

校　記

〔一〕十一月　楊注云，當依經作『十二月』。

王室昏齊　以『無忝乃舊』爲主。

宣公六年夏，定王使子服求后于齊。冬，召桓公逆王后于齊。

襄公十二年，靈王求后于齊，齊侯問對於晏桓子。桓子對曰：『先王之禮辭有之。天子求后於諸侯，諸侯對曰：「夫婦所生若而人，妾婦之子若而人。」無女而有姊妹及姑姊妹，則曰：「先守某公之遺女若而人。」』齊侯許昏。王使陰里結之。

十四年，王使劉定公賜齊侯命，曰：『昔伯舅大公右我先王，股肱周室，師保萬民。世胙大師，以表東海。王室之不壞〔一〕，繄伯舅是賴。今余命女環，茲率舅氏之典，纂乃祖考，無忝乃舊。敬之哉！無廢朕命！』

十五年，官師從單靖公逆王后于齊。卿不行，非禮也。

校記

〔一〕原校：𦨭本『壞』作『懷』，是。

季孫專政

以『武子欺君』爲主。

成公十八年己丑，公薨于路寢，言道也。丁未，葬我君成公，書，順也。

襄公元年冬，衛子叔、晉知武子來聘，禮也。凡諸侯即位，小國朝之，大國聘焉，以繼好、結信、謀事、補闕，禮之大者也。

二年夏，齊姜薨。初，穆姜使擇美檟，以自爲櫬與頌琴，季文子取以葬。君子曰：『非禮也。禮無所逆。婦，養姑者也。虧姑以成婦，逆莫大焉。詩曰：「其惟哲人，告之話言，順德之行。」季孫於是爲不哲矣。且姜氏，君之妣也。詩曰：「爲酒爲醴，烝畀祖妣，以洽百禮，降福孔偕。」』宗堯按，此段與定姒薨一段均借事以刺行父，其意正不止於用檟也。

穆叔聘于宋，通嗣君也。

三年，公如晉，始朝也。夏，盟于長樗。孟獻子相。公稽首。知武子曰：『天子在，而君辱稽首，寡君懼矣。』孟獻子曰：『以敝邑介在東表，密邇仇讎，寡君將君是望，敢不稽首？』

四年，穆叔如晉，報知武子之聘也。晉侯享之，金奏肆夏之三，不拜。工歌文王之三，又不拜。歌鹿鳴之三，三拜。韓獻子使行人子員問之，曰：『子以君命辱於敝邑，先君之禮，藉之以樂，以辱吾子。吾子捨其大，而重拜其細，敢問何禮也？』對曰：『三夏，天子所以享元侯也，使臣弗敢與聞。文王，兩君相見之樂也，臣不敢及。鹿鳴，君所以嘉寡君也，敢不拜嘉？四牡，君所以勞使臣也，敢不重拜？皇皇者華，君教使臣曰：「必咨于周。」臣聞之：「訪問於善爲咨，咨親爲詢，咨禮爲度，咨事爲諏，咨難爲謀。」臣獲五善，敢不重拜？』

秋，定姒薨。不殯于廟，無櫬，不虞。匠慶謂季文子曰：『子爲正卿，而小君之喪不成，不終君也。君長，誰受其咎？』

初，季孫爲己樹六檟於蒲圃東門之外，匠慶請木，季孫曰：『略。』匠慶用蒲圃之檟，季孫不御。君子曰：『志所謂「多行無禮，必自及也」，其是之謂乎！』敘此與前段相配。

五年，季文子卒。大夫入斂，公在位。宰庀家器爲葬備，無衣帛之妾，無食粟之馬，無藏金玉，無重器備。君子是以知季文子之忠於公室也：『相三君矣，而無私積，可不謂忠乎？』文子究爲賢者，此後求如行父者不可得矣，故慨嘆之如是。宗堯按，文子之過多矣，而其忠終不可掩，述此以反射武子之姦。

七年，南遺爲費宰。叔仲昭伯爲隧正，欲善季氏，而求媚於南遺。謂遺：『請城費，吾多與而役。』故季氏城費。

秋，季武子如衛，報子叔之聘，且辭緩報，非貳也。

十一年春，季武子將作三軍。告叔孫穆子曰：『請爲三軍，各征其軍。』穆子曰：『政將及子，子必不能。』武子固請之。穆子曰：『然則盟諸？』乃盟諸僖閎，詛諸五父之衢。

正月，作三軍，三分公室而各有其一。三子各毀其乘。季氏使其乘之人，以其役邑入者無征，不入者倍征。孟氏使半爲臣，若子若弟。叔孫氏使盡爲臣，不然不捨。三家兼并公室始此，故詳記之。宗堯按，此直書季孫之姦惡。

十五年春，宋向戌來聘，且尋盟。見孟獻子，尤其室，曰：『子有令聞而美其室，非所望也。』對曰：『我在晉，吾兄爲之。毀之重勞，且不敢間。』宗堯云：此借以責孟孫不能守正也。三軍之作，季孫實主之，叔孫不能止而與之盟，未聞孟孫之意若何，敘此以貶之也。

二十年冬，季武子如宋，報向戌之聘也。褚師段逆之以受享，賦常棣之七章以卒。宋人重賄之。歸，復命，公享之，賦魚麗之卒章。公賦南山有臺。武子去所，曰：『臣不堪也。』

二十一年，邾庶其以漆、閭丘來奔，季武子以公姑姊妻之，皆有賜於其從者。於是魯多盜。季孫謂臧武仲曰：『子盍詰盜？』武仲曰：『不可詰也。紇又不能。』季孫曰：『我有四封，而詰其盜，何故不可？子爲司寇，將盜是務去，若之何不能？』武仲曰：『子召外盜而大禮焉，何以止吾盜？子爲正卿，而來外盜；使紇去之，將何以能？武子即魯之大盜也，文借庶其發之，猶有恕詞耳。庶其竊邑於邾以來，子以姬氏妻之，而與之邑。其從者皆有賜焉。若大盜禮焉以君之姑姊與其大邑，其次皁牧輿馬，其小者衣裳劍帶，是賞盜也。賞而去之，其或難焉。紇也聞之，在上位者灑濯其心，壹以待人；軌度其信，可明徵也，而後可以治人。此尤冷水澆背之言，直剸季氏之心矣。孔子所謂『苟子之不欲』亦是此意，而此文憤鬱激宕，神氣奮出，尤與莊子胠篋筆勢相近。夫上之所爲，民之歸也，上所不爲，而民或爲之，是以加刑罰焉，而莫敢不懲。若上之所爲，而民亦爲之，乃其所也，又可禁乎？夏書曰，「念茲在茲，釋茲在茲，名言茲在茲，允出茲在茲，惟帝念功」，將謂由己壹也。信由己壹，而後功可念也。』於三分公室之後，取卞之前，特著此段議論，痛斥季氏之姦，所謂一字之誅嚴於斧鉞者也。

庶其非卿也，以地來，雖賤，必書，重地也。

二十九年，公還，及方城。季武子取卞，使公冶問，璽書追而與之，曰：『聞守卞者將叛，臣帥徒以討之，既得之矣。敢告。』公冶致使而退，及舍，而後聞取卞。公曰：『欲之而言叛，祇見疏也〔一〕。』

公謂公冶曰〔二〕：『吾可以入乎？』對曰：『君實有國，誰敢違君？』公與公冶冕服。固辭，强之而後受。公欲無入。榮成伯賦式微乃歸。五月，公至自楚。

公冶致其邑於季氏，而終不入焉。曰：『欺其君，何必使余？』季孫見之，則言季氏如他日；不見，則終不言季氏。及疾，聚其臣，曰：『我死，必無以冕服斂，非德賞也。且無使季氏葬我。』宗堯云：季孫之無君開後世篡竊之端，爲之君者惟有唏噓悲咽耳。此等深惡痛絶之文，讀之令人髮指。

范獻子來聘，拜城杞也。公享之，展莊叔執幣。射者三耦。公臣不足，取於家臣。

家臣，展瑕、展王父爲一耦；公臣，公巫召伯、仲顔莊叔爲一耦〔三〕；鄫鼓父、黨叔爲一耦。記分公室後，公家之微弱。

校記

〔一〕原校：惠棟校改「訩」云即「誣」字。
〔二〕公謂 原作「公問」，今正。
〔三〕原校：廣韻以「仲顔莊叔」連讀。

宋子罕之賢 以「施而不德」爲主。

襄公六年，宋華弱與樂轡少相狎，長相優，又相謗也。子蕩怒，以弓梏華弱于朝。平公見之，曰：「司武而梏於朝，難以勝矣。」遂逐之。夏，宋華弱來奔。司城子罕曰：「同罪異罰，非刑也〔一〕。專戮於朝，罪孰大焉？」亦逐子蕩。子蕩射子罕之門，曰：「幾日而不我從！」子罕善之如初。

九年春，宋災，樂喜爲司城以爲政，使伯氏司里。火所未至，徹小屋，塗大屋，陳畚揭〔二〕；具綆缶，備水器；量輕重，蓄水潦，積土塗；巡丈城，繕守備，表火道。使華臣具正徒，令隧正納郊保，奔火所。使華閲討右官，官庀其司。向戌討左，亦如之。使樂遄庀刑器，亦如之。使皇鄖命校正出馬〔三〕，工正出車，備甲兵，庀武守。使西鉏吾庀府守，令司宫、巷伯儆宫。二師令四鄉正敬享，祝宗用馬于四墉〔四〕，祀盤庚于西門之外。

晉侯問於士弱曰：『吾聞之，宋災於是乎知有天道，何故？』對曰：『古之火正，或食於心，或食於咮，以出内火〔五〕。是故咮爲鶉火，心爲大火。陶唐氏之火正閼伯居商丘，祀大火，而火紀時焉。相土因之，故商主大火。商人閲其禍敗之釁，必始於火，是以日知其有天道也。』公曰：『可必乎？』對曰：『在道。國亂無象，不可知也。』每記占驗，必以不可信終之，此左氏閎識。

十五年，宋人或得玉，獻諸子罕。子罕弗受。獻玉者曰：『以示玉人，玉人以爲寶也，故敢獻之。』子罕曰：『我以不貪爲寶，爾以玉爲寶。若以與我，皆喪寶也，不若人有其寶。』稽首而告曰：『小人懷璧，不可以越鄉，納此以請死也。』子罕寘諸其里，使玉人爲之攻之，富而後使復其所。

十七年春，宋莊朝伐陳，獲司徒卬，卑宋也。宋皇國父爲大宰，爲平公築臺，妨於農收。子罕請俟農功之畢，公弗許。築者謳曰：『澤門之晳〔六〕，實興我役。邑中之黚，實慰我心。』子罕聞之，親執扑，以行築者，而抶其不勉者，曰：『吾儕小人皆有闔廬以辟燥濕寒暑。今君爲一臺，而不速成，何以爲役？』謳者乃止。或問其故。子罕曰：『宋國區區，而有詛有祝，禍之本也。』

二十九年，鄭子展卒，子皮即位。於是鄭饑而未及麥，民病。子皮以子展之命餼國人粟，户一鍾，是以得鄭國之民，故罕氏常掌國政，以爲上卿。宋司城子罕聞之，曰：『鄰於善，民之望也。』宋亦饑，請於平公，出公粟以貸；使大夫皆貸。司城氏貸而不書，爲大夫之無者貸。宋無飢人。叔向聞之，曰：『鄭之罕，宋之樂，其後亡者也，二者其皆得國乎！民之歸也。施而不德，樂氏加焉，其以宋升降乎！』

校記

〔一〕罪 原作『惡』，今正。

〔二〕原校：漢書『掮』作『萶』，石經作『掮』。

〔三〕原校：釋文「鄖」亦作「員」。
〔四〕原校：石經「令」改刻作「命」，正義同；釋文「墉」作「庸」。
〔五〕原校：漢志「内」作「入」。
〔六〕原校：釋文「澤」或作「皋」。

鄭西宫純門之變 以「子孔當罪」爲主，所以啓子産也。

襄公五年夏，鄭子國來聘，通嗣君也。

七年，鄭僖公之爲大子也，於成之十六年與子罕適晉，不禮焉。又與子豐適楚，亦不禮焉。及其元年朝于晉，子豐欲愬諸晉而廢之，子罕止之。及將會于鄬，子駟相，又不禮焉。侍者諫，不聽；又諫，殺之。凡被弑之君，必疏其無道之由。左氏常法，然其意固不注在是也。及鄵，子駟使賊夜弑僖公，而以瘧疾赴于諸侯。簡公生五年，奉而立之。

八年，鄭羣公子以僖公之死也，謀子駟。子駟先之。夏四月庚辰，辟殺子狐、子熙、子侯、子丁。孫擊、孫惡出奔衛。

十年，初，子駟與尉止有争，將禦諸侯之師，而黜其車。尉止獲，又與之争。子駟抑尉止曰：『爾車非禮也。』遂弗使獻。初，子駟爲田洫，司氏、堵氏、侯氏、子師氏皆喪田焉。子駟，弑君之賊，自宜討爾。詳記此等以爲諸人罪案，筆意深曲，所以隱遏，不使露也。故五族聚羣不逞之人因公子之徒以作亂。於是子駟當國，子國爲司馬，子耳爲司空，子孔爲司徒。冬十月戊辰，尉止、司臣、侯晉、堵女父、子師僕帥賊以入，晨攻執政于西宮之朝，殺子駟、子國、子耳，劫鄭伯以如北宮。子孔知之，故不死。書曰『盜』，言無大夫焉。因無大夫而書『盜』，則非爲不義矣。此經師之釋文也。

子西聞盜，不儆而出，尸而追盜。盜入於北宮，乃歸，授甲，臣妾多逃，器用多喪。子産聞盜，爲門者，庀羣司，閉府庫，慎閉藏。完守備，成列而後出，兵車十七乘。尸而攻盜於北宮，子蟜帥國人助之，殺尉止、子師僕，盜衆盡死。侯晉奔晉，堵女父、司臣、尉翩、司齊奔宋。

子孔當國，爲載書，以位序，聽政辟。大夫，諸司、門子弗順〔一〕，將誅之。子産止之，請爲之焚書。子孔不可，曰：『爲書以定國，衆怒而焚之，是衆爲政也，國不亦難乎？』子産曰：『衆怒難犯，專欲難成，合二難以安國，危之道也。不如焚書以安衆，子得所欲，衆亦得安，不亦可乎？專欲無成，犯衆興禍，子必從之！』乃焚書於倉門之外，衆而後定。

十五年，鄭尉氏、司氏之亂，其餘盜在宋。鄭人以子西、伯有、子産之故，納賂于宋，以馬四十乘與師茷、師慧〔二〕。三月，公孫黑爲質焉。司城子罕以堵女父、尉翩、司齊與之，良司臣而逸之，讬諸季武子，武子寘諸卞。司臣等亡，而列國皆爲救護，其賢可知。鄭人醢之三人也。之三人，此三人也。

師慧過宋朝，將私焉。其相曰：『朝也。』慧曰：『無人焉。』相曰：『朝也，何故無人？』慧曰：『必無人焉。若猶有人，豈其以千乘之相易淫樂之矇〔三〕？必無人焉故也。』司臣等所犯，以今國際法言之，則國事犯也。列國應加援助，宋貪賂而不能庇，故假師慧以深誚之。文情之飄逸雋美，真乃千古無對。説者以千乘之相爲子産，則文字神理全失矣。子罕聞之，固請而歸之。

十二月，鄭人奪堵狗之妻，而歸諸范氏。

十八年，鄭子孔欲去諸大夫，將叛晉而起楚師以去之。使告子庚，子庚弗許。楚子聞之，使揚豚尹宜告子庚曰：『國人謂不穀主社稷而不出師，死不從禮。不穀即位，於今五年，師徒不出，人其以不穀爲自逸而忘先君之業矣。大夫圖之，其若之何？』子庚嘆曰：『君王其謂午懷安乎？吾以利社稷也。』見使者，稽首而對曰：『諸侯方睦於晉，臣請嘗之。若可，君而繼之。不可，收師而退，可以無害，君亦無辱。』子庚帥師治兵於汾。於是子蟜、伯有、子張從鄭伯伐齊，子孔、子展、子西守。二子知子孔之謀，完守入保。子孔不敢會楚師。

楚師伐鄭，次於魚陵。右師城上棘，遂涉潁。次于旃然。蔿子馮、公子格率鋭師侵費滑、胥靡、獻于、雍梁，右回梅山，侵鄭東北，至于蟲牢而反。子庚門于純門，信于城下而還，涉於魚齒之下。甚雨及之。楚師多凍，役徒幾盡。

晉人聞有楚師，師曠曰：『不害。吾驟歌北風，又歌南風，南風不競，多死聲。楚必無功。』董叔曰：『天道多在西北。南師不時，必無功。』叔向曰：『在其君之德也。』

十九年，鄭子孔之爲政也專，國人患之，乃討西宫之難與純門之師。子孔當罪，以其甲及子革、子良氏之甲守。甲辰，子展、子西率國人伐之，殺子孔，而分其室。書曰『鄭殺其大夫』，專也。

子然、子孔，宋子之子也；士子孔，圭嬀之子也。圭嬀之班亞宋子，而相親也；二子孔亦相親也〔四〕。僖之四年，子然卒。簡之元年，士子孔卒。司徒孔實相子革、子良之室，三室如一，故及於難。子革、子良出奔楚。子革爲右尹。伏後。鄭人使子展當國，子西聽政，立子産爲卿。

校　記

〔一〕弗　原作「不」，今正。

〔二〕原校：下文「三」宋本作「二」。

〔三〕千　原作「干」，今正。

〔四〕原校：「二」從唐石經校改，宋本同。

楚滅羣舒

記蔿賈、師叔、子强三人之謀，先後相映。

文公十年，厥貉之會，麇子逃歸。

十一年春，楚子伐麇。成大心敗麇師於防渚。潘崇復伐麇，至于錫穴。

十二年，楚令尹大孫伯卒，成嘉爲令尹。羣舒叛楚，夏，子孔執舒子平及宗子，遂圍巢。

十四年，楚莊王立，子孔、潘崇將襲羣舒，使公子燮與子儀守，而伐舒蓼。二子作亂。城郢，而使賊殺子孔，不克而還。八月，二子以楚子出。將如商密，廬戢棃及叔麇誘之，遂殺鬭克及公子燮。

初，鬭克囚于秦，秦有殽之敗，而使歸求成。成而不得志，公子燮求令尹而不得，故二子作亂。

十六年，楚大饑，戎伐其西南，至于阜山，師于大林。又伐其東南，至于陽丘，以侵訾枝。

庸人帥羣蠻以叛楚，麇人率百濮聚於選，將伐楚。於是申息之北門不啓。

楚人謀徙於阪高。蔿賈曰：『不可。我能往，寇亦能往，不如伐庸。夫麇與百濮，謂我饑不能師，故伐我也。若我出師，必懼而歸。百濮離居，將各走其邑，誰暇謀人？』乃出師。旬有五日，百濮乃罷。

自廬以往，振廩同食。次于句澨。使廬戢棃侵庸，及庸方城。庸人逐之，囚子揚窗。三宿而逸，曰：『庸師衆，羣蠻聚焉，不如復大師，且起王卒，合而後進。』師叔曰：

『不可。姑又與之遇以驕之。彼驕我怒，而後可克。先君蚡冒所以服陘隰也。』又與之遇，七遇皆北，唯裨、儵、魚人實逐之。庸人曰：『楚不足與戰矣。』遂不設備。楚子乘馹，會師于臨品，分爲二隊，子越自石溪，子貝自仞以伐庸〔一〕。秦人、巴人從楚師。羣蠻從楚子盟，遂滅庸。

宣公八年，楚爲衆舒叛故，伐舒蓼，滅之。楚子疆之。及滑汭，盟吳越而還。

成公十七年，舒庸人以楚師之敗也，道吳人圍巢，伐駕，圍釐虺，遂恃吳而不設備。楚公子橐師襲舒庸，滅之。

襄公二十四年，吳人爲楚舟師之役故，召舒鳩人。舒鳩人叛楚。楚子師于荒浦，使沈尹壽與師祁犂讓之。舒鳩子敬逆二子，而告無之，且請受盟。二子復命。王欲伐之。薳子曰：『不可。彼告不叛，且請受盟，而又伐之，伐無罪也。姑歸息民，以待其卒。卒而不貳，吾又何求？若猶叛我，無辭，有庸。』乃還。

二十五年，舒鳩人卒叛楚，令尹子木伐之，及離城，吳人救之。子木遽以右師先，子彊、息桓、子捷、子駢、子盂帥左師以退。吳人居其閒七日。子彊曰：『久將墊隘，隘乃禽也，不如速戰。請以其私卒誘之，簡師，陳以待我。我克則進，奔則亦視之，乃可以免。不然，必爲吴禽。』從之。五人以其私卒先擊吴師，吴師奔；登山以望，見楚師不繼，復逐之，傳諸其軍，簡師會之。吴師大敗。遂圍舒鳩，舒鳩潰。八月，楚滅舒鳩。

楚子以滅舒鳩賞子木。辭曰：『先大夫蔿子之功也。』以與蔿掩。

校記

〔一〕原注：倭庫本『子貝』作『子員』。

衛孫寧之亂

以『有君不弔，有臣不敏』二句爲主。

成公七年，衛定公惡孫林父。冬，孫林父出奔晉。衛侯如晉，晉反戚焉。

十四年春，衛侯如晉，晉侯强見孫林父焉。定公不可。夏，衛侯既歸，晉侯使郤犨送孫林父而見之。衛侯欲辭。定姜曰：『不可。是先君宗卿之嗣也，大國又以爲請。不許，將亡。雖惡之，不猶愈於亡乎？君其忍之！安民而宥宗卿〔一〕，不亦可乎？』衛侯見而復之。

衛侯有疾，使孔成子、寧惠子立敬姒之子衎以爲大子。冬十月，衛定公卒。夫人姜氏既哭而息，見大子之不哀也，不内酌飲，嘆曰：『是夫也，將不唯衛國之敗，其必始於未亡人。烏呼！天禍衛國也夫！吾不獲鱄也使主社稷。』神氣直貫全篇。大夫聞之，無不聳懼。孫文子自是不敢舍其重器於衛。盡寘諸戚，而甚善晉大夫。誅其隱也，左氏于大姦慝往往不明斥之，而微文刺譏甚至。

襄公七年，衛孫文子來聘，且拜武子之言，而尋孫桓子之盟。公登亦登。叔孫穆子相，趨進，曰：『諸侯之會，寡君未嘗後衛君。今吾子不後寡君，寡君未知所過。吾子其少安！』孫子無辭，亦無悛容。

穆叔曰：『孫子必亡。爲臣而君，過而不悛，亡之本也。詩曰「退食自公，委蛇委蛇」，謂從者也。衛而委蛇，必折。』

十四年，衛獻公戒孫文子、寧惠子食，皆服而朝，日旰不召，而射鴻於囿。二子從之，不釋皮冠而與之言。二子怒。不釋皮冠而言，小節也。以此而怒，見孫寧之横。孫文子如戚〔一一〕，孫蒯入使。公飲之酒，使大師歌巧言之卒章。大師辭。師曹請爲之。初，公有嬖妾，使師曹誨之琴，師曹鞭之。公怒，鞭師曹三百。故師曹欲歌之，以怒孫子，以報公。公使歌之，遂誦之。宗堯云：衛君臣之過失，皆直書而各不相掩。此段尤沈酣有味。蒯聵，告文子。文子曰：『君忌我矣，弗先必死。』并帑於戚而入，見蘧伯玉，曰：『君之暴虐，子所知也。大懼社稷之傾覆，將若之何？』對曰：『君制其國，臣敢奸之？雖奸之，庸知愈乎？』遂行，從近關出。表蘧伯玉，乃賢哲處亂世之法也。

公使子蟜、子伯、子皮與孫子盟于丘宫，孫子皆殺之。四月己未，子展奔齊，公如鄄。使子行於孫子〔三〕，孫子又殺之。公出奔齊，孫氏追之，敗公徒于阿澤，鄄人執之。

初，尹公佗學射於庚公差，逆接之筆。庚公差學射於公孫丁。二子追公，公孫丁御公。子魚曰：『射爲背師，不射爲戮，射爲禮乎？』射兩軥而還。尹公佗曰：『子爲師，我則遠矣。』君之不知師於何有？每於倫紀蕩亡之世，輒玩弄一切以寄慨，所以寓其孤憤也。乃反之。公孫丁授公轡而射之，貫臂。

子鮮從公。及竟，公使祝宗告亡，且告無罪。定姜曰：『無神，何告？若有，不可誣也。有罪，若何告無？舍大臣而與小臣謀，一罪也。先君有冢卿以爲師保，而蔑之，二罪也。余以巾櫛事先君，而暴妾使余，三罪也。告亡而已，無告無罪。』宗堯按，此從定姜口中直數衛侯之失，至爲沈痛。

公使厚成叔弔于衛〔四〕，曰：『寡君使瘠，聞君不撫社稷，而越在他竟，若之何不弔？以同盟之故，使瘠敢私於執事，曰：「有君不弔，有臣不敏；君不赦宥，臣亦不帥職，增淫發洩，其若之何？」』弔詞極爲懇到痛切。宗堯按，此借魯之弔直誅衛之臣子也。衛人使大叔儀對，曰：『羣臣不佞，得罪於寡君。寡君不以即刑，而悼棄之，以爲君憂。君不忘先君之好，辱弔羣臣，又重恤之。敢拜君命之辱，重拜大貺。』厚孫歸，復命，語臧武仲曰：『衛君其必歸乎！有大叔儀以守，有母弟鱄以出。或撫其内，或營其外，能無歸乎？』此等處借一二閒事能使當時情事瞭如指掌。宗堯按，逆攝後文衛侯所以入國之由，此文章鈎勒處也。

齊人以郲寄衛侯。及其復也，以郲糧歸。右宰穀從而逃歸，衛人將殺之。辭曰：『余不説初矣。余狐裘而羔袖。』乃赦之。

衛人立公孫剽，孫林父、寧殖相之，以聽命於諸侯。

衛侯在郲，臧紇如齊唁衛侯。衛侯與之言，虐。退而告其人曰：『衛侯其不得入矣。其言糞土也。亡而不變，何以復國？』子展、子鮮聞之，見臧紇，與之言，道。臧孫說，謂其人曰：『衛君必入。夫二子者，或輓之，或推之，欲無入，得乎？』於臧孫口中寫衛君臣之短長及成敗之故，瞭然。

師曠侍於晉侯。晉侯曰：『衛人出其君，不亦甚乎？』對曰：『或者其君實甚。良君將賞善而刑淫，養民如子，蓋之如天，容之如地；民奉其君，愛之如父母，仰之如日月，敬之如神明，畏之如雷霆〔五〕，其可出乎？夫君，神之主而民之望也。若困民之主〔六〕，匱神乏祀，百姓絕望，社稷無主，將安用之？弗去何爲？凡列國君臣之釁，文無不罪其君而恕其臣，固是正本窮源之論，亦以其時列卿專横，國君失勢，不得不爲此偏宕之詞，所以洩其悲憤也。然千餘年專制之局，此等堂堂正正之論實足以經緯天地，維繫政教於不衰。天生民而立之君，使司牧之，勿使失性。有君而爲之貳，使師保之，勿使過度。是故天子有公，諸侯有卿，卿置側室，大夫有貳宗，士有朋友，庶人、工、商、皁、隸、牧、圉皆有親暱，以相輔佐也。善則賞之，過則匡之，患則救之，失則革之。自王以下各有父子兄弟以補察其政。史爲書，瞽爲詩，工誦箴諫，大夫規誨，士傳言，庶人謗，商旅于市，百工獻藝。故夏書曰：「遒人以木鐸徇於路，官師相規，工執藝事以諫。」正月孟春，於是乎有之。諫失常也。天之愛民甚矣，豈其使一人肆於民上，以從其淫，而棄天地之性？必不然矣。』左氏論治至精，極合於共和原理。數千年來，自孟子外，他人莫能見及，莫敢昌言者也。宗堯云：春秋弑奪之禍最慘最劇，推原其故，不得謂非握君權者之所自開。載師曠之言，不專論衛，此作者已亂之心之申告當世者。

晉侯問衛故於中行獻子。對曰：『不如因而定之。衛有君矣，伐之，未可以得志，而勤諸侯。史佚有言曰：「因重而撫之。」仲虺有言曰：「亡者侮之，亂者取之。推亡、固存，國之道也。」君其定衛以待時乎！』

冬，會于戚，謀定衛也。

十七年，衛孫蒯田于曹隧，飲馬于重丘，毀其瓶。重丘人閉門而詢之，曰：『親逐而君，爾父爲厲。是之不憂，而何以田爲？』宗堯云：述此，欲使樂其禄位而制其君者，心冷而汗下也。

夏，衛石買、孫蒯伐曹，取重丘。曹人愬于晉。

十八年夏，晉人執衛行人石買于長子，執孫蒯于純留〔七〕，爲曹故也。

十九年，衛石共子卒，悼子不哀。孔成子曰：『是謂蹷其本，必不有其宗。』

二十年，衛寧惠子疾，召悼子曰：『吾得罪於君，悔而無及也。名藏在諸侯之策，曰「孫林父、寧殖出其君」。君入，則掩之。若能掩之，則吾子也。若不能，猶有鬼神，吾有餒而已，不來食矣。』宗堯云：誅孫子用重丘人之言，誅寧則以出諸寧口者著之，此論定殖之罪耳，與喜之視君如弈亦不相掩。悼子許諾，惠子遂卒。

二十五年，晉侯使魏舒、宛没逆衛侯，將使衛與之夷儀。崔子止其帑，以求五鹿。衛獻公入于夷儀。

衛獻公自夷儀使與寧喜言。寧喜許之。大叔文子聞之，曰：『烏乎！詩所謂「我躬不説，遑恤我後」者，寧子可謂不恤其後矣。將可乎哉？殆必不可。君子之行，思其終也，思其復也。書曰：「愼始而敬終，終以不困。」詩曰：「夙夜匪懈，以事一人。」今寧子視君不如弈棋，其何以免乎？弈者舉棋不定，不勝其耦；而況置君而弗定乎？必不免矣。九世之卿族，一舉而滅之，可哀也哉！』憂時閔亂之情横佚四出，文情哀厲激越，最有驚心動魄之觀。宗堯按，是篇純寫衛君臣之過惡，其過惡各如其分，毫不相掩，而以公子鱄、太叔文子、蘧伯玉爲陪客。

二十六年，衛獻公使子鮮爲復，辭。敬姒强命之。對曰：『君無信，臣懼不免。』敬姒曰：『雖然，以吾故也。』許諾。初，獻公使與寧喜言，寧喜曰：『必子鮮在。不然，必敗。』故公使子鮮。子鮮不獲命於敬姒，以公命與寧喜言，曰：『苟反〔八〕，政由寧氏，祭則寡人。』寧喜告蘧伯玉。伯玉曰：『瑗不得聞君之出，敢聞其入？』遂行，從近關出。告右宰穀。右宰穀曰：『不可。獲罪於兩君，天下誰畜之？』悼子曰：『吾受命於先人，不可以貳。』穀曰：『我請使焉而觀之。』遂見公於夷儀。反，曰：『君淹恤在外十二年矣，而無憂色，亦無寬言，猶夫人也。獻公之惡，無一字實迹，但於諸人口中見之，此文之所以妙也。若不已，死無日矣。』悼子曰：『子鮮在。』右宰穀曰：『子鮮在，何益？多而能亡，於我何爲？』逆爲後事取影。悼子曰：『雖然，弗可以已。』

孫文子在戚，孫嘉聘於齊，孫襄居守。二月庚寅，寧喜、右宰穀伐孫氏，不克，伯國傷。寧子出舍於郊。故作頓挫。伯國死，孫氏夜哭。國人召寧子，寧子復攻孫氏，克之。辛卯，殺子叔及大子角。書曰『寧喜殺其君剽』，言罪之在寧氏也。孫林父以戚如晉。書曰『入于戚以叛』，罪孫氏也。臣之祿，君實有之。義則進，否則奉身而退。專祿以周旋，戮也。

甲午，衛侯入。書曰『復歸』，國納之也。大夫逆於竟者，執其手而與之言；道逆者，自車揖之；逆於門者，頷之而已〔九〕。極形其變節之速，然亦何至於此，此文字詼詭之趣也。公至，使讓大叔文子曰：『寡人淹恤在外，二三子皆使寡人朝夕聞衛國之言，吾子獨不在寡人。古人有言曰：「非所怨，勿怨。」寡人怨矣。』對曰：『臣知罪矣。臣不佞，不能負羈紲以從扞牧圉，臣之罪一也。有出者，有居者，臣不能貳，通外内之言以事君，臣之罪二也。有二罪，敢忘其死？』乃行，從近關出。公使止之。

衛人侵戚東鄙，孫氏愬于晉，晉戍茅氏。殖綽伐茅氏，殺晉戍三百人。孫蒯追之，弗敢擊。文子曰：『厲之不如。』記此以與前文『而父爲厲』相映耳。遂從衛師，敗之圉。雍鉏獲殖綽。復愬于晉。

晉人爲孫氏故，召諸侯，將以討衛也。夏，中行穆子來聘，召公也。

六月，公會晉趙武、宋向戌、鄭良霄、曹人于澶淵，以討衛，疆戚田。取衛西鄙懿氏六十以與孫氏。趙武不書，尊公也。向戌不書，後也。鄭先宋，不失所也。

於是衛侯會之。晉人執寧喜、北宫遺，使女齊以先歸。衛侯如晉，晉人執而囚之於士弱氏。

秋七月，齊侯、鄭伯爲衛侯故如晉，晉侯兼享之。晉侯賦嘉樂。國景子相齊侯，賦蓼蕭。子展相鄭伯，賦緇衣。叔向命晉侯拜二君，曰：『寡君敢拜齊君之安我先君之宗祧也，敢拜鄭君之不貳也。』國子使晏平仲私於叔向，曰：『晉君宣其明德於諸侯，恤其患而補其闕，正其違而治其煩，所以爲盟主也。今爲臣執君，若之何？』文中眼目。叔向告趙文子，文子以告晉侯。晉侯言衛侯之罪，使叔向告二君。國子賦轡之柔矣，子展賦將仲子兮，晉侯乃許歸衛侯。叔向曰：『鄭七穆，罕氏其後亡者也，子展儉而壹。』

鄭伯歸自晉，使子西如晉聘，辭曰：『寡君來煩執事，懼不免於戾，使夏謝不敏。』君子曰：『善事大國。』

衛人歸衛姬于晉，乃釋衛侯。君子是以知平公之失政也。

二十七年，衛寧喜專，公患之，提筆爽。公孫免餘請殺之。公曰：『微寧子，不及此。吾與之言矣。事未可知，衹成惡名，止也。』對曰：『臣殺之，君勿與知。』乃與公孫無地、公孫臣謀，使攻寧氏，弗克，皆死。公曰：『臣也無罪，父子死余矣！』夏，免餘復攻寧氏，殺寧喜及右宰穀，尸諸朝。石惡將會宋之盟，受命而出，衣其尸，枕之股而哭之。欲斂以亡，懼不免，且曰：『受命矣。』乃行。

子鮮曰：『逐我者出，納我者死。賞罰無章，何以沮勸？借子鮮語以爲論斷。君失其信，而國無刑，不亦難乎？且鱄實使之。』遂出奔晉。公使止之，不可。及河，又使止之，止使者而盟於河。託於木門，不鄉衛國而坐。木門大夫勸之仕，不可，曰：『仕而廢其事，罪也；從之，昭吾所以出也。將誰愬乎？吾不可以立於人之朝矣。』終身不仕。公喪之如稅服終身。

公與免餘邑六十，辭曰：『唯卿備百邑，臣六十矣，下有上祿，亂也。臣弗敢聞。且寧子唯多邑，故死，臣懼死之速及也。』公固與之，受其半。以爲少師。公使爲卿，辭曰：『大叔儀不貳，能贊大事，君其命之。』乃使文子爲卿。

二十八年，衛人討寧氏之黨，故石惡出奔晉。衛人立其從子圃，以守石氏之祀，禮也。

昭公七年秋八月，衛襄公卒。晉大夫言於范獻子曰：『衛事晉爲睦，晉不禮焉，庇其賊人而取其地，故諸侯貳。詩曰：「鵰鴒在原，兄弟急難。」又曰：「死喪之威，兄弟孔懷。」兄弟之不睦，于是乎不弔；況遠人，誰敢歸之？今又不禮於衛之嗣，衛必叛我，是絶諸侯也。』獻子以告韓宣子。宣子説，使獻子如衛弔，且反戚田。

衛齊惡告喪于周，且請命。王使成簡公如衛弔，且追命襄公曰：『叔父陟恪，在我先王之左右，以佐事上帝，余敢忘高圉、亞圉？』紀亂事是非得失，昭然若發諸蒙，無若此文之軒爽者。

校記

〔一〕原校：服本『安民』作『安定國民』。

〔二〕原校：史記『戚』作『宿』。

〔三〕原校：足利本校云，一本『於』上有『請』字。

〔四〕原校：釋文『厚』或作『郈』。

〔五〕原校：『雷霆』釋文作『雷電』。

〔六〕民之主　當作『民之生』。

〔七〕原注：釋文『純』作『屯』。

〔八〕原校：文選注引『苟反』下有『國』字。

〔九〕原校：說文『頷』作『頜』。

魯與邾莒之怨

附邾事。以『國無小，不可易』爲主。

僖公二十一年，任、宿、須句、顓臾，風姓也，實司大皞與有濟之祀，以服事諸夏。邾人滅須句。須句子來奔，因成風也。成風爲之言於公曰：『崇明祀，保小寡，周禮也。蠻夷猾夏，周禍也。若封須句，是崇皡濟而修祀、紓禍也。』

二十二年春，伐邾，取須句，反其君焉，禮也。

邾人以須句故出師。公卑邾，不設備而禦之。臧文仲曰：『國無小，不可易也。無備，雖衆，不可恃也。詩曰：「戰戰兢兢，如臨深淵，如履薄冰。」又曰：「敬之敬之！天惟顯思，命不易哉！」先王之明德，猶無不難也，無不懼也，況我小國乎？君其無謂邾小，蠭蠆有毒，而況國乎？』弗聽。

八月丁未，公及邾師戰于升陘，我師敗績。邾人獲公冑，縣諸魚門。

三十三年，公伐邾，取訾婁，以報升陘之役。邾人不設備。秋，襄仲復伐邾。

文公七年春，公伐邾，間晉難也。三月甲戌，取須句，寘文公子焉，非禮也。

十三年，邾文公卜遷于繹。史曰：『利於民而不利於君。』邾子曰：『苟利於民，孤之利也。天生民而樹之君，以利之也。民既利矣，孤必與焉。』左右曰：『命可長也，君何弗爲？』邾子曰：『命在養民。死之短長，時也。民苟利矣，遷也，吉莫如之！』遂遷于繹。

五月，邾文公卒。君子曰：『知命。』左氏喜談神怪，然止借以蕩寫胸臆瑰奇之趣耳，其本意則決不惑妖祥也。觀此等可悟。

十四年，邾文公之卒也，公使弔焉，不敬。邾人來討，伐我南鄙，故惠伯伐邾。

宣公十年，師伐邾，取繹。冬，子家如齊，伐邾故也。

十八年秋，邾人戕鄫子于鄫。凡自内虐其君曰弑〔一〕，自外曰戕。

成公八年，聲伯如莒，逆也。

十八年八月，邾宣公來朝，即位而來見也。

襄公元年九月，邾子來朝，禮也。

四年冬，公如晉聽政。晉侯享公，公請屬鄫。晉侯不許。孟獻子曰：『以寡君之密邇於仇讎，而願固事君，無失官命。鄫無賦於司馬，爲執事朝夕之命敝邑，敝邑褊小，闕而爲罪，寡君是以願借助焉。』晉侯許之。

冬十月，邾人、莒人伐鄫，臧紇救鄫，侵邾，敗于狐駘。國人逆喪者皆髽，魯於是乎始髽。國人誦之曰：『臧之狐裘，敗我於狐駘。我君小子，朱儒是使。朱儒朱儒，使我敗于邾。』

五年春，公至自晉。

穆叔覿鄫大子于晉，以成屬鄫。書曰：『叔孫豹、鄫大子巫如晉』，言比諸魯大夫也。
穆叔以屬鄫爲不利，使鄫大夫聽命于會。
六年，莒人滅鄫，鄫恃賂也。
冬，穆叔如邾，聘，且修平。
晉人以鄫故來討，曰：『何故亡鄫？』季武子如晉見，且聽命。
八年，莒人伐我東鄙，以疆鄫田。十年，莒人間諸侯之有事也，故伐我東鄙。十二年春，莒人伐我東鄙，圍台。季武子救台，遂入鄆，取其鐘以爲公盤。
十五年秋，邾人伐我南鄙，使告于晉。晉將爲會以討邾莒，晉侯有疾，乃止。冬，晉悼公卒，遂不克會。鄭公孫夏如晉奔喪，子蟜送葬。
十六年春，葬晉悼公。平公即位，羊舌肸爲傅，張君臣爲中軍司馬，祁奚、韓襄、欒盈、士鞅爲公族大夫，虞丘書爲乘馬御。改服、修官，烝于曲沃。警守而下，會于溴梁。命歸侵田。以我故，執邾宣公、莒犁比公，且曰『通齊楚之使』。
十七年冬，邾人伐我南鄙，爲齊故也。
十九年春，諸侯還自沂上，盟于督揚，曰：『大毋侵小。』

執邾悼公，以其伐我故。遂次于泗上，疆我田。取邾田，自漷水歸之于我。

二十年春，及莒平。孟莊子會莒人盟于向，督揚之盟故也。

邾人驟至，以諸侯之事弗能報也。秋，孟莊子伐邾以報之。

二十一年春，公如晉，拜師及取邾田也。

二十八年，邾悼公來朝，時事也。

昭公四年九月，取鄫，言易也。莒亂，著丘公立而不撫鄫，鄫叛而來，故曰取。凡克邑，不用師徒曰取。

五年夏，莒牟夷以牟婁及防茲來奔。牟夷非卿而書，尊地也。

莒人愬于晉，晉侯欲止公。范獻子曰：『不可。人朝而執之，誘也；討不以師，而誘以成之，惰也。爲盟主而犯此二者，無乃不可乎？請歸之，間而以師討焉。』乃歸公。

秋七月，公至自晉。

莒人來討，不設備。戊辰，叔弓敗諸蚡泉，莒未陳也。

六年夏，季孫宿如晉，拜莒田也。晉侯享之，有加籩。武子退，使行人告曰：『小國之事大國也，苟免於討，不敢求貺。得貺不過三獻。今豆有加，下臣弗堪，無乃戾也？』韓宣子曰：『寡君以爲驩也。』對曰：『寡君猶未敢，況下臣，君之隸也，敢聞加貺？』固請徹加，而後卒事。晉人以爲知禮，重其好貨。此記季孫之諂事晉，唯其諂晉，所以能專橫於魯也。

十一年，孟僖子會邾莊公，盟于祲祥，修好，禮也。泉丘人有女，夢以其帷幕孟氏之廟，遂奔僖子，其僚從之。盟于清丘之社，曰：『有子，無相棄也！』僖子使助薳氏之簉。反自祲祥，宿于薳氏，生懿子及南宮敬叔於泉丘人。其僚無子，使字敬叔。

十八年六月，鄅人藉稻，邾人襲鄅。鄅人將閉門，邾人羊羅攝其首焉，遂入之，盡俘以歸。鄅子曰：『余無歸矣。』從帑於邾，邾莊公反鄅夫人，而舍其女。

十九年，鄅夫人，宋向戌之女也，故向寧請師。二月，宋公伐邾，圍蟲。三月，取之。乃盡歸鄅俘。

邾人、郳人、徐人會宋公。乙亥，同盟于蟲。

二十一年夏，晉士鞅來聘，叔孫爲政。季孫欲惡諸晉，使有司以齊鮑國歸費之禮爲士鞅。士鞅怒，曰：『鮑國之位下，其國小，而使鞅從其牢禮，是卑敝邑也，將復諸寡君。』魯人恐，加四牢焉，爲十一牢。

二十三年，邾人城翼，還，將自離姑。公孫鉏曰：『魯將御我。』欲自武城還，循山而南。徐鉏、丘弱、茅地曰：『道下，遇雨，將不出，是不歸也。』遂自離姑。武城人塞其前，斷其後之木而弗殊，邾師過之，乃推而蹷之，遂取邾師，獲鉏、弱、地。

邾人愬于晉，晉人來討。叔孫婼如晉，晉人執之。書曰『晉人執我行人叔孫婼』，言使人也。晉人使與邾大夫坐，叔孫曰：『列國之卿，當小國之君，固周制也。邾又夷也。寡君之命介子服回在，請使當之，不敢廢周制故也。』乃不果坐。此下寫叔孫在囚，殊磊落。

韓宣子使邾人聚其衆，將以叔孫與之。叔孫聞之，去衆與兵而朝。士彌牟謂韓宣子曰：『子弗良圖，而以叔孫與其讎，叔孫必死之。魯亡叔孫，必亡邾。邾君亡國，將焉歸？子雖悔之，何及？所謂盟主，討違命也。若皆相執，焉用盟主？』乃弗與。使各居一館。士伯聽其辭而愬諸宣子，乃皆執之。士伯御叔孫，從者四人，過邾館以如吏。先歸邾子。士伯曰：『以芻蕘之難，從者之病，將館子於都。』叔孫旦而立，期焉。乃館諸箕。舍子服昭伯於他邑。

范獻子求貨於叔孫，使請冠焉。取其冠法。而與之兩冠，曰：『盡矣。』爲叔孫故，申豐以貨如晉。叔孫曰：『見我，吾告女所行貨。』見，而不出。吏人之與叔孫居於箕者，請其吠狗，弗與。及將歸，殺而與之食之。叔孫所館者，雖一日，必葺其牆屋，去之如始至。

公爲叔孫故如晉，及河，有疾而復。

二十四年，晉士彌牟逆叔孫于箕。叔孫使梁其踁待于門內，曰：『余左顧而欬，乃殺之。右顧而笑，乃止。』此舉尤英偉。叔孫見士伯。士伯曰：『寡君以爲盟主之故，是以久子。不腆敝邑之禮，將致諸從者，使彌牟逆吾子。』叔孫受禮而歸。二月，『婼至自晉』，尊晉也。

三十一年冬，邾黑肱以濫來奔。賤而書名，重地故也。

君子曰：『名之不可不慎也如是：夫有所有名而不如其已。以地叛，雖賤，必書地以名；『書地以名』，書地與名也。以，與也。舊讀『以名其人』爲句，非是。其人終爲不義，弗可滅已。是故君子動則思禮，行則思義；不爲利回，不爲義疚。或求名而不得，或欲蓋而名章，懲不義也。齊豹爲衛司寇，守嗣大夫，作而不義，其書爲「盜」。邾庶其、莒牟夷、邾黑肱以土地出，求食而已，不求其名。賤而必書。此二物者，所以懲肆而去貪也。若艱難其身，以險危大人，而有名章徹，攻難之士將奔走之。若竊邑叛君以徼大利而無名，貪冒之民將寘力焉。是以春秋書齊豹曰「盜」。三叛人名，以懲不義，數惡無禮〔二〕，其善志也。故曰，春秋之稱微而顯，婉而辨。上之人能使昭明，善人勸焉，淫人懼焉，是以君子貴之。』此節蓋漢初經師説經之文，然亦軒俊可喜。

校記

〔一〕原無『内』字，今據校勘記補。

〔二〕原校：倭庫本『惡』下有『逆』字。

楚五令尹代政 以『楚能官人』爲主。

襄公十四年，楚子囊還自伐吳，卒。將死，遺言謂子庚：『必城郢！』君子謂：『子囊忠。君薨，不忘增其名；將死，不忘衛社稷。可不謂忠乎？忠，民之望也。詩曰，「行歸于周，萬民所望」，忠也。』

十五年，楚公子午爲令尹，公子罷戎爲右尹，蔿子馮爲大司馬，公子槖師爲右司馬，公子成爲左司馬，屈到爲莫敖，公子追舒爲箴尹，屈蕩爲連尹，養由基爲宫廄尹，以靖國人。君子謂：『楚於是乎能官人。官人，國之急也。能官人，則民無覦心。宗堯云：中原世官，其勢位皆係預定，國君不能奪之，故霸業卒衰。三家分晉；田氏滅齊；魯、衛、宋之不分，由國小而不足分立也，然亦禍亂相尋矣。此篇正楚與中原對照處。詩云，「嗟我懷人，置彼周行」，能官人也。王及公、侯、伯、子、男、甸、采、衛、大夫，各居其列，所謂周行也。』

二十一年夏，楚子庚卒。楚子使薳子馮爲令尹，訪於申叔豫。叔豫曰：『國多寵而王弱，國不可爲也〔一〕。』遂以疾辭。方暑，闕地，下冰而牀焉。重繭，衣裘，鮮食而寢。楚子使醫視之。復曰：『瘠則甚矣，而血氣未動。』乃使子南爲令尹。

二十二年，楚觀起有寵於令尹子南，未益禄而有馬數十乘。楚人患之，王將討焉。子南之子棄疾爲王御士，王每見之，必泣。棄疾曰：『君三泣臣矣，敢問誰之罪也？』王曰：『令尹之不能，爾所知也。國將討焉，爾其居乎？』對曰：『父戮子居，君焉用之？洩命重刑，臣亦不爲。』王遂殺子南於朝，轘觀起於四竟。子南之臣謂棄疾：『請徙子尸於朝。』曰：『君臣有禮，唯二三子。』三日，棄疾請尸。

王許之。既葬，其徒曰：『行乎？』曰：『吾與殺吾父，行將焉入？』曰：『然則臣王乎？』曰：『棄父事讎，吾弗忍也。』遂縊而死。

復使薳子馮爲令尹，公子齮爲司馬，屈建爲莫敖。有寵於薳子者八人，皆無禄而多馬。他日朝，與申叔豫言，弗應而退。從之，入於人中。又從之，遂歸。退朝，見之，曰：『子三困我於朝，吾懼，不敢不見。吾過，子姑告我，何疾我也？』對曰：『吾不免是懼，何敢告子？』曰：『何故？』對曰：『昔觀起有寵於子南，子南得罪，觀起車裂，何故不懼？』自御而歸，不能當道。至，謂八人者曰：『吾見申叔，夫子所謂生死而肉骨也。知我者如夫子則可；不然，請止。』辭八人者，而後王安之。敘事尤警聳動人。宗堯按，此寫楚待重臣之有法紀也。

二十五年，楚薳子馮卒，屈建爲令尹，屈蕩爲莫敖。楚蔿掩爲司馬，子木使庀賦，數甲兵。甲午，蔿掩書土、田：度山林，鳩藪澤，辨京陵，表淳鹵，數疆潦，規偃豬，町原防，牧隰皋，井衍沃，量入修賦，賦車籍馬，賦車兵、徒兵〔二〕、甲楯之數。既成，以授子木，禮也。宗堯按，此寫楚臣之能政事。

二十六年，初，楚伍參與蔡大師子朝友，其子伍舉與聲子相善也。伍舉娶於王子牟。

王子牟爲申公而亡，楚人曰：『伍舉實送之〔三〕。』伍舉奔鄭，將遂奔晉〔四〕。聲子將如晉，遇之於鄭郊，班荆相與食，而言復故。聲子曰：『子行也，吾必復子。』及宋向戌將平晉楚，聲子通使於晉，還如楚。令尹子木與之語，問晉故焉，且曰：『晉大夫與楚孰賢？』對曰：『晉卿不如楚，其大夫則賢，皆卿材也。如杞梓、皮革，自楚往也。雖楚有材，晉實用之。』子木曰：『夫獨無族姻乎？』對曰：『雖有，而用楚材實多。歸生聞之：善爲國者，賞不僭而刑不濫。賞僭，則懼及淫人；刑濫，則懼及善人。若不幸而過，寧僭，無濫。與其失善，寧其利淫。無善人，則國從之。詩曰「人之云亡，邦國殄瘁」，無善人之謂也。故夏書曰「與其殺不辜，寧失不經」，懼失善也。商頌有之曰「不僭不濫，不敢怠皇。命于下國，封建厥福」，此湯所以獲天福也。古之治民者〔五〕以下局勢極開拓。勸賞而畏刑，恤民不倦。賞以春夏，刑以秋冬。是以將賞，爲之加膳，加膳則飫賜，此以知其勸賞也。將刑，爲之不舉，不舉則徹樂，此以知其畏刑也。夙興夜寐，朝夕臨政，此以知其恤民也。三者，禮之大節也。有禮無敗。今楚多淫刑，其大夫逃死於四方，而爲之謀主，以害楚國，不可救療，所謂不能也。子儀之亂，自此以下，氣極酣恣馳驟，詞亦俊偉可喜，春秋之奇文也。疑有藍本，左氏愛而録之。析公奔晉，晉人寘諸戎車之殿，以爲謀主。繞角之役，晉將遁矣，析公曰：「楚師輕窕，易震蕩也。若多鼓鈞聲，以夜軍之，楚師必遁。」晉人從之，楚師宵潰。晉遂侵蔡，襲沈，獲其君，敗申息之師於桑隧，獲申麗而還。鄭於是不敢南面。楚失華夏，則析公之爲也。雍子之父兄譖雍子，君與大夫不善是也，雍子奔晉，晉人與之鄐，以爲謀主。彭城之役，晉楚遇於靡角之谷。晉將遁矣，雍子發命於軍曰：「歸老幼，反孤疾，二人役，歸一人。簡兵蒐乘，秣馬蓐食，師陳焚次，明日將戰。」行歸者而逸楚囚。楚師宵潰，晉降彭城而歸諸宋，以魚石歸。楚失東夷，子辛死之，則雍子之爲也。子反與子靈爭夏姬，而雍害其事，子靈奔晉，晉人與之邢，以爲謀主，扞禦北狄，通吳於晉，教吳叛楚，教之乘車、射御、驅侵，使其子狐庸爲吳行人焉。吳於是伐巢、取駕、克棘、入州來，楚罷於奔命，至今爲患，則子靈之爲也。若敖之亂，伯賁之子賁皇奔晉，晉人與之苗，以爲謀主。鄢陵之役，楚晨壓晉軍而陳。晉將遁矣，苗賁皇曰：「楚師之良在其中軍王族而已，若塞井夷竈，成陳以當之，欒范易行以誘之，中行、二郤必克二穆，吾乃四萃於其王族，必大敗之。」晉人從之，楚師大敗，王夷師熸，子反死之。鄭叛、吳興，楚失諸侯，則苗賁皇之爲也。』子木曰：『是皆然矣。』聲子曰：『今又有甚於此。上文如潮奔海溢，忽以一語斗然勒轉，筆力千鈞，文勢奇絶。椒舉娶於申公子牟，子牟得戾而亡〔六〕，君、大夫謂椒舉：「女實遣之。」懼而奔鄭，引領南望，曰：「庶幾赦余。」亦弗圖也。今在晉矣。四字何等生動。晉人將與之縣，以比叔向。彼若謀害楚國，豈不爲患？』子木懼，言諸王，益其禄爵而復之。聲子使椒鳴逆之。宗堯云：此寫楚知惜才也。

校記

〔一〕楊樹達謂『國』字衍。

〔二〕徒兵　原作『徒卒』，今正。

〔三〕原校：『送』臧琳改『遣』；案國語亦作『送』。

〔四〕將遂　原作『遂將』，今正。

〔五〕原校：『者』宋本作『也』。

〔六〕原校：倭庫本無兩『子』字。

齊靈叛晉　以『師速而疾，略也』爲主。

襄公十四年，范宣子假羽毛於齊而弗歸，齊人始貳。十五年夏，齊侯圍成，貳於晉故也。於是乎城成郛。

十六年，晉侯與諸侯宴于温，使諸大夫舞，曰：『歌詩必類。』齊高厚之詩不類。荀偃怒，且曰：『諸侯有異志矣。』使諸大夫盟高厚，高厚逃歸。於是叔孫豹、晉荀偃、宋向戌、衛寧殖、鄭公孫蠆、小邾之大夫盟，曰：『同討不庭。』

秋，齊侯圍成，孟孺子速徼之。齊侯曰：『是好勇，去之以爲之名。』速遂塞海陘而還。

冬，穆叔如晉聘，且言齊故。晉人曰：『以寡君之未禘祀，與民之未息，不然，不敢忘。』穆叔曰：『以齊人之朝夕釋憾於敝邑之地，是以大請。敝邑之急，朝不及夕，引領西望曰：「庶幾乎！」比執事之閒，恐無及也。』見中行獻子，賦圻父，獻子曰：『偃知罪矣，敢不從執事以同恤社稷，而使魯及此！』見范宣子，賦鴻雁之卒章。宣子曰：『匄在此，敢使魯無鳩乎？』外若褒美，實刺其弱也。

十七年，齊人以其未得志于我故，秋，齊侯伐我北鄙，圍桃。高厚圍臧紇于防。師自陽關逆臧孫，至于旅松。郰叔紇、臧疇、臧賈帥甲三百，宵犯齊師，送之而復。齊師去之。

齊人獲臧堅，齊侯使夙沙衛唁之，且曰：『無死。』堅稽首曰：『拜命之辱。抑君賜不終，姑又使其刑臣禮於士。』以杙抉其傷而死〔一〕。

十八年秋，齊侯伐我北鄙。中行獻子將伐齊，夢與厲公訟，弗勝。公以戈擊之，首隊於前，跪而戴之，奉之以走，見梗陽之巫皋。他日，見諸道，與之言，同。巫曰：『今兹主必死。若有事於東方，則可以逞。』書偃構郤氏之獄，固弒厲公，厲公有靈，必不赦之矣。記此藉以誅姦，與史記武安侯田蚡同意。宗堯按，以誅戮大臣之名歸厲公，因而弒之，厲公狂愚，書偃狡獪。此段誅偃之弒君也。獻子許諾。

晉侯伐齊，將濟河，獻子以朱絲係玉二瑴而禱曰：『齊環怙恃其險，負其衆庶，棄好背盟，陵虐神主。曾臣彪將率諸侯以討焉，其官臣偃實先後之。苟捷有功，無作神羞，官臣偃無敢復濟。唯爾有神裁之。』沈玉而濟。

冬十月，會于魯濟，尋湨梁之言，同伐齊。齊侯禦諸平陰，塹防門而守之，廣里。夙沙衛曰：『不能戰，莫如守險。』弗聽。諸侯之士門焉，齊人多死。范宣子告析文子，曰：『吾知子，敢匿情乎？魯人、莒人皆請以車千乘自其鄉入，既許之矣。若入，君必失國。子盍圖之？』子家以告公。公恐。晏嬰聞之，曰：『君固無勇，而又聞是，弗能久矣。』

齊侯登巫山以望晉師。晉人使司馬斥山澤之險，雖所不至，必旆而疏陳之。使乘車者左實右僞，以旆先，輿曳柴而從之。齊侯見之，畏其衆也。乃脱歸。丙寅晦，齊師夜遁。師曠告晉侯曰：『烏烏之聲樂，齊師其遁。』邢伯告中行伯曰：『有班馬之聲，齊師其遁。』叔向告晉侯曰：『城上有烏，齊師其遁。』文情敏妙之至。

宗堯按：迭爲齊遁，繪聲繪影，内怯齊而喜其遁也。

十一月丁卯朔，入平陰，遂從齊師。夙沙衛連大車以塞隧而殿。殖綽、郭最曰：『子殿國師，齊之辱也。子姑先乎！』乃代之殿。衛殺馬於隘以塞道。晉州綽及之，射殖綽，中肩，兩矢夾脰曰：『止，將爲三軍獲；不止，將取其衷。』顧曰：『爲私誓。』州綽曰：『有如日！』乃弛弓而自後縛之。其右具丙亦舍兵而縛郭最，皆衿甲而縛，坐于中軍之鼓下。

晉人欲逐歸者，魯衛請攻險。己卯，荀偃、士匄以中軍克京兹。乙酉，魏絳、欒盈以下軍克邿。趙武、韓起以上軍圍盧，弗克。十二月戊戌，及秦周，伐雍門之萩。范鞅門于雍門，其御追喜以戈殺犬于門中；孟莊子斬其櫄以爲公琴。己亥，焚雍門及西郭、南郭。劉難、士弱率諸侯之師焚申池之竹木。壬寅，焚東郭、北郭，范鞅門于揚門。州綽門于東閭，左驂迫，還于門中〔二〕，以枚數闔。

齊侯駕，將走郵棠。大子與郭榮扣馬，曰：『師速而疾，略也。將退矣，一路專寫晉師將退輕略之狀，此處點睛。君何懼焉？且社稷之主不可以輕，輕則失衆。君必待之！』將犯之。大子抽劍斷鞅，乃止。甲辰，東侵及濰，南及沂。

十九年，晉侯先歸。公享晉六卿于蒲圃，賜之三命之服；軍尉、司馬、司空、輿尉、候奄皆受一命之服；賄荀偃束錦、加璧、乘馬，先吴壽夢之鼎。

荀偃癉疽，生瘍於頭。濟河，及著雍，病，目出。映前與厲公訟之夢。大夫先歸者皆反。士匄請見，弗内。請後，曰：『鄭甥可。』二月甲寅，卒，而視，不可含。宣子盥而撫之，曰：『事吴敢不如事主？』猶視。欒懷子曰：『其爲未卒事於齊故也乎〔三〕？』乃復撫之曰：『主苟終，所不嗣事于齊者，有如河！』乃瞑，受含。宣子出，曰：『吾淺之爲丈夫也。』

晉欒魴帥師從衛孫文子伐齊。

季武子如晉拜師，晉侯享之。范宣子爲政，賦黍苗。季武子興，再拜稽首，曰：『小國之仰大國也，如百穀之仰膏雨焉。若常膏之，其天下輯睦，豈唯敝邑？』賦六月。季武子以所得於齊之兵作林鐘而銘魯功焉。臧武仲謂季孫曰：『非禮也。夫銘，天子令德，諸侯言時計功，大夫稱伐。今稱伐，則下等也；計功，則借人也；言時，則妨民多矣。何以爲銘？且夫大伐小，取其所得，以作彝器，銘其功烈，以示子孫，昭明德而懲無禮也。今將借人之力以救其死，若之何銘之？小國幸於大國，而昭所獲焉以怒之，亡之道也。』一篇結束。左氏於小國武功多抑之，智慮深遠。此尤有菲薄晉師之意，不專在魯也。馬驌云：於是齊靈公卒，莊公立。

晉士匄侵齊，及穀，聞喪而還，禮也。

城西郛，懼齊也。

齊及晉平，盟于大隧。故穆叔會范宣子于柯。穆叔見叔向，賦載馳之四章。叔向曰：『肸敢不承命？』穆叔歸，曰：『齊猶未也，不可以不懼。』乃城武城。點睛，見齊之未服也。

二十年夏，盟于澶淵，齊成故也。齊子初聘于齊，禮也。

校記

〔一〕原校：釋文「傷」一作「殤」。

〔二〕原注：「迫還」即「盤桓」之轉音。如此，則「迫」下不應點斷。

〔三〕原校：王念孫校删「乎」字，云「也」與「邪」同。

晉欒氏之亡　以「天之所廢，誰能興之」爲主。

襄公二十一年，欒桓子娶於范宣子，生懷子。范鞅以其亡也，怨欒氏，故與欒盈爲公族大夫而不相能〔一〕。桓子卒，欒祁與其老州賓通，幾亡室矣。懷子患之。祁懼其討也，愬諸宣子曰：「盈將爲亂，以范氏爲死桓主而專政矣，曰：『吾父逐鞅也，不怒而以寵報之，又與吾同官而專之。吾父死而益富。死吾父而專於國，有死而已，吾蔑從之矣。』其謀如是，懼害於主，吾不敢不言。」范鞅爲之徵。懷子好施，士多歸之。宣子畏其多士也，信之。懷子爲下卿，宣子使城著而遂逐之。秋，欒盈出奔楚。宣子殺箕遺、黄淵、嘉父、司空靖、邴豫、董叔、邴師、申書、羊舌虎、叔羆，囚伯華、叔向、籍偃。

人謂叔向曰：『子離於罪，其爲不知乎？』叔向曰：『與其死亡若何？詩曰，「優哉游哉，聊以卒歲」，知也。』此寫强臣專横，賢者無立足之地，且表叔向處亂世之節也。

欒王鮒見叔向，曰：『吾爲子請。』叔向弗應。出，不拜。其人皆咎叔向。叔向曰：『必祁大夫。』室老聞之，曰：『欒王鮒言於君，無不行，求赦吾子，吾子不許。祁大夫所不能也，而曰必由之，何也？』叔向曰：『欒王鮒，從君者也，何能行？祁大夫外舉不棄讎，内舉不失親，其獨遺我乎？詩曰：「有覺德行，四國順之。」夫子，覺者也。』

晉侯問叔向之罪於樂王鮒。對曰：『不棄其親，其有焉。』於是祁奚老矣，聞之，乘馹而見宣子，曰：『詩曰：「惠我無疆，子孫保之。」書曰：「聖有謩勳，明徵定保。」夫謀而鮮過、惠訓不倦者，叔向有焉，此以『惠訓不倦』釋詩之『惠我無疆』，『惠』乃『誨』之異文，『無疆』即『不倦』也。此古時經訓之僅存者。社稷之固也，猶將十世宥之，以勸能者。宗堯按，言此反射晉之滅祁氏、羊舌氏也。今壹不免其身，以棄社稷，不亦惑乎？鯀殛而禹興；伊尹放大甲而相之，卒無怨色；管蔡爲戮，周公右王。若之何其以虎也棄社稷？子爲善，誰敢不勉？多殺何爲？』宣子說，與之乘，以言諸公而免之。不見叔向而歸，叔向亦不告免焉而朝。

初，叔向之母妒叔虎之母美而不使視寢〔二〕，其子皆諫其母。其母曰：『深山大澤，實生龍蛇。彼美，余懼其生龍蛇以禍女。女敝族也。國多大寵，不仁人間之，不亦難乎？爲晉公族嗚哀怨之聲，借婦人之言而發。余何愛焉？』使往視寢，生叔虎，美而有勇力，欒懷子嬖之，故羊舌氏之族及於難。宗堯按，述婦人之言，意似咎虎，實則憐强臣之世，大夫自全之難也。

欒盈過於周，周西鄙人掠之。辭於行人曰〔三〕：『天子陪臣盈得罪於王之守臣，將逃罪。罪重於郊甸，無所伏竄，敢布其死。昔陪臣書能輸力於王室，王施惠焉。其子黶不能保任其父之勞。大君若不棄書之力，亡臣猶有所逃。若棄書之力，而思黶之罪，臣，戮餘也，將歸死於尉氏，不敢還矣。敢布四體，唯大君命焉。』此記欒盈之不知大體也，與記華耦同意。宗堯按，此即以盈之口代盈訴直也。王曰：『尤而效之，其又甚焉。』使司徒禁掠欒氏者，歸所取焉，使候出諸轘轅。

會於商任，錮欒氏也。

齊侯、衛侯不敬。叔向曰：『二君者必不免。會朝，禮之經也；禮，政之輿也；政，身之守也。怠禮，失政；失政，不立。是以亂也。』

知起、中行喜、州綽、邢蒯出奔齊，皆欒氏之黨也。欒王鮒謂范宣子曰：『盍反州綽、邢蒯？勇士也。』宣子曰：『彼欒氏之勇也，余何獲焉？』王鮒曰：『子爲彼欒氏，乃亦子之勇也。』此見宣子不能得人。此下旁及州綽之勇，文情四溢而倍饒風趣。

齊莊公朝，指殖綽、郭最曰：『是寡人之雄也。』州綽曰：『君以爲雄，誰敢不雄？然臣不敏，平陰之役，先二子鳴。』莊公爲勇爵，殖綽、郭最欲與焉。州綽曰：『東閭之役，臣左驂迫，還於門中，識其枚數〔四〕，其可以與於此乎？』公曰：『子爲晉君也。』對曰：『臣爲隸新，然二子者，譬於禽獸，臣食其肉而寢處其皮矣。』閒文亦與正意相映。

二十二年秋，欒盈自楚適齊。晏平仲言於齊侯曰：『商任之會，受命於晉。今納欒氏，將安用之？小所以事大，信也。失信，不立。君其圖之。』弗聽。退告陳文子曰：『君人執信，臣人執共。忠、信、篤、敬，上下同之，天之道也。君自棄也，弗能久矣。』伏莊公之難。

冬，會于沙隨，復錮欒氏也。

欒盈猶在齊。晏子曰：『禍將作矣。齊將伐晉，不可以不懼。』

二十三年，晉將嫁女于吴，齊侯使析歸父媵之，以藩載欒盈及其士，納諸曲沃。欒盈夜見胥午而告之。對曰：『不可。天之所廢，誰能興之？子必不免。逆提。吾非愛死也，知不集也。』欒氏得人處，亦逆提。盈曰：『雖然，因子而死，吾無悔矣。我實不天，子無咎焉。』許諾。伏之而觴曲沃人，樂作，午言曰：『今也得欒孺子何如？』對曰：『得主而爲之死，猶不死也。』皆嘆，有泣者。爵行，又言。皆曰：『得主，何貳之有？』盈出，徧拜之。欒氏雖無道，然懷子實能得人。此處摹寫生動，可泣可歌，真乃血性文字。太史公所不能及，他更無論矣。宗堯按，此深惜盈之冤也。

四月，欒盈帥曲沃之甲，因魏獻子以晝入絳。提筆勁挺。初，欒盈佐魏莊子於下軍，獻子私焉，故因之。趙氏以原屏之難怨欒氏。韓趙方睦。中行氏以伐秦之役怨欒氏，而固與范氏和親。知悼子少，而聽於中行氏。程鄭嬖於公。唯魏氏及七輿大夫與之。此題前布局之法，明晰如畫。

樂王鮒侍坐於范宣子。或告曰：『欒氏至矣。』宣子懼。寫宣子。桓子曰：『奉君以走固宮，必無害也。且欒氏多怨，子爲政，欒氏自外，子在位，其利多矣。既有利權，又執民柄，將何懼焉？欒氏所得，其唯魏氏乎！而可强取也。强取魏氏，從桓子口中逆提。夫克亂在權，子無解矣！』

公有姻喪，王鮒使宣子墨縗冒絰，二婦人輦以如公，奉公以如固宮。范鞅逆魏舒，則成列既乘，將逆欒氏矣。趨進，曰：「欒氏帥賊以入，鞅之父與二三子在君所矣，使鞅逆吾子。鞅請驂乘。」持帶，遂超乘。右撫劍，左援帶，命驅之出。僕請，鞅曰：「之公。」宣子逆諸階，執其手，賂之以曲沃。此段字字精湛，無少鬆懈，最爲勁快文字，所謂如捕長蛇，急與之角而不敢暇者也。此等處最見作者任事之才。

初，斐豹，隸也，逆接。著於丹書。欒氏之力臣曰督戎，國人懼之。斐豹謂宣子曰：「苟焚丹書，我殺督戎。」宣子喜，曰：「而殺之，所不請於君焚丹書者，有如日！」乃出豹而閉之。極寫宣子張皇之狀。督戎從之。踰隱而待之，督戎踰入，豹自後擊而殺之。范氏之徒在臺後，欒氏乘公門。宣子謂鞅曰：「矢及君屋，死之！」寫事之急也。鞅用劍以帥卒，欒氏退，攝車從之。遇欒樂，曰：「樂免之。死，將訟女於天。」樂射之，不中；又注，則乘槐本而覆，或以戟鉤之，斷肘而死。欒魴傷。欒盈奔曲沃。晉人圍之。

晉人克欒盈于曲沃，盡殺欒氏之族黨。欒魴出奔宋。書曰「晉人殺欒盈」，不言大夫，言自外也。

二十四年春，穆叔如晉，范宣子逆之，問焉，曰：『古人有言曰，「死而不朽」，何謂也？』穆叔未對。宣子曰：『昔匄之祖，自虞以上爲陶唐氏，在夏爲御龍氏，在商爲豕韋氏，在周爲唐杜氏，晉主夏盟爲范氏，其是之謂乎！』穆叔曰：『以豹所聞，此之謂世禄，非不朽也。魯有先大夫曰臧文仲，既没，其言立，其是之謂乎！豹聞之：「大上有立德，其次有立功，其次有立言。」雖久不廢，此之謂不朽。若夫保姓受氏，以守宗祊，世不絶祀，無國無之。禄之大者也〔五〕，不可謂不朽。』宗堯按，於其滅欒氏後，忽載穆叔問答之詞，借以貶黜之，文特奇肆。

校記

〔一〕原校：史記『盈』作『逞』。

〔二〕原校：『視寢』二字依唐石經補，論衡同。

〔三〕原校：上句依唐石經及周禮疏校加『人』字。

〔四〕原校：釋文『校』亦作『版』。

〔五〕原校：依倭庫本補『也』字。

陳二慶之亂 附蔡景之弑。以『不義不可肆』爲主。

襄公二十年，蔡公子燮欲以蔡之晉，蔡人殺之。公子履，其母弟也，故出奔楚。陳慶虎、慶寅畏公子黄之偪，愬諸楚曰：『與蔡司馬同謀。』楚人以爲討，公子黄出奔楚。

初，蔡文侯欲事晉，曰：『先君與於踐土之盟〔一〕，晉不可棄，且兄弟也。』畏楚，不能行而卒。楚人使蔡無常，公子燮求從先君以利蔡，不能而死。書曰『蔡殺其大夫公子燮』，言不與民同欲也；『陳侯之弟黄出奔楚』，言非其罪也。公子黄將出奔，呼於國曰：『慶氏無道，求專陳國，暴蔑其君，而去其親，五年不滅，是無天也。』

二十三年，陳侯如楚，公子黄愬二慶於楚，楚人召之。使慶樂往，殺之。慶氏以陳叛。夏，屈建從陳侯圍陳。陳人城，板隊而殺人。從板隊入殺二慶，用筆曲折。役人相命，各殺其長，遂殺慶虎、慶寅。楚人納公子黄。君子謂『慶氏不義，不可肆也。故書曰：「惟命不于常。」』

二十四年，陳人復討慶氏之黨，鍼宜咎出奔楚。

二十八年，蔡侯歸自晉，入于鄭。鄭伯享之，不敬。子産曰：『蔡侯其不免乎！日其過此也，君使子展廷勞於東門之外，而傲。吾曰猶將更之。今還，受享而惰，乃其心也。君小國〔二〕，事大國，而惰傲以爲己心，將得死乎？若不免，必由其子。其爲君也，淫而不父。僑聞之，如是者，恆有子禍。』此細事耳，亦用逆提之筆。

三十年，蔡景侯爲大子般娶于楚，通焉。大子弒景侯。

校　記

〔一〕原校：唐石經『先』上有『吾』字。

〔二〕原校：晉宋古本無『小』字。

左傳微卷弟七

臧孫紇出奔 以『智而不容』爲主。

襄公二十二年春，臧武仲如晉。雨，過御叔。御叔在其邑，將飲酒，曰：『焉用聖人？我將飲酒而已，雨行，何以聖爲？』此篇極饒談詭之趣，故以此事引起詼詭之趣，乃文家最精最微之境。左公以外，不能多得。曾文正公所選亦唯此數篇而已。臧武仲有聖人之名而不副實，所以賈禍也。從飲酒借起，意最諧妙，與篇末孔子之論相呼應，以爲章法。此篇爲古今詼詭文字之絕調，後惟班史中時有此意境，而相去已遠矣。穆叔聞之，曰：『不可使也，而傲使人，國之蠹也。』令倍其賦。

二十三年，季武子無適子，公彌長，而愛悼子，欲立之。訪於申豐曰：『彌與紇，吾皆愛之，欲擇才焉而立之。』申豐趨退，歸，盡室將行。他日，又訪焉。對曰：『其然，將具敝車而行。』乃止。訪於臧紇。臧紇曰：『飲我酒，吾爲子立之。』語語皆有詭雋之致。季氏飲大夫酒，臧紇爲客。既獻，臧孫命北面重席，新樽絜之。召悼子，降，逆之。大夫皆起。及旅，而召公鉏，使與之齒。季孫失色。以上記臧孫爲季氏立嗣，筆意穎妙無匹。此實臧孫罪案也。臧孫何故爲此？馬驌云：『臧孫本宣叔庶子，因寵嗣位，故不憚爲之。』可謂一語破的。季氏以公鉏爲馬正，慍而不出。閔子馬見之，曰：『子無然。禍福無門，唯人所召。爲人子者，患不孝，不患無所。敬共父命，何常之有？若能孝敬，富倍季氏可也。姦回不軌，禍倍下民可也。』公鉏然之。敬共朝夕，恪居官次。季孫喜，使飲己酒，而以具往，盡舍旃。專從飲酒生色。故公鉏氏富，又出爲公左宰。以上記公鉏之不失寵。公鉏不失寵，而臧孫危矣。

孟孫惡臧孫，季孫愛之。孟氏之御騶豐點好羯也，曰：『從余言，必爲孟孫。』再三云，羯從之。二句橫空倒植，靈妙奇偉。孟莊子疾，豐點謂公鉏：『苟立羯，請讎臧氏。』風云廻合。公鉏謂季孫曰：『孺子秩固其所也。若羯立，則季氏信有力於臧氏矣。』數語，慍己之不立與憤嫉臧孫之意皆在言外，衆妙悉備。弗應。己卯，孟孫卒。公鉏奉羯立于户側。季孫至，入哭而出，曰：『秩焉在？』公鉏曰：『羯在此矣。』季孫曰：『孺子長。』公鉏曰：『何長之有？唯其才也。且夫子之命也。』遂立羯。秩奔邾。以上公鉏欲洩憤臧氏，乃爲孟孫立羯。敘述語語精穎，靈犀四射。

臧孫入，哭甚哀，多涕。出，其御曰：『孟孫之惡子也，而哀如是。季孫若死，其若之
何？』臧孫曰：『季孫之愛我，疾疢也；孟孫之惡我，藥石也。美疢不如惡石。夫石
猶生我，疢之美，其毒滋多。孟孫死，吾亡無日矣。』以上倒射臧氏之亡，尤極空靈敏妙。鉏與
羯合，而臧孫不可一朝居，其哭孟孫僞也，乃自傷耳。美疢惡石之喻，皆是託詞，故妙，然亦見季孫之不足恃
也。孟氏閉門，告於季孫曰：『臧氏將爲亂，不使我葬。』季孫不信。臧孫聞之，戒。
冬十月，孟氏將辟，藉除於臧氏。臧孫使正夫助之，除於東門，甲從己而視之。孟氏
又告季孫。季孫怒，命攻臧氏。乙亥，臧紇斬鹿門之關以出，奔邾。以上臧孫出亡情節如
此，其微文妙旨皆盡前幅，更不煩多敘也。斬關以出，又伏下文。
初，臧宣叔娶于鑄，生賈及爲而死。繼室以其姪，穆姜之姨子也，生紇，長於公宮。
姜氏愛之，故立之。臧賈、臧爲出在鑄。臧武仲自邾使告臧賈，且致大蔡焉，曰：
『紇不佞，失守宗祧，敢告不弔。紇之罪不及不祀，子以大蔡納請，其可。』賈曰：『是
家之禍也，非子之過也。賈聞命矣。』再拜受龜，使爲以納請，遂自爲也。閒語皆含詭態。
臧孫如防，使來告曰：『紇非能害也，知不足也。非敢私請。苟守先祀，無廢二勳，
敢不辟邑？』乃立臧爲。臧紇致防而奔齊。以上爲臧氏立後。其人曰：『其盟我乎？』

横接處飄逸而入。臧孫曰：『無辭。』將盟臧氏，季孫召外史掌惡臣而問盟首焉。對曰：『盟東門氏也，曰：「毋或如東門遂不聽公命，殺適立庶。」盟叔孫氏也，曰：「毋或如叔孫僑如欲廢國常，蕩覆公室。」』季孫曰：『臧孫之罪皆不及此。』明臧孫之無罪，偏從季孫口中出之。孟椒曰：『盍以其犯門斬關？』季孫用之，乃盟臧氏，曰：『無或如臧孫紇干國之紀，犯門斬關！』臧孫聞之，曰：『國有人焉，誰居？其孟椒乎！』此文之妙尤爲不可思議，筆墨皆化雲煙，無一字落人間蹊徑矣。

齊侯將爲臧紇田。臧孫聞之，見齊侯。『齊侯』二字當重，蓋誤脱。與之言伐晉，對曰：『多則多矣，抑君似鼠。詼諧入妙，與前幅相稱。夫鼠，晝伏夜動，不穴於寢廟，畏人故也。今君聞晉之亂而後作焉，寧將事之，非鼠如何〔一〕？』乃弗與田。

仲尼曰：『知之難也。有臧武仲之知，而不容於魯國，抑有由也，作不順而施不恕也。折衷聖論，恰好收束通篇。夏書曰：「念兹在兹」，順事、恕施也。』

校記

〔一〕原注：事類始末『如何』作『而何』，而、如同字。

齊崔慶之亂 三章。以『利過則敗』爲主。

宣公十年，崔杼有寵於惠公，高國畏其偪也，公卒而逐之，奔衛。書曰『崔氏』，非其罪也，且告以族，不以名。凡諸侯之大夫違，告於諸侯曰：『某氏之子守臣某，失守宗廟，敢告。』所有玉帛之使者則告；不然則否。

成公十七年，齊慶克通於聲孟子，與婦人蒙衣乘輦而入于閎。鮑牽見之，以告國武子。武子召慶克而謂之。慶克久不出，而告夫人曰：『國子讁我。』夫人怒。國子相靈公以會，高鮑處守。及還，將至，閉門而索客。孟子訴之曰：『高鮑將不納君，而立公子角，國子知之。』秋七月壬寅，刖鮑牽而逐高無咎。無咎奔莒。高弱以盧叛。齊人來召鮑國而立之。

初，鮑國去鮑氏而來爲施孝叔臣。施氏卜宰，匡句須吉。施氏之宰有百室之邑。與匡句須邑，使爲宰，以讓鮑國而致邑焉。施孝叔曰：『子實吉。』對曰：『能與忠良，吉孰大焉？』鮑國相施氏忠，故齊人取以爲鮑氏後。

仲尼曰：『鮑莊子之知不如葵，葵猶能衛其足。』宗堯云：此激辭也，與論陳泄治同。此篇誅崔慶之姦也，而以女子之事爲綫索；無聲孟子之事，則崔慶不立；無棠姜，則莊公不見弒；杼之死亦由姜也；慶氏易内，以女妻癸結禍，亦有關於女子。

齊侯使崔杼爲大夫，使慶克佐之，帥師圍盧。國佐從諸侯圍鄭，以難請而歸。遂如盧師，殺慶克，以穀叛。齊侯與之盟于徐關而復之。十二月，盧降。使國勝告難于晉，待命于清。

十八年，齊爲慶氏之難故，甲申晦，齊侯使士華免以戈殺國佐于内宫之朝。師逃于夫人之宫。書曰『齊殺其大夫國佐』，棄命、專殺，以穀叛故也。使清人殺國勝。國弱來奔。王湫奔萊。慶封爲大夫，慶佐爲司寇。既，齊侯反國弱，使嗣國氏，禮也。

襄公十七年，齊晏桓子卒，晏嬰粗縗斬，苴絰、帶、杖，菅屨，食鬻，居倚廬，寢苫、枕草。其老曰：『非大夫之禮也。』曰：『唯卿爲大夫。』每於亂世上下昏濁之際，得一二正人君子正之，輒有榜檠矯直、立竿取影之妙。

十九年，齊侯娶于魯，曰顔懿姬，無子。其姪鬷聲姬生光，以爲大子。諸子仲子、戎子，戎子嬖。仲子生牙，屬諸戎子。戎子請以爲大子，許之。仲子曰：『不可。廢常，不祥；間諸侯，難。光之立也，列於諸侯矣。今無故而廢之，是專黜諸侯，而以難犯不祥也。逆攝。君必悔之。』公曰：『在我而已。』遂東大子光。使高厚傅牙，以爲大子，夙沙衛爲少傅。

齊侯疾，崔杼微逆光，疾病而立之。光殺戎子，尸諸朝，非禮也。婦人無刑。雖有刑，不在朝市。

夏五月壬辰晦，齊靈公卒。莊公即位。執公子牙於句瀆之丘。以夙沙衛易己，衛奔高唐以叛。

秋八月，齊崔杼殺高厚於灑藍，而兼其室。書曰「齊殺其大夫」，從君於昏也。

齊慶封圍高唐，弗克。冬十一月，齊侯圍之。見衛在城上，號之，乃下。問守備焉，以無備告。揖之，乃登。聞師將傅，食高唐人。殖綽、工僂會夜縋納師，醢衛于軍。

二十一年，齊侯使慶佐爲大夫，復討公子牙之黨，執公子買于句瀆之丘。公子鉏來奔。夙沙衛殉主，亦荀息之亞也。叔孫還奔燕。

二十三年秋，齊侯伐衛。先驅，穀榮御王孫揮，召揚爲右；申驅，成秩御莒恆，申鮮虞之傅摯爲右。曹開御戎，晏父戎爲右。貳廣，上之登御邢公，盧蒲癸爲右；啓，牢成御襄罷師，狼蘧疏爲右；胠，商子車御侯朝，桓跳爲右；大殿，商子游御夏之御寇，崔如爲右；燭庸之越駟乘。自衛將遂伐晉。

晏平仲曰：『君恃勇力，以伐盟主。若不濟，國之福也。不德而有功，憂必及君。』崔杼諫曰：『不可。臣聞之：「小國間大國之敗而毀焉，必受其咎。」君其圖之。』弗聽。

陳文子見崔武子，曰：『將如君何？』武子曰：『吾言於君，君弗聽也。以爲盟主，而利其難。羣臣若急，君於何有？此篇以崔慶亂事爲主，二句廻顧章旨。子姑止之。』文子退，告其人曰：『崔子將死乎！謂君甚而又過之，不得其死。過君以義，猶自抑也，況以惡乎？』攝後文。

齊侯遂伐晉，取朝歌。爲二隊，入孟門，登大行。張武軍於熒庭，戍郫邵，封少水，以報平陰之役，乃還。趙勝帥東陽之師以追之，獲晏氂。八月，叔孫豹帥師救晉，次于雍榆，禮也。

齊侯還自晉，不入，遂襲莒。門于且于，傷股而退。明日，將復戰，期于壽舒。杞殖、華還載甲夜入且于之隧，宿於莒郊。明日，先遇莒子於蒲侯氏。莒子重賂之，使無死，曰：『請有盟。』華周對曰：『貪貨棄命，亦君所惡也。昏而受命，日未中而棄之，何以事君？』莒子親鼓之，從而伐之，獲杞梁。莒人行成。

齊侯歸，遇杞梁之妻於郊，使弔之。辭曰：『殖之有罪，何辱命焉？若免於罪，猶有先人之敝廬在，下妾不得與郊弔。』齊侯弔諸其室。杞梁妻以善喪著聞，故附載之，表其賢也。

宗堯按，此與後世哀征役之詩爲一例。

二十四年，孟孝伯侵齊，晉故也。

齊侯既伐晉而懼，將欲見楚子。楚子使薳啓彊如齊聘，且請期。齊社，蒐軍實，使客觀之。陳文子曰：『齊將有寇。吾聞之，兵不戢，必取其族。』

秋，齊侯聞將有晉師，使陳無宇從薳啓彊如楚，辭，且乞師。崔杼帥師送之，遂伐莒，侵介根。

會于夷儀，將以伐齊。水，不克。

冬，楚子伐鄭以救齊，門于東門，次于棘澤。諸侯還救鄭。晉侯使張骼、輔躒致楚師，求御于鄭。大篇中包孕小篇，乃古人恆法。後世爲文，務簡潔，少枝蔓，遂無汪洋恣肆之觀矣。鄭人卜宛射犬，吉。子大叔戒之曰：『大國之人不可與也〔一〕。』對曰：『無有衆寡，其上一也。』大叔曰：『不然。部婁無松柏。』二子在幄，坐射犬于外，既食，而後食之。使御廣車而行，己皆乘乘車〔二〕。將及楚師，而後從之乘，皆踞轉而鼓琴。近，不告而馳之。皆取胄於櫜而胄，入壘，皆下，搏人以投，收禽挾囚。弗待而出。皆超乘，抽弓而射。既免，復踞轉而鼓琴，曰：『公孫！同乘，兄弟也，胡再不謀？』對曰：『曩者志入而已，今則怯也。』皆笑，曰：『公孫之亟也！』此節所記，意態蕭閑雋遠，極得名將風度，亦敻絕古今，不可再得之奇文。

楚子自棘澤還，使薳啓彊帥師送陳無宇。

二十五年春，齊崔杼帥師伐我北鄙，以報孝伯之師也。公患之，使告于晉〔三〕。孟公綽曰：『崔子將有大志，不在病我，必速歸，何患焉？其來也不寇，使民不嚴，異於他日。』齊師徒歸。急入下文。

齊棠公之妻，東郭偃之姊也。東郭偃臣崔武子。棠公死，偃御武子以弔焉。見棠姜而美之，使偃取之。偃曰：『男女辨姓，今君出自丁，臣出自桓，不可。』武子筮之，遇困䷮之大過䷛。史皆曰『吉』。示陳文子，文子曰：『夫從風，風隕妻，不可娶也。且其繇曰：「困于石，據于蒺蔾，入于其宮，不見其妻，凶。」困于石，往不濟也；據于蒺蔾，所恃傷也；入于其宮，不見其妻，凶，無所歸也。』宗堯按，逆攝崔氏之敗。崔子曰：『嫠也，何害？先夫當之矣。』遂取之。

莊公通焉，驟如崔氏，以崔子之冠賜人。侍者曰：『不可。』公曰：『不爲崔子，其無冠乎？』祇『嫠也何害』二語，便見崔子之溺情美色，甘死亡而不顧。『不爲崔子』二語，便將公之荒淫玩禍情況曲曲繪出。皆古人撰文精絶之處。崔子因是，此句頓斷，乃見合數事以爲一文綴聯之妙。又以其間伐晉也，曰：『晉必將報。』欲弑公以説于晉，而不獲間。公鞭侍人賈舉，而又近之，乃爲崔子間公。

夏五月，莒爲且于之役故，莒子朝于齊。甲戌，饗諸北郭，崔子稱疾，不視事。乙亥，公問崔子，遂從姜氏。姜入于室，與崔子自側户出。公拊楹而歌。『與崔子自側户出』，見姜與崔子同謀陷。『公拊楹而歌』，見公之愚，臨死不悟也。侍人賈舉止衆從者而入，閉門。甲興，公登臺而請，弗許；請盟，弗許；請自刃於廟，勿許。皆曰：『君之臣杼疾病，不能聽命。近於公宫，陪臣干掫有淫者，不知二命。』公踰牆，又射之〔四〕，中股，反隊，遂弑之。賈舉、州綽、邴師、公孫敖、封具、鐸父、襄伊、僂堙皆死。祝佗父祭於高唐，至，復命，不説弁而死於崔氏。申蒯，侍漁者，退，謂其宰曰：『爾以帑免，我將死。』其宰曰：『免，是反子之義也。』與之皆死。崔氏殺鬷蔑于平陰。

晏子立於崔氏之門外，其人曰：『死乎？』曰：『獨吾君也乎哉，吾死也？』曰：『行乎？』曰：『吾罪也乎哉，吾亡也？』曰：『歸乎？』曰：『君死，安歸〔五〕？君民者，豈以陵民？社稷是主。臣君者，豈爲其口實？社稷是養。故君爲社稷死，則死之；爲社稷亡，則亡之。若爲己死，而爲己亡，非其私暱，誰敢任之！精卓不磨之論，可破千古以來專制之朝尊主卑臣之謬説。宗堯按，且借晏子立竿見影也，故祇寫晏子之自處，而莊公被弑、嬖人殉死、崔子弑君，其是非輕重，遂得絲毫不掩，更不煩著一字議論矣。且人有君而弑之，吾焉得死之？而焉得亡之？將庸何歸？』門啓而入，枕尸股而哭。興，三踊而出。人謂崔子：『必殺之！』崔子曰：『民之望也，舍之，得民。』

盧蒲癸奔晉，王何奔莒。

叔孫宣伯之在齊也，叔孫還納其女於靈公，嬖，生景公。丁丑，崔杼立而相之，慶封爲左相，盟國人於大宫，曰：『所不與崔慶者——』先大夫評曰：此當依史記增『死』字，杜注謂『讀書未終，晏子抄答』，未必當於情事也。晏子仰天嘆曰：『嬰所不唯忠於君、利社稷者是與，有如上帝！』乃歃。表晏子。宗堯曰：寫晏子之忠於國，有聲有勢，而所欲誅伐者自在言外。辛巳，公與大夫及莒子盟。

大史書曰：『崔杼弑其君。』崔子殺之。其弟嗣書，而死者二人。其弟又書，乃舍之。

南史氏聞大史盡死，執簡以往。聞既書矣，乃還。再記史氏死節，尤凜凜生動。此以死殉職者，異於前列私暱也。

閭丘嬰以帷縛其妻而載之，與申鮮虞乘而出，鮮虞推而下之，曰：『君昏不能匡，危不能救，死不能死，而知匿其暱，其誰納之？』行及弇中，將舍。嬰曰：『崔慶其追我。』鮮虞曰：『一與一，誰能懼我？』遂舍，枕轡而寢，食馬而食，駕而行。出弇中，謂嬰曰：『速驅之！崔慶之衆，不可當也。』遂來奔。

崔氏側莊公于北郭。丁亥，葬諸士孫之里。四翣，不蹕，下車七乘，不以兵甲。

晉侯濟自泮，會于夷儀，伐齊，以報朝歌之役。齊人以莊公説，使隰鉏請成，慶封如師。男女以班。賂晉侯以宗器，樂器。自六正、五吏、三十帥、三軍之大夫、百官之正長師旅及處守者皆有賂。晉侯許之。使叔向告於諸侯。公使子服惠伯對曰：『君舍有罪，以靖小國，君之惠也。寡君聞命矣。』

秋七月己巳，同盟于重丘，齊成故也。

二十七年，崔氏之亂，申鮮虞來奔，僕賃於野，以喪莊公。冬，楚人召之，遂如楚，爲右尹。

齊慶封來聘，其車美。孟孫謂叔孫曰：『慶季之車，不亦美乎？』叔孫曰：『豹聞之：「服美不稱，必以惡終。」美車何爲？』叔孫與慶封食，不敬。爲賦相鼠，亦不知也。伏後慶封之敗。

齊崔杼生成及彊而寡，娶東郭姜，生明。東郭姜以孤入，曰棠无咎，與東郭偃相崔氏。崔成有疾而廢之，而立明。成請老于崔，崔子許之，偃與无咎弗予，曰：『崔，宗邑也，必在宗主。』成與彊怒，將殺之，告慶封曰：『夫子之身，亦子所知也，唯无咎與偃是從，父兄莫得進矣。大恐害夫子，敢以告。』慶封曰：『子姑退。吾圖之。』告盧蒲嫳。盧蒲嫳曰：『彼，君之雠也。天或者將棄彼矣。上縈下拂。情態曲盡。彼實家亂，子何病焉？崔之薄，慶之厚也。』他日又告。慶封曰：『苟利夫子，必去之〔六〕。難，吾助女。』

九月庚辰，崔成、崔彊殺東郭偃、棠无咎於崔氏之朝。崔子怒而出，其衆皆逃，求人使駕，不得。使圉人駕，寺人御而出，且曰：『崔氏有福，止余猶可。』極意詠調。遂見慶封。慶封曰：『崔慶一也。是何敢然？請爲子討之。』宗堯按，寫姦人口吻如畫。使盧蒲嫳帥甲以攻崔氏。崔氏堞其宫而守之。弗克，使國人助之，遂滅崔氏，殺成與彊，而盡俘其家，其妻縊。嫳復命於崔子，且御而歸之。至，則無歸矣。句法簡覈奇妙。乃縊。崔明夜辟諸大墓。辛巳，崔明來奔。慶封當國。左氏每遇凶姦之人，其誅伐之情恆溢於言外，前敘太史、南史等，痛誅崔氏也，此段以凶人而得惡果，敘來險絶快絶。

二十八年，齊慶封好田而耆酒，與慶舍政，則以其内實遷于盧蒲嫳氏，易内而飲酒。數日，國遷朝焉。使諸亡人得賊者，以告而反之，故反盧蒲癸。癸臣子之，有寵，妻之。慶舍之士謂盧蒲癸曰：『男女辨姓，子不辟宗，何也？』曰：『宗不余辟，余獨焉辟之？賦詩斷章，余取所求焉，惡識宗？』寫亂世凶人，無微不至，禹鼎鑄姦之筆也。癸言王何而反之，二人皆嬖，使執寢戈而先後之。

公膳日雙鷄，逆接。宗堯按，奇妙處，文與事相稱。饔人竊更之以鶩。御者知之，則去其肉，而以其洎饋。子雅、子尾怒。此見二惠之仇慶，激於薄物細故，非真能謀國者。慶封告盧蒲嫳。盧蒲嫳曰：『譬之如禽獸，吾寢處之矣。』使析歸父告晏平仲。自此以下，敘子雅、子尾謀慶封也。平仲曰：『嬰之衆不足用也，知無能謀也。言弗敢出，有盟可也。』子家曰：『子之言云，又焉用盟？』告北郭子車。子車曰：『人各有以事君，非佐之所能也。』陳文子謂桓子曰：『禍將作矣，吾其何得？』對曰：『得慶氏之木百車於莊。』文子曰：『可慎守也已。』插入陳氏父子尤票姚恣肆，已有代齊之氣矣。

盧蒲癸、王何卜攻慶氏，示子之兆，曰：『或卜攻讎，敢獻其兆。』子之曰：『克，見血。』此等處奇絶險絶，想見左公胸中嫉姦特甚，非如此敘述不足快其誅伐也。宗堯按，奇妙，昔人云『嬉笑甚於怒罵』，此則以嬉笑爲誅伐也。冬十月，慶封田于萊，陳無宇從。丙辰，文子使召之，請曰：『無宇之母疾病，請歸。』慶季卜之，示之兆，曰：『死。』奉龜而泣，乃使歸。極寫慶封之愚及陳氏之詐。慶嗣聞之，曰：『禍將作矣。』謂子家：『速歸，禍作必於嘗，歸猶可及也。』宗堯按，逆攝，奇縱。子家弗聽，亦無悛志。子息曰：『亡矣！幸而獲在吳越。』陳無宇濟水，而戕舟發梁。

盧蒲姜謂癸曰：『有事而不告我，必不捷矣。』逆接。癸告之。姜曰：『夫子愎，莫之止，將不出。我請止之。』癸曰：『諾。』宗堯云：崔子以家事託慶封，封之滅之也，奇險矣。慶氏之滅，其奇險又過崔氏，文勢亦出奇無窮。十一月乙亥，嘗于大公之廟，慶舍涖事。盧蒲姜告之，且止之，弗聽，曰：『誰敢者？』遂如公。麻嬰爲尸，慶奊爲上獻。盧蒲癸、王何執寢戈，慶氏以其甲環公宮。陳氏、鮑氏之圉人爲優。慶氏之馬善驚，士皆釋甲束馬，而飲酒，且觀優，至於魚里。閑處鋪設特妙。欒、高、陳、鮑之徒介慶氏之甲。子尾抽桷，擊扉三，子尾等與癸何合謀，前文不見，至此自明。盧蒲癸自後刺子之，王何以戈擊之，解其左肩。猶援廟桷，動於甍，以俎、壺投，殺人而後死。遂殺慶繩、麻嬰。公懼，鮑國曰：『羣臣爲君故也。』陳須無以公歸，稅服而如内宫。

慶封歸，遇告亂者。丁亥，伐西門，弗克。還伐北門，克之。入，伐内宫，弗克。反，陳于嶽，請戰，弗許，遂來奔。獻車於季武子，美澤可以鑑。展莊叔見之，曰：『車甚澤，人必瘁，宜其亡也。』回映起處，補筆。叔孫穆子食慶封，慶封氾祭。穆子弗說，使工爲之誦茅鴟，亦不知。既而齊人來讓，奔吴。吴句餘予之朱方，聚其族焉而居之，富於其舊。子服惠伯謂叔孫曰：『天殆富淫人，慶封又富矣。』穆子曰：『善人富謂之賞，淫人富謂之殃。天其殃之也，其將聚而殲旃。』直伏後文。宗堯按，寫凶人之結果，此左氏痛快淋漓處。

崔氏之亂，喪羣公子，故鉏在魯，叔孫還在燕，賈在句瀆之丘。及慶氏亡，皆召之，具其器用，而反其邑焉。與晏子邶殿其鄙六十，弗受。子尾曰：『富，人之所欲也。何獨弗欲？』對曰：『慶氏之邑足欲，故亡。先大夫評曰：此著欒高攻慶，徒欲分其富耳，非能爲國。吾邑不足欲也，益之以邶殿，乃足欲。足欲，亡無日矣。在外，不得宰吾一邑。不受邶殿，非惡富也，恐失富也。且夫富，如布帛之有幅焉。爲之制度，使無遷也。古無四聲之别，富、幅同音。夫民，生厚而用利，於是乎正德以幅之，使無黜嫚，謂之幅利。利過則爲敗。吾不敢貪多，所謂幅也。』崔慶之亡，於此論結穴。與北郭佐邑六十，受之。與子雅邑，辭多受少。與子尾邑，受而稍致之。公以爲忠，『公』字當重，古書重文但作二畫，故易脱也。故有寵。釋盧蒲嫳于北竟。

求崔杼之尸，將戮之，不得。叔孫穆子曰：『必得之。武王有亂臣十人〔七〕，崔杼其有乎？不十人，不足以葬。』既，崔氏之臣曰：『與我其拱璧，吾獻其柩。』於是得之。十二月乙亥朔〔八〕，齊人遷莊公，殯于大寢。以其棺尸崔杼於市。國人猶知之，皆曰：『崔子也。』縈回處，工妙絶倫。

二十九年二月癸卯，齊人葬莊公於北郭。

昭公三年，齊侯田於莒，盧蒲嫳見，泣，且請曰：『余髮如此種種〔九〕，余奚能爲？』公曰：『諾。吾告二子。』歸而告之。子尾欲復之，子雅不可，曰：『彼其髮短而心甚長，其或寢處我矣。』應前，且見二子甚能。二惠不亡，齊猶有可爲，傳中時見此意。宗堯按，左氏述此，意謂世之防亂者不可以忽易而階禍也。

九年，孟僖子如齊殷聘，禮也。九月，子雅放盧蒲嫳于北燕。

校　記

〔一〕原注：『與』讀『易與耳』之『與』。

〔二〕己　原作『已』，今正。

〔三〕使　原作『便』，今正。

〔四〕原注：『又』當讀曰有。

〔五〕原校：倭庫本『歸』下有『也』字。

〔六〕原校：宋本『之』作『也』。

〔七〕原校：唐石經無『臣』字。

〔八〕原校：史記『十二月』作『其秋』。

〔九〕原校：『種種』徐本作『董董』。

晉楚弭兵

以『誣道蔽諸侯』爲主，記趙孟之庸懦苟安而諸侯疲於兩大也。

襄公二十五年，趙文子爲政，令薄諸侯之幣，而重其禮。穆叔見之。謂穆叔曰：『自今以往，兵其少弭矣。齊崔、慶新得政，將求善於諸侯。武也知楚令尹。若敬行其禮，道之以文辭，以靖諸侯，兵可以弭。』列國交争之世，兵未有可以弭者。趙孟孱庸，舉中國之全力不能抗楚，而希冀弭兵於一時，諸侯疲於兩大，乃益困敝矣。向戌之倡弭兵，乃本於趙孟之意，故先記趙孟之言，以明責任之所在。宋之盟專以文辭見長，『文辭』二字先逆提於此。宗堯按，弭兵之舉，趙孟所欲也，故首敘趙孟之言，而末段借劉定公之論譏其無遠志也。

二十六年，齊人城郲之歲，其夏，齊烏餘以廩丘奔晉，襲衛羊角，取之，遂襲我高魚。有大雨，自其竇入，介于其庫，以登其城，克而取之。又取邑于宋。於是范宣子卒，諸侯弗能治也。及趙文子爲政，乃卒治之。文子言於晉侯曰：『晉爲盟主，諸侯或相侵也，則討而使歸其地。今烏餘之邑，皆討類也，而貪之，是無以爲盟主也。請歸之。』公曰：『諾，孰可使也？』對曰：『胥梁帶能無用師。』晉侯使往。

二十七年春，胥梁帶使諸喪邑者具車徒以受地，必周。使烏餘具車徒以受封。烏餘以其衆出，使諸侯僞效烏餘之封者，而遂執之，盡獲之。皆取其邑，而歸諸侯〔一〕。諸侯是以睦於晉。先以烏餘事爲弭兵作一小影。

宋向戌善於趙文子，又善於令尹子木，欲弭諸侯之兵以爲名。宗堯云，揭明欲以爲名，此以見弭兵非果能靖諸侯也，徒爲名焉而已。如晉，告趙孟。趙孟謀於諸大夫。韓宣子曰：『兵，民之殘也，財用之蠹〔一〕，小國之大蓄也。將或弭之，雖曰不可，必將許之。弗許，楚將許之，以召諸侯，則我失爲盟主矣。』宗堯按，『雖曰不可，必將許之』，所謂以誣道蔽諸侯也。明知其不可而爲之，寫晉執政之孱庸可笑。外唯内否，文能曲肖其情。晉人許之。如楚，楚亦許之。如齊，齊人難之。陳文子曰：『晉楚許之。我焉得已？且人曰「弭兵」，而我弗許，則固攜吾民矣，將焉用之？』齊人許之。告於秦，秦亦許之。皆告於小國，爲會於宋。五月甲辰，晉趙武至於宋。丙午，鄭良霄至。六月丁未朔，宋人享趙文子，叔向爲介。司馬置折俎〔二〕，禮也。仲尼使舉是禮也，以爲多文辭。『多文辭』三字作眼，足見他無可取，惟文辭可觀而已。戊申，叔孫豹、齊慶封、陳須無、衛石惡至。甲寅，晉荀盈從趙武至。丙辰，邾悼公至。壬戌，楚公子黑肱先至，成言於晉。丁卯，宋向戌如陳，從子木成言於楚。戊辰，滕成公至。子木謂向戌，請晉楚之從交相見也。庚午，向戌復於趙孟。趙孟曰：『晉楚、齊秦，匹也，晉之不能於齊，猶楚之不能於秦也。記一會而列國形勢畢見。楚君若能使秦君辱於敝邑，寡君敢不固請於齊？』壬申，左師復言於子木，曾文正公云，『復言』，言字疑衍。先大夫評曰：曾説非也，上文『復於趙孟』，復訓爲白；此『復言』與上『成言』、下『齊言』爲章法，非有衍字，且文宜與『復於趙孟』參差也。子木使馹謁諸王。王曰：『釋齊秦，他國請相見也。』秋七月戊寅，左師至。是夜也，趙孟及子晳盟，以齊言。庚辰，子木至自陳。陳孔奐、蔡公孫歸生至。曹許之大夫皆至。先大夫評曰：敘次駿邁。以藩爲軍。

晉楚各處其偏。伯夙謂趙孟曰：『楚氛甚惡，懼難。』趙孟曰：『吾左還，入於宋，若我何？』此寫趙孟畏楚。辛巳，將盟於宋西門之外。楚人衷甲。伯州犁曰：『合諸侯之師，以爲不信，無乃不可乎？夫諸侯望信於楚，是以來服。若不信，是棄其所以服諸侯也。』固請釋甲。子木曰：『晉楚無信久矣，事利而已。苟得志焉，焉用有信？』記楚之强，且明弭兵之無益也。宗堯云：楚國之計規，利於中原耳，晉無以制之，徒欲弭兵，非姑息而何？大宰退，告人曰：『令尹將死矣，不及三年。求逞志而棄信，志將逞乎？志以發言，言以出信，信以立志。參以定之。信亡，何以及三？』趙孟患楚衷甲，以告叔向。叔向曰：『何害也？匹夫一爲不信，猶不可單斃其死；七字作一句讀，猶言不能自保其死，國語『民罷力以完之，又斃死以守之』是其證。倭庫本『不可』下有『也』字，非是。若合諸侯之卿以爲不信，必不捷矣。食言者不病，非子之患也。夫以信召人，而以僭濟之，必莫之與也，安能害我？且吾因宋以守，先大夫讀『守』字絶句，『病』字下屬。病則夫能致死。與宋致死，雖倍楚可也〔四〕，子何懼焉？又不及是。曰弭兵以召諸侯，而稱兵以害我，吾庸多矣，非所患也。』

季武子使謂叔孫以公命曰：『視邾滕。』既而齊人請邾，宋人請滕，皆不與盟。叔孫曰：『邾滕，人之私也；我，列國也，何故視之？宋衛，吾匹也。』乃盟。故不書其族，言違命也。

晉楚爭先。晉人曰：『晉固爲諸侯盟主，未有先晉者也。』楚人曰：『子言晉楚匹也，若晉常先，是楚弱也。且晉楚狎主諸侯之盟也久矣，豈專在晉？』叔向謂趙孟曰：『諸侯歸晉之德只，非歸其尸盟也。子務德，無爭先。且諸侯盟，小國固必有尸盟者，楚爲晉細，不亦可乎？』乃先楚人。寫晉處處讓楚，怯也。書先晉，晉有信也。

壬午，宋公兼享晉楚之大夫，趙孟爲客，子木與之言，弗能對〔五〕；使叔向侍言焉，子木亦不能對也。此會以文辭爲主，然其辭不能盡載，故以虛寫之筆括之，而此下略敘子木、趙孟之言以見意。

乙酉，宋公及諸侯之大夫盟于蒙門之外。子木問於趙孟曰：『范武子之德何如？』對曰：『夫子之家事治，言於晉國無隱情，其祝史陳信於鬼神無愧辭。』子木歸以語王。王曰：『尚矣哉！能歆神、人，宜其光輔五君以爲盟主也。』先大夫評曰：高邈妙遠。

子木又語王曰：『宜晉之伯也，有叔向以佐其卿，楚無以當之，不可與争。』先大夫評曰：此文字淡遠處。又評曰：二事不同類而裁之，使整鈎聯成文，文事之一秘也。闓生謹按，褒揚士會、叔向，皆菲薄趙孟之微旨。宗堯按，此篇與士會之行事無與，敘此亦微示及之者少也。又趙孟文弱，既無以竟勝於楚，即弭兵一事亦多賴叔向左右之使不敗耳。

晉荀盈遂如楚涖盟。

鄭伯享趙孟于垂隴，子展、伯有、子西、子産、子大叔、二子石從。趙孟曰：『七子從君，以寵武也。請皆賦〔六〕，以卒君貺，武亦以觀七子之志。』以下極寫趙孟之詞令，趙孟如是，則子木、叔向可知矣。此加一倍寫法，又見趙孟無武節而專好事文詞也。子展賦草蟲。趙孟曰：『善哉，民之主也！抑武也，不足以當之。』伯有賦鶉之賁賁。趙孟曰：『牀笫之言不踰閾，況在野乎？非使人之所得聞也。』子西賦黍苗之四章。趙孟曰：『寡君在，武何能焉？』子産賦隰桑。趙孟曰：『武請受其卒章。』子大叔賦野有蔓草。趙孟曰：『吾子之惠也。』印段賦蟋蟀。趙孟曰：『善哉，保家之主也！吾有望矣。』公孫段賦桑扈。趙孟曰：『「匪交匪敖」，福將焉往？若保是言也，欲辭福禄，得乎？』此會以文辭見長，傳不備載，舉此一端，以概其餘也。

卒享，文子告叔向曰：『伯有將爲戮矣。詩以言志，志誣其上而公怨之，以爲賓榮，其能久乎？幸而後亡。』叔向曰：『然，已侈，所謂不及五稔者，夫子之謂矣。』文子曰：『其餘皆數世之主也。子展其後亡者也，在上不忘降。印氏其次也，樂而不荒。樂以安民，不淫以使之，後亡，不亦可乎？』

宋左師請賞，曰：『請免死之邑。』公與之邑六十，以示子罕。子罕曰：『凡諸侯小國，晉楚所以兵威之，畏而後上下慈和，慈和而後能安靖其國家，以事大國，所以存也。無威則驕，驕則亂生，亂生必滅，所以亡也。天生五材，民并用之，廢一不可，誰能去兵？兵之設久矣，所以威不軌而昭文德也。聖人以興，亂人以廢。廢興、存亡、昏明之術，皆兵之由也，而子求去之，不亦誣乎？以誣道蔽諸侯，『蔽』，釋文、服虔作『弊』。正義云：董遇、王肅作『蔽』，當讀『諸侯道敝而無成』之『敝』。此後兼事兩大，益困敝也。罪莫大焉。縱無大討，而又求賞，無厭之甚也。』削而投之。左師辭邑。弭兵一役，乃極無聊之舉，徒斤斤於文詞，欲以折服蠻夷，疏矣。傳不明言其非，而一發之於此，神氣憤鬱，蔚爲至文，與宋子魚論戰一段，皆足表見左公英雄之概。宗堯云：此段借子罕以痛折其誣，爲通篇之關鍵，前寫晉卿之弱，後寫弭兵後諸侯益棄封守、犯霜露以事蠻夷也。向氏欲攻司城。左師曰：『我將亡，夫子存我，德莫大焉。又可攻乎？』君子曰：

『「彼己之子，邦之司直」，樂喜之謂乎！「何以恤我，我其收之」，向戌之謂乎！』以上宋之盟止此。

楚薳罷如晉涖盟，晉侯享之。將出，賦既醉。叔向曰：『薳氏之有後於楚國也，宜哉！承君命，不忘敏。子蕩將知政矣。敏以事君，必能養民，政其焉往？』

二十八年夏，齊侯、陳侯、蔡侯、北燕伯、杞伯、胡子、沈子、白狄朝于晉，宋之盟故也。齊侯將行，慶封曰：『我不與盟，何爲於晉？』陳文子曰：『先事後賄，禮也。小事大，未獲事焉，從之如志〔七〕，禮也。雖不與盟，敢叛晉乎？重丘之盟，未可忘也。子其勸行！』

孟孝伯如晉。告將爲宋之盟故如楚也。

蔡侯之如晉也，鄭伯使游吉如楚。及漢，楚人還之，曰：『宋之盟，君實親辱。今吾子來，寡君謂吾子姑還，吾將使馹奔問諸晉而以告。』記弭兵後諸侯之不堪命，此下至篇末總是此意。子大叔曰：『宋之盟，君命將利小國，而亦使安定其社稷，鎮撫其民人，以禮承天之休，此君之憲令，而小國之望也。』寡君是故使吉奉其皮幣，以歲之不易，聘於下執事。今執事有命曰：『女何與政令之有？必使而君棄而封守，跋涉山川，蒙犯霜露，以逞君心。小國將君是望，敢不唯命是聽？無乃非盟載之言，以闕君德，而執事有不利焉，小國是懼。不然，其何勞之敢憚？』

子大叔歸，復命。告子展曰：『楚子將死矣。不修其政德，而貪昧於諸侯，以逞其願，欲久，得乎？周易有之，在復䷗之頤䷚，曰「迷復，凶」，其楚子之謂乎？欲復其願，而棄其本，復歸無所，是謂迷復，能無凶乎？君其往也，送葬而歸，以快楚心。楚不幾十年，未能恤諸侯也，吾乃休吾民矣。』裨竈曰：『今茲周王及楚子皆將死。歲棄其次，而旅於明年之次，以害鳥帑，周楚惡之。』

九月，鄭游吉如晉，告將朝于楚以從宋之盟。子產相鄭伯以如楚。舍不爲壇〔八〕。外僕言曰：『昔先大夫相先君適四國，未嘗不爲壇。自是至今亦皆循之。今子草舍，無乃不可乎？』子產曰：『大適小，則爲壇；小適大，苟舍而已，焉用壇？僑聞之：大適小有五美，宥其罪戾，赦其過失，救其菑患，賞其德刑，教其不及。小國不困，懷服如歸，是故作壇以昭其功，宣告後人，無怠於德。小適大有五惡，說其罪戾，請其不足，行其政事，共其職貢，從其時命。不然，則重其幣帛，以賀其福而弔其凶，皆小國之禍也，焉用作壇以昭其禍所？先大夫評曰：『禍所』連讀。以告子孫，無昭禍焉可也。』

爲宋之盟故，公及宋公、陳侯、鄭伯、許男如楚。公過鄭，鄭伯不在，伯有廷勞於黄崖，不敬。穆叔曰：『伯有無戾於鄭，鄭必有大咎。敬，民之主也，而棄之，何以承守？鄭人不討，必受其辜。濟澤之阿，行潦之蘋藻，寘諸宗室，季蘭尸之，敬也。敬可棄乎〔九〕？』

及漢，楚康王卒。公欲反。叔仲昭伯曰：『我楚國之爲，豈爲一人行也？』子服惠伯曰：『君子有遠慮，小人從邇。飢寒之不恤，誰遑其後？不如姑歸也。』叔孫穆子曰：『叔仲子專之矣，子服子，始學者也。』榮成伯曰：『遠圖者，忠也。』公遂行。宋向戌曰：『我一人之爲，非爲楚也。飢寒之不恤，誰能恤楚？姑歸而息民，待其立君而爲之備。』宋公遂反。宗堯按，此寫弭兵後諸侯朝楚之困敝。

楚屈建卒，趙文子喪之如同盟，禮也。先大夫評曰：大夫喪，同盟以諸侯自處也，左氏蓋深譏之。

二十九年春王正月，公在楚，釋不朝正于廟也。

楚人使公親襚，公患之。宗堯云：此寫弭兵後諸侯之不堪也，晉主夏盟，竟使一辱至此。穆叔曰：『祓殯而襚，則布幣也。』乃使巫以桃、茢先祓殯。楚人弗禁，既而悔之。

夏四月，葬楚康王，公及陳侯、鄭伯、許男送葬，至於西門之外，諸侯之大夫皆至于墓。

葬靈王，鄭上卿有事。子展使印段往。伯有曰：『弱，不可。』子展曰：『與其莫往，弱不猶愈乎？詩云：「王事靡盬，不遑啓處。」東西南北，誰敢寧處？堅事晉楚，以蕃王室也。王事無曠，何常之有？』遂使印段如周。忽於送葬之後，插入鄭之勤王，最有意味。宗堯云：諸侯爲楚送葬而葬天子，則僅聞印段如周，讀『東西南北，誰敢寧處』之言，不覺其音之淒慘也。

三十年，爲宋災故，諸侯之大夫會，以謀歸宋財。冬十月，叔孫豹會晉趙武、齊公孫蠆、宋向戌、衛北宮佗、鄭罕虎及小邾之大夫會于澶淵。既而無歸於宋，故不書其人。

君子曰：『信其不可不慎乎！澶淵之會，卿不書，不信也。夫諸侯之上卿，會而不信，寵名皆棄，不信之不可也如是。詩曰，「文王陟降，在帝左右」，信之謂也。又曰，「淑慎爾止，無載爾僞」，不信之謂也。』書曰『某人某人會于澶淵，宋災故』，尤之也。不書魯大夫，諱之也。此漢經師之文。

三十一年，鄭子皮使印段如楚，以適晉告，禮也。

昭公元年春，楚公子圍聘于鄭，且娶於公孫段氏。伍舉爲介。將入館，鄭人惡之，使行人子羽與之言，所言不詳載，避下文也。乃館於外。既聘，將以衆逆。子産患之，使子羽辭，曰：『以敝邑褊小，不足以容從者，請墠聽命。』令尹命大宰伯州犂對曰：『君辱貺寡大夫圍，謂圍將使豐氏撫有而室。圍布几筵，告於莊共之廟而來。若野賜之，是委君貺於草莽也，是寡大夫不得列於諸卿也。不寧唯是，又使圍蒙其先君，將不得爲寡君老，其蔑以復矣。唯大夫圖之。』子羽曰：『小國無罪，恃實其罪。將恃大國之安靖己，而無乃包藏禍心以圖之！小國失恃，而懲諸侯，使莫不憾者，距違君命，而有所壅塞不行是懼。不然，敝邑，館人之屬也，其敢愛豐氏之祧？』宗堯云：楚惟利是視，何知弭兵？子木、公子圍終守規利之策，晉卿終守避楚之策也。伍舉知其有備也，請垂櫜而入。許之。

正月乙未，入，逆而出。遂會於虢，尋宋之盟也。祁午謂趙文子曰：『宋之盟，楚人得志於晉。今令尹之不信，諸侯之所聞也。子弗戒，懼又如宋。子木之信稱於諸侯，猶詐晉而駕焉，況不信之尤者乎？楚重得志於晉，晉之耻也。文中主眼。子相晉國，以爲盟主，於今七年矣。再合諸侯，三合大夫，馬驌云：再合諸侯：襄二十五夷儀，二十六澶淵；三合大夫：二十七會宋，三十澶淵及今虢。服齊狄，寧東夏，平秦亂，城淳于，師徒不頓，國家不罷，民無謗讟，諸侯無怨，天無大災，子之力也。有令名矣，而終之以耻，午也是懼，吾子其不可以不戒。』晉爲盟主，而偷安下楚，實爲國耻。左氏不肯明言，特於祁午口中見之。文子曰：『武受賜矣。然宋之盟，子木有禍人之心，武有仁人之心，是楚所以駕於晉也。今武猶是心也，楚又行僭，非所害也。武將信以爲本，循而行之。譬如農夫，是穮是蔉，雖有饑饉，必有豐年。宗堯云：其無長治久安之策，於此可見矣。且吾聞之，能信不爲人下，吾未能也。詩曰，「不僭不賊，鮮不爲則」，信也。能爲人則者，不爲人下矣。吾不能是難，楚不爲患。』楚令尹圍請用牲讀舊書加于牲上而已，晉人許之。

三月甲辰，盟。楚公子圍設服離衛。叔孫穆子曰：『楚公子美矣，君哉！』鄭子皮曰：『二執戈者前矣。』蔡子家曰：『蒲宮有前，不亦可乎？』楚伯州犂曰：『此行也，辭而假之寡君。』鄭行人揮曰：『假不反矣。』伯州犂曰：『子姑憂子皙之欲背誕也。』子羽曰：『當璧猶在，假而不反，子其無憂乎？』齊國子曰：『吾代二子愍矣。』陳公子招曰：『不憂何成？二子樂矣。』衛齊子曰：『苟或知之，雖憂何害？』宋合左師曰：『大國令，小國共，吾知共而已。』晉樂王鮒曰：『小旻之卒章善矣，吾從之。』

退會，子羽謂子皮曰：『叔孫絞而婉，宋左師簡而禮，樂王鮒字而敬，子與子家持之，皆保世之主也。齊、衛、陳大夫其不免乎！國子代人憂，子招樂憂，齊子雖憂弗害。夫弗及而憂，與可憂而樂，與憂而弗害，皆取憂之道也，憂必及之。大誓曰：「民之所欲，天必從之。」三大夫兆憂〔一〇〕，憂能無至乎？言以知物，其是之謂矣。』因會事而遍及列國大夫之言論，文情洋溢之處。宗堯按，是篇弭兵之利害，寫來莫不盡致而忽旁及列國異日種種事變，想見手揮五弦、目送飛鴻之概。

季武子伐莒，取鄆。莒人告於會〔一一〕。楚告於晉曰：『尋盟未退，而魯伐莒，瀆齊盟，請戮其使。』

樂桓子相趙文子，欲求貨於叔孫，而爲之請。使請帶焉，弗與。梁其踁曰：『貨以藩身，子何愛焉？』叔孫曰：『諸侯之會，衛社稷也。我以貨免，魯必受師，是禍之也，何衛之爲？寫叔孫以身衛國之忠。人之有牆，以蔽惡也。牆之隙壞，誰之咎也？此二句責季孫。衛而惡之，吾又甚焉。雖怨季孫，魯國何罪？叔出季處，有自來矣，吾又誰怨？然鮒也賄，弗與，不已。』召使者，裂裳帛而與之，曰：『帶其褊矣。』趙孟聞之，曰：『臨患不忘國，忠也；思難不越官，信也；圖國忘死，貞也；謀主三者，義也。有是四者，又可戮乎？』乃請諸楚曰：『魯雖有罪，其執事不辟難，畏威而敬命矣。子若免之，以勸左右，可也。若子之羣吏，處不辟污，出不逃難，其何患之有？患之所生，污而不治，難而不守，所由來也。能是二者，又何患焉？不靖其能〔一二〕，其誰從之？魯叔孫豹可謂能矣，請免之，以靖能者。子會而赦有罪，又賞其賢，諸侯其誰不欣焉望楚而歸之，視遠如邇？疆埸之邑，一彼一此，何常之有？王、伯之令也，引其封疆，而樹之官，舉之表旗，而著之制令，過則有刑，猶不可壹。於是乎虞有三苗，夏有觀扈，商有姺邳，周有徐奄。自無令王，諸侯逐進，逐進，「逐」乃「遂」字之誤。史記樂書「仲尼不能與齊優，遂容於魯」，先大夫訓「遂」爲「并」，謂字書失其詁。闓生後讀韓非「是以賢良遂進而姦邪并退」，益證明之。此「遂進」與彼文正同，淺人不達而妄改之也。狎主齊盟，其又可壹乎？恤大舍小，足以爲盟主，又焉用之？封疆之削，何國蔑有？主齊盟者，誰能辯焉？吴濮有釁，楚之執事豈其顧盟？莒之疆事，楚勿與知，諸侯無煩，不亦可乎？莒魯争鄆，爲日久矣。苟無大害於其社稷，可無亢也。去煩宥善，莫不競勸。子其圖之。』文甚典則，實以發揮趙孟玩愒畏事之心理，爲其不能抗楚寫照。固請諸楚，楚人許之，乃免叔孫。

令尹享趙孟，賦大明之首章。趙孟賦小宛之二章。事畢，趙孟謂叔向曰：『令尹自以爲王矣，何如？』對曰：『王弱，令尹彊，其可哉！雖可，不終。』伏後。趙孟曰：『何故？』對曰：『彊以克弱而安之，彊不義也。不義而彊，其斃必速。詩曰，「赫赫宗周，褒姒滅之」，彊不義也。令尹爲王，必求諸侯。晉少懦矣，諸侯將往。若獲諸侯，其虐滋甚，民弗堪也，將何以終？夫以彊取〔一三〕，不義而克，必以爲道。道以淫虐，弗可久已矣。』宗堯云：直謂楚靈之不終，由於晉懦而楚爭諸侯，故楚靈成貪虐之局，是逆攝楚靈之敗，而歸其故於晉志之弱也。筆力奚啻千鈞。

夏四月，趙孟、叔孫豹、曹大夫入于鄭，鄭伯兼享之。子皮戒趙孟，禮終，趙孟賦瓠葉。子皮遂戒穆叔，且告之。穆叔曰：『趙孟欲一獻〔一四〕，子其從之。』子皮曰：『敢乎？』穆叔曰：『夫人之所欲也。又何不敢？』及享，具五獻之籩豆於幕下。趙孟辭，私於子產曰：『武請於冢宰矣。』乃用一獻。趙孟爲客。禮終乃宴。穆叔賦鵲巢，趙孟曰：『武不堪也。』又賦采蘩，曰：『小國爲蘩，大國省穡而用之，其何實非命？』子皮賦野有死麕之卒章，趙孟賦常棣，且曰：『吾兄弟比以安，尨也可使無吠。』穆叔、子皮及曹大夫興，拜，舉兕爵，曰：『小國賴子，知免于戾矣。』趙孟無武守而專好事文詞，敘此與宋之盟同意。宗堯按：此謂因弭兵而諸侯亦稍得偷安也。是寬一層寫法，欲擒先縱，此縱筆也。飲酒樂，趙孟出，曰：『吾不復此矣。』補足一句，寫趙孟之衰颯。叔孫歸，曾夭御季孫以勞之。旦及日中不出。曾夭謂曾阜曰：『旦及日中，吾知罪矣。魯以相忍爲國也。忍其外，不忍其内，焉用之？』阜曰：『數月於外，一旦於是，庸何傷？賈而欲贏，而惡囂乎？』極趣。阜謂叔孫曰：『可以出矣。』叔孫指楹，曰：『雖惡是，其可去乎？』乃出見之。此旁枝，見季氏之貪婪召禍，而賢者無如之何也。

天王使劉定公勞趙孟於潁，館於雒汭。劉子曰：『美哉禹功！明德遠矣。微禹，吾其魚乎！文情閎肆高邈，如讀莊子『君其涉於江而浮於海』一節，飄飄有棄吾故屣之意，所以深責趙孟之不堪其任也。吾與子弁冕端委〔一五〕，以治民、臨諸侯，禹之力也。子盍亦遠績禹功而大庇民乎？』對曰：『老夫罪戾是懼，焉能恤遠？吾儕偷食，朝不謀夕，何其長也？』劉子歸，以語王曰：『諺所謂老將知而耄及之者，其趙孟之謂乎！爲晉正卿，以主諸侯，而儕於隸人，朝不謀夕，棄神、人矣。神怒、民叛，何以能久？趙孟不復年矣。神怒，不歆其祀；民叛，不即其事。祀、事不從，又何以年？』晉霸中原，而趙孟方執其柄，乃偷安愒日，優游文雅，欲以徼倖弭兵一時，兵禍未弭而列國之受其害者已鉅矣。左公意中，極以趙氏之孱庸懦弱爲非，而文中絶不輕露，於其卒也，特假劉子之論淋漓頓挫而出之，英偉奇絶之文也。宗堯按，子皮之論爲通篇關鍵，劉子之言揭破弭兵之舉實由晉志之不遠，爲通篇結束，章法最爲完好。

校記

〔一〕原校：晉宋古本不重「諸侯」字。

〔二〕原校：釋文「蠹」作「蠹」。

〔三〕原校：倭庫本「置」作「以」。

〔四〕原校：岳本不重「與宋致死」四字。

〔五〕原校：倭庫本「弗」上有「趙孟」字。

〔六〕原校：文選注引「賦」下有「詩」字。

〔七〕原注：先大夫評曰「從」讀爲「縱」。

〔八〕原校：服本「壇」作「墠」，下同。

〔九〕原校：倭庫本「可」上有「其」字。

〔一〇〕原校：漢志「憂」下有「矣」字。

〔一一〕原校：倭庫本無「於」字。

〔一二〕原校：倭庫本「能」下有「者」字。

〔一三〕原校：倭庫本「取」下有「也」字。

〔一四〕原校：倭庫本「獻」下有「也」字。

〔一五〕原校：釋文無『冕』字。

吴季札讓國

以『季子守節』爲主，特于觀樂見精采。

襄公十四年，吴子諸樊既除喪，將立季札。季札辭曰：『曹宣公之卒也，諸侯與曹人不義曹君，將立子臧。子臧去之，遂弗爲也，以成曹君。君子曰「能守節」。君，義嗣也，誰敢奸君？有國，非吾節也。札雖不才，願附於子臧，以無失節。』固立之，棄其室而耕，乃舍之。

二十四年夏，楚子爲舟師以伐吴，不爲軍政，無功而還。

二十五年十二月，吴子諸樊伐楚，以報舟師之役。門于巢。巢牛臣曰：『吴王勇而輕，若啓之，將親門。我獲射之，必殪。是君也死，疆其少安。』從之。吴子門焉，牛臣隱於短牆以射之，卒。

二十九年，吴人伐楚，獲俘焉，以爲閽，使守舟。吴子餘祭觀舟，閽以刀弑之〔一〕。

吴公子札來聘，見叔孫穆子，説之。謂穆子曰：『子其不得死乎！好善而不能擇人。

吾聞君子務在擇人。吾子爲魯宗卿，而任其大政，不愼舉，何以堪之？禍必及子！』

請觀於周樂。使工爲之歌周南、召南，曰：『美哉！始基之矣，猶未也，然勤而不怨矣。』此文聲調悠揚之美，令人諷之飄飄然有淩云之意，文章之妙蓋與樂通矣。爲之歌邶、鄘、衛，曰：『美哉淵乎！憂而不困者也。吾聞衛康叔、武公之德如是，是其衛風乎！』爲之歌王，曰：『美哉！思而不懼，其周之東乎！』爲之歌鄭，曰：『美哉〔一〕！其細已甚，民弗堪也。是其先亡乎！』爲之歌齊，曰：『美哉，泱泱乎！大風也哉！表東海者，其大公乎！國未可量也。』爲之歌豳，曰：『美哉，蕩乎！樂而不淫，其周公之東乎！』爲之歌秦，曰：『此之謂夏聲。夫能夏則大，大之至也，其周之舊乎！』爲之歌魏，曰：『美哉，渢渢乎！大而婉，險而易行，以德輔此，則明主也〔二〕。』姬傳譏此文爲阿魏之辭，不知是時魏方屬晉，盟主謂晉，非謂三家之魏也。爲之歌唐，曰：『思深哉！其有陶唐氏之遺民乎〔四〕！不然，何憂之遠也〔五〕？非令德之後，誰能若是？』爲之歌陳，曰：『國無主，其能久乎？』自鄶以下無譏焉。爲之歌小雅，曰：『美哉！思而不貳，怨而不言，其周德之衰乎？猶有先王之遺民焉〔六〕。』爲之歌大雅，曰：『廣哉，熙熙乎！曲而有直體，其文王之德乎！』爲之歌頌，曰：『至矣哉！直而不倨，曲而不屈〔七〕，邇而不偪，遠而不攜，遷而不淫，復而不厭，哀而不愁，樂而不荒，用而不匱，廣而不宣，施而不費，取而不貪，處而不底，行而不流。五聲和，八風平，節有度，守有序，盛德之所同也。』

見舞象箾、南籥者，曰：『美哉！猶有憾。』見舞大武者，曰：『美哉！周之盛也，其若此乎！』見舞韶濩者，曰：『聖人之弘也，而猶有慚德，聖人之難也。』見舞大夏者，曰：『美哉！勤而不德，非禹，其誰能修之？』見舞韶箾者，曰：『德至矣哉，大矣！如天之無不幬也，如地之無不載也。雖甚盛德，其蔑以加於此矣，觀止矣。若有他樂，吾不敢請已。』宗堯云：樂舞不可見矣，今之三百篇猶在也，其神契古人處，足步孔子聞韶之武。惜乎！後世言詩不得其神悟者多也。

其出聘也，通嗣君也。故遂聘于齊，通篇如一筆書。說晏平仲，謂之曰：『子速納邑與政。無邑無政，乃免於難。齊國之政將有所歸，未獲所歸，難未歇也。』故晏子因陳桓子以納政與邑，是以免於欒高之難。

聘於鄭，見子產，如舊相識。變調。與之縞帶，子產獻紵衣焉。謂子產曰：『鄭之執政侈，難將至矣，政必及子。子爲政，慎之以禮。不然，鄭國將敗。』

適衛，説蘧瑗、史狗、史鰌、公子荆、公叔發、公子朝，公子朝乃通襄夫人而作亂者〔八〕，何乃與諸人并稱？曰：『衛多君子，未有患也。』自衛如晉，將宿於戚，聞鐘聲焉，曰：『異哉！吾聞之也，辯而不德，必加於戮。夫子獲罪於君以在此，懼猶不足，而又何樂？夫子之在此也，猶燕之巢於幕上。君又在殯，而可以樂乎？』遂去之。文子聞之，終身不聽琴瑟。適晉，説趙文子、韓宣子、魏獻子，曰：『晉國其萃於三族乎！』説叔向。將行，謂叔向曰：『吾子勉之！君侈而多良，大夫皆富，政將在家。吾子好直，必思自免於難。』宗堯云：季子所論列國者，皆至言也。

三十一年，吴子使屈狐庸聘于晉，通路也。趙文子問焉，曰：『延州來季子其果立乎？巢隕諸樊，閽戕戴吴，天似啓之，何如？』對曰：『不立。是二王之命也，非啓季子也。若天所啓，其在今嗣君乎！甚德而度。德不失民，度不失事。民親而事有序，其天所啓也。有吴國者，必此君之子孫實終之。季子，守節者也。雖有國，不立。』宗堯云：春秋之有季子，亦鳳麟也。左氏欲借其人爲衰世樹之風聲，故於其器識、襟抱、性情、志節，盡情鋪敘，所謂曠世相感，雖敘事之文，實當與孟子『聖人百世之師』篇并讀，以求其神味也。

校記

〔一〕弑　原作「殺」，今正。

〔二〕原校：史記無「美哉」字，是。

〔三〕原校：史記「險」作「儉」，「明」作「盟」。

〔四〕原校：史記「民」作「風」。

〔五〕原校：石經「何」下有「其」字，「憂」下旁加「思」字。

〔六〕原校：史記「焉」作「也」。

〔七〕原校：史記「屈」作「詘」。

〔八〕公子朝　疑爲「公孫朝」之誤。

子産相鄭

以古之遺愛爲主。先大夫嘗曰：左傳十二公，襄公最詳，所載晏嬰、子産事尤多，疑出於他人之附益之，非邱明之舊也。

襄公二十二年夏，晉人徵朝于鄭。鄭人使少正公孫僑對，曰：

在晉先君悼公九年，我寡君於是即位。即位八月，而我先大夫子駟從寡君以朝于執事，執事不禮於寡君，寡君懼。因是行也，我二年六月朝于楚，晉是以有戲之役。楚人猶競，而申禮於敝邑。敝邑欲從執事，而懼爲大尤，曰『晉其謂我不共有禮』，是以不敢攜貳於楚。我四年三月，先大夫子蟜又從寡君以觀釁於楚晉，於是乎有蕭魚之役。謂我敝邑，邇在晉國，譬諸草木，吾臭味也，而何敢差池？楚亦不競，寡君盡其土實，重之以宗器，以受齊盟。遂帥羣臣隨于執事，以會歲終。貳於楚者，子侯、石盂，歸而討之。溴梁之明年，子蟜老矣，公孫夏從寡君以朝于君，見於嘗酎，與執燔焉。間二年，聞君將靖東夏，四月，又朝以聽事期。不朝之間，無歲不聘，無役不從。以大國政令之無常，國家罷病，不虞薦至，無日不惕，豈敢忘職？大國若安定之，其朝夕在庭，何辱命焉？若不恤其患，而以爲口實，其無乃不堪任命，而翦爲仇讎？敝邑是懼，其敢忘君命？委諸執事，執事實重圖之。

九月，鄭公孫黑肱有疾，歸邑于公，召室老、宗人立段，而使黜官、薄祭。祭以特羊，殷以少牢，足以共祀，盡歸其餘邑，曰：『吾聞之，生於亂世，貴而能貧，民無求焉，可以後亡。敬共事君與二三子。生在敬戒，不在富也。』己巳，伯張卒。君子曰：『善戒。詩曰，「慎爾侯度，用戒不虞」，鄭子張其有焉。』

十二月，鄭游昄將歸晉〔一〕，未出竟，遭逆妻者，奪之，以館于邑。丁巳，其夫攻子明，殺之，以其妻行。子展廢良而立大叔，曰：『國卿，君之貳也，民之主也，不可以苟。請舍子明之類〔二〕。』求亡妻者，使復其所。使游氏勿怨，曰：『無昭惡也。』

二十四年，范宣子爲政，諸侯之幣重，鄭人病之。二月，鄭伯如晉，子產寓書於子西，以告宣子，子產事實疑採自他書，與全書筆勢不類，然中有精理名言，不可廢也。曰：

子爲晉國，四鄰諸侯不聞令德，而聞重幣，僑也惑之。僑聞君子長國家者，非無賄之患，而無令名之難。夫諸侯之賄聚於公室，則諸侯貳。若吾子賴之，則晉國貳。諸侯貳，則晉國壞；晉國貳，則子之家壞。何沒沒也！將焉用賄？夫令名，德之輿也；德，國家之基也。有基無壞，無亦是務乎？有德則樂，樂則能久。詩云，『樂只君子，邦家之基』，有令德也夫！『上帝臨女，無貳爾心』有令名也夫！恕思以明德則，先大夫讀『則』字上屬。令名載而行之，是以遠至邇安。毋寧使人謂子『子實生我』，而謂『子浚我以生』乎？象有齒以焚其身，賄也。

宣子說，乃輕幣。左氏好譏趙武，以其玩愒無遠圖也。至范匄、韓起，乃以賄聞，愈益下矣。是行也，鄭伯朝晉，爲重幣故，且請伐陳也。鄭伯稽首，宣子辭。子西相，曰：『以陳國之介恃大國，而陵虐於敝邑，寡君是以請請罪焉〔三〕，敢不稽首？』晉侯嬖程鄭，使佐下軍。鄭行人公孫揮如晉聘，程鄭問焉，曰：『敢問降階何由？』子羽不能對，歸以語然明。然明曰：『是將死矣。不然，將亡。貴而知懼，懼而思降，乃得其階。下人而已，又何問焉？且夫既登而求降階者，知人也，不在程鄭。其有亡釁乎！不然，其有惑疾，將死而憂也。』此見禮義之實，非僉壬之所得而冒也。

二十五年，初，陳侯會楚子伐鄭，當陳隧者，井堙木刊，鄭人怨之。六月，鄭子展、子産帥車七百乘伐陳，宵突陳城，遂入之。陳侯扶其大子偃師奔墓，遇司馬桓子，曰：『載余！』曰：『將巡城。』遇賈獲，載其母妻，下之，而授公車。公曰：『舍爾母。』辭曰：『不祥。』與其妻扶其母以奔墓，亦免。

子展命師無入公宫，與子産親御諸門。陳侯使司馬桓子賂以宗器。陳侯免，擁社，使其衆男女别而纍，以待於朝。子展執縶而見，再拜稽首，承飲而進獻。子美入，數俘而出。祝祓社，司徒致民，司馬致節，司空致地，乃還。

鄭子産獻捷于晉，戎服將事。晉人問陳之罪。對曰：『昔虞閼父爲周陶正，以服事我先王。我先王賴其利器用也，與其神明之後也，庸以元女大姬配胡公〔四〕，而封諸陳，以備三恪。則我周之自出，至于今是賴。桓公之亂，蔡人欲立其出，我先君莊公奉五父而立之，蔡人殺之，我又與蔡人奉戴厲公。至于莊宣，皆我之自立。夏氏之亂，成公播蕩，又我之自入，君所知也。今陳忘周之大德，蔑我大惠，棄我姻親，介恃楚衆，以憑陵我敝邑，不可億逞，我是以有往年之告。未獲成命，則有我東門之役。當陳隧者，井堙木刊。敝邑大懼不競而恥大姬，天誘其衷，啓敝邑之心。陳知其罪，授手于我〔五〕。用敢獻功。』晉人曰：『何故侵小？』對曰：『先王之命，唯罪所在，各致其辟。且昔天子之地一圻，列國一同，自是以衰〔六〕。今大國多數圻矣，若無侵小，何以至焉？』晉人曰：『何故戎服？』對曰：『我先君武莊爲平桓卿士。城濮之役，文公布命，曰：「各復舊職。」命我文公戎服輔王，以授楚捷——不敢廢王命故也。』士莊伯不能詰，復於趙文子。文子曰：『其辭順。犯順，不祥。』乃受之。

冬十月，子展相鄭伯如晉，拜陳之功。子西復伐陳，陳及鄭平。

仲尼曰：『志有之：「言以足志，文以足言。」不言，誰知其志？言之無文，行而不遠。晉爲伯，鄭入陳，非文辭不爲功。慎辭哉！』

晉程鄭卒，子產始知然明，問爲政焉。對曰：『視民如子。見不仁者，誅之，如鷹鸇之逐鳥雀也。』子産喜，以語子大叔，且曰：『他日，吾見蔑之面而已，今吾見其心矣。』

子大叔問政於子産。子産曰：『政如農功，日夜思之，思其始而成其終，朝夕而行之。行無越思，如農之有畔，其過鮮矣。』

二十六年，鄭伯賞入陳之功，三月甲寅朔，享子展，賜之先路三命之服，先八邑；賜子産次路再命之服，先六邑。子産辭邑，曰：『自上以下，隆殺以兩〔七〕，禮也。臣之位在四，且子展之功也，臣不敢及賞禮，請辭邑。』公固予之，乃受三邑。公孫揮曰：『子産其將知政矣。讓不失禮。』

二十九年，鄭伯有使公孫黑如楚，辭曰：『楚鄭方惡，而使余往，是殺余也。』伯有曰：『世行也。』子皙曰：『可則往，難則已，何世之有？』伯有將强使之。子皙怒，將伐伯有氏，大夫和之。十二月己巳，鄭大夫盟於伯有氏。裨諶曰：『是盟也，其與幾何？詩曰「君子屢盟，亂是用長」，今是長亂之道也，禍未歇也，必三年而後能紓。』然明曰：『政將焉往？』裨諶曰：『善之代不善，天命也，其焉辟子産？舉不踰等，則位班也。擇善而舉，則世隆也。天又除之，奪伯有魄，子西即世，將焉辟之？天禍鄭久矣，其必使子産息之，乃猶可以戾。不然，將亡矣〔八〕。』數語可作子産贊讀。

三十年，子産相鄭伯以如晉，叔向問鄭國之政焉。對曰：『吾得見與否，在此歲也。駟良方争，未知所成。若有所成，吾得見，乃可知也。』叔向曰：『不既和矣乎？』對曰：『伯有侈而愎，子晳好在人上，莫能相下也。雖其和也〔九〕，猶相積惡也，惡至無日矣。』

夏四月己亥，鄭伯及其大夫盟。君子是以知鄭難之不已也。

鄭伯有耆酒，爲窟室，而夜飲酒，擊鐘焉。朝至，未已。朝者曰：『公焉在？』其人曰：『吾公在壑谷。』其時，列國大夫皆僭稱『公』矣。皆自朝布路而罷。既而朝，則又將使子晳如楚，歸而飲酒。庚子，子晳以駟氏之甲伐而焚之。伯有奔雍梁，醒而後知之。遂奔許。

大夫聚謀。子皮曰：『仲虺之志云：「亂者取之，亡者侮之。」推亡固存，國之利也。罕、駟、豐同生，伯有汰侈，故不免。』人謂子産就直助彊。子産曰：『豈爲我徒？國之禍難，誰知所敝？或主彊直，難乃不生。姑成吾所。』辛丑，子産斂伯有氏之死者而殯之，不及謀而遂行。印段從之。子皮止之。衆曰：『人不我順，何止焉？』子皮曰：『夫子禮於死者，況生者乎？』遂自止之。壬寅，子產入。癸卯，子石入。皆受盟于子皙氏。乙巳，鄭伯及其大夫盟于大宮，盟國人于師之梁之外。伯有聞鄭人之盟己也，怒；聞子皮之甲不與攻己也，喜。曰：『子皮與我矣。』癸丑，晨，自墓門之瀆入，因馬師頡介于襄庫，以伐舊北門。駟帶率國人以伐之。皆召子產。子產曰：『兄弟而及此，吾從天所與。』伯有死於羊肆。子產襚之，枕之股而哭之，斂而殯諸伯有之臣在市側者，既而葬諸斗城。子駟氏欲攻子產。子皮怒之，曰：『禮，國之幹也。殺有禮，禍莫大焉。』乃止。

於是游吉如晉還，聞難不入。復命于介。八月甲子，奔晉。駟帶追之，及酸棗。與子上盟，用兩珪質于河。使公孫肸入盟大夫。己巳，復歸。

書曰『鄭人殺良霄』，不稱大夫，言自外入也。

於子蟜之卒也，將葬，公孫揮與裨竈晨會事焉。過伯有氏，其門上生莠。子羽曰：『其莠猶在乎？』以莠、有同音也。於是歲在降婁，降婁中而旦。裨竈指之，曰：『猶可以終歲，歲不及此次也已。』及其亡也，歲在娵訾之口，其明年乃及降婁。

僕展從伯有，與之皆死。羽頡出奔晉，爲任大夫。

鷄澤之會，鄭樂成奔楚，遂適晉。羽頡因之，與之比而事趙文子，言伐鄭之説焉。以宋之盟故，不可。子皮以公孫鉏爲馬師。

鄭子皮授子産政。辭曰：『國小而偪，族大寵多，不可爲也。』子産治鄭，分内政、外交兩事。國小而逼，外交之難也；族大寵多，内政之難也。已盡括此八字中。子皮曰：『虎帥以聽，誰敢犯子？子善相之。國無小，小能事大，國乃寛。』此表子皮。子産之得政，由子皮之讓賢也。

子産爲政，有事伯石，賂與之邑。子大叔曰：『國皆其國也，奚獨賂焉？』子産曰：『無欲實難。皆得其欲，以從其事，而要其成。非我有成，其在人乎？何愛於邑，邑將焉往？』子大叔曰：『若四國何？』子産曰：『非相違也，而相從也，四國何尤焉？鄭書有之曰：「安定國家，必大焉先。」姑先安大，以待其所歸。』此族大寵多之難也。其事晉楚，則國小而逼之難也。既，伯石懼而歸邑，卒與之。伯有既死，使大史命伯石爲卿，辭。大史退，則請命焉。復命之，又辭。如是三，乃受策入拜。子産是以惡其爲人也，使次己位。

子産使都鄙有章，上下有服；田有封洫，廬井有伍。大人之忠儉者，從而與之；泰侈者，因而斃之。

豐卷將祭，請田焉。弗許，曰：『唯君用鮮，衆給而已。』子張怒，退而徵役。子產奔晉，子皮止之，而逐豐卷。豐卷奔晉。極寫治內之難。子產請其田、里，三年而復之，反其田、里及其入焉。

從政一年，輿人誦之，曰：『取我衣冠而褚之〔一〇〕，取我田疇而伍之。孰殺子產，吾其與之。』及三年，又誦之，曰：『我有子弟，子產誨之；我有田疇，子產殖之。子產而死，誰其嗣之？』

三十一年，公薨之月，子產相鄭伯以如晉，晉侯以我喪故，未之見也。子產使盡壞其館之垣而納車馬焉。士文伯讓之，曰：『敝邑以政刑之不修，寇盜充斥，無若諸侯之屬辱在寡君者何，是以令吏人完客所館，高其閈閎〔一一〕，厚其牆垣，以無憂客使，今吾子壞之，雖從者能戒，其若異客何？以敝邑之爲盟主，繕完葺牆，以待賓客。若皆毀之，其何以共命？寡君使匄請命。』對曰：『以敝邑褊小，介於大國，誅求無時，是以不敢寧居，悉索敝賦，以來會時事。逢執事之不閒，而未得見；又不獲聞命，未知見時。不敢輸幣，亦不敢暴露。其輸之，則君之府實也，非薦陳之，不敢輸也。其暴露之，則恐燥濕之不時而朽蠹，以重敝邑之罪。僑聞文公之爲盟主也，宫室卑庳，無觀臺榭〔一二〕，以崇大諸侯之館，館如公寢；庫廄繕修，司空以時平易道路，圬人以時塓館宫室；諸侯賓至，甸設庭燎，僕人巡宫；車馬有所，賓從有代，巾車脂轄，隸人、牧、圉各瞻其事；百官之屬各展其物；公不留賓，而亦無廢事；憂樂同之，事則巡之；教其不知，而恤其不足。賓至如歸，無寧菑患？不畏寇盗，而亦不患燥濕。今銅鞮之宫數里，而諸侯舍於隸人，門不容車，而不可踰越；盗賊公行，而天癘不戒。賓見無時，命不可知。若又勿壞，是無所藏幣以重罪也。敢請執事，將何所命之？雖君之有魯喪，亦敝邑之憂也。若獲薦幣，修垣而行，君之惠也，敢憚勤勞？」文伯復命。趙文子曰：『信。我實不德，而以隸人之垣以贏諸侯，是吾罪也。』使士文伯謝不敏焉。

晉侯見鄭伯，有加禮，厚其宴、好而歸之。乃築諸侯之館。叔向曰：『辭之不可以已也如是夫！子產有辭，諸侯賴之，若之何其釋辭也？詩曰，「辭之輯矣，民之協矣；辭之繹矣，民之莫矣」，其知之矣。』

十二月，北宫文子相衛襄公以如楚，宋之盟故也。過鄭，印段廷勞于棐林，如聘禮而以勞辭。文子入聘。子羽爲行人，馮簡子與子大叔逆客。事畢而出，言於衛侯曰：『鄭有禮，其數世之福也，其無大國之討乎！詩云：「誰能執熱，逝不以濯？」禮之於政，如熱之有濯也。濯以救熱，何患之有？』

子産之從政也，擇能而使之：馮簡子能斷大事，子大叔美秀而文，公孫揮能知四國之爲，而辨於其大夫之族姓、班位、貴賤、能否，而又善爲辭令〔一三〕。裨諶能謀，謀於野則獲，謀於邑則否。鄭國將有諸侯之事，子産乃問四國之爲於子羽，且使多爲辭令；與裨諶乘以適野，使謀可否；而告馮簡子使斷之。事成，乃授子大叔使行之，以應對賓客，是以鮮有敗事。美其用人之當。北宮文子所謂有禮也。

鄭人游于鄉校，以論執政。然明謂子産曰：『毀鄉校何如？』子産曰：『何爲？夫人朝夕退而游焉，以議執政之善否。其所善者，吾則行之；其所惡者，吾則改之。是吾師也，若之何毀之？此尤合於近世公理矣。我聞忠善以損怨，不聞作威以防怨。豈不遽止？然猶防川。大決所犯，傷人必多，吾不克救也。不如小決使道，不如吾聞而藥之也。』然明曰：『蔑也今而後知吾子之信可事也。小人實不才，若果行此，其鄭國實賴之，豈唯二三臣？』

仲尼聞是語也，曰：『以是觀之，人謂子産不仁，吾不信也。』

子皮欲使尹何爲邑。子産曰：『少，未知可否。』子皮曰：『願，吾愛之，不吾叛也。使夫往而學焉，夫亦愈知治矣。』子産曰：『不可。人之愛人，求利之也。今吾子愛人則以政，猶未能操刀而使割也，此節多爲譬況之詞。其傷實多。子之愛人，傷之而已，其誰敢求愛於子？子於鄭國，棟也。棟折榱崩，僑將厭焉，敢不盡言？子有美錦，不使人學製焉。大官、大邑，身之所庇也，而使學者製焉，其爲美錦不亦多乎？僑聞學而後入政，未聞以政學者也。若果行此，必有所害。譬如田獵，射御貫，則能獲禽，若未嘗登車射御，則敗績厭覆是懼，何暇思獲？』子皮曰：『善哉！虎不敏。吾聞君子務知大者、遠者，小人務知小者、近者。我，小人也。衣服附在吾身，我知而慎之；大官、大邑所以庇身也，我遠而慢之。微子之言，吾不知也。他日我曰，子爲鄭國，我爲吾家，以庇焉，其可也，今而後知不足。自今請，雖吾家，聽子而行。』極表子皮仁善。子産曰：『人心之不同如其面焉〔一四〕，吾豈敢謂子面如吾面乎？抑心所謂危，亦以告也。』子皮以爲忠，故委政焉，子産是以能爲鄭國。頓束有力。

昭公元年，鄭徐吾犯之妹美，公孫楚聘之矣，公孫黑又使强委禽焉。犯懼，告子産。

子産曰：『是國無政，非子之患也。唯所欲與。』犯請於二子，請使女擇焉。皆許之。子皙盛飾入，布幣而出。子南戎服入，左右射，超乘而出。女自房觀之，曰：『子皙信美矣，抑子南，夫也。夫夫婦婦，所謂順也。』適子南氏。子皙怒，既而櫜甲以見子南〔一五〕，欲殺之而取其妻。子南知之，執戈逐之，及衝，擊之以戈〔一六〕。子皙傷而歸，告大夫曰：『我好見之，不知其有異志也，故傷。』

大夫皆謀之。子産曰：『直鈞，幼賤有罪，罪在楚也。』乃執子南而數之，曰：『國之大節有五，女皆奸之。畏君之威，聽其政，尊其貴，事其長，養其親，五者所以爲國也。今君在國，女用兵焉，不畏威也；奸國之紀，不聽政也；子皙上大夫，女嬖大夫，而弗下之，不尊貴也；幼而不忌，不事長也；兵其從兄，不養親也。君曰：「余不女忍殺，宥女以遠。」勉，速行乎，無重而罪！』

五月庚辰，鄭放游楚於吴。將行子南，子産咨於大叔。大叔曰：『吉不能亢身，焉能亢宗？彼，國政也，非私難也。子圖鄭國，利則行之，又何疑焉？周公殺管叔而蔡蔡叔〔一七〕，夫豈不愛？王室故也。吉若獲戾，子將行之，何有於諸游？』見子産行政之難，兼表子大叔。

鄭爲游楚亂故，六月丁巳，鄭伯及其大夫盟于公孫段氏。罕虎、公孫僑、公孫段、印段、游吉、駟帶私盟于閨門之外，實薰隧。公孫黑强與於盟，使大史書其名，且曰『七子』。子産弗討。

二年秋，鄭公孫黑將作亂，欲去游氏而代其位，傷疾作而不果。駟氏與諸大夫欲殺之。子産在鄙，聞之，懼弗及，乘遽而至。使吏數之，曰：『伯有之亂，以大國之事，而未爾討也。爾有亂心無厭，國不女堪。專伐伯有，而罪一也；昆弟争室，而罪二也；薰隧之盟，女矯君位，而罪三也。有死罪三，何以堪之？不速死，大刑將至。』再拜稽首，辭曰：『死在朝夕，無助天爲虐。』子産曰：『人誰不死？凶人不終，命也。作凶事，爲凶人。不助天，其助凶人乎？』請以印爲褚師。子産曰：『印也若才，君將任之；不才，將朝夕從女。女罪之不恤，而又何請焉？不速死，司寇將至。』七月壬寅，縊。尸諸周市之衢，加木焉。

三年夏四月，鄭伯如晉，公孫段相，甚敬而卑，禮無違者。晉侯嘉焉，授之以策，曰：『子豐有勞於晉國，余聞而弗忘。賜女州田，以胙乃舊勳。』伯石再拜稽首，受策以出。

君子曰：『禮，其人之急也乎！伯石之汰也，一爲禮於晉，猶荷其禄，況以禮終始乎！先大夫評曰：此譏晉侯不知禮而濫賞也。詩曰，「人而無禮，胡不遄死」，其是之謂乎！』

初，州縣，欒豹之邑也。及欒氏亡，范宣子、趙文子、韓宣子皆欲之。文子曰：『温，吾縣也。』二宣子曰：『自郤稱以别，三傳矣。晉之别縣不唯州，誰獲治之？』文子病之，乃舍之。二子曰：『吾不可以正議而自與也。』皆舍之。及文子爲政，趙獲曰：『可以取州矣。』文子曰：『退！二子之言，義也。違義，禍也。余不能治余縣，又焉用州，其以徼禍也？君子曰：「弗知實難。」知而弗從，禍莫大焉。有言州必死！』豐氏故主韓氏，伯石之獲州也，韓宣子爲之請之，爲其復取之之故。此誅其隱而言。

四年，鄭子産作丘賦，國人謗之，曰：『其父死於路，己爲蠆尾，以令於國，國將若之何？』子寬以告。子産曰〔一八〕：『何害？苟利社稷，死生以之。且吾聞爲善者不改其度，故能有濟也。民不可逞，度不可改。詩曰：「禮義不愆，何恤於人言？」吾不遷矣。』渾罕曰：『國氏其先亡乎！君子作法於涼，其敝猶貪。作法於貪，敝將若之何？姬在列者，蔡及曹滕其先亡乎！偪而無禮。鄭先衛亡，偪而無法。政不率法，而制於心。民各有心，何上之有？』兼存異議。

五年，鄭罕虎如齊，娶於子尾氏。晏子驟見之。陳桓子問其故。對曰：『能用善人，民之主也。』

六年三月，鄭人鑄刑書。叔向使詒子產書，曰：

始吾有虞於子〔一九〕，今則已矣。昔先王議事以制，不爲刑辟，懼民之有爭心也。猶不可禁禦，是故閑之以義，糾之以政，行之以禮，守之以信，奉之以仁；制爲禄位，以勸其從；嚴斷刑罰，以威其淫。懼其未也，故誨之以忠，聳之以行，教之以務，使之以和，臨之以敬，涖之以彊，斷之以剛；猶求聖哲之上、明察之官、忠信之長、慈惠之師，民于是乎可任使也，而不生禍亂。民知有辟，則不忌於上。并有爭心，以徵於書，而徼幸以成之，弗可爲矣。夏有亂政，而作禹刑；商有亂政，而作湯刑；周有亂政，而作九刑：三辟之興，皆叔世也。今吾子相鄭國，作封洫，立謗政，制參辟，鑄刑書，將以靖民，不亦難乎？詩曰：『儀式刑文王之德，日靖四方。』又曰：『儀刑文王，萬邦作孚。』如是，何辟之有？民知爭端矣，將棄禮而徵於書，錐刀之末，將盡爭之。亂獄滋豐，賄賂并行。終子之世，鄭其敗乎？肸聞之，『國將亡，必多制』，其此之謂乎！此亦兼採異議。作者雖爲子産立傳，而不没異己之長，古史之所以可貴也。

復書曰：

若吾子之言——僑不才，不能及子孫，吾以救世也。既不承命，敢忘大惠？

士文伯曰：『火見，鄭其火乎！火未出，而作火以鑄刑器〔二〇〕，藏争辟焉。火如象之〔二一〕，不火何爲？』

六月丙戌，鄭災。

七年，子産爲豐施歸州田於韓宣子，曰：『日君以夫公孫段爲能任其事，而賜之州田。今無禄早世，不獲久享君德。其子弗敢有，不敢以聞於君，私致諸子。』宣子辭。子産曰：『古人有言曰：「其父析薪，其子弗克負荷。」施將懼不能任其先人之禄，其况能任大國之賜？縱吾子爲政而可，後之人若屬有疆場之言，敝邑獲戾，而豐氏受其大討。吾子取州，是免敝邑於戾，而建置豐氏也。敢以爲請。』宣子受之，以告晉侯。晉侯以與宣子。宣子爲初言，病有之，以易原縣於樂大心。

鄭人相驚以伯有，曰：『伯有至矣！』則皆走，不知所往。鑄刑書之歲二月，或夢伯有介而行，曰：『壬子，余將殺帶也。明年壬寅，余又將殺段也。』及壬子，駟帶卒，國人益懼。齊燕平之月，壬寅，公孫段卒，國人愈懼。其明月，子産立公孫洩及良止以撫之，乃止。子大叔問其故。子産曰：『鬼有所歸，乃不爲厲，吾爲之歸也。』大叔曰：『公孫洩何爲？』子産曰：『説也。爲身無義而圖説，從政有所反之，以取媚也。不媚，不信。不信，民不從也。』

及子産適晉，趙景子問焉，曰：『伯有猶能爲鬼乎？』子産曰：『能。人生始化曰魄，既生魄，陽曰魂。用物精多，則魂魄彊，是以有精爽至於神明。匹夫匹婦强死，其魂魄猶能馮依於人，以爲淫厲，況良霄我先君穆公之胄，子良之孫，子耳之子，敝邑之卿，從政三世矣？鄭雖無腆，抑諺曰「蕞爾國」，而三世執其政柄，其用物也弘矣，其取精也多矣，其族又大，所馮厚矣，而强死，能爲鬼，不亦宜乎？』立言不忘國體。

子皮之族飲酒無度，故馬師氏與子皮氏有惡。齊師還自燕之月，罕朔殺罕魋。罕朔奔晉。韓宣子問其位於子産。子産曰：『君之羈臣，苟得容以逃死，何位之敢擇？卿違，從大夫之位；罪人以其罪降，古之制也。朔於敝邑，亞大夫也；其官，馬師也。獲戾而逃，唯執政所寘之。得免其死，爲惠大矣，又敢求位？』宣子爲子産之敏也，使從嬖大夫。

十二年三月，鄭簡公卒。將爲葬除，及游氏之廟，將毀焉。子大叔使其除徒執用以立，而無庸毀，曰：『子產過女，而問何故不毀，乃曰：「不忍廟也。諾，將毀矣。」』既如是，子產乃使辟之。司墓之室有當道者，毀之，則朝而堋；弗毀，則日中而堋〔二二〕。子大叔請毀之，曰：『無若諸侯之賓何？』見子大叔知已，而不知有人。子產曰：『諸侯之賓能來會吾喪，豈憚日中？無損於賓，而民不害，何故不爲？』遂弗毀，日中而葬。君子謂子產於是乎知禮。禮，無毀人以自成也。

六月，葬鄭簡公。

十六年三月，晉韓起聘于鄭，鄭伯享之。子產戒曰：『苟有位於朝，無有不共恪！』孔張後至，立於客間，執政禦之；適客後，又禦之；適縣間。客從而笑之。事畢，富子諫曰：『夫大國之人，不可不慎也，幾爲之笑而不陵我？我皆有禮，夫猶鄙我。國而無禮，何以求榮？孔張失位，吾子之耻也。』子產怒曰：『發命之不衷，出令之不信，刑之頗類，獄之放紛，會朝之不敬，使命之不聽，取陵於大國，罷民而無功，罪及而弗知，僑之耻也。孔張，君之昆孫子孔之後也，執政之嗣也，爲嗣大夫；承命以使，周於諸侯；國人所尊，諸侯所知。立於朝而祀於家，先大夫評曰：倭庫本作『立於廟』。立於廟者，位於廟也。有禄於國，有賦於軍，喪祭有職，受脤、歸脤。其祭在廟，已有著位。在位數世，世守其業，而忘其所，僑焉得耻之？邪僻之人而皆及執政，是先王無刑罰也。子寧以他規我。』

宣子有環，其一在鄭商。宣子謁諸鄭伯，子産弗與，曰：『非官府之守器也，寡君不知。』子大叔、子羽謂子産曰：『韓子亦無幾求。晉國亦未可以貳。晉國、韓子不可偷也。若屬有讒人交鬬其間，鬼神而助之，以興其凶怒，悔之何及？吾子何愛於一環，其以取憎於大國也？盍求而與之？』子産曰：『吾非偷晉而有二心，將終事之，是以弗與，忠信故也。僑聞君子非無賄之難，立而無令名之患。僑聞爲國非不能事大字小之難，無禮以定其位之患。夫大國之人令於小國，而皆獲其求，將何以給之？一共一否，爲罪滋大。大國之求，無禮以斥之。何饜之有？吾且爲鄙邑〔二三〕，則失位矣。若韓子奉命以使，而求玉焉，貪淫甚矣，獨非罪乎？出一玉以起二罪，吾又失位，韓子成貪，將焉用之？且吾以玉賈罪，不亦鋭乎？』今之主外交者莫知此義，可嘆！

韓子買諸賈人，既成賈矣〔二四〕。商人曰：『必告君大夫！』韓子請諸子産曰：『日起請夫環，執政弗義，弗敢復也。今買諸商人，商人曰「必以聞」，敢以爲請。』子産對曰：『昔我先君桓公與商人皆出自周，庸次比耦以艾殺此地，斬之蓬、蒿、藜、藋，而共處之；世有盟誓，以相信也，曰：「爾無我叛，我無强賈，毋或匄奪。爾有利市寶賄，我勿與知。」恃此質誓，故能相保以至于今。今吾子以好來辱，而謂敝邑强奪商人，是教敝邑背盟誓也，毋乃不可乎？吾子得玉而失諸侯，必不爲也。若大國令，而共無藝，鄭鄙邑也，亦弗爲也。僑若獻玉，不知所成。敢私布之。』韓子辭玉，曰：『起不敏，敢求玉以徼二罪？敢辭之。』

夏四月，鄭六卿餞宣子於郊〔二五〕。宣子曰：『二三君子請皆賦，起亦以知鄭志。』子齹賦野有蔓草。宣子曰：『孺子善哉！吾有望矣。』子産賦鄭之羔裘。宣子曰：『起不堪也。』子大叔賦褰裳。宣子曰：『起在此，敢勤子至於他人乎？』子大叔拜。宣子曰：『善哉，子之言是！不有是事，其能終乎？』子游賦風雨。子旗賦有女同車。子柳賦蘀兮。宣子喜，曰：『鄭其庶乎！二三君子以君命貺起，賦不出鄭志，皆昵燕好也。二三君子，數世之主也，可以無懼矣。』宣子皆獻馬焉，而賦我將。子産拜，使五卿皆拜，曰：『吾子靖亂，敢不拜德？』

宣子私覿於子產以玉與馬，曰：『子命起舍夫玉，是賜我玉而免吾死也，敢不藉手以拜？』

鄭大旱，使屠擊、祝款、豎柎有事於桑山。斬其木，不雨。子產曰：『有事於山，蓺山林也；此見古人之重林政。而斬其木，其罪大矣。』奪之官邑。

十七年冬，有星孛于大辰，西及漢。申須曰：『彗所以除舊布新也。天事恆象，今除於火，火出必布焉，諸侯其有火災乎！』梓慎曰：『往年吾見之，是其徵也。火出而見，今兹火出而章，必火入而伏，其居火也久矣，其與不然乎？與字，句中助詞，與『其與幾何』同。或分爲二句，誤。火出，於夏爲三月，於商爲四月，於周爲五月。夏數得天，若火作，其四國當之，在宋、衛、陳、鄭乎！宋，大辰之虛也；陳，大皞之虛也；鄭，祝融之虛也；皆火房也。星孛及漢〔二六〕，漢，水祥也。衛，顓頊之虛也，故爲帝丘，其星爲大水，水，火之牡也。其以丙子若壬午作乎！水火所以合也。若火入而伏，必以壬午，不過其見之月。』

鄭裨竈言於子產曰：『宋、衛、陳、鄭將同日火。若我用瓘斝玉瓚，鄭必不火。』子產弗與。

十八年夏五月，火始昏見。丙子，風。梓愼曰：『是謂融風，火之始也；七日，其火作乎！』戊寅，風甚。壬午，大甚。宋、衛、陳、鄭皆火。梓愼登大庭氏之庫以望之，曰：『宋、衛、陳、鄭也。』數日皆來告火。

裨竈曰：『不用吾言，鄭又將火。』鄭人請用之，子產不可。子大叔曰：『寶以保民也，若有火，國幾亡。可以救亡，子何愛焉？』子產曰：『天道遠，人道邇，非所及也，何以知之？竈焉知天道？是亦多言矣，豈不或信？』遂不與，亦不復火。先大夫評曰：左氏載此及不禜鬬龍等故，是子產閎識，亦明全書所記神怪特故爲詭麗之觀而已也。

鄭之未災也，里析告子產曰：『將有大祥，民震動，國幾亡。吾身泯焉，弗良及也。國遷，其可乎？』子產曰：『雖可，吾不足以定遷矣。』及火，里析死矣，未葬，子產始與三十人遷其柩。

火作，子產辭晉公子、公孫于東門，使司寇出新客，禁舊客勿出於宮。使子寬、子上巡羣屏攝，至于大宮。使公孫登徙大龜，使祝史徙主祏於周廟，告於先君。使府人、庫人各儆其事。商成公儆司宮，出舊宮人，寘諸火所不及。司馬、司寇列居火道，行火所焮。城下之人伍列登城。明日，使野司寇各保其徵〔二七〕，郊人助祝史，除于國北，禳火于玄冥、回禄，祈于四鄘。書焚室而寬其征，與之材。三日哭，國不市。使行人告于諸侯。宋衛皆如是。簡括之筆。陳不救火，許不弔災，君子是以知陳許之先亡也〔二八〕。

七月。鄭子産爲火故，大爲社，祓禳於四方，振除火災，禮也。乃簡兵大蒐，將爲蒐除。子大叔之廟在道南，其寢在道北，其庭小，過期三日，使除徒陳於道南廟北，曰：『子産過女，而命速除，乃毁於而鄉。』子産朝，過而怒之。除者南毁。子産及衝，使從者止之，曰：『毁於北方。』

火之作也，子産授兵登陴。子大叔曰：『晉無乃討乎？』子産曰：『吾聞之，小國忘守則危，況有災乎？國之不可小，有備故也。』既，晉之邊吏讓鄭曰：『鄭國有災，晉君、大夫不敢寧居，卜筮走望，不愛牲玉。鄭之有災，寡君之憂也。今執事撊然授兵登陴，將以誰罪？邊人恐懼，不敢不告。』子産對曰：『若吾子之言，敝邑之災，君之憂也。敝邑失政，天降之災，又懼讒慝之間謀之，以啓貪人，薦爲敝邑不利，以重君之憂。幸而不亡，猶可説也；不幸而亡，君雖憂之，亦無及也。鄭有他竟，望走在晉。既事晉矣，其敢有二心？』

十九年，是歲也，鄭駟偃卒。子游娶於晉大夫，生絲，弱，其父兄立子瑕。子產憎其爲人也，且以爲不順，弗許，亦弗止。駟氏聳〔二九〕。他日，絲以告其舅。冬，晉人使以幣如鄭，問駟乞之立故。駟氏懼，駟乞欲逃，子產弗遣；請龜以卜，亦弗予。大夫謀對，子產不待而對客曰：『鄭國不天，寡君之二三臣札瘥夭昏，今又喪我先大夫偃。其子幼弱，其一二父兄懼隊宗主，私族於謀，而立長親。寡君與其二三老曰：「抑天實剥亂是〔三〇〕，吾何知焉？」諺曰「無過亂門」，民有兵亂〔三一〕，猶憚過之，而況敢知天之所亂？今大夫將問其故，抑寡君實不敢知，其誰實知之？平丘之會，君尋舊盟曰：「無或失職！」若寡君之二三臣，其即世者，晉大夫而專制其位，是晉之縣鄙也，何國之爲？』辭客幣而報其使，晉人舍之。

鄭大水，龍鬭于時門之外洧淵，國人請爲禜焉。子產弗許，曰：『我鬭，龍不我覿也；龍鬭，我獨何覿焉？禳之，則彼其室也。吾無求於龍，龍亦無求於我。』乃止也。

二十年，鄭子產有疾，謂子大叔曰：『我死，子必爲政。唯有德者能以寬服民，其次莫如猛。夫火烈，民望而畏之，故鮮死焉；水懦弱，民狎而翫之，則多死焉，故寬難。』疾數月而卒。

大叔爲政，不忍猛而寬。鄭國多盜，取人於萑苻之澤〔三二〕。大叔悔之，曰：『吾早從夫子，不及此。』興徒兵以攻萑苻之盜，盡殺之〔三三〕，盜少止。仲尼曰：『善哉！政寬則民慢，慢則糾之以猛。猛則民殘，殘則施之以寬。寬以濟猛，猛以濟寬，政是以和。詩曰，「民亦勞止，汔可小康；惠此中國，以綏四方」，施之以寬也。「毋從詭隨，以謹無良；式遏寇虐，慘不畏明」，糾之以猛也。「柔遠能邇，以定我王」，平之以和也。又曰，「不競不絿，不剛不柔，布政優優，百禄是遒」，和之至也。』

及子産卒，仲尼聞之，出涕曰：『古之遺愛也。』以聖言結束全篇。以下二節以無可附而并列之。

定公八年，鄭駟歂嗣子大叔爲政。

九年，鄭駟歂殺鄧析，而用其竹刑。君子謂子然：『於是不忠。苟有可以加於國家者，棄其邪可也。静女之三章，取形管焉。竿旄「何以告之」，取其忠也。故用其道，不棄其人。詩云：「蔽芾甘棠，勿翦勿伐，召伯所茇。」思其人，猶愛其樹，況用其道而不恤其人乎！子然無以勸能矣。』

哀公五年，鄭駟秦富而侈，嬖大夫也，而常陳卿之車服於其庭。鄭人惡而殺之。子思曰：『詩曰：「不解于位，民之攸塈。」不守其位而能久者鮮矣。商頌曰：「不僭不濫，不敢怠皇，命以多福。」〔八〕』覆按：此篇雖繁，以外交、内政二義相間成篇，尊、跗相丞，不涉他事，組織極精。其餘外交、内政皆剛柔互用，乃子産生平政策，特於其卒以孔子之言廢之。後跗二節，駟顓嗣子大叔爲政，所以結束上文。駟秦之死，記子思之言。子思，國參字，乃子産之子，見子産之有後也。皆非泛設者。後幅記里析之死，無他意，特以起子産之將死，『吾不足以定遷矣』，乃子産自知將死之言也，文情嗚咽異常。從來讀者皆未領會此旨。

校記

〔一〕歸　原作『如』，今正。
〔二〕原注：『類』當讀『纇』。
〔三〕原校：依倭庫本增一『請』字，釋文同。
〔四〕原校：釋文『配』作『妃』。
〔五〕原校：家語『手』作『首』。
〔六〕原注：周禮『圻』作『畿』；『衰』同『差』。
〔七〕原校：漢志『隆』作『降』。
〔八〕原注：石經初刻無『將』字；倭庫本作『也矣』。

〔九〕倭庫本「其」作「以」，以、已同。

〔一〇〕原校：「褚」吕覽作「貯」，盧文弨云，褚、貯同字。

〔一一〕原校：釋文「閎」或作「閣」，爾雅注同。

〔一二〕原校：魏都賦注引「庳」作「埤」，釋文「榭」作「謝」。

〔一三〕原校：説苑「美秀」作「善決」；「班位」作「變立」，惠棟云即「班位」之古文。

〔一四〕原校：倭庫本「同」下有「也」字。

〔一五〕原校：「櫜甲」釋文作「衷甲」。

〔一六〕原校：説文作「以戈擊之」。

〔一七〕原校：説文「蔡」作「𣜩」；五經文字云，春秋傳多借「蔡」字爲之。

〔一八〕原校：倭庫本重「子産」字。

〔一九〕原注：虞，望也，昭三年「而虞鄰國之難」與此同，舊注誤。

〔二〇〕原校：禮記疏「作」作「用」。

〔二一〕原校：漢書「如」作「而」，倭庫本同。

〔二二〕原校：「堋」説文作「塴」，周禮作「窆」，禮記作「封」。

〔二三〕原校：倭庫本「且」作「有」。

〔二四〕原校：倭庫本「賈人」作「商人」，釋文「賈」或作「價」。

〔二五〕宣　原作『韓』，今正。

〔二六〕原校：慶元本『及』作『天』。

〔二七〕原校：倭庫本無『其』字。

〔二八〕原校：倭庫本『是以』二字倒。

〔二九〕原校：説文『聳』作『㥶』，廣韻作『𢥞』。

〔三〇〕原校：倭庫本『是』下有『駟氏』二字。

〔三一〕兵亂　原校：慶元本、倭庫本皆作『亂兵』。

〔三二〕取人　實爲『聚』字之分爲二，詳楊樹達讀左傳。原校：石經『萑』作『雈』，倭庫本、韓非子并同。

〔三三〕原校：釋文無『殺』字，倭庫本同。

左傳微卷弟八

楚靈之難　以『遠惡而後棄』爲主。

襄公二十六年，楚子、秦人侵吳，及雩婁，聞吳有備而還。遂侵鄭。五月，至于城麇。鄭皇頡戍之，出，與楚師戰，敗。穿封戌囚皇頡，公子圍與之爭之，正於伯州犁。伯州犁曰：『請問於囚。』乃立囚。伯州犁曰：『所爭，君子也，其何不知？』上其手，曰：『夫子爲王子圍，寡君之貴介弟也。』下其手，曰：『此子爲穿封戌，方城外之縣尹也。誰獲子？』寫子圍之氣焰，而姦諂骫法之情如見。宗堯按，開卷欲使人知圍之爲人也。囚曰：『頡遇王子，弱焉。』戌怒，抽戈逐王子圍，弗及。楚人以皇頡歸。

印堇父與皇頡戍城麇，楚人囚之，以獻於秦。鄭人取貨於印氏以請之，子大叔爲令正，以爲請。子産曰：『不獲。受楚之功，而取貨於鄭，不可謂國，秦不其然〔一〕。若曰「拜君之勤鄭國。微君之惠，楚師其猶在敝邑之城下」，其可。』弗從，遂行。秦人不予。更幣，從子産，而後獲之。

二十九年，楚郟敖即位，王子圍爲令尹。鄭行人子羽曰：『是謂不宜，必代之昌。松柏之下，其草不殖。』攝下。

三十年春王正月，楚子使薳罷來聘，通嗣君也。穆叔問王子之爲政何如〔二〕。對曰：『吾儕小人食而聽事，猶懼不給命，而不免於戾，焉與知政？』固問焉，不告。穆叔告大夫曰：『楚令尹將有大事，子蕩將與焉，助之匿其情矣。』楚靈爲春秋有數人物，故事前處處用倒攝逆提之筆以厚集其勢。宗堯按，此與子羽之言皆逆攝圍之將篡也。

六月，鄭子産如陳涖盟，歸，復命。告大夫曰：『陳，亡國也，不可與也。聚禾粟，繕城郭，恃此二者，而不撫其民。其君弱植，公子侈，大子卑，大夫傲〔三〕，政多門，以介於大國，能無亡乎？不過十年矣。』

楚公子圍殺大司馬薳掩而取其室。申無宇曰：『王子必不免。善人，國之主也。王子相楚國，將善是封殖，而虐之，是禍國也。且司馬，令尹之偏，而王之四體也。絶民之主，去身之偏，艾王之體，以禍其國，無不祥大焉。何以得免？』宗堯按，逆攝乾谿之敗。

三十一年，衛侯在楚，北宫文子見令尹圍之威儀〔四〕，言於衛侯曰：『令尹似君矣〔五〕，將有他志。雖獲其志，不能終也。詩云：「靡不有初，鮮克有終。」終之實難，令尹其將不免。』公曰：『子何以知之？』對曰：『詩云：「敬慎威儀，惟民之則。」令尹無威儀，民無則焉。民所不則，以在民上，不可以終。』公曰：『善哉！何謂威儀？』以下泛論威儀，神氣仍自迴合，乃文章洋溢處也。對曰：『有威而可畏謂之威，有儀而可象謂之儀。君有君之威儀，其臣畏而愛之，則而象之，故能有其國家，令聞長世。臣有臣之威儀，其下畏而愛之，故能守其官職，保族宜家。順是以下皆如是，是以上下能相固也。衛詩曰：「威儀棣棣〔六〕，不可選也」，言君臣、上下、父子、兄弟、內外、大小皆有威儀也〔七〕。周詩曰，「朋友攸攝，攝以威儀」，言朋友之道必相教訓以威儀也。周書數文王之德曰，「大國畏其力，小國懷其德」，言畏而愛之也。詩云，「不識不知，順帝之則」，言則而象之也。紂囚文王七年，諸侯皆從之囚，紂於是乎懼而歸之，可謂愛之。文王伐崇，再駕而降爲臣，蠻夷帥服，可謂畏之。文王之功，天下誦而歌舞之，可謂則之。文王之行，至今爲法，可謂象之。有威儀也。故君子在位可畏，施舍可愛，進退可度，周旋可則，容止可觀，作事可法，德行可象，聲氣可樂；動作有文，言語有章，以臨其下，謂之有威儀也。』宗堯按，此言圍欲爲君而無其實，其旋篡旋滅之故，悉攝於此論中。

昭公元年，楚公子圍使公子黑肱、伯州犁城犨、櫟、郟。鄭人懼。子産曰：『不害。令尹將行大事，而先除二子也。禍不及鄭，何患焉？』冬，楚公子圍將聘于鄭，伍舉爲介。未出竟，聞王有疾而還。伍舉遂聘。十一月己酉，公子圍至，入問王疾，縊而弑之，遂殺其二子幕及平夏。右尹子干出奔晉，宫廐尹子晳出奔鄭。伏子干、子晳。殺大宰伯州犁于郟。葬王于郟，謂之郟敖。使赴于鄭，伍舉問應爲後之辭焉，對曰：『寡大夫圍。』伍舉更之曰：『共王之子圍爲長。』楚靈王即位，薳罷爲令尹，薳啓彊爲大宰。鄭游吉如楚葬郟敖，且聘立君。歸，謂子産曰：『具行器矣。楚王汏侈而自説其事，必合諸侯，吾往無日矣。』子産曰：『不數年未能也。』皆逆提之筆。

三年十月，鄭伯如楚，子産相。楚子享之，賦吉日。既享，子産乃具田備，王以田江南之夢。

四年春王正月，許男如楚，楚子止之；遂止鄭伯，復田江南，許男與焉。使椒舉如晉求諸侯，二君待之。椒舉致命曰：『寡君使舉曰：日君有惠，賜盟于宋，曰：「晉楚之從交相見也。」以歲之不易，寡人願結驩於二三君，使舉請閒。君若苟無四方之虞，則願假寵以請於諸侯。』晉侯欲勿許。司馬侯曰：『不可。楚王方侈，天或者欲逞其心〔八〕，以厚其毒，而降之罰，未可知也。其使能終，亦未可知也。晉楚唯天所相，不可與爭。君其許之，而修德以待其歸。若歸於德，吾猶將事之，況諸侯乎？若適淫虐，楚將棄之，吾又誰與爭？』公曰〔九〕：『晉有三不殆，其何敵之有？國險而多馬，齊楚多難；有是三者，何鄉而不濟？』對曰：『恃險與馬，而虞鄰國之難，是三殆也。四嶽、三塗、此下文字極縱佚。陽城、大室、荆山、中南〔一〇〕，九州之險也，是不一姓。冀之北土，馬之所生，無興國焉。恃險與馬，不可以爲固也，從古以然。是以先王務修德音以亨神人〔一一〕，不聞其務險與馬也。鄰國之難，不可虞也。或多難以固其國，啓其疆土；或無難以喪其國，失其守宇。若何虞難？齊有仲孫之難，而獲桓公，至今賴之。晉有里丕之難，而獲文公，是以爲盟主。衛邢無難，敵亦喪之。故人之難，不可虞也。恃此三者，而不修政德，亡於不暇，又何能濟？君其許之！紂作淫虐，文王惠和，殷是以隕，周是以興，夫豈爭諸侯？』乃許楚使。使叔向對曰：『寡君有社稷之事，是以不獲春秋時見。諸侯，君實有之，何辱命焉？』椒舉遂請昏，晉侯許之。

楚子問於子產曰：『晉其許我諸侯乎？』對曰：『許君。晉君少安，不在諸侯。其大夫多求，莫匡其君。在宋之盟又曰如一。若不許君，將焉用之？』王曰：『諸侯其來乎？』對曰：『必來。從宋之盟，承君之歡，不畏大國，何故不來？不來者，其魯、衛、曹、邾乎？曹畏宋，邾畏魯，魯衛偪於齊而親於晉，唯是不來。其餘，君之所及也，誰敢不至？』宗堯按，北方諸侯情實，盡具子產語中。王曰：『然則吾所求者無不可乎？』對曰：『求逞於人，不可；與人同欲，盡濟。』此語刺中骨髓，亦即論定楚靈處。

夏，諸侯如楚，魯、衛、曹、邾不會。曹邾辭以難，公辭以時祭，衛侯辭以疾。鄭伯先待于申。六月丙午，楚子合諸侯于申。椒舉言於楚子曰：『臣聞諸侯無歸，禮以爲歸。今君始得諸侯，其慎禮矣。霸之濟否，在此會也。夏啓有鈞臺之享，商湯有景亳之命，周武有孟津之誓，成有岐陽之蒐，康有豐宮之朝，穆有塗山之會，齊桓有召陵之師，晉文有踐土之盟。君其何用？』楚靈亦實一時梟主，此特鋪張其盛。宋向戌、鄭公孫僑在，諸侯之良也，君其選焉。』王曰：『吾用齊桓。』王使問禮於左師與子產。左師曰：『小國習之，大國用之，敢不薦聞？』獻公合諸侯之禮六。子產曰：『小國共職，敢不薦守？』獻伯子男會公之禮六。君子謂合左師善守先代，子産善相小國。王使椒舉侍于後以規過，卒事不規。王問其故，對曰：『禮，吾所未見者有六焉〔一二〕，又何以規？』宗堯云：敘此乃黜夷之意。

宋大子佐後至，王田於武城，久而弗見。椒舉請辭焉。王使往，曰：『屬有宗祧之事於武城，寡君將墮幣焉，敢謝後見。』

徐子，吴出也，以爲貳焉，故執諸申。

楚子示諸侯侈。椒舉曰：『夫六王、二公之事，皆所以示諸侯禮也，諸侯所由用命也。夏桀爲仍之會，有緡叛之。遥接前文，體勢雄闊，且伏敗徵。商紂爲黎之蒐，東夷叛之。周幽爲大室之盟，戎狄叛之。皆所以示諸侯汰也，諸侯所由棄命也。今君以汰，無乃不濟乎？』王弗聽。子産見左師曰：『吾不患楚矣。汰而愎諫，不過十年。』左師曰：『然。不十年侈，其惡不遠〔一三〕。遠惡而後棄。善亦如之，德遠而後興。』重重提束，以厚其勢。

秋七月，楚子以諸侯伐吴，宋大子、鄭伯先歸，宋華費遂、鄭大夫從。使屈申圍朱方，八月甲申，克之，執齊慶封而盡滅其族。將戮慶封，椒舉曰：『臣聞無瑕者可以戮人〔一四〕。慶封唯逆命，是以在此，其肯從於戮乎？播於諸侯，焉用之？』王弗聽，負之斧鉞，以徇於諸侯〔一五〕，使言曰：『無或如齊慶封弒其君，弱其孤，以盟其大夫！』慶封曰：『無或如楚共王之庶子圍弒其君——兄之子麇——而代之，以盟諸侯！』此作者玩弄一切處，特借慶封口中出之。趣語解頤。王使速殺之。

遂以諸侯滅賴。賴子面縛銜璧，士袒，輿櫬從之，造於中軍。王問諸椒舉，對曰：『成王克許，許僖公如是。王親釋其縛，受其璧，焚其櫬。』王從之。遷賴於鄢。

楚子欲遷許於賴，使鬬韋龜與公子棄疾城之而還。申無宇曰：『楚禍之首將在此矣〔一六〕。召諸侯而來，伐國而克，城竟莫校，王心不違，民其居乎？映乾谿之役。民之不處，其誰堪之？不堪王命，乃禍亂也。』

冬，吴伐楚，入棘、櫟、麻，以報朱方之役。楚沈尹射奔命於夏汭，箴尹宜咎城鍾離，薳啓彊城巢，然丹城州來。東國水，不可以城。彭生罷賴之師。

五年，楚子以屈申爲貳於吴，乃殺之。以屈生爲莫敖，使與令尹子蕩如晉逆女。過鄭，鄭伯勞子蕩于氾，勞屈生于菟氏。晉侯送女于邢丘。子產相鄭伯會晉侯于邢丘〔一七〕。

晉韓宣子如楚送女，叔向爲介。鄭子皮、子大叔勞諸索氏。大叔謂叔向曰：『楚王汏侈已甚，子其戒之！』叔向曰：『汏侈已甚，身之災也，焉能及人？若奉吾幣帛，慎吾威儀；守之以信，行之以禮；敬始而思終，終無不復。從而不失儀，敬而不失威，道之以訓辭，奉之以舊法，考之以先王，度之以二國，雖汏侈，若我何？』

及楚。楚子朝其大夫，曰：『晉，吾仇敵也。苟得志焉，無恤其他。今其來者，上卿、上大夫也。若吾以韓起爲閽，以羊舌肸爲司宫，足以辱晉〔一八〕，吾亦得志矣。可乎？』極寫楚王侈心。宗堯按，楚子設想之奇，狀寫酷肖。大夫莫對。薳啓彊曰：『可。苟有其備，何故不可？恥匹夫不可以無備，況恥國乎？是以聖王務行禮，不求恥人。朝聘有珪，享覜有璋，小有述職，大有巡功。設机而不倚，爵盈而不飲，宴有好貨，飧有陪鼎，入有郊勞，出有贈賄，禮之至也。國家之敗，失之道也，則禍亂興。城濮之役，晉無楚備，以敗於邲。邲之役，楚無晉備，以敗於鄢。自鄢以來，晉不失備，而加之以禮，重之以睦，是以楚弗能報，而求親焉。既獲姻親，又欲恥之，以召寇讎，備之若何，誰其重此？若有其人，恥之可也。若其未有，君亦圖之。晉之事君，臣曰可矣：求諸侯而麇至；求昏而薦女，君親送之，上卿及上大夫致之。猶欲恥之，君其亦有備矣。不然，奈何？韓起之下，文氣馳驟振奮，可喜。趙成、中行吳、魏舒、范鞅、知盈，羊舌肸之下，祁午、張趯、籍談、女齊、梁丙、張骼、輔躒、苗賁皇，皆諸侯之選也。韓襄爲公族大夫，韓須受命而使矣，箕襄、邢帶、叔禽、叔椒、子羽，皆大家也。韓賦七邑，皆成縣也。羊舌四族，皆彊家也。晉人若喪韓起、楊肸，五卿、八大夫輔韓須、楊石，因其十家九縣，長轂九百〔一九〕，其餘四十縣，遺守四千，奮其武怒，以報其大恥。伯華謀之，中行伯、魏舒帥之，其蔑不濟矣。君將以親易怨，實無禮以速寇，而未有其備，使羣臣往遺之禽，以逞君心，何不可之有？』王曰：『不穀之過也，大夫無辱。』厚爲韓子禮。王欲敖叔向以其所不知，而不能，亦厚其禮。

韓起反，鄭伯勞諸圉。辭不敢見，禮也。

冬十月，楚子以諸侯及東夷伐吳，以報棘、櫟、麻之役。薳射以繁陽之師會于夏汭。越大夫常壽過帥師會楚子于瑣。聞吳師出，薳啓彊帥師從之，遽不設備，吳人敗諸鵲岸。楚子以馹至於羅汭。

吳子使其弟蹶由犒師，楚人執之，將以釁鼓。王使問焉，曰：『女卜來吉乎？』對曰：『吉。寡君聞君將治兵於敝邑，卜之以守龜，曰：「余亟使人犒師，請行以觀王

「克可知也。」君若驩焉好逆使臣，滋敝邑休怠〔二〇〕，而忘其死，亡無日矣。今君奮焉震電馮怒，虐執使臣，將以釁鼓，則吴知所備矣。敝邑雖羸，若早修完，其可以息師。難易有備，可謂吉矣。且吴社稷是卜，豈爲一人？使臣獲釁軍鼓，而敝邑知備，以禦不虞，其爲吉，孰大焉？國之守龜，其何事不卜？一臧一否，其誰能常之？城濮之兆，其報在邲。今此行也，其庸有報志？」乃弗殺。

楚師濟於羅汭，沈尹赤會楚子，次於萊山，薳射帥繁陽之師先入南懷，楚師從之，及汝清。吴不可入。楚子遂觀兵於坻箕之山。是行也，吴早設備，楚無功而還，以蹶由歸。楚子懼吴，使沈尹射待命于巢，薳啓彊待命于雩婁，禮也。

六年，楚公子棄疾如晉，報韓子也。過鄭，鄭罕虎、公孫僑、游吉從鄭伯以勞諸柤，辭不敢見。固請，見之。見如見王。以其乘馬八匹私面。見子皮如上卿，以馬六匹；見子産以馬四匹；見子大叔以馬二匹。禁芻牧采樵，不入田，不樵樹，不采蓺，不抽屋，不强匄。誓曰：『有犯命者，君子廢，小人降！』舍不爲暴，主不慁賓。往來如是，鄭三卿皆知其將爲王也。直貫平王得國。

韓宣子之適楚也，楚人弗逆。公子棄疾及晉竟，晉侯亦將弗逆。叔向曰：『楚辟，我衷，若何效辟？詩曰：「爾之教矣，民胥效矣。」從我而已，焉用效人之辟？書曰：「聖作則。」無寧以善人爲則，而則人之辟乎？匹夫爲善，民猶則之，況國君乎？』晉侯說，乃逆之。

徐儀楚聘于楚，楚子執之，逃歸。懼其叛也，使薳洩伐徐。吳人救之。令尹子蕩帥師伐吳，師于豫章，而次于乾谿。吳人敗其師於房鍾，獲宮廄尹棄疾。子蕩歸罪於薳洩而殺之。

冬，叔弓如楚，聘，且弔敗也。

七年，楚子之爲令尹也，爲王旌以田。芋尹無宇斷之，曰：『一國兩君，其誰堪之？』及即位，爲章華之宮，納亡人以實之。無宇之閽入焉。無宇執之，有司弗與，曰：『執人於王宮，其罪大矣。』執而謁諸王。王將飲酒，無宇辭曰：『天子經略，諸侯正封，古之制也。封略之内，何非君土？食土之毛，誰非君臣？故詩曰：「普天之下，莫非王土；率土之濱，莫非王臣。」天有十日，人有十等。下所以事上，上所以共神也。故王臣公，公臣大夫，大夫臣士，士臣皁，皁臣輿，輿臣隸，隸臣僚，僚臣僕，僕臣臺。馬有圉，牛有牧，以待百事。今有司曰：「女胡執人於王宮？」將焉執之？周文王之法曰，「有亡，荒閱」，所以得天下也。吾先君文王，作僕區之法，曰，「盜所隱器，與盜同罪」，所以封汝也。言封畛及於汝水。若從有司，是無所執逃臣也。逃而舍之，是無陪臺也。王事無乃闕乎？昔武王數紂之罪以告諸侯曰：「紂爲天下逋逃主，萃淵數。」故夫致死焉。君王始求諸侯而則紂，無乃不可乎？若以二文之法取之，盜有所在矣。』王曰：『取而臣以往。盜有寵，未可得也。』此語殊足發明靈王大度。遂赦之。

楚子成章華之臺，願與諸侯落之。大宰薳啓彊曰：『臣能得魯侯。』薳啓彊來召公，辭曰：『昔先君成公命我先大夫嬰齊曰：「吾不忘先君之好，將使衡父照臨楚國，鎮撫其社稷，以輯寧爾民。」嬰齊受命于蜀。奉承以來，弗敢失隕，而致諸宗祧。日我先君共王引領北望，日月以冀〔一一〕，傳序相授，於今四王矣。嘉惠未至，唯襄公之辱臨我喪。孤與其二三臣悼心失圖，社稷之不皇，況能懷思君德？今君若步玉趾，辱見寡君，寵靈楚國，以信蜀之役，致君之嘉惠，是寡君既受貺矣，何蜀之敢望？其先君鬼神實嘉賴之，豈唯寡君？君若不來，使臣請問行期，寡君將承質幣而見于蜀，以請先君之䶢。』公將往，夢襄公祖。梓慎曰：『君不果行。襄公之適楚也，夢周公祖而行。今襄公實祖，君其不行。』子服惠伯曰：『行！先君未嘗適楚，故周公祖以道之；襄公適楚矣，而祖以道君。不行，何之？』

三月，公如楚。鄭伯勞于師之梁。孟僖子爲介，不能相儀。及楚，不能答郊勞。

楚子享公于新臺，使長鬣者相〔二三〕。好以大屈。既而悔之。薳啓彊聞之，見公。公語之，拜賀。公曰：『何賀？』對曰：『齊與晉越欲此久矣。寡君無適與也。而傳諸君。君其備禦三鄰，愼守寶矣，敢不賀乎？』已開戰國說士一派。公懼，乃反之。

八年，陳哀公元妃鄭姬生悼大子偃師，二妃生公子留，下妃生公子勝。二妃嬖，留有寵，屬諸司徒招與公子過。哀公有廢疾，三月甲申，公子招、公子過殺悼大子偃師而立公子留。

夏四月辛亥，哀公縊。干徵師赴于楚〔二四〕，且告有立君。公子勝愬之于楚。楚人執而殺之。公子留奔鄭。

書曰『陳侯之弟招殺陳世子偃師』，罪在招也；『楚人執陳行人干徵師殺之』，罪不在行人也。

陳公子招歸罪於公子過而殺之。九月，楚公子棄疾帥師奉孫吳圍陳，宋戴惡會之。冬十一月壬午，滅陳。輿嬖袁克殺馬毁玉以葬。楚人將殺之，請寘之，既又請私。私於幄，加絰於顙而逃。

使穿封戌爲陳公，曰：『城麇之役不諂。』侍飲酒於王，王曰：『城麇之役，女知寡人之及此，女其辟寡人乎！』對曰：『若知君之及此，臣必致死禮以息楚〔二五〕。』此皆表章楚靈王處，齊桓、晉文所不及也。

晉侯問於史趙曰：『陳其遂亡乎？』對曰：『未也。』公曰：『何故？』對曰：『陳，顓頊之族也〔二六〕，歲在鶉火，是以卒滅。陳將如之。今在析木之津，猶將復由。且陳氏得政于齊而後陳卒亡。自幕至于瞽瞍無違命，舜重之以明德，寘德于遂。遂世守之。及胡公不淫，故周賜之姓，使祀虞帝。臣聞盛德必百世祀。虞之世數未也，繼守將在齊，其兆既存矣。』逆攝陳氏之得齊，此文情旁溢處也。

九年春，叔弓、宋華亥、鄭游吉、衛趙黶會楚子于陳。

夏四月，陳災。鄭裨竈曰：『五年陳將復封，封五十二年而遂亡。』子產問其故。對曰：『陳，水屬也；火，水妃也。而楚所相也。今火出而火陳，逐楚而建陳也。妃以五成，故曰五年。歲五及鶉火，而後陳卒亡，楚克有之，天之道也，故曰五十二年。』十一年，景王問於萇弘曰：『今茲諸侯何實吉？何實凶？』對曰：『蔡凶。此蔡侯般弒其君之歲也，歲在豕韋，弗過此矣。楚將有之，然壅也。歲及大梁，蔡復，楚凶，天之道也。』敘入滅蔡，殊不平。

楚子在申，召蔡靈侯。靈侯將往，蔡大夫曰：『王貪而無信，唯蔡於感。今幣重而言甘，誘我也，不如無往。』蔡侯不可。三月丙申，楚子伏甲而饗蔡侯於申，醉而執之。夏四月丁巳，殺之。刑其士七十人。公子棄疾帥師圍蔡。

韓宣子問於叔向曰：『楚其克乎？』對曰：『克哉！蔡侯獲罪於其君，而不能其民，天將假手於楚以斃之，何故不克？然肸聞之，不信以幸，不可再也。楚王奉孫吳以討於陳，曰：「將定而國。」陳人聽命，而遂縣之。今又誘蔡而殺其君，以圍其國，雖幸而克，必受其咎，弗能久矣。桀克有緡，以喪其國。紂克東夷，而隕其身。楚小位下，而亟暴於二王。能無咎乎？天之假助不善，非祚之也，厚其凶惡而降之罰也。足使一時凶人聞之猛省汗下。且譬之如天，其有五材而將用之，力盡而敝之〔二七〕，是以無拯，不可没振。』楚靈方盛，處處見其敗徵，史筆之所以遒緊也。

楚師在蔡，晉荀吳謂韓宣子曰：『不能救陳，又不能救蔡，物以無親。晉之不能亦可知也已。點睛。爲盟主而不恤亡國〔二八〕，將焉用之？』

秋，會于厥慭，謀救蔡也。

鄭子皮將行。子産曰：『行不遠，不能救蔡也。蔡小而不順，楚大而不德，天將棄蔡以壅楚，盈而罰之，蔡必亡矣。且喪君而能守者鮮矣。三年，王其有咎乎！美惡周必復，王惡周矣。』

晉人使狐父請蔡于楚，弗許。

單子會韓宣子于戚，視下言徐〔二九〕。叔向曰：『單子其將死乎！朝有著定，會有表；衣有禬，帶有結。會朝之言必聞于表著之位，所以昭事序也；視不過結禬之中，所以道容貌也。言以命之，容貌以明之，失則有闕。今單子爲王官伯，而命事於會，視不登帶，言不過步，貌不道容，而言不昭矣。不道，不共；不昭，不從。無守氣矣。』

十二月，單成公卒。

冬十一月，楚子滅蔡，用隱大子于岡山。申無宇曰：『不祥。五牲不相爲用，況用諸侯乎？王必悔之！』

楚子城陳、蔡、不羹〔三〇〕。使棄疾爲蔡公。王問於申無宇曰：『棄疾在蔡何如？』對曰：『擇子莫如父，擇臣莫如君。鄭莊公城櫟而寘子元焉，使昭公不立。齊桓公城穀而寘管仲焉，至于今賴之。臣聞五大不在邊，五細不在庭。親不在外，羈不在內。宗堯按，快論恰於此處逆提。今棄疾在外，鄭丹在內，君其少戒！』自篇首至此，處處倒攝逆，而其言以次而切。王曰：『國有大城，何如？』對曰：『鄭京、櫟實殺曼伯，宋蕭、亳實殺子游，齊渠丘實殺無知，衛蒲、戚實出獻公。若由是觀之，則害於國。末大必折，尾大不掉，君所知也。』前盛後衰，此爲文中樞紐。

十二年，楚子謂成虎，若敖之餘也，遂殺之。或譖成虎於楚子，成虎知之，而不能行。書曰『楚殺其大夫成虎』，懷寵也。

楚子狩于州來，次于潁尾，使蕩侯、潘子、司馬督、囂尹午、陵尹喜帥師圍徐以懼吳。楚子次于乾谿，以爲之援。雨雪，王皮冠，秦復陶，翠被，豹舄，執鞭以出。此段負聲振采，可謂驚才絕豔之文，在全篇尤爲極力頓挫之處。僕析父從。右尹子革夕，王見之，去冠、被，舍鞭，與之語，曰：『昔我先王熊繹與呂級、王孫牟、燮父、禽父并事康王，四國皆有分，我獨無有。今吾使人於周，求鼎以爲分，王其與我乎？』對曰：『與君王哉！昔我先王熊繹辟在荆山，篳路藍縷以處草莽，跋涉山林以事天子，唯是桃弧棘矢以共禦王事。齊，王舅也；晉及魯衛，王母弟也。楚是以無分，而彼皆有。今周與四國服事君王，將唯命是從，豈其愛鼎？』風華朗潤，千古常新，後人莫能追步。王曰：『昔我皇祖伯父昆吾，舊許是宅。今鄭人貪賴其田，而不我與。我若求之，其與我乎？』對曰：『與君王哉！周不愛鼎，鄭敢愛田？』王曰：『昔諸侯遠我而畏晉，今我大城陳、蔡、不羹，賦皆千乘，子與有勞焉，加此一句，口吻如生。諸侯其畏我乎？』對曰：『畏君王哉！是四國者，專足畏也〔三一〕。又加之以楚，敢不畏君王哉？』工尹路請曰：『君王命剥圭以爲鏚柲，敢請命。』閒文皆縈帶生色，與前『皮冠復陶』相掩映。王入視之。析父謂子革〔三二〕：『吾子，楚國之望也。今與王言如響，國其若之何？』子革曰：『摩厲以須，王出，吾刃將斬矣。』節奏即妙。王出，復語。左史倚相趨過，王曰：『是良史也，子善視之！是能讀三墳、五典、八索、九丘。』對曰：『臣嘗問焉。昔穆王欲肆其心，周行天下，將皆必有車轍馬跡焉。祭公謀父作祈招之詩以止王心，王是以獲没於祇宮〔三三〕。臣問其詩而不知也。若問遠焉，其焉能知之？』王曰：『子能乎？』對曰：『能。其詩曰：「祈招之愔愔，式昭德音。思我王度，式如玉，式如金。形民之力，而無醉飽之心〔三四〕。」』形，當依家語、後漢注作『刑』，刑與型同，即量度之義。魏策『夫鄴，寡人固刑弗有也』是其證。醉飽之心，謂無饜足也。宗堯按，子革問對一段，爲後世譎諫之文開無限門徑，妙甚。王揖而入，饋不食，寢不寐，數日，不能自克，以及於難。仲尼曰：『古也有志：「克己復禮，仁也。」信善哉！楚靈王若能如是，豈其辱於乾谿？』

十三年，楚子之爲令尹也，殺大司馬薳掩，而取其室。及即位，奪薳居田；遷許而質許圍。蔡洧有寵於王，王之滅蔡也，其父死焉，王使與於守而行。申之會，越大夫戮焉。王奪鬭韋龜中犫，又奪成然邑，而使爲郊尹。蔓成然故事蔡公。故薳氏之族及薳居、許圍、蔡洧、蔓成然，皆王所不禮也，因羣喪職之族啓越大夫常壽過作亂，圍固城，克息舟，城而居之。

觀起之死也，其子從在蔡，事朝吳，曰：『今不封蔡，蔡不封矣。我請試之。』以蔡公之命召子干、子晳，及郊，而告之情。强與之盟，入襲蔡。蔡公將食，見之而逃。入楚全由觀從，棄疾、子干、子晳，皆無創業才也，敘述甚分明。

觀從使子干食，坎，用牲，加書而速行。己徇於蔡，曰：『蔡公召二子〔三五〕，將納之，與之盟而遣之矣，將師而從之。』蔡人聚，將執之。辭曰：『失賊成軍，而殺余，何益？』乃釋之。朝吴曰：『二三子若能死亡，則如違之，以待所濟。若求安定，則如與之，以濟所欲。且違上，何適而可？』衆曰：『與之！』乃奉蔡公，召二子而盟于鄧，依陳蔡人以國。楚公子比、公子黑肱、公子棄疾、蔓成然、蔡朝吴帥陳、蔡、不羹、許、葉之師，因四族之徒，以入楚。特筆提挈。及郊，陳蔡欲爲名，故請爲武軍。蔡公知之，曰：『欲速，且役病矣，請藩而已。』乃藩爲軍。蔡公使須務牟與史猈先入，因正僕人殺大子禄及公子罷敵。公子比爲王，公子黑肱爲令尹，次于魚陂。公子棄疾爲司馬，先除王宫，使觀從從師于乾谿而遂告之，且曰：『先歸復所，後者劓。』師及訾梁而潰。

王聞羣公子之死也，自投于車下，曰：『人之愛其子也，亦如余乎？』侍者曰：『甚焉，小人老而無子，知擠于溝壑矣〔三六〕。』王曰：『余殺人子多矣，能無及此乎？』情態溢出，精神旺甚。古人文字所以生氣淋漓者，全恃此等也。右尹子革曰：『請待于郊，以聽國人。』王曰：『衆怒不可犯也。』曰：『若入於大都，而乞師於諸侯。』王曰：『皆叛矣。』

曰：『若亡於諸侯，以聽大國之圖君也。』王曰：『大福不再，祇取辱焉。』然丹乃歸于楚。借子革口中見靈王無反正之力。王沿夏，將欲入鄢。芋尹無宇之子申亥曰：『吾父再奸王命，王弗誅，惠孰大焉？君不可忍，惠不可棄，吾其從王。』乃求王，遇諸棘闈以歸。夏五月癸亥，王縊于芋尹申亥氏。申亥以其二女殉而葬之。

觀從謂子干曰〔三七〕：『不殺棄疾，雖得國，猶受禍也。』突提逆轉。子干曰：『余不忍也。』子玉曰：『人將忍子，吾不忍俟也。』乃行。國每夜駭曰：『王入矣！』突起驚創，此下乘勢而入，如飄風急雨之驟至，奇警獨絶。乙卯夜，棄疾使周走而呼曰〔三八〕：『王至矣！』國人大驚。使蔓成然走告子干、子皙曰：『王至矣，國人殺君司馬，將來矣。君若早自圖也，可以無辱。衆怒如水火焉，不可爲謀。』又有呼而走至者，曰：『衆至矣！』句句緊接，毫不少懈。此孫可之所謂如捕龍蛇，急與之角而不敢暇者也。宗堯按，文之奇肆亦與事稱。二子皆自殺。丙辰，棄疾即位，名曰熊居。葬子干于訾，實訾敖。殺囚，衣之王服，而流諸漢，乃取而葬之，以靖國人。使子旗爲令尹。

楚師還自徐，吳人敗諸豫章，獲其五帥。

平王封陳蔡，復遷邑，致羣賂，施舍、寬民，宥罪、舉職。召觀從，王曰：『唯爾所欲。』

對曰：『臣之先佐開卜〔三九〕。』乃使爲卜尹。使枝如子躬于鄭，且致犨櫟之田。事畢弗致。鄭人請曰：『聞諸道路，將命寡君以犨櫟，敢請命。』對曰：『臣未聞命。』即復〔四〇〕，王問犨櫟，降服而對，曰：『臣過失命，未之致也。』王執其手，曰：『子毋勤！姑歸，不穀有事，其告子也。』

他年，芋尹申亥以王柩告，乃改葬之。繳筆細。

初，靈王卜曰：『余尚得天下！』不吉。投龜，詬天而呼曰〔四一〕：『是區區者而不余畀，余必自取之。』宗堯按，情態如畫。民患王之無厭也，故從亂如歸。倒煞峭甚。此致敗之源也。

初，共王無冢適，有寵子五人，無適立焉。乃大有事于羣望，而祈曰：『請神擇於五人者，使主社稷。』乃徧以壁見於羣望，曰：『當壁而拜者，神所立也，誰敢違之？』既，乃與巴姬密埋壁於大室之庭，使五人齊，而長入拜。康王跨之，靈王肘加焉，子干、子晳皆遠之。平王弱，抱而入，再拜，皆厭紐。鬬韋龜屬成然焉。且曰：『棄禮違命，楚其危哉！』先大夫評曰：平王得國至易，故發此事，爲若神之助之。

子干歸，韓宣子問於叔向曰：『子干其濟乎？』對曰：『難。』宣子曰：『同惡相求，如

市賈焉，何難？』對曰：『無與同好，誰與同惡？取國有五難：有寵而無人，一也；有
人而無主，二也；有主而無謀，三也；有謀而無民，四也；有民而無德，五也。此下論
斷平王。子干在晉，十三年矣。晉楚之從，不聞達者〔四一〕，可謂無人。族盡親叛，可
謂無主。無釁而動，可謂無謀。爲羈終世，可謂無民。亡無愛徵，可謂無德。王虐
而不忌，楚君子干，涉五難以弒舊君，誰能濟之？有楚國者，其棄疾乎！君陳蔡，方
城外屬焉〔四二〕。苛慝不作，盜賊伏隱，私欲不違，民無怨心。先神命之，國民信之。
羋姓有亂，必季實立，楚之常也。獲神，一也；有民，二也；令德，三也；寵貴，四
也；居常，五也。有五利以去五難，誰能害之？子干之官，則右尹也；數其貴寵，則
庶子也；以神所命，則又遠之。其貴亡矣，其寵棄矣。民無懷焉，國無與焉，將何以
立？』宣子曰：『齊桓、晉文不亦是乎？』對曰：『齊桓，衛姬之子也，有寵於僖；有
鮑叔牙、賓須無、隰朋以爲輔佐；有莒衛以爲外主；有國高以爲內主；從善如流，
下善齊肅；不藏賄，不從欲，施舍不倦，求善不厭。是以有國〔四四〕，不亦宜乎？我先
君文公，狐季姬之子也，有寵於獻；好學而不貳〔四五〕；生十七年，有士五人。有先大
夫子餘、子犯以爲腹心，有魏犨、賈佗以爲股肱，有齊、宋、秦、楚以爲外主，有欒、郤、

狐、先以爲内主，亡十九年，守志彌篤。惠懷棄民，民從而與之。獻無異親，民無異望。天方相晉，將何以代文？此二君者，異於子干。共有寵子，國有奥主；無施於民，無援於外；去晉而不送，歸楚而不逆。何以冀國？』

楚之滅蔡也，靈王遷許、胡、沈、道、房申於荆焉。平王即位，既封陳蔡，而皆復之，禮也。隱大子之子廬歸于蔡，禮也。悼大子之子吴歸于陳，禮也。

冬十月，葬蔡靈公，禮也。

十四年夏，楚子使然丹簡上國之兵於宗丘，且撫其民。分貧，振窮；長孤幼，養老疾；收介特，救災患；宥孤寡，赦罪戾；詰姦慝，舉淹滯；禮新〔四六〕，敘舊；禄勳，合親；任良，物官。使屈罷簡東國之兵於召陵，亦如之。好於邊疆。息民五年，而後用師，禮也。

楚令尹子旗有德於王，不知度，與養氏比，而求無厭。王患之。九月甲午，楚子殺鬭成然，而滅養氏之族。使鬭辛居鄖，以無忘舊勳。

十六年，楚子聞蠻氏之亂也與蠻子之無質也，使然丹誘戎蠻子嘉殺之，遂取蠻氏。既而復立其子焉，禮也。

十九年，令尹子瑕言蹶由於楚子，曰：『彼何罪？諺所謂「室於怒，市於色」者，楚之謂矣。舍前之忿可也。』乃歸蹶由。

校記

〔一〕原校：倭庫本『然』作『爾』。
〔二〕原校：釋文『子』下有『圍』字。
〔三〕原校：『傲』服本作『放』。
〔四〕原校：倭庫本『尹』下有『子』字；漢五行志無『威』字。
〔五〕原校：『似』服本作『以』，以，通已，謂令尹之儀已是國君之容。
〔六〕原校：釋文『棣』又作『逮』。
〔七〕原校：倭庫本『小』下有『之』字。
〔八〕原校：『逞』新序作『盈』。
〔九〕原校：『公』字依石經、宋本校增。
〔一〇〕原校：新序『中』作『終』；水經注古文『終南』，杜預以爲『中南』也。
〔一一〕原校：『亨』新序作『享』。
〔一二〕原校：『所』字依石經、宋本、倭庫本校增。

〔一三〕遠　原作『過』，今正。

〔一四〕原校：倭庫本『聞』下有『唯』字。

〔一五〕徇　原作『狥』，今正。

〔一六〕原校：倭庫本『在』下有『于』字。

〔一七〕晉　原作『諸』，今正。

〔一八〕原校：毛本『亦』作『以』，倭庫本同。

〔一九〕九　原作『七』，今正。

〔二〇〕原校：『滋』一作『兹』，使也，與鄭莊入許篇同。

〔二一〕原校：董遇本無『日』字。

〔二二〕原校：倭庫本『步』上有『親』字。

〔二三〕鬣　説文作『儠』。

〔二四〕原校：倭庫本『干』上有『從』字。

〔二五〕原校：宋本『楚』下有『國』字，倭庫本同。

〔二六〕原校：『族』宋本作『後』。

〔二七〕原校：倭庫本『力』上有『其』字，『敝』作『斃』。

〔二八〕原校：倭庫本『不』下有『能』字。

〔二九〕原校：倭庫本「言」上有「而」字。

〔三〇〕原校：「羹」漢志作「更」。

〔三一〕原校：「四」劉炫改「三」。

〔三二〕原校：倭庫本「革」下有「曰」字。

〔三三〕原校：「祈」馬融作「圻」；「招」賈逵作「昭」；「祗」家語作「支」。

〔三四〕原校：「形」家語作「刑」，後漢注引同。

〔三五〕原校：倭庫本作「二公子」，下「召二子」句同。

〔三六〕原校：「擠」尚書疏引作「隮」。

〔三七〕原注：釋文無「曰」字。

〔三八〕原校：史記作「船人從江上走呼」，蓋讀「周」爲「舟」也。

〔三九〕原校：「開」倭庫本作「啓」。

〔四〇〕原校：倭庫本「復」下有「命」字。

〔四一〕原校：「詬」釋文作「詢」。

〔四二〕原校：「達」史記作「通」。

〔四三〕原校：「方」依史記增。

〔四四〕原校：「是以」倭庫本作「以是」，當從。

〔四五〕原校：『貳』史記作『倦』。

〔四六〕新　原作『親』，今正。

齊納燕莒　凡三章

昭公三年，燕簡公多嬖寵，欲去諸大夫而立其寵人。冬，燕大夫比以殺公之外嬖。公懼，奔齊。書曰『北燕伯款出奔齊』，罪之也。

六年十一月，齊侯如晉，請伐北燕也。士匄相士鞅逆諸河〔一〕，禮也。晉侯許之。十二月，齊侯遂伐北燕，將納簡公。晏子曰：『不入。燕有君矣，民不貳。吾君賄，左右諂諛，作大事不以信，未嘗可也。』宗堯按，十餘字寫盡齊君臣情勢，筆力千鈞。

七年春王正月，暨齊平，齊求之也。癸巳，齊侯次于虢。燕人行成，曰：『敝邑知罪，敢不聽命？先君之敝器請以謝罪。』公孫晳曰：『受服而退，俟釁而動，可也。』二月戊午，盟于濡上。燕人歸燕姬，賂以瑶罋、玉櫝、斝耳。不克而還。

十二年春，齊高偃納北燕伯款于唐，因其衆也。

襄公三十一年，莒犁比公生去疾及展輿。既立展輿，又廢之。犁比公虐，國人患之。十一月，展輿因國人以攻莒子，弒之，乃立。去疾奔齊，齊出也。展輿，吴出也。書曰『莒人弒其君買朱鉏』，言罪之在也。

昭公元年，莒展輿立，而奪羣公子秩。公子召去疾於齊。秋，齊公子鉏納去疾，展輿奔吴。

叔弓帥師疆鄆田，因莒亂也。於是莒務婁、瞀胡及公子滅明以大厖與常儀靡奔齊。君子曰：『莒展之不立，棄人也夫！人可棄乎？詩曰「無競惟人」，善矣。』

十四年秋八月，莒著丘公卒，郊公不慼，國人弗順，欲立著丘公之弟庚輿。蒲餘侯惡公子意恢，而善於庚輿；郊公惡公子鐸，而善於意恢。公子鐸因蒲餘侯而與之謀，曰：『爾殺意恢，我出君而納庚輿。』許之。

冬十二月，蒲餘侯茲夫殺莒公子意恢。郊公奔齊。公子鐸逆庚輿於齊，齊隰黨、公子鉏送之，有賂田。

十九年秋，齊高發帥師伐莒，莒子奔紀鄣。使孫書伐之。初，莒有婦人，莒子殺其夫，已爲嫠婦。及老，託於紀鄣，紡焉以度而去之。及師至，則投諸外。或獻諸子占，子占使師夜縋而登。登者六十人，縋絶。師鼓譟，城上之人亦譟〔二〕。莒共公懼，啓西門而出。七月丙子，齊師入紀。

二十二年春王二月甲子，齊北郭啓帥師伐莒。莒子將戰，苑羊牧之諫曰：『齊帥賤，其求不多，不如下之，大國不可怒也。』弗聽，敗齊師于壽餘。齊侯伐莒，莒子行成。司馬竈如莒涖盟；莒子如齊涖盟，盟于稷門之外。莒於是乎大惡其君。

二十三年，莒子庚輿虐而好劍。苟鑄劍，必試諸人。國人患之。又將叛齊。烏存帥國人以逐之。庚輿將出，聞烏存執殳而立於道左，懼將止死。苑羊牧之曰：『君過之！烏存以力聞可矣，何必以弒君成名？』遂來奔。齊人納郊公。

校記

〔一〕原校：『士匄』董遇、王肅本作『王正』。

〔二〕原校：釋文『譟』下無『城』字，是，倭庫本同。

晉霸之衰 此篇記晉之失霸，以『晉政多門，貳偷之不暇』二句爲主。

襄公二十三年春，杞孝公卒，晉悼夫人喪之。平公不徹樂，非禮也。禮，爲鄰國闕。二十六年，晉韓宣子聘于周，王使請事。對曰：『晉士起將歸時事於宰旅，無他事矣。』王聞之，曰：『韓氏其昌阜於晉乎！辭不失舊。』微旨。慨王室也。

二十九年，晉平公，杞出也，故治杞。六月，知悼子合諸侯之大夫以城杞，孟孝伯會之，鄭子大叔與伯石往。子大叔見大叔文子，與之語。文子曰：『甚乎其城杞也！』子大叔曰：『若之何哉？晉國不恤周宗之闕，而夏肄是屏，其棄諸姬，亦可知也已。晉失諸侯，實以杞故。此文中眼目。諸姬是棄，其誰歸之？吉也聞之，棄同即異，是謂離德。詩曰：「協比其鄰，昏姻孔云。」晉不鄰矣，其誰云之？』

晉侯使司馬女叔侯來治杞田，弗盡歸也。晉悼夫人慍曰：『齊也取貨，先君若有知也，不尚取之。』公告叔侯。叔侯曰：『虞、虢、焦、滑、霍、楊、韓、魏，皆姬姓也，晉是以大。若非侵小，將何所取？武、獻以下，兼國多矣，誰得治之？杞，夏餘也，而即東夷。魯，周公之後也，而睦於晉。以杞封魯猶可，而何有焉？魯之於晉也，職貢不乏，玩好時至，公卿大夫相繼於朝，史不絕書，府無虛月。如是可矣，何必瘠魯以肥杞？且先君而有知也，毋寧夫人而焉用老臣？』詞雖近理，而殊倨慢不遜。記晉政之不綱也。

杞文公來盟，書曰『子』，賤之也。

冬，孟孝伯如晉，報范叔也。

三十年二月癸未〔一〕，晉悼夫人食輿人之城杞者，絳縣人或年長矣，無子而往，與於食。有與疑年，使之年。曰：『臣，小人也，不知紀年。臣生之歲，正月甲子朔，四百有四十五甲子矣，其季於今三之一也。』此節敘事甚恢詭。吏走問諸朝。師曠曰：『魯叔仲惠伯會郤成子于承匡之歲也。是歲也，狄伐魯，叔孫莊叔於是乎敗狄于鹹，獲長狄僑如及虺也、豹也，而皆以名其子。補筆。七十三年矣。』史趙曰：『亥有二首六身，下二如身，是其日數也。』士文伯曰：『然則二萬六千六百有六旬也。』趙孟問其縣大夫，則其屬也。召之而謝過焉，曰：『武不才，任君之大事，以晉國之多虞，不能由吾子，使吾子辱在泥塗久矣，武之罪也。敢謝不才。』遂仕之，使助爲政。辭以老。與之田，使爲君復陶，以爲絳縣師，而廢其輿尉。

於是魯使者在晉，歸以語諸大夫。季武子曰：『晉未可媮也。有趙孟以爲大夫，有伯瑕以爲佐，有史趙、師曠而咨度焉，有叔向、女齊以師保其君。其朝多君子，其庸可婾乎〔二〕？勉事之而後可。』左氏書中，凡此等頌美當時之文，或採摭他書而未及删削，或後人取他書之文而附益之，非作者意旨之所在也。

三十一年春王正月，穆叔至自會。見孟孝伯，語之曰：『趙孟將死矣。其語偷，不似民主。且年未盈五十，而諄諄焉如八九十者。弗能久矣。若趙孟死，爲政者其韓子乎！吾子盍與季孫言之，可以樹善，君子也。晉君將失政矣，若不樹焉，使早備魯，既而政在大夫，韓子懦弱，大夫多貪，求欲無厭，齊楚未足與也，魯其懼哉！』孝伯曰：『人生幾何，誰能無偷？朝不及夕，將安用樹？』穆叔出，而告人曰：『孟孫將死矣。吾語諸趙孟之偷也，而又甚焉。』左公有英雄之量，最惡庸夫偷惰者之敗國而殄民也。故記述此等，皆有忿疾不平之聲。又與季孫語晉故，季孫不從。及趙文子卒。晉公室卑，政在侈家。韓宣子爲政，不能圖諸侯。魯不堪晉求，讒慝弘多，是以有平丘之會。

己亥，孟孝伯卒。

昭公元年，晉侯有疾，鄭伯使公孫僑如晉聘，且問疾。叔向問焉，曰：『寡君之疾病，卜人曰「實沈、臺駘爲祟」，史莫之知。敢問此何神也？』子產曰：『昔高辛氏有二子，伯曰閼伯，季曰實沈，居于曠林，不相能也，日尋干戈，以相征討，后帝不臧，遷閼伯于商丘，主辰。商人是因，故辰爲商星。遷實沈于大夏，主參。唐人是因，以服事夏商。其季世曰唐叔虞。當武王邑姜方震大叔，夢帝謂己：「余命而子曰虞，將與之唐，屬諸參，而蕃育其子孫。」及生，有文在其手曰虞，遂以命之。及成王滅唐，而封大叔焉，故參爲晉星。由是觀之，則實沈，參神也。昔金天氏有裔子曰昧，爲玄冥師，生允格、臺駘。臺駘能業其官，宣汾洮，障大澤，以處大原。帝用嘉之，封諸汾川，沈、姒、蓐、黄實守其祀。今晉主汾而滅之矣。由是觀之，則臺駘，汾洮神也〔三〕。抑此二者，不及君身。山川之神，則水旱癘疫之災，於是乎禜之；日月星辰之神，則雪霜風雨之不時，於是乎禜之。若君身，則亦出入、飲食、哀樂之事也，山川、星辰之神又何爲焉？僑聞之，君子有四時，朝以聽政，晝以訪問，夕以修令，夜以安身。於是乎節宣其氣，勿使有所壅閉湫底以露其體，露，疲露也。國策『諸侯見齊之罷露』，史記作『罷弊』，是露、弊同義。孟子『是率天下而路也』與此同。兹心不爽，而昏亂百度。今無乃壹之，則生疾矣。僑又聞之，内官不及同姓，其生不殖。美先盡矣，則相生疾，君子是以惡之。故志曰：「買妾不知其姓，則卜之。」違此二者〔四〕，古之所慎也。男女辨姓，禮之大司也。今君內實有四姬焉，其無乃是也乎？若由是二者，弗可爲也已。四姬有省猶可，無則必生疾矣。』叔向曰：『善哉！肸未之聞也，此皆然矣。』叔向出，行人揮送之。叔向問鄭故焉，且問子皙。對曰：『其與幾何？無禮而好陵人，怙富而卑其上，弗能久矣。』

晉侯聞子產之言，曰：『博物君子也。』重賄之。

晉侯求醫於秦，秦伯使醫和視之，曰：『疾不可爲也，是謂近女，此四言韻語，當讀『女』字絶句，世多以『室』字上屬，非也。室疾如蠱，非鬼非食，惑以喪志。良臣將死，天命不祐。』公曰：『女不可近乎？』對曰：『節之。先王之樂，所以節百事也，故有五節；遲速本末以相及，中聲以降〔五〕。五降之後，不容彈矣。於是有煩手淫聲，慆堙心耳，乃忘平和，君子弗聽也。物亦如之，至於煩，乃舍也已，無以生疾。君子之近琴瑟，以儀節也，非以慆心也。天有六氣，降生五味，發爲五色，徵爲五聲，淫生六疾。六氣曰陰、陽、風、雨、晦、明也，分爲四時，序爲五節，過則爲菑；陰淫寒疾，陽淫熱疾，風淫末疾，雨淫腹疾，晦淫惑疾，明淫心疾。女，陽物而晦時，淫則生內熱惑蠱之疾。今君不節、不時，能無及此乎？』

出，告趙孟。趙孟曰：『誰當良臣？』對曰：『主是謂矣。主相晉國，於今八年，晉國無亂，諸侯無闕，可謂良矣。和聞之，國之大臣，榮其寵禄，任其大節。有菑禍興，而無改焉，必受其咎。今君至於淫以生疾，將不能圖恤社稷，禍孰大焉？主不能禦，吾是以云也。』左氏記晉事，往往痛責趙孟，以趙孟執國之柄。晉君之淫溺惑亂，趙孟實尸其咎也。借醫和口中發之，尤覺奇趣横生。趙孟曰：『何謂蠱？』對曰：『淫溺惑亂之所生也。於文，皿蟲爲蠱。穀之飛亦爲蠱。在周易，女惑男、風落山謂之蠱䷑。皆同物也。』趙孟曰：『良醫也。』厚其禮而歸之。

十二月，晉既烝，趙孟適南陽，將會孟子餘。甲辰朔，烝于温，庚戌，卒。鄭伯如晉弔，及雍乃復。

二年春，晉侯使韓宣子來聘，且告爲政，而來見，禮也。觀書於大史氏，見易象與魯春秋，曰：『周禮盡在魯矣，吾乃今知周公之德與周之所以王也。』公享之，季武子賦緜之卒章。韓子賦角弓。季武子拜，曰：『敢拜子之彌縫敝邑，寡君有望矣。』武子賦節之卒章。既享，宴於季氏。有嘉樹焉，宣子譽之〔六〕。武子曰：『宿敢不封殖此樹？以無忘角弓。』遂賦甘棠。宣子曰：『起不堪也，無以及召公。』

宣子遂如齊納幣。見子雅。子雅召子旗，使見宣子。宣子曰：『非保家之主也，不臣。』見子尾。子尾見彊，宣子謂之如子旗。大夫多笑之，唯晏子信之，曰：『夫子，君子也。君子有信，其有以知之矣。』

自齊聘於衛，衛侯享之。北宮文子賦淇澳，宣子賦木瓜。

夏四月，韓須如齊逆女。齊陳無宇送女，致少姜。少姜有寵於晉侯，晉侯謂之少齊。謂陳無宇非卿，執諸中都。少姜爲之請，曰：『送從逆班，畏大國也，猶有所易，是以亂作。』

叔弓聘於晉，報宣子也。晉侯使郊勞，辭曰：『寡君使弓來繼舊好，固曰「女無敢爲賓」，徹命於執事，敝邑弘矣，敢辱郊使？請辭。』致館，辭曰：『寡君命下臣來繼舊好，好合使成，臣之禄也。敢辱大館？』叔向曰：『子叔子知禮哉！吾聞之曰：「忠信，禮之器也；卑讓，禮之宗也。」辭不忘國，忠信也；先國後己，卑讓也。詩曰：「敬慎威儀，以近有德。」夫子近德矣。』

晉少姜卒，公如晉，及河，晉侯使士文伯來辭，曰：『非伉儷也，請君無辱。』公還。季孫宿遂致服焉。

叔向言陳無宇於晉侯曰：『彼何罪？君使公族逆之，齊使上大夫送之，猶曰不共，君求以貪。國則不共，而執其使。君刑已頗，何以爲盟主？且少姜有辭。』冬十月，陳無宇歸。

十一月，鄭印段如晉弔。

三年春王正月，鄭游吉如晉，送少姜之葬。梁丙與張趯見之。梁丙曰：『甚矣哉，子之爲此來也！』子大叔曰：『將得已乎？昔文襄之霸也，其務不煩諸侯，令諸侯三歲而聘，五歲而朝，有事而會，不協而盟。君薨，大夫弔，卿共葬事；夫人，士弔，大夫送葬。足以昭禮、命事、謀闕而已，無加命矣。今嬖寵之喪，不敢擇位，而數於守適，唯懼獲戾，豈敢憚煩？晉之失諸侯由於此等，故詳哉言之，非泛文也。少姜有寵而死〔七〕，齊必繼室。今茲吾又將來賀，不唯此行也。』宗堯按，此借大叔刺晉無霸主之度。張趯曰：『善哉，吾得聞此數也！然自今子其無事矣。譬如火焉，火中，寒暑乃退。此其極也，能無退乎？晉將失諸侯，諸侯求煩不獲。』點睛。二大夫退。子大叔告人曰：『張趯有知，其猶在君子之後乎！』

齊侯使晏嬰請繼室於晉，曰：『寡君使嬰曰：「寡人願事君朝夕不倦，將奉質幣以無失時，則國家多難，是以不獲。不腆先君之適以備内官，焜燿寡人之望，則又無禄，早世隕命，寡人失望。君若不忘先君之好，惠顧齊國，辱收寡人，徼福於大公、丁公，照臨敝邑，鎮撫其社稷，則猶有先君之適及遺姑姊妹若而人。君若不棄敝邑，而辱使董振鐸之，以備嬪嬙，寡人之望也。」』左傳此等詞令工妙獨擅。韓宣子使叔向對曰：『寡君之願也。寡君不能獨任其社稷之事，未有伉儷，在縗絰之中，是以未敢請。君有辱命，惠莫大焉。若惠顧敝邑，撫有晉國，賜之内主，豈唯寡君舉羣臣實受其貺，『舉』當作『與』。國語『豈唯寡君與二三臣實受君賜，其周公、太公及百辟神祇實永饗而利賴之』正與此同。蓋淺人誤斷其句而妄增易之。其自唐叔以下實寵嘉之。』

既成昏，晏子受禮，叔向從之宴，相與語。叔向曰：『齊其何如？』晏子曰：『此季世也，吾弗知齊其爲陳氏矣。宗堯云：齊晉之亡，强臣之篡，其事迹倘立一傳，當不下數千言。左氏不願爲正面文字，故深没其傳，而旁見其興亡之由於此也。闓生按，沈鬱頓挫，極至之文。公棄其民，而歸於陳氏。齊舊四量，豆、區、釜、鍾。四升爲豆，各自其四，以登於釜。釜十則鍾。陳氏三量皆登一焉，鍾乃大矣。以家量貸，而以公量收之。山木如市，弗加於山；魚、鹽、蜃、蛤，弗加於海。民參其力，二入於公，而衣食其一。公聚朽蠹，而三老凍餒，國之諸市，屨賤踊貴。民人痛疾，而或燠休之。其愛之如父母，而歸之如流水。欲無獲民，將焉辟之？箕伯、直柄、虞遂、伯戲，其相胡公、大姬已在齊矣〔八〕。』此段文字句句痛切沈至，此語尤爲神氣迸出。叔向曰：『然。雖吾公室，今亦季世也。宗堯云：敘二子對語，悲嘆唏噓。陳氏滅齊，三家分晉，直敘實敘處絶少，故淺視之，幾疑左氏不及知二國之變者，而實隱寄其意於閑文中也。戎馬不駕，卿無軍行，公乘無人，卒列無長。庶民罷敝，而宮室滋侈。道殣相望，而女富溢尤。民聞公命，如逃寇讎。欒、郤、胥、原、狐、續、慶、伯降在皁隸，政在家門，宗堯云：舊時世族均已殘滅，所謂家門，雖不指定三家，然已可屈指數矣。闓生按，季札已明謂萃於三族。民無所依。君日不悛，以樂慆憂。公室之卑，其何日之有？讒鼎之銘曰：「昧旦丕顯，後世猶怠」，況日不悛，其能久乎？』晏子曰：『子將若何？』叔向曰：『晉之公族盡矣。肸聞之，公室將卑，其宗族枝葉先落，則公室從之〔九〕。肸之宗十一族，唯羊舌氏在而已。肸又無子，公室無度，幸而得死，豈其獲祀？』宗堯云：叔向之言尤爲悲痛酸楚。魏舒縣祁氏、羊舌氏之田在二十年之後，左氏逆攝於此。文之出沒，便覺奇縱。

初，景公欲更晏子之宅，曰：『子之宅近市，湫隘囂塵，不可以居，請更諸爽塏者。』辭曰：『君之先臣容焉，臣不足以嗣之，於臣侈矣。且小人近市，朝夕得所求，小人之利也，敢煩里旅？』宗堯云：儉約卑污，以求自全於亂世，君子之苦心也。公笑曰：『子近市，識貴賤乎？』對曰：『既利之，敢不識乎？』公曰：『何貴？何賤？』於是景公繁於刑，有鬻踊者，故對曰：『踊貴，屨賤。』既已告於君，故與叔向語而稱之。景公爲是省於刑。

君子曰：『仁人之言，其利博哉！晏子一言，而齊侯省刑。詩曰，「君子如祉，亂庶遄已」，其是之謂乎！』文中兼苞他事，最見古人雄厚浩博處，後世所不易及。

及晏子如晉，公更其宅。反，則成矣。既拜，乃毀之，而爲里室，皆如其舊，則使宅人反之，曰〔一〇〕：『諺曰：「非宅是卜，唯鄰是卜。」二三子先卜鄰矣。違卜不祥。君子不犯非禮，小人不犯不祥，古之制也，吾敢違諸乎？』卒復其舊宅，宗堯云：羊舌守禮，魏舒猶縣其田，以其有田故也。晏子於此惴惴矣。公弗許；因陳桓子以請，乃許之。此趣語，見其時事無大小，決于陳氏也。

晉韓起如齊逆女，公孫蠆爲少姜之有寵也，以其子更公女，而嫁公子。人謂宣子：『子尾欺晉，晉胡受之？』宣子曰：『我欲得齊，而遠其寵，寵將來乎？』此見晉勢已衰，不欲近齊也。

秋七月，鄭罕虎如晉，賀夫人，且告曰：『楚人日徵敝邑以不朝立王之故。敝邑之往，則畏執事其謂寡君而固有外心；其不往，則宋之盟云。進退罪也。寡君使虎布之。』宣子使叔向對曰：『君若辱有寡君，在楚何害？修宋盟也。君苟思盟，寡君乃知免於戾矣。君若不有寡君，雖朝夕辱於敝邑，寡君猜焉。君實有心，何辱命焉？君其往也！苟有寡君，在楚猶在晉也。』趙武爲政，事事以讓楚爲主。韓起亦襲其政策也。

張趯使謂大叔曰〔一一〕：『自子之歸也，小人糞除先人之敝廬，曰：「子其將來。」今子皮實來，小人失望。』大叔曰：『吉賤，不獲來，畏大國，尊夫人也。且孟曰「而將無事」，吉庶幾焉。』旁涉趯吉交誼，文情尤爲鬱美。宗堯按，滑稽之詞，敘此以刺晉之煩擾諸侯也。

六年春王正月，杞文公卒。弔如同盟，禮也。

七年，晉人來治杞田，季孫將以成與之。謝息爲孟孫守，不可，曰：『人有言曰：「雖有挈缾之知，守不假器，禮也。」夫子從君，而守臣喪邑，雖吾子亦有猜焉。』季孫曰：『君之在楚，於晉罪也。又不聽晉，魯罪重矣。晉師必至，吾無以待之，不如與之。間晉而取諸杞。吾與子桃，成反，誰敢有之？是得二成也。魯無憂，而孟孫益邑，子何病焉？』辭以無山，與之萊柞。乃遷于桃。此見魯三家之分立。晉人爲杞取成。

鄭子産聘于晉。晉侯有疾，韓宣子逆客，私焉，曰：『寡君寢疾，於今三月矣，並走羣望，有加而無瘳。今夢黄熊入于寢門〔一二〕，其何厲鬼也？』對曰：『以君之明，子爲大政，其何厲之有？昔堯殛鯀于羽山，其神化爲黄熊，以入于羽淵，實爲夏郊，三代祀之。晉爲盟主，其或者未之祀也乎！』晉侯之疾由於女色，子産已論其詳矣。既不悟而又問，故即以詭詞答之。韓子祀夏郊。晉侯有間，賜子産莒之二方鼎。

八年春，石言于晉魏榆。晉侯問於師曠曰：『石何故言？』對曰：『石不能言，或馮焉〔一三〕。不然，民聽濫也。民聽濫者，謂本未言而誤疑其言也，猶山呼萬歲之類。此皆左公不惑神怪之特識也。抑臣又聞之曰：「作事不時，怨讟動于民，則有非言之物而言。」今宮室崇侈，民力彫盡，怨讟並作，莫保其性〔一四〕，石言，不亦宜乎？』於是晉侯方築虒祁之宮，叔向曰：『子野之言君子哉！君子之言信而有徵，故怨遠於其身；小人之言僭而無徵，故怨咎及之〔一五〕。詩曰，「哀哉不能言，匪舌是出，唯躬是瘁。哿矣能言，巧言如流，俾躬處休」，其是之謂乎！是宮也成，諸侯必叛，君必有咎，夫子知之矣。』左氏記晉失諸侯之由有三：城杞，一也；淫惑，二也；崇侈，三也。

叔弓如晉，賀虒祁也。游吉相鄭伯以如晉，亦賀虒祁也。史趙見子大叔，曰：『甚哉，其相蒙也！可弔也，而又賀之。』子大叔曰：『若何弔也〔一六〕？其非唯我賀，將天下實賀。』

九年，周甘人與晉閻嘉爭閻田。晉梁丙、張趯率陰戎伐潁。王使詹桓伯辭於晉，曰：『我自夏以后稷，魏、駘、芮、岐、畢，吾西土也。及武王克商，蒲姑、商奄，吾東土也；巴、濮、楚、鄧，吾南土也；肅慎、燕、亳，吾北土也。吾何邇封之有？文、武、成、康之建母弟，以蕃屏周，亦其廢隊是爲，豈如弁髦，而因以敝之。左氏言及周室，輒有無限悲憤，此忠鯁天性，鬱爲至文。先王居檮杌于四裔，以禦螭魅，故允姓之姦居于瓜州。伯父惠公歸自秦，而誘以來，使偪我諸姬，入我郊甸，則戎焉取之。戎有中國，誰之咎也？后稷封殖天下，今戎制之，不亦難乎？伯父圖之！我在伯父，猶衣服之有冠冕，木水之有本原，民人之有謀主也。伯父若裂冠毀冕，拔本塞原，專棄謀主〔一七〕，雖戎狄，其何有余一人？』叔向謂宣子曰：『文之伯也，豈能改物？翼戴天子，而加之以共。自文以來，世有衰德，而暴滅宗周〔一八〕，以宣示其侈；諸侯之貳，不亦宜乎？晉之失霸，屏杞其事而蔑周其本也，故以城杞起，而於王室責言特低徊往復而出之。且王辭直，先大夫評曰：與王較曲直，所以寄深痛也。子其圖之。』宣子説，王有姻喪，使趙成如周弔，且致閻田與襚，反潁俘。王亦使賓滑執甘大夫襄以説於晉，晉人禮而歸之。

晉荀盈如齊逆女，還，六月，卒于戲陽。殯于絳，未葬。晉侯飲酒，樂。膳宰屠蒯趨入〔一九〕，請佐公使尊，許之。而遂酌以飲工，曰：『女爲君耳，將司聽也。辰在子卯，謂之疾日，君徹宴樂，學人舍業，爲疾故也。君之卿佐，是謂股肱。股肱或虧，何痛如之？女弗聞而樂，是不聰也。』又飲外嬖嬖叔，曰：『女爲君目，將司明也。服以旌禮，禮以行事，事有其物，物有其容。今君之容，非其物也；而女不見，是不明也。』此見晉侯無道，左右非人，舉一以概其餘也。亦自飲也，曰：『味以行氣，氣以實志，志以定言，言以出令。臣實司味，二御失官，而君弗命，臣之罪也。』此説不如檀弓『非刀匕是共，又敢與知防』之爲簡捷而近理。公説，徹酒。

初，公欲廢知氏而立其外嬖，爲是悛而止。見屠蒯之言有爲而發。秋八月，使荀躒佐下軍以説焉。

十年春王正月，有星出于婺女。鄭裨竈言於子産曰：『七月戊子，晉君將死。今兹歲在顓頊之虚，姜氏、任氏實守其地〔二〇〕，居其維首，而有妖星焉，告邑姜也。邑姜、晉之妣也。天以七紀，戊子逢公以登，星斯於是乎出，吾是以譏之〔二一〕。』

戊子，晉平公卒。鄭伯如晉，及河，晉人辭之。游吉遂如晉。九月，叔孫婼、齊國弱、宋華定、衛北宮喜、鄭罕虎、許人、曹人、莒人、邾人、滕人、薛人、杞人、小邾人如晉，葬平公也。

鄭子皮將以幣行，子產曰：『喪焉用幣？用幣必百兩，百兩必千人。千人至，將不行。不行，必盡用之。幾千人而國不亡？』見事大之煩費。子皮固請以行。既葬，諸侯之大夫欲因見新君。叔孫昭子曰：『非禮也。』弗聽。叔向辭之，曰：『大夫之事畢矣，而又命孤。孤斬焉在衰絰之中，其以嘉服見，則喪禮未畢；其以喪服見，是重受弔也，大夫將若之何？』皆無辭以見。成王之喪，諸侯固以嘉服見新君矣，但其時在王初崩，而非既葬之後耳。

子皮盡用其幣。歸，謂子羽曰：『非知之實難，將在行之。夫子知之矣，我則不足。書曰，「欲敗度，縱敗禮」，我之謂矣。夫子知度與禮矣，我實縱欲，而不能自克也。』寫子皮。

十二年，齊侯、衛侯、鄭伯如晉，朝嗣君也。公如晉，至河，乃復。取郠之役，莒人愬于晉，晉有平公之喪，未之治也，故辭公。公子慭遂如晉。晉人許之，禮也。

晉侯享諸侯，子產相鄭伯，辭於享，請免喪而後聽命。晉侯以齊侯宴，中行穆子相。投壺，晉侯先，穆子曰：『有酒如淮〔二二〕，有肉如坻。寡君中此，爲諸侯師。』中之。齊侯舉矢，曰：『有酒如澠，有肉如陵。寡人中此，與君代興。』亦中之。伯瑕謂穆子曰：『子失辭。吾固師諸侯矣，壺何爲焉，其以中儁也？齊君弱吾君，歸弗來矣。』穆子曰：『吾軍帥彊禦，卒乘競勸。今猶古也，齊將何事？』此强詞，適示怯也。公孫傁趨進，曰：『日旰君勤，可以出矣！』以齊侯出。

十三年。晉成虒祁，諸侯朝而歸者皆有貳心。爲取郠故，晉將以諸侯來討。叔向曰：『諸侯不可以不示威。』乃幷徵會，告于吳。秋，晉侯會吳子于良，水道不可，吳子辭，乃還。

七月丙寅，治兵于邾南。甲車四千乘。羊舌鮒攝司馬，遂合諸侯于平丘。子產、子大叔相鄭伯以會，子產以幄、幕九張行，子大叔以四十，既而悔之，每舍，損焉。及會，亦如之。

次于衛地，叔鮒求貨於衛，淫芻蕘者。衛人使屠伯饋叔向羹與一篋錦，曰：『諸侯事晉，未敢攜貳；況衛在君之宇下，而敢有異志？芻蕘者異於他日，敢請之。』叔向受羹反錦，曰：『晉有羊舌鮒者，瀆貨無厭，亦將及矣。爲此役也，子若以君命賜之，其已。』客從之，未退而禁之。冷峻語，與『明日禮不畢將死』同一穎妙，史公往往效之，但風趣又別也。

晉人將尋盟，齊人不可。晉侯使叔向告劉獻公曰：『抑齊人不盟，若之何？』對曰：『盟以底信〔二三〕。君苟有信，諸侯不貳，何患焉？告之以文辭，董之以武師，雖齊不許，君庸多矣。天子之老請帥王賦，「元戎十乘，以先啓行」，遲速唯君。』叔向告于齊，曰：『諸侯求盟，已在此矣。今君弗利，寡君以爲請。』對曰：『諸侯討貳，則有尋盟。若皆用命，何盟之尋？』叔向曰：『國家之敗，有事而無業，事則不經；有業而無禮，經則不序；有禮而無威，序則不共；有威而不昭，共則不明。不明棄共，百事不終，所由傾覆也。是故明王之制，使諸侯歲聘以志業，間朝以講禮，再朝而會以示威，再會而盟以顯昭明。志業於好，講禮於等，示威於衆，昭明於神。自古以來，未之或失也。存亡之道，恆由是興。晉禮主盟，懼有不治；奉承齊犧，而布諸君，求終事也。君曰「余必廢之」，何齊之有？唯君圖之。寡君聞命矣。』齊人懼，對曰：『小國言之，大國制之，敢不聽從？既聞命矣，敬共以往，遲速唯君。』叔向曰：『諸侯有間矣，不可以不示衆。』是會也，諸侯離貳甚矣。再敘叔向之言，點睛之筆。八月辛未，治兵，建而不旆。壬申，復旆之。諸侯畏之。皆極形其弱也。

邾人、莒人愬于晉曰：『魯朝夕伐我，幾亡矣。我之不共，魯故之以。』晉侯不見公。使叔向來辭曰：『諸侯將以甲戌盟，寡君知不得事君矣，請君無勤。』子服惠伯對曰：『君信蠻夷之訴，以絕兄弟之國，棄周公之後，亦唯君。寡君聞命矣。』叔向曰：『寡君有甲車四千乘在，雖以無道行之，必可畏也。況其率道，其何敵之有？牛雖瘠，僨於豚上，其畏不死？南蒯、子仲之憂，其庸可棄乎？若奉晉之衆，用諸侯之師，因邾、莒、杞、鄫之怒，以討魯罪，間其二憂，何求而弗克？』魯人懼，聽命。

甲戌，同盟于平丘，齊服也。令諸侯日中造于除。癸酉，退朝。子產命外僕速張于除，子大叔止之，使待明日。及夕，子產聞其未張也，使速往，乃無所張矣。

及盟，子產爭承，曰：『昔天子班貢，輕重以列。列尊貢重，周之制也。卑而貢重者，甸服也。鄭伯，男也〔二四〕，而使從公侯之貢，懼弗給也，敢以爲請。諸侯靖兵〔二五〕，好以爲事。行理之命無月不至，貢之無藝，小國有闕，所以得罪也。諸侯修盟，存小國也。貢獻無極，亡可待也。連用『也』字，狀其急爭之神。存亡之制，將在今矣。』自日中以争，至于昏，晉人許之。既盟，子大叔咎之曰：『諸侯若討，其可瀆乎？』子產曰：『晉政多門，貳偷之不暇，何暇討？此會甚振矜，然晉衰實甚，愈振矜，乃愈形其弱也。一路不輕出正意，至此二語，乃喝破之。國不競亦陵，何國之爲？』

公不與盟。晉人執季孫意如，以幕蒙之，使狄人守之。司鐸射懷錦，奉壺飲冰，以蒲伏焉。守者御之，乃與之錦而入。晉人以平子歸〔二六〕，子服湫從。

子產歸，未至，聞子皮卒，哭，且曰：『吾已！無爲爲善矣。唯夫子知我。』仲尼謂子產：『於是行也，足以爲國基矣。詩曰：「樂只君子，邦家之基。」子產，君子之求樂者也。』且曰：『合諸侯，藝貢事，禮也。』

公如晉。荀吳謂韓宣子曰：『諸侯相朝，講舊好也。執其卿而朝其君，有不好焉，不如辭之。』乃使士景伯辭公于河。

季孫猶在晉，子服惠伯私於中行穆子曰：『魯事晉，何以不如夷之小國？魯，兄弟也，土地猶大，所命能具。若爲夷棄之，使事齊楚，其何瘳於晉？親親、與大，賞共、罰否，所以爲盟主也。子其圖之！諺曰：「臣一主二。」吾豈無大國？』穆子告韓宣子，且曰：『楚滅陳蔡，不能救，而爲夷執親，將焉用之？』眼目。乃歸季孫。惠伯曰：『寡君未知其罪，合諸侯而執其老。若猶有罪，死命可也。若曰無罪而惠免之，諸侯不聞，是逃命也，何免之爲？請從君惠於會。』宣子患之，謂叔向曰：『子能歸季孫乎？』對曰：『不能。鮒也能。』乃使叔魚。叔魚見季孫，曰：『昔鮒也得罪於晉君，自歸於魯君，微武子之賜，不至於今。雖獲歸骨於晉，猶子則肉之，敢不盡情？歸子而不歸，鮒也聞諸吏，將爲子除館於西河，其若之何？』且泣。極誚晉之無能也。平子懼，先歸。惠伯待禮。

十四年春，意如至自晉，尊晉罪己也。尊晉罪己，禮也。

晉邢侯與雍子爭鄐田，久而無成。士景伯如楚，叔魚攝理。韓宣子命斷舊獄，罪在雍子。雍子納其女於叔魚，叔魚蔽罪邢侯。邢侯怒，殺叔魚與雍子於朝。宣子問其罪於叔向。叔向曰：『三人同罪，施生戮死可也。雍子自知其罪，而賂以買直；鮒也鬻獄；邢侯專殺。其罪一也。己惡而掠美爲昏，貪以敗官爲墨，殺人不忌爲賊。夏書曰，「昏、墨、賊，殺」，皋陶之刑也，請從之。』乃施邢侯而尸雍子與叔魚於市〔二七〕。

仲尼曰：『叔向，古之遺直也，治國制刑，不隱於親。三數叔魚之惡，不爲末減。曰義也夫〔二八〕？可謂直矣！平丘之會，數其賄也，以寬衛國，晉不爲暴。歸魯季孫，稱其詐也，以寬魯國，晉不爲虐。邢侯之獄，言其貪也，以正刑書，晉不爲頗。三言而除三惡，加三利，殺親益榮，猶義也夫？』孔子之意，蓋不甚以叔向此舉爲然。

十五年冬，公如晉，平丘之會故也。

十六年春王正月，公在晉〔二九〕，晉人止公。不書，諱之也。

齊侯伐徐。二月丙申〔三〇〕，齊師至于蒲隧，徐人行成。徐子及郯人、莒人會齊侯，盟于蒲隧，賂以甲父之鼎。叔孫昭子曰：『諸侯之無伯，害哉！齊君之無道也，興師而伐遠方，會之，有成而還，莫之亢也〔三一〕。無伯也夫！慨嘆神遠。先大夫評曰：晉衰於韓起，自是後，無能繼桓文之業而周幾乎滅矣。左氏所爲深慨也。詩曰，「宗周既滅，靡所止戾。正大夫離居，莫知我肄」，其是之謂乎！』自城杞以來，歷敘諸侯攜貳，至此而霸業掃地盡矣。此文字結穴處也，慨嘆出之，使全篇精神爲之一振。

公至自晉，子服昭伯語季平子曰：『晉之公室其將遂卑矣。君幼弱，六卿彊而奢傲，將因是以習，習實爲常，能無卑乎？』平子曰：『爾幼，惡識國？』

秋八月，晉昭公卒。

冬十月，季平子如晉葬昭公。平子曰：『子服回之言猶信。子服氏有子哉！』

三十年夏六月，晉頃公卒，秋八月，葬。鄭游吉弔，且送葬。魏獻子使士景伯詰之，曰：『悼公之喪，子西弔，子蟜送葬。今吾子無貳，何故？』對曰：『諸侯所以歸晉君，禮也。禮也者，小事大、大字小之謂。事大在共其時命，字小在恤其所無。以敝邑居大國之間，共其職貢，與其備御不虞之患，豈忘共命？先王之制：諸侯之喪，士弔，大夫送葬；唯嘉好、聘享、三軍之事於是乎使卿。晉之喪事，敝邑之間，先君有所助執紼矣。若其不間，雖士、大夫有所不獲數矣。大國之惠，亦慶其加，而不討其乏，明厎其情〔三二〕，取備而已，以爲禮也。靈王之喪，我先君簡公在楚，我先大夫印段實往，——敝邑之少卿也。王吏不討，恤所無也。今大夫曰：「女盍從舊？」舊有豐有省，不知所從。從其豐，則寡君幼弱，是以不共；從其省，則吉在此矣。唯大夫圖之！』晉人不能詰。宗堯按，此篇以霸業衰微，國將分裂爲主。

校　記

〔一〕原校：『二』倭庫本作『三』。

〔二〕乎　原作『也』，今正。

〔三〕原校：「洮」依史記增，水經注同。

〔四〕原校：「違」倭庫本作「極」。

〔五〕原校：倭庫本「降」下有「之」字。

〔六〕原校：孟子注引「譽」作「豫」。

〔七〕原校：石經「姜」作「齊」，是也。

〔八〕原校：正義引定本「相」作「祖」。

〔九〕室　原無，今據補。

〔一〇〕曰　原作「且」，并注謂「初學記引作曰」，今訂正。

〔一一〕原校：倭庫本「謂」下有「子」字。

〔一二〕原校：「熊」釋文作「能」，昌黎詩同，王引之云，漢晉皆作「熊」。

〔一三〕原校：漢志「或」上有「神」字。

〔一四〕原校：漢志「保」作「信」，宋本、倭庫本同。

〔一五〕原校：倭庫本無「咎」字。

〔一六〕若何　原作「若之何」，「之」字衍。

〔一七〕原校：「專」即「躅」字。

〔一八〕滅　原注謂唐石經作「蔑」。

〔一九〕原校：『屠蒯』禮記作『杜蕢』。

〔二〇〕原校：國語注引『地』作『祀』。

〔二一〕原注：譏，察也。

〔二二〕原校：劉炫讀『淮』爲『濰』。

〔二三〕底　原作『底』，今正。

〔二四〕原校：『男』賈逵改『南』。

〔二五〕兵　原作『共』，今正。

〔二六〕原校：倭庫本『以』下有『季』字。

〔二七〕原校：『施』五經文字作『弛』。

〔二八〕原注：『曰』家語作『由』。由，行。

〔二九〕在　原作『如』，今正。

〔三〇〕原校：倭庫本『申』下有『朔』字。

〔三一〕原注：『興師』二語皆四字句，常讀誤。依此則斷爲『興師而伐，遠方會之』。而其文史甄微云：『當以「而伐遠方」爲句。』今從後者。

〔三二〕底　原作『底』，今正。

左傳微卷弟九

豎牛之亂

此篇以讒人作亂而昭子能不失刑爲主。

襄公二十四年，齊人城郟。穆叔如周聘，且賀城。王嘉其有禮也，賜之大路。

昭公四年。初，穆子去叔孫氏，及庚宗，遇婦人，使私爲食而宿焉。問其行，告之故，哭而送之。適齊，娶於國氏，生孟丙、仲壬。夢天壓己，弗勝，顧而見人，黑而上僂，深目而豭喙，號之曰：『牛！助余！』乃勝之。旦而皆召其徒，無之。且曰：『志之！』及宣伯奔齊，饋之。宣伯曰：『魯以先子之故，將存吾宗，必召女。召女，何如？』對曰：『願之久矣。』

魯人召之，不告而歸。既立，所宿庚宗之婦人獻以雉。問其姓，姓，所生也。對曰：『余子長矣，能奉雉而從我矣。』召而見之，則所夢也。未問其名，號之曰『牛』，曰：『唯。』皆召其徒使視之，遂使爲豎。有寵，長使爲政。豎牛亂叔孫氏，故敘其始事甚詳。公孫明知叔孫於齊，歸，未逆國姜，子明取之，故怒其子，長而後使逆之。

田於丘蕕，遂遇疾焉。豎牛欲亂其室而有之，提筆爽，乃一篇之綱領。强與孟盟，不可。叔孫爲孟鍾，曰：『爾未際，饗大夫以落之。』既具，使豎牛請日。入，弗謁；出，命之日。及賓至，聞鐘聲。牛曰：『孟有北婦人之客。』怒，將往，牛止之。賓出，使拘而殺諸外。牛又强與仲盟，不可。仲與公御萊書觀於公，公與之環，使牛入示之。入，不示；出，命佩之。牛謂叔孫：『見仲而何？』叔孫曰：『何爲？』曰：『不見，既自見矣，公與之環而佩之矣。』以上語簡而情事曲盡。又案，左公嫉惡出自天性，故所記載，語語有嗾齕之聲。遂逐之，奔齊。疾急，命召仲，牛許而不召。杜洩見，告之飢渴，授之戈。『告之飢渴，授之戈』，止七字，而叔孫之見困豎牛、悔恨無策，情事已曲盡。古人敘事措語之妙如此。對曰：『求之而至，又何去焉？』豎牛曰：『夫子疾病，不欲見人。』使寘饋于个而退。牛弗進，則置虛，命徹。十二月癸丑，叔孫不食；乙卯，卒。牛立昭子而相之。以上亂其室之事，以下去杜洩之法。

公使杜洩葬叔孫，豎牛賂叔仲昭子與南遺，使惡杜洩於季孫而去之。先大夫評曰：此句與前文爲偶。杜洩將以路葬，且盡卿禮。南遺謂季孫曰：『叔孫未乘路，葬焉用之？且家卿無路，介卿以葬，不亦左乎？』季孫曰：『然。』使杜洩舍路。不可，曰：『夫子受命於朝而聘于王，王思舊勳而賜之路，復命而致之君。君不敢逆王命而復賜之，使三官書之。吾子爲司徒，實書名；夫子爲司馬，與工正書服；孟孫爲司空，以書勳。今死而弗以，是棄君命也。書在公府而弗以，是廢三官也。若命服，生弗敢服，死又不以，將焉用之？』先大夫評曰：詳杜洩以反形豎牛。且三人之爲，皆豎牛所以去洩之謀，洩去而牛自謂得計矣。凡以爲昭子逐牛作勢也。乃使以葬。

季孫謀去中軍，豎牛曰：『夫子固欲去之。』

五年春王正月，舍中軍，卑公室也。毁中軍于施氏，成諸臧氏。初作中軍，三分公室，而各有其一。季氏盡征之，叔孫氏臣其子弟，孟氏取其半焉。及其舍之也，四分公室，季氏擇二〔一〕，二子各一，皆盡征之，而貢于公。

以書使杜洩告於殯，曰：『子固欲毁中軍，既毁之矣，故告〔二〕。』杜洩曰：『夫子唯不欲毁也，故盟諸僖閎，詛諸五父之衢。』受其書而投之，帥士而哭之。

叔仲子謂季孫曰：『帶受命於子叔孫曰：「葬鮮者自西門。」』季孫命杜洩。杜洩曰：『卿喪自朝，魯禮也。吾子爲國政，未改禮而又遷之。羣臣懼死，不敢自也。』既葬而行。以上去杜洩。

仲至自齊，季孫欲立之。南遺曰：『叔孫氏厚，則季氏薄。彼實家亂，子勿與知，不亦可乎？』南遺使國人助豎牛以攻諸大庫之庭，司宮射之，中目而死。豎牛取東鄙三十邑以與南遺。以上殺仲。

昭子即位，朝其家衆，曰：『豎牛禍叔孫氏，使亂大從，殺適立庶；又披其邑，將以赦罪，罪莫大焉。必速殺之！』豎牛懼，奔齊。孟仲之子殺諸塞關之外，投其首於寧風之棘上。宗堯按，左氏每述至誅姦時，意興勃然，皆其忠鯁之天性也。仲尼曰：『叔孫昭子之不勞，不可能也。周任有言曰：「爲政者不賞私勞，不罰私怨。」詩云：「有覺德行，四國順之。」』以上昭子殺牛。

初，穆子之生也，莊叔以周易筮之，遇明夷䷣之謙䷎，以示卜楚丘。曰：『是將行，而歸爲子祀。以讒人入，其名曰牛，卒以餒死。明夷，日也。日之數十，故有十時，亦當十位。自王已下，其二爲公，其三爲卿。日上其中，食日爲二，旦日爲三。明夷之謙，明而未融，其當旦乎，故曰「爲子祀」。日之謙，當鳥，故曰「明夷于飛」。明而未融，故曰「垂其翼」。象日之動，故曰「君子于行」。當三在旦，故曰「三日不食」。離，火也；艮，山也。離爲火，火焚山，山敗。於人爲言。敗言爲讒，故曰「有攸往。主人有言」。言必讒也。純離爲牛，世亂讒勝，勝將適離，故曰「其名曰牛」。謙不足，飛不翔；垂不峻，翼不廣。故曰「其爲子後乎」。吾子，亞卿也；抑少不終。』先大夫評曰：左氏每以穿鑿爲奇，此尤汪洋恣肆以爲結束，精神彌旺。宗堯按，此故爲詭異之觀，以刺叔孫也。

校記

〔一〕原注：倭庫本『二』上有『其』字。

〔二〕故　原作『敢』，今正。

衛靈之立　以仲尼之論定宗魯爲主。

昭公七年，衛襄公夫人姜氏無子，嬖人婤姶生孟縶。孔成子夢康叔謂己：『立元，余使羈之孫圉與史苟相之。』史朝亦夢康叔謂己：『余將命而子苟與孔烝鉏之曾孫圉相元。』史朝見成子，告之夢，夢協。晉韓宣子爲政聘于諸侯之歲，婤姶生子，名之曰元。孟縶之足不良，弱行〔一〕。孔成子以周易筮之，曰：『元尚享衛國，主其社稷。』

遇屯䷂。又曰：『余尚立縶，尚克嘉之。』遇屯䷂之比䷇。以示史朝。史朝曰：『「元亨」，又何疑焉？』成子曰：『非長之謂乎？』對曰：『康叔名之，可謂長矣。孟非人也，將不列於宗，不可謂長。且其繇曰：「利建侯。」嗣吉，何建？建非嗣也。二卦皆云，子其建之！康叔命之，二卦告之，筮襲於夢，武王所用也，弗從何爲？弱足者居。顧炎武云：魏明帝徵管寧云『盤桓利居』，讀『居』字絶句。侯主社稷，臨祭祀，奉民人，事鬼神，從會朝，又焉得居？各以所利，不亦可乎？』故孔成子立靈公。十二月癸亥，葬衛襄公。

二十年，衛公孟縶狎齊豹，奪之司寇與鄄。有役則反之，無則取之。公孟惡北宮喜、褚師圃，欲去之。公子朝通于襄夫人宣姜，懼，而欲以作亂。故齊豹、北宮喜、褚師圃、公子朝作亂。

初，齊豹見宗魯於公孟，爲驂乘焉。將作亂，而謂之曰：『公孟之不善，子所知也，勿與乘，吾將殺之。』對曰：『吾由子事公孟，子假吾名焉，故不吾遠也。雖其不善，吾亦知之；抑以利故，不能去，是吾過也。今聞難而逃，是僭子也。子行事乎，吾將死之，以周事子；而歸死於公孟，其可也。』

丙辰，衛侯在平壽。公孟有事於蓋獲之門外，齊子氏帷於門外，而伏甲焉。使祝鼃寘戈於車薪以當門，使一乘從公孟以出〔二〕；使華齊御公孟。宗魯驂乘。敘述處明晰如畫。及閎中，齊氏用戈擊公孟，宗魯以背蔽之，斷肱，以中公孟之肩。皆殺之。公聞亂，乘，驅自閱門入。慶比御公，公南楚驂乘。使華寅乘貳車。及公宮，鴻駵魋駟乘于公。公載寶以出。褚師子申遇公于馬路之衢，遂從公〔三〕。過齊氏，使華寅肉袒，執蓋以當其闕，齊氏射公，中南楚之背，公遂出。寅閉郭門，踰而從公。公如死鳥。析朱鉏宵從竇出，徒行從公。逆節者多，忠貞者不可多得，故詳記從公者以矯厲薄俗。齊莊公之死，歷數從死諸人，亦此意也。

齊侯使公孫青聘于衛。既出，聞衛亂，使請所聘。公曰：『猶在竟內，則衛君也。』乃將事焉，遂從諸死鳥。宗堯云：此衛國之亂耳，而鋪陳公孫青之聘衛，兼及齊侯之飲酒，是閒文也，而意最深微。又按，非宗祧不可受聘，齊侯乃曰：『猶在竟內，則衛君也』，齊侯有傷同類之意。下文敘青之恭謹，亦深能得景公之意者。請將事。辭曰：『亡人不佞，失守社稷，越在草莽，吾子無所辱君命。』賓曰：『寡君命下臣於朝曰：「阿下執事。」臣不敢貳。』主人曰：『君若惠顧先君之好，照臨敝邑，鎮撫其社稷，則有宗祧在。』乃止。衛侯固請見之。不獲命，以其良馬見，爲未致使故也。衛侯以爲乘馬。賓將掫，主人辭曰：『亡人之憂，不可以及吾子；草莽之中，不足以辱從者。敢辭。』賓曰：『寡君之下臣，君之牧圉也〔四〕。若不獲扞外役，是不有寡君也。臣懼不免於戾，請以除死。』親執鐸，終夕與於燎。詳載賓之有禮，所以愧衛諸臣也。又按，此皆所謂精神旁溢之美，文字之極奇肆處。史公以下鮮知之者。

齊氏之宰渠子召北宫子。北宫氏之宰不與聞，謀殺渠子，遂伐齊氏，滅之。丁巳晦，公入，與北宫喜盟于彭水之上。秋七月戊午朔，遂盟國人。八月辛亥，公子朝、褚師圃、子玉霄、子高魴出奔晉。閏月戊辰，殺宣姜。衛侯賜北宫喜謚曰貞子，賜析朱鉏謚曰成子，而以齊氏之墓予之。

衛侯告寧于齊，且言子石。齊侯將飲酒，徧賜大夫曰：『二三子之教也。』苑何忌辭，曰：『與於青之賞，必及於其罰。在康誥曰，父子兄弟，罪不相及，況在羣臣？臣敢貪君賜以干先王？』宗堯云：此篇辭旨深微，因强臣出君，隱寓尊君之旨。子石，黨於君者也。苑何忌，不爲黨者也。左氏取子石之忠君，而終以孔子之言爲處亂世之善道，蓋左氏之自託也。琴張聞宗魯死，將往弔之。仲尼曰：『齊豹之盜，而孟縶之賊，女何弔焉？君子不食姦，不受亂，不爲利疚於回，不以回待人，不蓋不義，不犯非禮。』此等處斷制最難，非聖言無以爲標準。

校記

〔一〕原校：石經『弱』作『能』，宋慶元本同。

〔二〕原校：孔疏校删第二『使』字。

〔三〕原校：『公』字依倭庫本補，此下三『從公』字乃文字義法也。

〔四〕原校：倭庫本『君』上有『亦』字。

齊陳氏之大

以民歸厚施爲主。

莊公二十二年春，陳人殺其大子御寇。陳公子完與顓孫奔齊。顓孫自齊來奔。

齊侯使敬仲爲卿。辭曰：『羈旅之臣幸若獲宥，及於寬政，赦其不閑於教訓，而免於罪戾，弛於負擔，君之惠也。所獲多矣，敢辱高位以速官謗？請以死告。激射後事。詩云：「翹翹車乘，招我以弓。豈不欲往？畏我友朋。」』使爲工正。

飲桓公酒，樂。公曰：『以火繼之。』辭曰：『臣卜其晝，未卜其夜，不敢。』君子曰：『酒以成禮，不繼以淫，義也；以君成禮，弗納於淫，仁也。』此因陳氏之盛而追記其先德也，自幕至於瞽瞍無遠命，義亦與此同。宗堯按，文似褒敬仲，意實譏陳氏世世僞爲仁義以市其姦也。觀下文自明。

初，懿氏卜妻敬仲。其妻占之，曰：『吉。是謂「鳳皇于飛，和鳴鏘鏘。有嬀之後，將育于姜。五世其昌，并于正卿。八世之後，莫之與京。」』先大夫評曰：左氏載此二占，乃其識微之論，後儒疑非出左氏之手，過也。太史公用此爲田完世家贊。闓生謹案，痛太公之不祀，知陳氏之必昌，不敢明言而幻爲此也。

陳厲公，蔡出也，故蔡人殺五父而立之。生敬仲。其少也，周史有以周易見陳侯者，陳侯使筮之，遇觀䷓之否䷋，曰：『是謂「觀國之光，利用賓于王」。此其代陳有國乎？不在此，其在異國〔一〕；非此其身，在其子孫。光，遠而自他有耀者也。坤，土也；巽，風也；乾，天也。風爲天於土上，山也。有山之材，而照之以天光，詞亦有光氣，與其得國之事相稱。於是乎居土上，故曰「觀國之光，利用賓于王」。此五字疑衍文。庭實旅百，奉之以玉帛，天地之美具焉，故曰「利用賓于王」。猶有觀焉，故曰其在後乎！風行而著於土，故曰其在異國乎！若在異國，必姜姓也。姜，大嶽之後也。山嶽則配天。物莫能兩大。陳衰，此其昌乎！』

及陳之初亡也，陳桓子始大於齊；其後亡也，成子始得政。宗堯云：此固明謂陳氏將有齊也，而倒影於敬仲來奔之始。幻甚，妙甚。

襄公二十九年，齊高子容與宋司徒見知伯，女齊相禮。賓出，司馬侯言於知伯曰：『二子皆將不免。子容專，司徒侈，皆亡家之主也。』知伯曰：『何如？』對曰：『專則速及，侈將以其力斃，專則人實斃之，將及矣。』

秋九月，齊公孫蠆、公孫竈放其大夫高止於北燕。乙未，出。書曰『出奔』，罪高止也。高止好以事自爲功，且專，故難及之。

爲高氏之難故，高豎以盧叛。十月庚寅，閭丘嬰帥師圍盧。高豎曰：『苟使高氏有後，請致邑。』齊人立敬仲之曾孫酀，此敬仲，高傒也。良敬仲也。十一月乙卯，高豎致盧而出奔晉，晉人城緜而寘旃。

三十一年，齊子尾害閭丘嬰，欲殺之，使帥師以伐陽州。我問師故。夏五月，子尾殺閭丘嬰，以説于我師。工僂灑、渻竈、孔虺、賈寅出奔莒。出羣公子。

昭公三年，齊公孫竈卒。司馬竈見晏子，曰：『又喪子雅矣。』晏子曰：『惜也！子旗不免，殆哉！姜族弱矣，而嬀將始昌。二惠競爽猶可，又弱一个焉，姜其危哉！』惜齊之將爲陳也，沈痛刻至之文。

八年七月甲戌，齊子尾卒。子旗欲治其室。丁丑，殺梁嬰。八月庚戌，逐子成、子工、子車，皆來奔，而立子良氏之宰。其臣曰：『孺子長矣，而相吾室，欲兼我也。』授甲，將攻之。陳桓子善於子尾，亦授甲，將助之。此篇寫陳氏之姦，用筆最爲雋詭。或告子旗，子旗不信，則數人告。將往，又數人告于道，遂如陳氏。桓子將出矣，聞之而還，游服而逆之，請命。對曰：『聞彊氏授甲將攻子，子聞諸〔二〕？』曰：『弗聞。』『子盍亦授甲〔三〕，無宇請從。』子旗曰：『子胡然？彼，孺子也。吾誨之，猶懼其不濟，吾又寵秩之。其若先人何？子盍謂之？周書曰，「惠不惠，茂不茂」，康叔所以服弘大也。』桓子稽顙曰：『頃靈福子，吾猶有望。』極寫姦人作態處。遂和之如初。

十年。齊惠欒、高氏皆耆酒，信內多怨，彊於陳鮑氏而惡之。

夏，有告陳桓子曰：『子旗、子良將攻陳鮑。』亦告鮑氏。此亦陳氏之計，不敘自明。桓子授甲而如鮑氏。遭子良醉而騁，遂見文子，則亦授甲矣。使視二子，則皆將飲酒。桓子曰：『彼雖不信，聞我授甲，則必逐我。及其飲酒也，先伐諸？』敘事委曲詳盡。陳鮑方睦，遂伐欒高氏。子良曰：『先得公，陳鮑焉往？』遂伐虎門。

晏平仲端委立于虎門之外，四族召之，無所往。其徒曰：『助陳鮑乎？』曰：『何善焉？』『助欒高乎？』曰：『庸愈乎？』借晏子以正大義。『然則歸乎？』曰：『君伐，焉歸？』公召之，而後入。公卜使王黑以靈姑銔率，吉，請斷三尺焉而用之。五月庚辰，戰于稷，欒高敗，又敗諸莊。國人追之，又敗諸鹿門。欒施、高彊來奔。陳鮑分其室。

晏子謂桓子：『必致諸公！讓，德之主也。讓之謂懿德。凡有血氣，皆有争心，故利不可强，思義爲愈。義，利之本也。藴利生孽。姑使無藴乎！可以滋長。』桓子盡致諸公，而請老于莒。

桓子召子山，私具幄幕、器用、從者之衣屨，而反棘焉。子商亦如之，而反其邑。子周亦如之，而與之夫于。反子城、子公、公孫捷，而皆益其禄。凡公子、公孫之無禄者，私分之邑。國之貧約孤寡者，私與之粟。曰：『詩云，「陳錫載周」，能施也。桓公是以霸。』公與桓子莒之旁邑，辭。穆孟姬爲之請高唐，陳氏始大。頓束峭健，筆力千鈞。

昭子至自晉，大夫皆見，高彊見而退。昭子語諸大夫曰：『爲人子不可不慎也哉！謂不能保其祖宗之封國也。昔慶封亡，子尾多受邑，而稍致諸君，君以爲忠，而甚寵之。將死，疾于公宮，輦而歸，君親推之。其子不能任，是以在此。忠爲令德，其子弗能任，罪猶及之，難不慎也？欒高無罪，故但以不慎責之。喪夫人之力，棄德、曠宗，以及其身，不亦害乎？詩曰，「不自我先，不自我後」，其是之謂乎！』「不自我先，不自我後」，非罪之也，傷其逢時之不辰耳。深惜彊氏之亡，與記子雅卒同意。

二十年，齊侯疥，遂店，期而不瘳。諸侯之賓問疾者多在。梁丘據與裔款言於公曰：『吾事鬼神豐，於先君有加矣。今君疾病，爲諸侯憂，是祝、史之罪也。諸侯不知，其謂我不敬，君盍誅於祝固、史嚚以辭賓？』發端奇而遠。公說。告晏子。晏子曰：『日宋之盟，屈建問范會之德於趙武。趙武曰：「夫子之家事治；言於晉國，竭情無私。其祝、史祭祀，陳信不愧；其家事無猜，其祝、史不祈。」建以語康王。康王曰：「神、人無怨，宜夫子之光輔五君以爲諸侯主也。」』公曰：『據與款謂寡人能事鬼神，故欲誅于祝、史，子稱是語，何故？』對曰：『若有德之君，外內不廢，上下無怨，動無違事，其祝、史薦信，無愧心矣。是以鬼神用饗，國受其福，祝、史與焉。其所以蕃祉老壽者，爲信君使也，其言忠信於鬼神。其適遇淫君，外內頗邪，上下怨疾，動作辟違，從欲厭私，此齊之所以亡也，於陳氏乎何尤？作者於晏子口中述之，運實於虛，筆力天縱。高臺深池，撞鐘舞女；斬刈民力，輸掠其聚，以成其違，不恤後人；暴虐淫從，肆行非度，無所還忌，『還』與『顧』同。莊子『還虷蟹與科斗，莫吾若也』，司馬云：『還，顧視也。』不思謗讟〔四〕，不憚鬼神，神怒民痛，無悛於心。其祝、史薦信，是言罪也；其蓋失數美，是矯誣也。進退無辭，則虚以求媚。是以鬼神不饗其國以禍之，祝、史與焉。所以夭昏孤疾者，爲暴君使也，其言僭嫚於鬼神。』文氣浩博，而用意沈著懇到。公曰：『然則若之何？』對曰：『不可爲也：山林之木，衡鹿守之；挺接，以下氣極盛昌，詞極沈鬱。澤之萑蒲，舟鮫守之〔五〕；藪之薪蒸，虞候守之；海之鹽蜃，祈望守之。縣鄙之人，入從其政；偪介之關，暴征其私；承嗣大夫，强易其賄。布常無藝，徵斂無度；宫室日更，淫樂不違。内寵之妾，肆奪於市；外寵之臣，僭令於鄙。私欲養求，不給則應〔六〕。民人苦病，夫婦皆詛。痛陳齊之失政，以見其亡國之由。祝有益也，詛亦有損。聊攝以東，姑尤以西，其爲人也多矣。雖其善祝，豈能勝億兆人之詛？君若欲誅於祝、史，修德而後可。』公説，使有司寬政，毁關，去禁，薄斂，已責。本意惜齊之將亡，而收束歸入寬政，所以掩抑遏密之，使本意不輕露也。

十二月，齊侯田于沛，招虞人以弓，不進。公使執之。辭曰：『昔我先君之田也，旃以招大夫，弓以招士，皮冠以招虞人。臣不見皮冠，故不敢進。』乃舍之。仲尼曰：

『守道不如守官。』君子韙之。

齊侯至自田，晏子侍于遄臺，子猶馳而造焉。公曰：『唯據與我和夫！』晏子對曰：『據亦同也，焉得爲和？』公曰：『和與同異乎？』對曰：『異。和如羹焉，水、火、醯、醢、鹽、梅，以烹魚肉，燀之以薪，宰夫和之，齊之以味，濟其不及，以洩其過。譬喻精切。君子食之，以平其心。君臣亦然。君所謂可而有否焉，臣獻其否以成其可，君所謂否而有可焉，臣獻其可以去其否，是以政平而不干，民無爭心。故詩曰：「亦有和羹，既戒既平〔七〕。鬷嘏無言，時靡有爭。」先王之濟五味、和五聲也，以平其心，成其政也。聲亦如味，一氣，二體，三類，四物，五聲，六律，七音，八風，九歌，以相成也；清濁、小大、長短、疾徐，哀樂、剛柔，遲速、高下，出入、周疏〔八〕，以相濟也。君子聽之，以平其心。心平，德和。故詩曰「德音不瑕」。今據不然。君所謂可，據亦曰可；君所謂否，據亦曰否。若以水濟水，誰能食之？若琴瑟之專壹〔九〕，誰能聽之？同之不可也如是。』

飲酒樂。公曰：『古而無死，其樂若何！』晏子對曰：『古而無死，則古之樂也，君何得焉？昔爽鳩氏始居此地，季萴因之，有逢伯陵因之，蒲姑氏因之，而後大公因之。

古若無死，爽鳩氏之樂〔一〇〕，非君所願也。』此亦喻富貴無常，齊祚將爲陳氏所有也。

二十六年，齊有彗星，齊侯使禳之。晏子曰：『無益也，祇取誣焉。天道不謟，不貳其命〔一一〕，若之何禳之？且天之有彗也，以除穢也。君無穢德，又何禳焉？若德之穢，禳之何損？詩曰：「惟此文王，小心翼翼。昭事上帝，聿懷多福。厥德不回，以受方國。」君無違德，方國將至，何患於彗？詩曰：「我無所監，夏后及商。用亂之故，民卒流亡。」若德回亂，民將流亡，祝、史之爲，無能補也。』晏子所諫，多沈痛迫切之音。公說，乃止。

齊侯與晏子坐于路寢。公嘆曰：『美哉室！其誰有此乎？』自『齊侯疥』以下數節，記晏子諍諫危亂，眼光皆注射陳氏之得國，而正意不肯輕露，至是乃淋漓頓挫而出之。晏子曰：『敢問，何謂也？』公曰：『吾以爲在德。』對曰：『如君之言，其陳氏乎！陳氏雖無大德，而有施於民。豆、區、釜、鐘之數，其取之公也薄，其施之民也厚。公厚斂焉，陳氏厚施焉，民歸之矣。陳氏代齊，雖有施於國，然實非有德以取之也。此等處分析最明，所以爲良史也。詩曰：「雖無德與女，式歌且舞。」陳氏之施，民歌舞之矣。後世若少惰，陳氏而不亡，則國其國也已。』左氏多微詞，無似此文之深切者，以其逆勢已成，故直陳之以著其悲痛也。公曰：『善哉！我不能矣。吾今而後知禮之可以爲國也。』對曰：『唯禮可以已之。在禮，家施不及國，民不遷，農不移，工賈不變，士不濫，官不滔，大夫不收公利。』公曰：『善哉！是可若何？』對曰：『禮之可以爲國也久矣，與天地並。君令、臣共，父慈、子孝，兄愛、弟敬，夫和、妻柔，姑慈、婦聽，禮也。專重『君令臣共』四字，其餘特故爲繁重，以成洋溢之觀而已。君令而不違，臣共而不貳；父慈而教，子孝而箴；兄愛而友，弟敬而順；夫和而義，妻柔而正；姑慈而從，婦聽而婉：禮之善物也。』公曰：『善哉，寡人今而後聞此禮之上也！』對曰：『先王所稟於天地以爲其民也，是以先王上之。』田氏代齊，三家分晉，皆足使人不平。左氏敘此，不勝其悲憤之意，然追本窮源，則皆由於貽謀之不善也。陶詩云：『本不植高原，今日復何悔？』此篇以『禮之可以爲國』作結，實爲探源立極之論。宗堯按：此似閒閒問答之詞，然公之嘆實覺齊之不能久也。當時魯之三桓、齊之田氏、晉之六卿，已不可制，景公亦微覺之，晏子因而直陳之。晏子之策可以救齊，而勢已不易制，故曰『我不能矣』。左氏既寓其意於閒居問答之詞，而推原其故由於失禮，故借晏子論禮一唱三嘆，以喚起當時之失勢者。

校記

〔一〕原校：倭庫本『國』下有『乎』字。

〔二〕原校：倭庫本『諸』下有『乎』字。

〔三〕原校：倭庫本『子』上有『曰』字。

〔四〕原校：『思』孔疏云『俗本作畏』，今案作『畏』，是。

〔五〕原校：風俗通『萑』作『莞』；釋文『鮫』作『魰』，莊述祖云，即『篽』字。

〔六〕原注：『應』讀『應且憎』之『應』，忿恚之意也。

〔七〕原校：『既』倭庫本作『且』。

〔八〕原校：『疏』釋文作『流』。

〔九〕原校：『專』董遇本作『摶』，倭庫本同。

〔一〇〕原校：『若』倭庫本作『者』；釋文『之樂』二字互倒，倭庫本同。

〔一一〕謟　原注云『釋文作慆』。貳　當作『貮』，即『忒』字。

晉滅肥鼓

陸渾附，凡二章。此篇紀中行穆子之戰功。

昭公元年，晉中行穆子敗無終及羣狄于大原，崇卒也。將戰，魏舒曰：『彼徒我車，所遇又阨，以什共車，必克。困諸阨，又克。請皆卒，自我始。』乃毀車以爲行，五乘爲三伍。荀吳之嬖人不肯即卒，斬以徇。記此見變法之難。爲五陳以相離，兩於前，伍於後，專爲右角，參爲左角，偏爲前拒，以誘之。翟人笑之。未陳而薄之，大敗之。

十二年，晉荀吳僞會齊師者，假道於鮮虞，遂入昔陽。秋八月壬午，滅肥，以肥子緜臯歸。晉伐鮮虞，因肥之役也。

十三年，鮮虞人聞晉師之悉起也，而不警邊，且不修備。晉荀吳自著雍以上軍侵鮮虞，及中人，驅衝競，大獲而歸。

十五年，晉荀吳帥師伐鮮虞，圍鼓。鼓人或請以城叛，穆子弗許。左右曰：『師徒不勤，而可以獲城，何故不爲？』穆子曰：『吾聞諸叔向曰：「好惡不愆，民知所適，事無不濟。」或以吾城叛，吾所甚惡也；人以城來，吾獨何好焉？賞所甚惡，若所好何？若其弗賞，是失信也，何以庇民？力能則進，否則退，量力而行。吾不可以欲城而邇姦，所喪滋多。』使鼓人殺叛人而繕守備。圍鼓三月，鼓人或請降。使其民見，曰：『猶有食色，姑修而城。』軍吏曰：『獲城而弗取，勤民而頓兵，何以事君？』穆子曰：『吾以事君也。獲一邑而教民怠，將焉用邑？邑以賈怠，不如完舊。賈怠無卒，棄舊不祥。」鼓人能事其君，我亦能事吾君。率義不爽，好惡不愆，城可獲而民知義所，有死命而無二心，不亦可乎？』鼓人告食竭力盡，而後取之。克鼓而反，不戮一人，以鼓子鳶鞮歸。勢在必克，不如藉以垂教。伐原示信，亦與此同。若遇强敵，又當别論矣。城濮之戰，所以不厭詐僞也。

二十一年，公如晉，及河。鼓叛晉，晉將伐鮮虞，故辭公。

二十二年。晉之取鼓也，既獻而反鼓子焉。又叛於鮮虞。六月，荀吴略東陽，使師僞糴者負甲以息於昔陽之門外，遂襲鼓，滅之，以鼓子鳶鞮歸，使涉佗守之。

僖公二十二年。初，平王之東遷也，辛有適伊川，見被髮而祭於野者，曰：『不及百年，此其戎乎！其禮先亡矣。』慨嘆甚深，春秋所以尊中國、攘夷狄也。秋，秦晉遷陸渾之戎于伊川。

昭公十七年，晉侯使屠蒯如周，請有事於雒與三塗。萇弘謂劉子曰：『客容猛，非祭也，其伐戎乎！陸渾氏甚睦於楚，必是故也。君其備之！』乃警戎備。九月丁卯，晉荀吴帥師涉自棘津，使祭史先用牲于雒。陸渾人弗知，師從之。庚午，遂滅陸渾，數之以其貳於楚也。陸渾子奔楚，其衆奔甘鹿。周大獲。宣子夢文公攜荀吴而授之陸渾，故使穆子帥師，獻俘于文宮。此篇所載乃荀吴一人之功。

宋華向之亂　以『汏侈無禮，亂所在也』二句爲主。

襄公十七年，宋華閲卒，華臣弱皐比之室，使賊殺其宰華吴，賊六人以鈹殺諸盧門合左師之後。左師懼，曰：『老夫無罪。』賊曰：『皐比私有討於吴。』遂幽其妻〔一〕，曰：『畀余而大璧。』宋公聞之，曰：『臣也不唯其宗室是暴，大亂宋國之政，必逐之。』左師曰：『臣也，亦卿也。大臣不順，國之耻也。不如蓋之。』乃舍之。左師爲己短策，苟過華臣之門，必騁。

十一月甲午，國人逐瘈狗〔二〕。瘈狗入於華臣氏，國人從之。華臣懼，遂奔陳。

二十六年。初，宋芮司徒生女子，赤而毛，棄諸堤下，共姬之妾取以入，名之曰棄。長而美。平公入夕，共姬與之食。公見棄也，而視之尤。姬納諸御，嬖，生佐，惡而婉。大子痤美而很，合左師畏而惡之。寺人惠牆伊戾爲大子内師而無寵。秋，楚客聘於晉，過宋。大子知之，請野享之，公使往。伊戾請從之。公曰：『夫不惡女乎？』知其爲太子所惡，而猶信其讒。記此，見公之愚。對曰：『小人之事君子也，惡之不敢遠，好之不敢近，敬以待命，敢有貳心乎？縱有共其外，莫共其內，臣請往也。』遣之。至，則欿，用牲，加書，徵之，而騁告公，曰：『大子將爲亂，既與楚客盟矣。』公曰：『爲我子，又何求？』對曰：『欲速。』公使視之，則信有焉。問諸夫人與左師，則皆曰：『固聞之。』公囚大子。大子曰：『唯佐也能免我。』召而使請，曰：『日中不來，吾知死矣。』左師聞之，聒而與之語。過期，乃縊而死。佐爲大子。公徐聞其無罪也，乃亨伊戾。

左師見夫人之步馬者，問之。對曰：『君夫人氏也。』左師曰：『誰爲君夫人？余胡弗知？』圉人歸，以告夫人。夫人使饋之錦與馬，先之以玉，曰：『君之妾棄使某獻。』左師改命曰『君夫人』，而後再拜稽首受之。向戌、子產幷爲時望，左氏於向戌，獨抉其邪佞之隱，亦史家之特識也。且其惡皆無著迹可指，可謂觀人於微。

昭公六年，宋寺人柳有寵，大子佐惡之。華合比曰：『我殺之。』柳聞之，乃坎、用牲、埋書，而告公曰：『合比將納亡人之族，既盟于北郭矣。』公使視之，有焉，遂逐華合比。合比奔衛。於是華亥欲代右師，乃與寺人柳比，從爲之徵，曰：『聞之久矣。』公使代之。見於左師，左師曰：『女夫也必亡。女喪而宗室，於人何有〔三〕？人亦於女何有？詩曰：「宗子維城，毋俾城壞，毋獨斯畏。」女其畏哉！』

十年冬十二月，宋平公卒。初，元公惡寺人柳，欲殺之。及喪，柳熾炭于位，將至，則去之。比葬，又有寵。

十一年春王二月，叔弓如宋，葬平公也。

十二年夏，宋華定來聘，通嗣君也。享之，爲賦蓼蕭，弗知，又不答賦。昭子曰：『必亡。宴語之不懷，寵光之不宣，令德之不知，同福之不受，將何以在？』

二十年春王二月己丑，日南至。梓慎望氛，曰：『今兹宋有亂，國幾亡，三年而後弭。蔡有大喪。』叔孫昭子曰：『然則戴、桓也。汰侈，無禮已甚，亂所在也〔四〕。』

宋元公無信多私，而惡華、向。此章紀載詳而精采殊遜，以其横空逆接處少也。華定、華亥與向寧謀曰：『亡愈於死，先諸？』華亥僞有疾，以誘羣公子。公子問之，則執之。夏六月丙申，殺公子寅、公子御戎、公子朱、公子固、公孫援、公孫丁，拘向勝、向行於其廩。公如華氏請焉，弗許，遂劫之。癸卯，取大子欒與母弟辰、公子地以爲質。公亦取華亥之子無慼、向寧之子羅、華定之子啓，與華氏盟，以爲質。宋華、向之亂，公子城、公孫忌、樂舍、司馬彄、向宜、向鄭、楚建、郳甲出奔鄭。其徒與華氏戰于鬼閻，敗子城。子城適晉。華亥與其妻必盥而食，所質公子者而後食。公與夫人每日必適華氏，食公子而後歸。華亥患之，欲歸公子。向寧曰：『唯不信，故質其子。若又歸之，死無日矣。』公請於華費遂，將攻華氏。對曰：『臣不敢愛死，無乃求去憂而滋長乎！臣是以懼，敢不聽命？』公曰：『子死亡有命，余不忍其詢。』冬十月，公殺華向之質而攻之。戊辰，華向奔陳，華登奔吴。向寧欲殺大子。華亥曰：『干君而出，又殺其子，其誰納我？且歸之有庸。』使少司寇牼以歸，曰：『子之齒長矣，不能事人。以三公子爲質，必免。』公子既入，華牼將自門行。公遽見之，執其手，曰：『余知而無罪也，入，復而所。』

二十一年。宋華費遂生華貙、華多僚、華登。貙爲少司馬，多僚爲御士，與貙相惡，乃譖諸公曰：『貙將納亡人。』亟言之。公曰：『司馬以吾故，亡其良子。死亡有命，吾不可以再亡之。』對曰：『君若愛司馬，則如亡。死如可逃，何遠之有？』公懼，使侍人召司馬之侍人宜僚，飲之酒，而使告司馬。司馬嘆曰：『必多僚也。吾有讒子，而弗能殺，吾又不死。抑君有命，可若何？』乃與公謀逐華貙，將使田孟諸而遣之。公飲之酒，厚酬之，賜及從者。司馬亦如之。張匄尤之，曰：『必有故。』使子皮承宜僚以劍而訊之。宜僚盡以告。張匄欲殺多僚。子皮曰：『司馬老矣，登之謂甚，吾又重之，不如亡也。』五月丙申，子皮將見司馬而行，則遇多僚御司馬而朝。張匄不勝其怒，遂與子皮、臼任、鄭翩殺多僚，劫司馬以叛，而召亡人。壬寅，華向入。樂大心、豐愆〔五〕、華牼禦諸橫。華氏居盧門，以南里叛。六月庚午，宋城舊鄘及桑林之門而守之〔六〕。

冬十月，華登以吴師救華氏。齊烏枝鳴戍宋。廚人濮曰：『軍志有之：「先人有奪人之心，後人有待其衰。」盍及其勞且未定也伐諸〔七〕？若入而固，則華氏衆矣，悔無及也。』從之。丙寅，齊師、宋師敗吴師于鴻口，獲其二帥公子苦雂、偃州員〔八〕。華登帥其餘以敗宋師。公欲出，廚人濮曰：『吾小人，可藉死，而不能送亡，君請待之。』乃徇曰：『揚徽者〔九〕，公徒也。』衆從之。公自揚門見之，下而巡之，曰：『國亡君死，二三子之恥也，豈專孤之罪也？』齊烏枝鳴曰：『用少莫如齊致死，齊致死莫如去備。彼多兵矣，請皆用劍。』從之。華氏北，復即之。廚人濮以裳裹首，而荷以走，曰：『得華登矣！』遂敗華氏于新里。翟僂新居于新里，既戰，説甲于公而歸。華妵居于公里，亦如之。此與張匄、干犨之死，皆記時人昧大義而矜小節也。

十一月癸未，公子城以晉師至。曹翰胡會晉荀吳、齊苑何忌、衛公子朝救宋。丙戌，與華氏戰于赭丘。鄭翩願爲鸛，其御願爲鵝。子禄御公子城，莊堇爲右。干犨御吕封人華豹，張匄爲右。相遇，城還。華豹曰：『城也！』城怒，而反之。將注，豹則關矣〔一〇〕。曰：『平公之靈，尚輔相余！』豹射，出其間。將注，則又關矣〔一一〕。曰：『不狎，鄙。』抽矢，城射之，殪。張匄抽殳而下，射之，折股。扶伏而擊之，折軫〔一二〕。又射之，死。干犨請一矢，城曰：『余言汝於君。』對曰：『不死伍乘，軍之大刑也。干刑而從子，君焉用之？子速諸！』乃射之，殪。大敗華氏，圍諸南里。華亥搏膺而呼，見華貙，曰：『吾爲欒氏矣！』貙曰：『子無我迋，不幸而後亡。』使華登如楚乞師，華貙以車十五乘、徒七十人犯師而出，食於睢上，哭而送之，乃復入。楚薳越帥師將逆華氏，大宰犯諫曰：『諸侯唯宋事其君〔一三〕。今又爭國，釋君而臣是助，無乃不可乎？』王曰：『而告我也後，既許之矣。』

二十二年，楚薳越使告于宋曰：『寡君聞君有不令之臣爲君憂，無寧以爲宗羞，寡君請受而戮之。』對曰：『孤不佞，不能媚於父兄，以爲君憂，拜命之辱。抑君臣日戰，君曰「余必臣是助」，亦唯命。人有言曰：「唯亂門之無過〔一四〕。」君若惠保敝邑，無亢不衷，以獎亂人，孤之望也。唯君圖之！』楚人患之。諸侯之戍謀曰：『若華氏知困而致死，楚耻無功而疾戰，非吾利也。不如出之，以爲楚功，其亦無能爲也已。救宋而除其害，又何求？』乃固請出之，宋人從之。己巳，宋華亥、向寧、華定、華貙、華登、皇奄傷、省臧、士平出奔楚。宋公使公孫忌爲大司馬，邊卬爲大司徒，樂祁爲司馬，仲幾爲左師，樂大心爲右師，樂輓爲大司寇，以靖國人。

校　記

〔一〕原校：『幽』漢志作『就』。

〔二〕原校：『瘈』説文作『狾』。

〔三〕原校：倭庫本『於』上有『女』字。

〔四〕在　原作『生』，今正。

〔五〕原校：『愆』釋文或作『衍』，倭庫本同。

〔六〕原校：『鄘』釋文又作『墉』，倭庫本同。
〔七〕原校：倭庫本『未』下有『有』字。
〔八〕原校：倭庫本無『子』字。
〔九〕原校：『徽』説文作『徽』。
〔一〇〕原校：倭庫本『關』作『彎』。
〔一一〕原校：倭庫本『則』上有『豹』字。
〔一二〕原校：『扶伏』倭庫本作『匍匐』。
〔一三〕原校：孔疏：『一無「其」字。』
〔一四〕原校：倭庫本『門之』二字互倒。

王子朝之亂

子朝之不立，失晉助也。以『遠晉之大』四字爲文中主句。

昭公十五年六月乙丑，王大子壽卒。秋八月戊寅，王穆后崩。十二月，晉荀躒如周，葬穆后，籍談爲介。既葬，除喪，以文伯宴，樽以魯壺。王曰：『伯氏，諸侯皆有以鎮撫王室，晉獨無有，何也？』文伯揖籍談。對曰：『諸侯之封也，皆受明器於王室，以鎮撫其社稷，故能薦彝器於王。晉居深山，戎狄之與鄰，而遠於王室，王靈不及，拜戎不暇，其何以獻器？』王曰：『叔氏，而忘諸乎？叔父唐叔，成王之母弟也，其反無分乎？密須之鼓與其大路，文所以大蒐也。闕鞏之甲〔一〕，武所以克商也。唐叔受之，以處參虛，匡有戎狄。其後襄之二路，鏚鉞、秬鬯，彤弓、虎賁，文公受之，以有南陽之田，撫征東夏，非分而何？夫有勳而不廢，有績而載，奉之以土田，撫之以彝器，旌之以車服，明之以文章，子孫不忘，所謂福也。福祚之不登叔父，焉在？且昔而高祖孫伯黶，司晉之典籍，以爲大政，故曰籍氏。及辛有之二子董之晉，於是乎有董史。女，司典之後也，何故忘之？』籍談不能對。賓出，王曰：『籍父其無後乎！數典而忘其祖。』

籍談歸，以告叔向。叔向曰：『王其不終乎！此明言『不終』，則王崩非令甚明。吾聞之：「所樂必卒焉。」今王樂憂，若卒以憂，不可謂終。王一歲而有三年之喪二焉，於是乎以喪賓宴，又求彝器，樂憂甚矣，且非禮也。彝器之來，嘉功之由，非由喪也。三年之喪，雖貴遂服，禮也。王雖弗遂，宴樂以早，亦非禮也。禮，王之大經也。一動而失二禮，無大經矣。言以考典，典以志經。忘經而多言舉典，將焉用之？』爲下文亂事攝影。

十八年春王二月乙卯，周毛得殺毛伯過而代之。萇弘曰：『毛得必亡。是昆吾稔之日也，侈故之以。而毛得以濟侈於王都，不亡，何待？』

三月，曹平公卒。秋，葬曹平公。往者見周原伯魯焉，與之語，不説學。歸以語閔子馬。閔子馬曰：『周其亂乎！夫必多有是說，而後及其大人。大人患失而惑，又曰：「可以無學，無學不害。」不害而不學，則苟而可，於是乎下陵上替，能無亂乎？於王室之亂，悲憤之慨尤深，作者忠耿之懷所發也。夫學，殖也。不學將落，原氏其亡乎！』

二十一年春，天王將鑄無射，泠州鳩曰〔二〕：『王其以心疾死乎！夫樂，天子之職也。夫音，樂之輿也；而鐘，音之器也。天子省風以作樂，器以鐘之，輿以行之。小者不窕，大者不槬〔三〕，則和於物。物和則嘉成。故和聲入於耳而藏於心，心億則樂。窕則不咸，槬則不容，心是以感，感實生疾。今鐘槬矣，王心弗堪〔四〕，其能久乎？』自此以上，皆胎亂之兆。

二十二年，王子朝、賓起有寵於景王，王與賓孟説之，欲立之。劉獻公之庶子伯蚠事單穆公，惡賓孟之爲人也，願殺之；又惡王子朝之言，以爲亂，願去之。王説子朝，而劉蚠乃欲去之，曲直已判於此矣。賓孟適郊，見雄鷄自斷其尾。問之，侍者曰：『自憚其犧也。』遽歸告王，且曰：『鷄其憚爲人用乎？人異於是。犧者實用人，人犧實難，己犧何害？』『人犧實難』者，單劉已有異志，賓孟知之也。王弗應。夏四月，王田北山，使公卿皆從，將殺單子、劉子。王有心疾，乙丑，崩于榮錡氏。將殺單劉，未果而崩，則王非令終也。閱四日，劉子又卒，亦奇。戊辰，劉子摯卒，無子，單子立劉蚠。五月庚辰，見王，遂攻賓起，殺之，盟羣王子于單氏。

丁巳，葬景王。王子朝因舊官、百工之喪職秩者與靈景之族以作亂。舊官、百工、靈景之族，皆右子朝，亦見子朝之當立也。帥郊、要、餞之甲，以逐劉子。壬戌，劉子奔揚。單子逆悼王于莊宮以歸。此篇紀事專用簡括之筆，因以爲全篇章法。先大夫評曰：史記曹相國世家敘戰功以簡勁勝，與此篇同法。王子還夜取王以如莊宮。子朝黨勝。癸亥，單子出。王子還與召莊公謀，曰：『不殺單旗，不捷。與之重盟，必來。背盟而克者多矣。』從之。樊頃子曰：『非言也，必不克。』遂奉王以追單子，及領，大盟而復。殺摯荒以說。劉子如劉，單子亡。乙丑，奔于平時〔五〕。羣王子追之，單子殺還、姑、發、弱、鬷、延、定、稠，子朝奔京。子朝敗。丙寅，伐之。京入奔山。劉子入于王城。辛未，鞏簡公敗績于京。乙亥，甘平公亦敗焉。

叔鞅至自京師，言王室之亂也。閔馬父曰：『子朝必不克。其所與者，天所廢也。』但言天廢，即是詭詞，猶記晉文公曰『天將啓之』，亦非真譽之也。史公於漢初最得此意。單子欲告急於晉。秋七月戊寅，以王如平時，遂如圃車，次于皇。劉子如劉。單子使王子處守于王城。盟百工于平宫。辛卯，鄩肸伐皇。大敗，獲鄩肸。壬辰，焚諸王城之市。八月辛酉，司徒醜以王師敗績于前城〔六〕。百工叛。己巳，伐單氏之宫，敗焉。庚午，反伐之。辛未，伐東圉。冬十月丁巳，晉籍談、荀躒帥九州之戎及焦、瑕、温、原之師，以納王于王城。庚申，單子、劉蚠以王師敗績于郊，前城人敗陸渾于社。十一月乙酉，王子猛卒。稱『王子猛』，不與其爲王也。史記：『子朝攻殺猛。』不成喪也。己丑，敬王即位。館于子旅氏。十二月庚戌，晉籍談、荀躒、賈辛、司馬督帥師軍于陰，于侯氏，于谿泉，次于社。王師軍于氾，于解，于任人。敘次駿邁。閏月，晉箕遺、樂徵、右行詭濟師取前城，軍其東南。王師軍于京楚。辛丑，伐京，毁其西南。子朝奔郊〔七〕。

二十三年春王正月壬寅朔，二師圍郊。癸卯，郊鄩潰。子朝軍敗。丁未，晉師在平陰，王師在澤邑。王使告間，此句頓挫，如人吐氣。庚戌，還。

夏四月乙酉，單子取訾，劉子取牆人、直人。六月壬午，王子朝入于尹。癸未，尹圉誘劉佗殺之。丙戌，單子從阪道，劉子從尹道伐尹。單子先至而敗，劉子還。己丑，召伯奂、南宮極以成周人戍尹。庚寅，單子、劉子、樊齊以王如劉。甲午，王子朝入于王城，次于左巷。秋七月戊申，鄩羅納諸莊宮。子朝復勝。尹辛敗劉師于唐。劉師，即敬王之師，稱爲劉師，事尚未定，不與其爲王也。丙辰，又敗諸鄩。甲子，尹辛取西闈。丙寅，攻蒯，蒯潰。

八月丁酉，南宮極震。萇弘謂劉文公曰：『君其勉之！先君之力可濟也。周之亡也，其三川震。今西王之大臣亦震，天棄之矣。東王必大克。』稱爲西王，而以周亡爲喻，不貶子朝也。

二十四年春王正月辛丑，召簡公、南宮嚚以甘桓公見王子朝。劉子謂萇弘曰：『甘氏又往矣。』對曰：『何害？同德度義。大誓曰，「紂有億兆夷人，亦有離德；余有亂臣十人〔八〕，同心同德」，此周所以興也。君其務德，無患無人。』以務德爲言，亦見其無曲直是非之可辨也。若以順討逆，又何必以務德爲言乎？戊午，王子朝入于鄔。

三月庚戌，晉侯使士景伯涖問周故。士伯立于乾祭，而問於介衆。晉人乃辭王子朝，不納其使。晉助敬王久矣，不待介衆而決此，掩目捕雀之舉也。

六月壬申，王子朝之師攻瑕及杏，皆潰。

鄭伯如晉，子大叔相，見范獻子。獻子曰：『若王室何？』對曰：『老夫其國家不能恤，先大夫評曰：倭庫本作『是不能恤』，是猶實也，『是』字當有。闔生謹按，周語『國之不臧，則惟余一人是有逸罰』，此是、實通用之證。敢及王室？抑人亦有言曰：「嫠不恤其緯，而憂宗周之隕，爲將及焉。」今王室實蠢蠢焉，吾小國懼矣；然大國之憂也，吾儕何知焉？吾子其早圖之！詩曰：「缾之罄矣，惟罍之耻。」王室之不寧，晉之耻也。』見諸侯之國亦不能辨其曲直，但以不寧爲憂耳。獻子懼，而與宣子圖之。乃徵會於諸侯，期以明年。

冬十月癸酉，王子朝用成周之寶珪沈于河〔九〕。甲戌，津人得諸河上〔一〇〕。陰不佞以温人南侵，拘得玉者，取其玉。將賣之，則爲石。王定而獻之，與之東訾。

二十五年夏，會于黄父，謀王室也。趙簡子令諸侯之大夫輸王粟、具戍人，曰：『明年將納王。』

子大叔見趙簡子，簡子問揖讓、周旋之禮焉。對曰：『是儀也，非禮也。』泛濫爲奇，而神理白合。簡子曰：『敢問何謂禮？』對曰：『吉也聞諸先大夫子産曰：「夫禮，天之經也，地之義也，民之行也。」天地之經，而民實則之。則天之明，因地之性，生其六氣，用其五行。氣爲五味，發爲五色，章爲五聲。淫則昏亂，民失其性。是故爲禮以奉之：爲六畜、五牲、三犧，以奉五味；爲九文、六采、五章，以奉五色；爲九歌、八風、七音、六律，以奉五聲。爲君臣上下，以則地義；爲夫婦外内〔一一〕，以經二物；爲父子、兄弟、姑姊、甥舅、昏媾、姻亞，以象天明；爲政事、庸力、行務，以從四時；爲刑罰威獄，使民畏忌，以類其震曜殺戮；爲温慈惠和，以效天之生殖長育。民有好惡、喜怒、哀樂，生于六氣，是故審則宜類〔一二〕，以制六志。哀有哭泣，樂有歌舞，喜有施舍，怒有戰鬭；喜生於好，怒生於惡。是故審行信令，禍福賞罰，以制死生。生，好物也；死，惡物也。好物，樂也；惡物，哀也。哀樂不失，乃能協于天地之性，是以長久。』簡子曰：『甚哉，禮之大也！』對曰：『禮，上下之紀、天地之經緯也，民之所以生也，是以先王尚之。故人之能自曲直以赴禮者，謂之成人。大，不亦宜乎？』簡子曰：『鞅也，請終身守此言也。』

宋樂大心曰：『我不輸粟。我於周爲客，若之何使客？』晉士伯曰：『自踐土以來，宋何役之不會，而何盟之不同？曰「同恤王室」，子焉得辟之？子奉君命以會大事，而宋背盟，無乃不可乎？』右師不敢對，受牒而退。士伯告簡子曰：『宋右師必亡。奉君命以使，而欲背盟以干盟主，無不祥大焉。』

壬申，尹文公涉于鞏，焚東訾，弗克。

二十六年四月，單子如晉告急。五月戊午，劉人敗王城之師于尸氏。戊辰，王城人、劉人戰于施谷，劉師敗績。稱子朝爲王城人，稱王爲劉人，皆左氏用意之處。

七月己巳，劉子以王出。庚午，次于渠。王城人焚劉。子朝大勝。丙子，王宿于褚氏。丁丑，王次于萑谷。庚辰，王入于胥靡。辛巳，王次于滑。晉知躒、趙鞅帥師納王，使汝寬守闕塞。

冬十月丙申，王起師于滑。辛丑，在郊，遂次于尸。十一月辛酉，晉師克鞏。召伯盈逐王子朝，王子朝及召氏之族、毛伯得、尹氏固、南宮嚚奉周之典籍以奔楚。陰忌奔莒以叛。召伯逆王于尸，及劉子、單子盟。遂軍圉澤，次于隄上。癸酉，王入于成周。甲戌，盟于襄宮。晉師使成公般戍周而還。十二月癸未，王入于莊宮。以上定王，如一筆書。

王子朝使告于諸侯曰：此文工絶，在春秋文告當爲第一篇文字。

昔武王克殷〔一三〕，成王靖四方，康王息民，并建母弟，以蕃屏周，亦曰：『吾無專享文武之功，且爲後人之迷敗傾覆而溺入于難，則振救之。』至于夷王，王愆于厥身，諸侯莫不并走其望，以祈王身。至于厲王，王心戾虐，萬民弗忍，居王于彘。諸侯釋位，以間王政。宣王有志，而後效官。至于幽王，天不弔周，王昏不若，用愆厥位。攜王奸命，諸侯替之，而建王嗣，用遷郟鄏——則是兄弟之能用力於王室也。至于惠王，天不靖周，生頽禍心，施于叔帶。惠襄辟難，越去王都。則有晉鄭咸黜不端，咸，當依孔疏讀『減』，與『克減侯宣多』義同。以綏定王家——則是兄弟之能率先王之命也。在定王六年，秦人降妖〔一四〕，曰：『周其有頿王，亦克能修其職，諸侯服享，二世共職。王室其有間王位，諸侯不圖，而受其亂災。』至于靈王，生而有頿。王甚神聖，無惡於諸侯。靈王、景王克終其世。今王室亂，單旗、劉狄剥亂天下，壹行不若，謂『先王何常之有，唯余心所命，其誰敢討之』〔一五〕，帥羣不弔之人，以行亂于王室。侵欲無厭，規求無度〔一六〕，貫瀆鬼神，慢棄刑法，倍奸齊盟，傲很威儀，矯誣先王。晉爲不道，是攝是贊，思肆其罔極。兹不穀震盪播越，竄在荆蠻，未有攸厎〔一七〕。論斷處即於書詞見意，全文遏抑不申，一洩之於此，天下之至奇也。先大夫評曰：左氏載此詞，蓋不以子朝爲曲故。前以『天棄』爲文，而此又以『遠晉』爲罪狀，其意微矣。若我一二兄弟甥舅將順天法，無助狡猾，以從先王之命，毋速天罰，赦圖不穀，則所願也。敢盡布其腹心及先王之經，而諸侯實深圖之。

昔先王之命曰：『王后無適，則擇立長。年鈞以德，德鈞以卜。王不立愛，公卿無私，古之制也。』穆后及大子壽早夭即世，單劉贊私立少，以間先王。亦唯伯仲叔季圖之！

閔馬父聞子朝之辭，曰：『文辭以行禮也。子朝干景之命，遠晉之大，以專其志，無禮甚矣，文辭何爲？』加入閔馬父一段以亂之，文情詭妙殊甚，與趙盾弑君篇中孔子曰一段用意正同。

二十七年十二月，晉籍秦致諸侯之戍于周，魯人辭以難。此左氏之秘訣也，而此處之意旨尤顯。

二十九年三月己卯，京師殺召伯盈、尹氏固及原伯魯之子。尹固之復也，有婦人遇之周郊，尤之，曰：『處則勸人爲禍，行則數日而反，是夫也，其過三歲乎？』嫉子朝之黨之不忠也。

夏五月庚寅，王子趙車入于鄻以叛，陰不佞敗之。

三十二年秋八月，王使富辛與石張如晉，請城成周。天子曰：『天降禍于周，俾我兄弟幷有亂心，以爲伯父憂。我一二親昵甥舅不遑啓處，於今十年。勤戍五年。余一人無日忘之，閔閔焉如農夫之望歲，懼以待時。伯父若肆大惠〔一八〕，復二文之業，弛周室之憂，徼文武之福，以固盟主，宣昭令名，則余一人有大願矣。昔成王合諸侯城成周，以爲東都，崇文德焉。今我欲徼福假靈于成王，修成周之城，俾戍人無勤，諸侯用寧，蝥賊遠屏，先大夫評曰：蝥賊，子朝之黨；城成周，備子朝也。晉之力也。其委諸伯父，使伯父實重圖之，俾我一人無徵怨于百姓，而伯父有榮施，先王庸之。』范獻子謂魏獻子曰：『與其戍周，不如城之。天子實云，雖有後事，晉勿與知可也。從王命以紓諸侯，晉國無憂，是之不務，而又焉從事？』魏獻子曰：『善。』使伯音對曰：『天子有命，敢不奉承以奔告於諸侯？遲速衰序，於是焉在。』

冬十一月，晉魏舒、韓不信如京師，合諸侯之大夫于狄泉，尋盟，且令城成周。魏子南面。衛彪傒曰：『魏子必有大咎。干位以令大事，非其任也。詩曰，「敬天之怒，不敢戲豫；敬天之渝，不敢馳驅」，況敢干位以作大事乎？』

己丑，士彌牟營成周〔一九〕，計丈數，揣高卑，度厚薄，仞溝洫，物土方，議遠邇，量事期，計徒庸，慮材用，書餱糧，以令役於諸侯。屬役賦丈，書以授帥，倭庫本作『師』。按帥，魏舒也，舒不自督事，而以屬韓簡子，故韓簡子臨之。作『師』非是。而效諸劉子。韓簡子臨之，以爲成命。

定公元年春王正月辛巳，晉魏舒合諸侯之大夫于狄泉，將以城成周。魏子涖政。『魏子南面』，『魏子涖政』，痛權臣專擅，目無天子也。衛彪傒曰：『將建天子，而易位以令，非義也。大事奸義，必有大咎。晉不失諸侯，魏子其不免乎！』是行也，魏獻子屬役於韓簡子及原壽過，而田於大陸，焚焉，還，卒於甯。范獻子去其柏椁，以其未復命而田也。

孟懿子會城成周，庚寅，栽。宋仲幾不受功，此皆文氣盛而泛溢者。曰：『滕、薛、郳，吾役也。』薛宰曰：『宋爲無道，絶我小國於周，以我適楚，故我常從宋。晉文公爲踐土之盟，曰：「凡我同盟，各復舊職。」若從踐土，若從宋，亦唯命。』仲幾曰：『踐土固然。』薛宰曰：『薛之皇祖奚仲居薛，以爲夏車正，奚仲遷于邳，仲虺居薛，以爲湯左相〔二〇〕。若復舊職，將承王官，何故以役諸侯？』仲幾曰：『三代各異物，薛焉得有舊？爲宋役，亦其職也。』士彌牟曰：『晉之從政者新，子姑受功，歸，吾視諸故府。』仲幾曰：『縱子忘之，山川鬼神其忘諸乎？』士伯怒，謂韓簡子曰：『薛徵於人，宋徵於鬼。宋罪大矣。且己無辭，而抑我以神，誣我也。「啓寵納侮」，其此之謂矣。必以仲幾爲戮。』乃執仲幾以歸。三月，歸諸京師。

城三旬而畢，乃歸諸侯之戍。齊高張後，不從諸侯。晉女叔寬曰：『周萇弘、齊高張皆將不免。萇叔違天，高子違人。天之所壞，不可支也；衆之所爲，不可奸也。』以保存周室爲違天，作者傷心之言也。而以高張并言，則遏之又遏，尤後世文家莫曉之秘。此役名爲尊周，實則具文而已，然名分所在，當時諸侯固不得顯干。於役終之後，附記女寬數語，曲盡情事之妙。

五年春，王人殺子朝于楚。

六年，周儋翩率王子朝之徒因鄭人將以作亂于周，鄭於是乎伐馮、滑、胥靡、負黍、狐人、闕外。六月，晉閻没戍周，且城胥靡。冬十二月，天王處于姑蕕，辟儋翩之亂也。

七年春二月，周儋翩入于儀栗以叛。夏四月，單武公、劉桓公敗尹氏于窮谷。冬十一月戊午，單子、劉子逆王于慶氏。晉籍秦送王。己巳，王入于王城，館于公族黨氏，而後朝于莊宮。

八年三月己丑，單子伐穀城，劉子伐儀栗。辛卯，單子伐簡城，劉子伐盂，以定王室。

校記

〔一〕原校：『鞏』説文作『碧』，石經、倭庫本同。

〔二〕原校：『泠』釋文或作『伶』。

〔三〕原校：『㭒』漢志作『㧓』。

〔四〕原校：『堪』漢志作『㦷』。

〔五〕原校：釋文無『于』字。

〔六〕原校：『前』服虔讀『泉』。

〔七〕原校：『子朝奔郊』四字依唐石經補。

〔八〕原校：石經無『臣』字。

〔九〕沈　原無，今據補。

〔一〇〕甲　原作『申』，今正。

〔一一〕外内　原作『内外』，今正。

〔一二〕原校：倭庫本『宜』作『義』。

〔一三〕原校：『武王』服王本作『文武』。

〔一四〕原校：『妖』釋文一作『訞』，倭庫本同。

〔一五〕原校：『討』宋本作『請』，是。

〔一六〕原校：『規』服本作『玩』，云『玩，貪也』。

〔一七〕厎　原作『底』，今正。

〔一八〕原校：『肆』石經初刻作『賜』。

〔一九〕原校：『成周』釋文作『周城』，倭庫本同。

〔二〇〕原校：『左』倭庫本作『右』。

昭公之難　以『民不知君，何以得國』爲主。

襄公三十一年，公作楚宮。穆叔曰：『大誓云：「民之所欲，天必從之。」君欲楚也夫，故作其宮。若不復適楚，必死是宮也。』六月辛巳，公薨于楚宮。叔仲帶竊其拱璧，以與御人，納諸其懷，而從取之，淡語，趣甚。由是得罪。

立胡女敬歸之子子野，次于季氏。秋九月癸巳，卒，毁也。次于季氏而卒，可疑。

立敬歸之娣齊歸之子公子裯。穆叔不欲，曰：『大子死，有母弟，則立之；無，則長立。年鈞擇賢，義鈞則卜，古之道也。非適嗣，何必娣之子？且是人也，居喪而不哀，在慼而有嘉容，是謂不度。不度之人，鮮不爲患。若果立之，必爲季氏憂。』武子不聽，卒立之。比及葬〔一〕，三易衰，衰衽如故衰。於是昭公十九年矣，猶有童心，君子是以知其不能終也。宗堯云：於公則直謫其短，於季氏則深隱其詞，此左氏全書之通例。蓋春秋，權臣之世也，故誅姦多用微辭，而貶時君反得直謫之也。

癸酉，葬襄公。

昭公五年，公如晉，自郊勞至于贈賄，無失禮。晉侯謂女叔齊曰：『魯侯不亦善於禮乎？』對曰：『魯侯焉知禮？』公曰：『何爲？自郊勞至于贈賄，禮無違者，何故不知？』對曰：『是儀也，不可謂禮。禮，所以守其國，行其政令，無失其民者也。今政令在家，不能取也；有子家羈〔二〕，弗能用也；奸大國之盟，陵虐小國；利人之難，不知其私。公室四分，民食於他。思莫在公，不圖其終。爲國君，難將及身，不恤其所。禮之本末將於此乎在，而屑屑焉習儀以亟。言善於禮，不亦遠乎？』宗堯云：此借女叔齊之言，以咎昭公不知持大體以維國難。闓生案，此正痛惜公室之詞，非斥責之也。君子謂叔侯於是乎知禮。

十年秋七月，平子伐莒，取郠。獻俘，始用人於亳社。臧武仲在齊，聞之，曰：『周公其不饗魯祭乎！周公饗義，魯無義矣〔三〕。詩曰：「德音孔昭，視民不恌。」恌之謂甚矣，而壹用之，將誰福哉？』此謂平子自絶於周公也。

十一年五月，齊歸薨。大蒐于比蒲，非禮也。

九月，葬齊歸，公不慼。晉士之送葬者歸以語史趙。史趙曰：『必爲魯郊。』侍者曰：『何故？』曰：『歸姓也，『歸姓也』，猶云『姬出也』之例。姓，讀『問其姓』之『姓』。不思親，祖不歸也。』

叔向曰：『魯公室其卑乎！君有大喪，國不廢蒐；有三年之喪，而無一日之慼。國不恤喪，不忌君也；君無慼容，不顧親也。國不忌君，君不顧親，能無卑乎？殆其失國。』宗堯按，此借叔向之言以幷咎魯君臣之非，且攝下失國。

十七年夏六月甲戌朔，日有食之。祝、史請所用幣。昭子曰：『日有食之，天子不舉，伐鼓於社，諸侯用幣於社，伐鼓於朝，禮也。』平子禦之，曰：『止也。唯正月朔，慝未作，日有食之，於是乎有伐鼓用幣，禮也。其餘則否。』大史曰：『在此月也。日過分而未至，三辰有災，於是乎百官降物；君不舉，辟移時；樂奏鼓，祝用幣，史用辭。故夏書曰：「辰不集于房，瞽奏鼓，嗇夫馳，庶人走。」此月朔之謂也。當夏四月，是謂孟夏。』平子弗從。昭子退，曰：『夫子將有異志，不君君矣。』逆攝平子異志於前，乃知君之討之非過也。

二十五年春，叔孫婼聘于宋，桐門右師見之。語，卑宋大夫而賤司城氏。昭子告其人曰：『右師其亡乎！君子貴其身而後能及人，是以有禮。今夫子卑其大夫而賤其宗，是賤其身也，能有禮乎？無禮，必亡。』

宋公享昭子，賦新宮。昭子賦車轄。明日宴，飲酒，樂，宋公使昭子右坐，語相泣也。樂祁佐，退而告人曰：『今茲君與叔孫其皆死乎！吾聞之：「哀樂而樂哀，皆喪心也。」心之精爽，是謂魂魄。魂魄去之，何以能久？』攝下叔孫及宋公之死。

季公若之姊爲小邾夫人，生宋元夫人，生子，以妻季平子。昭子如宋聘，且逆之。公若從，謂曹氏勿與，魯將逐之。曹氏告公。公告樂祁。樂祁曰：『與之。如是，魯君必出。出君大事，故再三提振。政在季氏三世矣，魯君喪政四公矣。無民而能逞其志者，未之有也，國君是以鎮撫其民。詩曰：「人之云亡，心之憂矣。」魯君失民矣，焉得逞其志〔四〕？靖以待命猶可，動必憂。』

『有鸜鵒來巢』，書所無也。師己曰：『異哉！吾聞文成之世〔五〕，童謠有之，曰：「鸜之鵒之，公出辱之。鸜鵒之羽，公在外野，往饋之馬。鸜鵒跦跦，公在乾侯，徵褰與襦。鸜鵒之巢，遠哉遥遥，裯父喪勞，宋父以驕〔六〕。鸜鵒鸜鵒，往歌來哭。」童謠有是。今鸜鵒來巢，其將及乎！』此段最爲超妙，不可方物，詞亦古質絶倫，後世箴銘家莫能到。宗堯按，忽借鸜鵒以攝起全篇，奇肆極矣。

初，季公鳥娶妻於齊鮑文子，生甲。公鳥死，季公亥與公思展與公鳥之臣申夜姑相其室〔七〕。及季姒與饔人檀通，而懼，乃使其妾抶己，以示秦遄之妻，曰：『公若欲使余，余不可而抶余。』又訴於公甫，曰：『展與夜姑將要余。』秦姬以告公之。公之與公甫告平子，平子拘展於卞，而執夜姑，將殺之。公若泣而哀之，曰：『殺是，是殺余也。』將爲之請，平子使豎勿內，日中不得請。有司逆命，公之使速殺之，故公若怨平子。季孫與公室之郤久矣，不在此等小節，故假支離之詞以亂之也。全書中多如此。

季郈之鷄鬭。季氏介其鷄，郈氏爲之金距。平子怒，益宫於郈氏，且讓之。故郈昭伯亦怨平子。

臧昭伯之從弟會爲讒於臧氏〔八〕，而逃於季氏。臧氏執旃。平子怒，拘臧氏老。將禘於襄公，萬者二人〔九〕，其衆萬於季氏。臧孫曰：『此之謂不能庸先君之廟。』大夫遂怨平子。忿嫉處以閒筆出之。

公若獻弓於公爲，且與之出射於外，而謀去季氏。公爲告公果、公賁。公果、公賁使侍人僚柤告公。公寢，將以戈擊之。乃走。公曰：『執之！』亦無命也。寫公畏之甚。懼而不出，數月不見。公不怒。又使言，公執戈以懼之，乃走。又使言，公曰：『非小人之所及也。』公果自言，公以告臧孫，臧孫以難。告郈孫，郈孫以可，勸。告子家懿伯。懿伯曰：『讒人以君徼幸，事若不克，君受其名，不可爲也。舍民數世，以求克事，不可必也。且政在焉，其難圖也。』此文專以子家子作眼，無限幽憤之意一洩之於此。聚精會神而出之，畫龍點睛手也。公退之。辭曰：『臣與聞命矣，言若洩，臣不獲死。』乃館於公。

叔孫昭子如闞，公居於長府。九月戊戌，伐季氏，殺公之于門，遂入之。平子登臺而請曰：『君不察臣之罪，使有司討臣以干戈，臣請待於沂上以察罪。』弗許。請囚于費，弗許。請以五乘亡，弗許。子家子曰：『君其許之！政自之出久矣，隱民多取食焉，爲之徒者衆矣。日入慝作，弗可知也。衆怒不可蓄也，蓄而弗治，將蘊。蘊蓄，民將生心。生心，同求將合。君必悔之！』弗聽。郈孫曰：『必殺之。』公使郈孫逆孟懿子。此與『昭子如闞』句皆一句頓斷。又及他事，長篇中多有此等，最覺奇變不測。

叔孫氏之司馬鬷戾言於其衆曰：『若之何？』莫對。又曰：『我，家臣也，不敢知國。凡有季氏與無，於我孰利？』記叔孫之助逆，委曲分明，所以開釋昭子也。皆曰：『無季氏，是無叔孫氏也。』鬷戾曰：『然則救諸！』帥徒以往，陷西北隅以入。公徒釋甲執冰而踞，遂逐之。『公徒釋甲執冰而踞』，非獨懈怠，亦重季氏不敢逼也。孟氏使登西北隅，以望季氏。見叔孫氏之旌，以告。孟氏執郈昭伯，殺之于南門之西，遂伐公徒。孟懿子嘗學於聖門，何竟至此！子家子曰：『諸臣僞劫君者，而負罪以出，君止。意如之事君也，不敢不改。』公曰：『余不忍也。』昭公雖伐季氏，禍不至此，皆爲左右小人所牽掣耳。篇中敘此，意最切至。與臧孫如墓謀，遂行。

己亥，公孫于齊〔一〇〕，次于陽州。齊侯將唁公于平陰，公先至于野井。齊侯曰：『寡人之罪也。使有司待于平陰〔一一〕，爲近故也。』書曰：『公孫于齊，次于陽州。齊侯唁公于野井』，禮也。將求於人，則先下之，禮之善物也。齊侯曰：『自莒疆以西，請致千社，以待君命。寡人將帥敝賦以從執事，唯命是聽。君之憂，寡人之憂也。』公喜。子家子曰：『天禄不再。天若胙君，不過周公。以魯足矣。失魯而以千社爲臣，誰與之立？且齊君無信，不如早之晉。』弗從。臧昭伯率從者將盟，載書曰：『勠力壹心，好惡同之。信罪之有無，繾綣從公，無通外内！』以公命示子家子。子家子曰：『如此，吾不可以盟。羈也不佞，不能與二三子同心，而以爲皆有罪也〔一二〕。或欲通外内，且欲去君。二三子好亡而惡定，焉可同也？陷君於難，罪孰大焉？通外内而去君，君將速入，弗通何爲？而何守焉？』乃不與盟。宗堯按，此借子家子之言以誅怗亂諸人，蓋公亡没於外，始終由此數人也。闓生按，通篇皆此意，此尤悲憤沈鬱。

昭子自闞歸，見平子。平子稽顙，曰：『子若我何？』昭子曰：『人誰不死？子以逐君成名，子孫不忘，不亦傷乎？將若子何？』平子曰：『苟使意如得改事君，所謂生死而肉骨也。』昭子從公于齊，與公言。子家子命適公館者執之。公與昭子言於幄内，曰：『將安衆而納公。』公徒將殺昭子，伏諸道〔一三〕。左師展告公。公使昭子自鑄歸。平子有異志。冬十月辛酉，昭子齊於其寢，使祝宗祈死。戊辰，卒。左師展將以公乘馬而歸，公徒執之。

十一月，宋元公將爲公故如晉，夢大子欒即位於廟，己與平公服而相之。旦，召六卿。公曰：『寡人不佞，不能事父兄，以爲二三子憂，寡人之罪也。若以羣子之靈，獲保首領以没，唯是楄柎所以藉幹者，請無及先君。』仲幾對曰：『君若以社稷之故，私降昵宴，羣臣弗敢知。若夫宋國之法，死生之度，先君有命矣，羣臣以死守之，弗敢失隊。臣之失職，常刑不赦。臣不忍其死，君命祇辱。』宋公遂行。己亥，卒于曲棘。宗堯云：齊侯於衛靈之出，右君而左臣；其待魯侯，始亦力助之，特庸人畏死而情怯，故宋元之卒亦關系之大者。

十二月庚辰，齊侯圍鄆。

初，臧昭伯如晉，臧會竊其寶龜僂句，以卜爲信與僭，僭吉。宗堯云：會，敗類也，季氏收而與之并立。敘事極嬉笑怒罵之致，刺季孫也。臧氏老將如晉問，會請往。昭伯問家故，盡對。及内子與母弟叔孫，則不對。再三問，不對。歸，及郊，會逆。問，又如初。至，次於外而察之，皆無之。執而戮之，逸，奔郈。郈魴假使爲賈正焉。計於季氏，臧氏使五人以戈楯伏諸桐汝之閭，會出，逐之，反奔，執諸季氏中門之外。平子怒，曰：『何故以兵入吾門？』拘臧氏老。季臧有惡。及昭伯從公，平子立臧會。會曰：『僂句不余欺也。』記此，見廉耻道喪也。

二十六年春王正月庚申，齊侯取鄆。宗堯云：『齊侯圍鄆』，『齊侯將納公，命無受魯貨』，齊侯之初志可見。後之慢魯君，以畏死而轉念也。闓生按，列國之君皆袒魯侯，氣類相感也；其大臣則皆袒季氏，同惡相濟也。齊侯之不得遂其志由此。

葬宋元公，如先君，禮也。

三月，公至自齊，處于鄆，言魯地也。

夏，齊侯將納公，命無受魯貨。申豐從女賈，以幣錦二兩，縛一如瑱〔一四〕，適齊師，謂子猶之人高齮：『能貨子猶，爲高氏後，粟五千庾。』高齮以錦示子猶，子猶欲之。齮曰：『魯人買之，百兩一布。以道之不通，先入幣財。』子猶受之，言於齊侯曰：『羣臣不盡力於魯君者，非不能事君也。然據有異焉。宋元公爲魯君如晉，卒於曲棘；叔孫昭子求納其君，無疾而死。不知天之棄魯邪，抑魯君有罪於鬼神故及此也？宗堯按，權姦之世，魯出其君，齊亦玩弄其君，齊臣直助季氏，濟其惡也，故下敘齊魯之戰，盡揭其情態。君若待于曲棘，使羣臣從魯君以卜焉。若可，師有濟也，君而繼之，兹無敵矣。若其無成，君無辱焉。』齊侯從之，使公子鉏帥師從公。

成大夫公孫朝謂平子曰：『有都，以衛國也，請我受師。』許之。請納質，弗許，曰：『信女，足矣。』告於齊師曰：『孟氏，魯之敝室也。用成已甚，弗能忍也，請息肩于齊。』齊師圍成。成人伐齊師之飲馬於淄者，曰：『將以厭衆。』魯成備而後告曰：『不勝衆。』先大夫評曰：梁邱據受魯賂，是役也，齊人所以厭衆也，乃於成人口中述之，此爲遏蔽。闓生按，齊人出兵，徒迫不得已而，魯人則願爲季氏致死，此平子所以制勝也。

師及齊師戰于炊鼻。齊子淵捷從洩聲子，射之，中楯瓦，繇朐汰輈，匕入者三寸。聲子射其馬，斬鞅，殪。改駕，人以爲鬷戾也，而助之。子車曰：『齊人也。』將擊子車，子車射之，殪。其御曰：『又之。』子車曰：『衆可懼也，而不可怒也。』子囊帶從野洩，叱之。洩曰：『軍無私怒，報乃私也，將亢子。』又叱之，亦叱之。冉豎射陳武子，中手，失弓而罵。以告平子，曰：『有君子白皙鬒鬚眉，甚口。』平子曰：『必子彊也，無乃亢諸？』對曰：『謂之君子，何敢亢之？』林雍羞爲顔鳴右，下。苑何忌取其耳。顔鳴去之。苑子之御曰：『視下！』顧。苑子刜林雍，斷其足，鑋而乘於他車以歸〔一五〕。顔鳴三入齊師，呼曰：『林雍乘！』宗堯按，齊之臣子與季氏皆兩心相印，名雖爲戰，其意則同也，其戰時直兒戲耳。左氏述之意極微至。闓生按，此戰全從虛處攝影，破空而遊，神妙無匹。

秋，盟于鄟陵，謀納公也。

二十七年春，公如齊。公至自齊，處于鄆，言在外也。

秋，會于扈，令戍周，且謀納公也。宋衛皆利納公，固請之。范獻子取貨於季孫，眼目。宗堯按，前則述齊臣之心，此則敘晉臣之志。謂司城子梁與北宫貞子曰：『季孫未知其罪，而君伐之。請囚、請亡，於是乎不獲，君又弗克，而自出也。夫豈無備而能出君乎？季氏之復，天救之也。休公徒之怒，而啓叔孫氏之心。不然，豈其伐人而説甲執冰以游？叔孫氏懼禍之濫，而自同於季氏，天之道也。魯君守齊，三年而無成。季氏甚得其民，淮夷與之，有十年之備，有齊楚之援，有天之贊，有民之助，有堅守之心，有列國之權，而弗敢宣也，事君如在國。故鞅以爲難。二子皆圖國者也，而欲納魯君，鞅之願也，請從二子以圍魯。無成，死之。』二子懼，皆辭。乃辭小國，而以難復。

孟懿子、陽虎伐鄆，鄆人將戰。子家子曰：『天命不慆久矣，使君亡者，必此衆也。天既禍之，而自福也，不亦難乎？猶有鬼神，此必敗也。嗚呼！爲無望也夫！其死於此乎！』魯人伐鄆，公御之，非失計也，特沈鬱其詞以抒悲憤耳。宗堯按，聲情嗚咽，此後昭公乃窮窘而死，并不得履魯地矣。文情淒愴之極。公使子家子如晉。公徒敗于且知。

冬，公如齊，齊侯請饗之。子家子曰：『朝夕立於其朝，又何饗焉？其飲酒也。』乃飲酒，使宰獻而請安。子仲之子曰重，爲齊侯夫人，曰：『請使重見。』子家子乃以君出。

二十八年春，公如晉，將如乾侯。子家子曰：『有求於人，而即其安，人孰矜之？其造於竟。』弗聽，使請逆於晉。晉人曰：『天禍魯國，君淹恤在外，君亦不使一个辱在寡人，而即安於甥舅，其亦使逆君？』使公復于竟，而後逆之。

二十九年春，公至自乾侯，處于鄆。齊侯使高張來唁公，稱主君。子家子曰：『齊卑君矣，君祇辱焉。』公如乾侯。

平子每歲賈馬，具從者之衣屨，而歸之于乾侯。公執歸馬者，賣之，乃不歸馬。衛侯來，獻其乘馬，曰啓服，塹而死。公將爲之櫝。子家子曰：『從者病矣，請以食之。』乃以帷裹之。

公賜公衍羔裘，使獻龍輔於齊侯，遂入羔裘。齊侯喜，與之陽穀。公衍、公爲之生也，其母偕出。公衍先生。公爲之母曰：『相與偕出，請相與偕告。』三日，公爲生。其母先以告，公爲爲兄。公私喜於陽穀，而思於魯，曰：『務人爲此禍也。且後生而爲兄，其誣也久矣。』乃黜之，而以公衍爲大子。此等處蹊徑邈絶，後人無嗣音者。

三十年春王正月，公在乾侯。不先書鄆與乾侯，非公，且徵過也。

三十一年春王正月，公在乾侯，言不能外内也。

晉侯將以師納公。范獻子曰：『若召季孫而不來，則信不臣矣，然後伐之，若何？』晉人召季孫。獻子使私焉，曰：『子必來，我受其無咎。』季孫意如會晉荀躒于適歷。荀躒曰：『寡君使躒謂吾子：「何故出君？有君不事，周有常刑。子其圖之！」』季孫練冠、麻衣，跣行，伏而對曰：『事君，臣之所不得也，敢逃刑命？君若以臣爲有罪，請囚於費，以待君之察也，亦唯君〔一六〕。若以先臣之故，不絶季氏，而賜之死，死且不朽。依姚姬傳校。若弗殺弗亡，君之惠也。若得從君而歸，則固臣之願也，敢有異心？』

夏四月，季孫從知伯如乾侯。子家子曰：『君與之歸。一慙之不忍，而終身慙乎？』公曰：『諾。』衆曰：『在一言矣，君必逐之！』荀躒以晉侯之命唁公，且曰：『寡君使躒以君命討於意如，意如不敢逃死，君其入也！』公曰：『君惠顧先君之好，施及亡人，將使歸糞除宗祧以事君，則不能見夫人。已所能見夫人者，有如河！』荀躒掩耳而走，曰：『寡君其罪之恐，敢與知魯國之難？臣請復於寡君。』退而謂季孫：『君怒未怠，子姑歸祭。』子家子曰：『君以一乘入于魯師，季孫必與君歸。』公欲從之。衆從者脅公，不得歸。公爲左右所制，敘次極明晰。宗堯按，公初窘於齊，再窘於晉，亦皆大夫爲之也。

三十二年春王正月，公在乾侯，言不能外內，又不能用其人也。

十二月，公疾，徧賜大夫，大夫不受。賜子家子雙琥，一環、一璧、輕服，受之。大夫皆受其賜。己未，公薨。子家子反賜於府人，曰：『吾不敢逆君命也。』大夫皆反其賜。書曰『公薨于乾侯』，言失其所也。

趙簡子問於史墨曰：『季氏出其君，而民服焉，諸侯與之；君死於外而莫之或罪，何也〔一七〕？』對曰：『物生有兩，有三，有五，有陪貳。故天有三辰，地有五行，體有左右，各有妃耦，王有公，諸侯有卿，皆有貳也〔一八〕。天生季氏，以貳魯侯，爲日久矣。民之服焉，不亦宜乎？此憤嫉之詞也，直以季孫之貳魯侯爲天經地義而不可易者。魯君世從其失，季氏世修其勤，民忘君矣。雖死於外，其誰矜之？社稷無常奉，君臣無常位，自古以然。故詩曰：「高岸爲谷，深谷爲陵。」三后之姓於今爲庶，主所知也。宗堯云：三家分晉，田氏滅齊，左氏雖不及見，然已逆睹之。季孫之權不滅於齊晉之臣，左氏當時之意蓋以其必滅魯也。

在易卦，雷乘乾曰大壯䷡，天之道也。昔成季友，桓之季也，文姜之愛子也。始震而卜，卜人謁之〔一九〕，曰：「生有嘉聞，其名曰友，爲公室輔。」及生，如卜人之言，有文在其手曰「友」，遂以名之。既而有大功於魯，受費以爲上卿。至於文子、武子，世增其業，不廢舊績。魯文公薨，而東門遂殺適立庶，魯君於是乎失國〔二〇〕，政在季氏，於此君也四公矣。民不知君，何以得國？是以爲君慎器與名，不可以假人。』以前多憤詞，此乃追咎其失國之由，以爲論定之筆。

定公元年夏，叔孫成子逆公之喪于乾侯。宗堯按，此下事後餘波。季孫曰：『子家子亟言於我，未嘗不中吾志也。吾欲與之從政，子必止之，且聽命焉。』子家子不見叔孫，易幾而哭。叔孫請見子家子。子家子辭，曰：『羈未得見，而從君以出。君不命而薨，羈不敢見。』子家子之不忘君，一似樂毅之於先王，諸葛之於先帝。叔孫使告之曰：『公衍、公爲實使羣臣不得事君，若公子宋主社稷，則羣臣之願也。凡從君出而可以入者，將唯子是聽。子家氏未有後，季孫願與子從政。此皆季孫之願也，使不敢以告。』對曰：『若立君，則有卿士、大夫與守龜在，羈弗敢知。若從君者，則貌而出者，入可也；寇而出者，行可也。若羈也，則君知其出也，而未知其入也，羈將逃也。』此極力表章子家子處。宗堯按，此借子家子之言以寄痛詆三家之意。喪及壞隤，公子宋先入，從公者皆自壞隤反。

子家已逃，諸人至壞隤始反，見諸人之愚也。

六月癸亥，公之喪至自乾侯。戊辰，公即位。季孫使役如闞公氏，將溝焉。榮駕鵝曰〔二二〕：『生不能事，死又離之，以自旌也？縱子忍之，後必或耻之。』借榮駕鵝言以終嫉惡之意。乃止。季孫問於榮駕鵝曰：『吾欲爲君謚，使子孫知之。』對曰：『生弗能事，死又惡之，以自信也？將焉用之？』乃止。

秋七月癸巳，葬昭公於墓道南。孔子之爲司寇也，溝而合諸墓。

昭公出故，先大夫讀『故』字絶句。季平子禱于煬公。九月，立煬宫。

哀公十二年夏五月，昭夫人孟子卒。昭公娶于吴，故不書姓。死不赴，故不稱夫人。不反哭，故不言葬小君。孔子與弔，適季氏。季氏不絻，放絰而拜。

二十三年春，宋景曹卒。季康子使冉有弔，且送葬，曰：『敝邑有社稷之事，使肥與有職競焉，是以不得助執紼，使求從輿人，曰：「以肥之得備彌甥也，有不腆先人之産馬，使求薦諸夫人之宰，其可以稱旌繁乎！」』景曹節以無可歸，附之於此。

校記

〔一〕原校：釋文『比』下無『及』字。

〔二〕原校：『羈』史記、漢志並作『駒』。

〔三〕原校：依唐石經『義』下補『矣』字。

〔四〕原校：倭庫本『志』下有『也』字。

〔五〕原校：依宋本校，倭庫本『成』作『武』。

〔六〕原校：倭庫本『之』作『來』，漢志『遥』作『摇』。

〔七〕原校：倭庫本『夜』作『射』。

〔八〕原校：史記『爲』作『僞』。

〔九〕原校：傅遜云：『人當作八。』

〔一〇〕原校：倭庫本『孫』上無『公』字。

〔一一〕原校：倭庫本『待』下有『公』字。

〔一二〕原校：從倭庫本增『且』字、『也』字。

〔一三〕原校：倭庫本『伏』上有『而』字。

〔一四〕縛　原作『縳』，並注云『同卷』。

〔一五〕原校：『鬉』説文作『豎』，惠棟云即『脛』字。

〔一六〕原校：倭庫本『君』下有『命』字。

〔一七〕何　原文無，今從楊伯峻注本補。

〔一八〕原校：『有』倭庫本作『其』。

〔一九〕原校：『謁』倭庫本作『謂』。

〔二〇〕原校：史記『國』下有『政』字。

〔二一〕原校：『駕』石經作『駑』。

晉祁氏羊舌氏之亡

紀三家分晉之由，以『長有後於晉國』爲主。於公家之亡、私家之横，絶無一字實敘，文情高邈絶倫。

昭公二十八年，晉祁勝與鄔臧通室。祁盈將執之，訪於司馬叔游。叔游曰：『鄭書有之：「惡直醜正，實蕃有徒。」無道立矣，子懼不免。詩曰：「民之多辟，無自立辟。」姑已，若何？』措詞憤懣之極。盈曰：『祁氏私有討，國何有焉？』遂執之。祁勝賂荀躒，荀躒爲之言於晉侯。晉侯執祁盈。祁盈之臣曰：『鈞將皆死，憖使吾君聞勝與臧之死也以爲快。』乃殺之。夏六月，晉殺祁盈及楊食我。食我，祁盈之黨也，而助亂，故殺之。祁盈初未爲亂，何得云『助亂』？此就當日爰書之詞言之。遂滅祁氏、羊舌氏。

初，叔向欲娶於申公巫臣氏，其母欲娶其黨。叔向曰：『吾母多而庶鮮，吾懲舅氏矣。』其母曰：『子靈之妻殺三夫，一君，一子，而亡一國、兩卿矣，可無懲乎？吾聞之：「甚美必有甚惡。」叔向之賢，竟不獲嗣，左氏蓋深傷之。詳記此事，歸咎靈妻，所以開脱叔向也。是鄭穆少妃姚子之子，子貉之妹也。子貉早死無後，而天鍾美於是，將必以是大有敗也。昔有仍氏生女，黰黑而甚美〔一〕，光可以鑑，名曰玄妻。樂正后夔取之，生伯封，實有豕心，貪惏無饜，忿纇無期，謂之封豕。夔爲帝典樂以教胄子，乃不能自教其子。有窮后羿滅之，夔是以不祀。且三代之亡、共子之廢，皆是物也，女何以爲哉？夫有尤物，足以移人。苟非德義，則必有禍。』叔向懼，不敢取。平公强使取之，生伯石。伯石始生，子容之母走謁諸姑，曰：『長叔姒生男。』姑視之。及堂，聞其聲而還，曰：『是豺狼之聲也。狼子野心。非是，莫喪羊舌氏矣。』遂弗視。羊舌氏未有滅族之罪，故爲此迂謬之詞以寄憤。

秋，晉韓宣子卒，魏獻子爲政，分祁氏之田以爲七縣，分羊舌氏之田以爲三縣。司馬彌牟爲鄔大夫，賈辛爲祁大夫，司馬烏爲平陵大夫，魏戊爲梗陽大夫，知徐吾爲塗水大夫，韓固爲馬首大夫，孟丙爲盂大夫〔二〕，樂霄爲銅鞮大夫，趙朝爲平陽大夫，僚安爲楊氏大夫。皆六卿之人也。謂賈辛、司馬烏爲有力於王室，『謂』字、『爲』字著眼，非真能勤王者也。故舉之；謂知徐吾、趙朝、韓固、魏戊，餘子之不失職、能守業者也；其四人者，皆受縣而後見於魏子，以賢舉也。魏子謂成鱄：『吾與戊也縣，人其以我爲黨乎？』分公族之田以位置私人，其所爲固已甚矣，而其子即在其列，尤爲不義之顯著者。然獻子此問不免有愧心之萌，故以『九德不愆，作事無悔』等語答之，若曰『既已爲之，則正無庸愧悔爾』，憤之至也。宗堯按，此時晉之强臣將分晉矣，縣祁氏、羊舌氏之田以樹黨也。通篇敘事及敘問答之詞，意極奇妙。對曰：『何也？戊之爲人也，遠不忘君，近不偪同；居利思義，在約思純，有守心而無淫行〔三〕，雖與之縣，不亦可乎？昔武王克商，光有天下，其兄弟之國者十有五人，姬姓之國者四十人，皆舉親也。夫舉無他，唯善所在，親疏一也。詩曰：「唯此文王，帝度其心。莫其德音〔四〕，其德克明。克明克類，克長克君。王此大國，克順克比。比于文王，其德靡悔。既受帝祉，施于孫子。」心能制義曰度，德正應和曰莫，照臨四方曰明，勤施無私曰類，教誨不倦曰長，賞慶刑威曰君，慈和徧服曰順，擇善而從之曰比，經緯天地曰文。左氏凡遇緊要節目，必有此洋溢泛濫之大文字以厚集其陣，蓋爲其書中之定例。九德不愆，作事無悔，故襲天禄，子孫賴之。主之舉也，近文德矣，所及其遠哉〔五〕！』意若曰『苟能更姓改物，雖盡天下以封其私昵，無不可也』，所以縱恣至極之辭，厥後太史公、司馬相如、揚子雲皆祖述此法。『所及遠哉』，謂子孫利賴之也。宗堯按，左氏所引成鱄之言，皆過當之詞，意欲顯魏氏之謀自殖也。此與司馬相如封禪文之稱引古聖王者不殊。

賈辛將適其縣，見於魏子。魏子曰：『辛來！先大夫評曰：退之贈序大率祖此。闓生謹案，此節乃左氏善其詞而載之也，曾文正公亦選之。昔叔向適鄭，鬷蔑惡，欲觀叔向，從使之收器者而往，立於堂下，一言而善。叔向將飲酒，聞之，曰：「必鬷明也！」下，執其手以上，曰：「昔賈大夫惡，娶妻而美。三年不言不笑。御以如皋，射雉，獲之，其妻始笑而言。賈大夫曰：『才之不可以已。我不能射，女遂不言不笑夫！』今子少不颺，子若無言，吾幾失子矣。言之不可以已也如是！」遂如故知。今女有力於王室，吾是以舉女。公族之不恤王室乎何有？此亦詼詭之所寄而已。行乎！敬之哉！毋墮乃力！』

仲尼聞魏子之舉也，以爲義，曰：『近不失親，以『不失親』稱之，亦譏之也。遠不失舉，可謂義矣。』又聞其命賈辛也，以爲忠，『詩曰，「永言配命，自求多福」，忠也。宗堯按，『自求多福』與忠無涉，此等贊詞亦故爲謬悠之詞以譏之也。魏子之舉也義，其命也忠，其長有後於晉國乎！』『長有後於晉國』，措詞最妙。

冬，梗陽人有獄，魏戊不能斷，以獄上。其大宗賂以女樂，魏子將受之。宗堯按，前鋪張揚麗，至謂等於文王之襲天禄，而實則其子一獄不能斷，其父欲納賂也，妙絕。魏戊謂閻没、女寬曰：

『主以不賄聞於諸侯，若受梗陽人，賄莫甚焉。吾子必諫！』皆許諾。退朝，待於庭。餽入，召之。比置，三嘆。既食，使坐。魏子曰：『吾聞諸伯叔，諺曰：「唯食忘憂。」吾子置食之間三嘆，何也？』同辭而對曰：『或賜二小人酒，不夕食。餽之始至，恐其不足，是以嘆。中置，自咎曰：「豈將軍食之而有不足？」是以再嘆。及餽之畢，願以小人之腹爲君子之心，屬厭而已。』此節屬意造詞，尤爲敏妙無匹，千古所不數見者，讀之令人灑然意遠。『屬厭而已』云者，因其已將公室之田分割至盡，望其從此知足，適可而止，勿再肆其無饜之欲也。用意深欝之至，并非真爲梗陽獄事而發。獻子辭梗陽人。

校記

〔一〕原校：『顛』說文作『㐱』，又作『鬒』。
〔二〕原校：『孟丙』漢志作『盂丙』（地理志）。
〔三〕原校：倭庫本『心』下有『矣』字。
〔四〕原校：『莫』毛詩作『貊』。
〔五〕原校：倭庫本『其』下有『不』字。

左傳微卷弟十

吴之入郢

此篇前記楚致敗之由，後寫其敗而不𤐣，所以復振。

昭公十三年，吴滅州來，令尹子旗請伐吴。王弗許，曰：『吾未撫民人，未事鬼神，未修守備，未定國家，而用民力，敗不可悔。州來在吴，猶在楚也。子姑待之。』此題前反跌之筆。

十五年，楚費無極害朝吴之在蔡也〔一〕，欲去之，乃謂之曰：『王唯信子，故處子於蔡。子亦長矣，而在下位，辱，必求之，吾助子請。』又謂其上之人曰：『王唯信吴，故處諸蔡，二三子莫之如也，而在其上，不亦難乎？弗圖，必及於難。』夏，蔡人逐朝吴，朝吴出奔鄭。王怒，曰：『余唯信吴，故寘諸蔡。連用『王唯信吴』句，以見無極之弄權也。且微吴，吾不及此。女何故去之？』無極對曰：『臣豈不欲吴？然而前知其爲人之異也。吴在蔡，蔡必速飛。去吴，所以翦其翼也。』

十七年，吴伐楚，陽匄爲令尹，卜戰，不吉。司馬子魚曰：『我得上流，何故不吉？且楚故，司馬令龜，我請改卜。』令曰：『魴也以其屬死之，楚師繼之，尚大克之！』吉。戰于長岸，子魚先死，楚師繼之，大敗吴師，獲其乘舟餘皇。使隨人與後至者守之，環而塹之，及泉，盈其隧炭，陳以待命。吴公子光請於其衆，曰：『喪先王之乘舟，豈唯光之罪，衆亦有焉。請藉取之以救死。』衆許之。使長鬣者三人潛伏於舟側，曰：『我呼餘皇，則對。師夜從之。』三呼，皆迭對。楚歌破項，即是此意。楚人從而殺之。楚師亂，吴人大敗之，取餘皇以歸。

十九年春，楚工尹赤遷陰于下陰，令尹子瑕城郟。叔孫昭子曰：『楚不在諸侯矣，其僅自完也，以持其世而已。』晉不在諸侯，楚不在諸侯，皆用特提之筆，以其關於世局之大也。

楚子之在蔡也，郹陽封人之女奔之，生大子建。及即位，使伍奢爲之師，費無極爲少師，無寵焉，欲譖諸王，曰：『建可室矣。』王爲之聘於秦，無極與逆，勸王取之。正月，楚夫人嬴氏至自秦。

楚子爲舟師以伐濮。費無極言於楚子曰：『晉之伯也，邇於諸夏；而楚辟陋，故弗能與爭。若大城城父，而置大子焉，以通北方，王收南方，是得天下也。』即晉聞申生之計。王説，從之。故大子建居于城父。

令尹子瑕聘于秦，拜夫人也。

楚人城州來，沈尹戌曰：『楚人必敗。昔吳滅州來，子旗請伐之。王曰：「吾未撫吾民。」今亦如之，而城州來以挑吳，能無敗乎？』侍者曰：『王施舍不倦，息民五年，可謂撫之矣。』戌曰：『吾聞撫民者，節用於內，而樹德於外，民樂其性，而無寇讎。今宮室無量，民人日駭，勞罷死轉，忘寢與食，非撫之也。』篇首以反跌起，故有此折落。

二十年，費無極言於楚子曰：『建與伍奢將以方城之外叛，自以爲猶宋鄭也，齊晉又交輔之，將以害楚，其事集矣。』王信之，問伍奢。伍奢對曰：『君一過多矣，何信於讒？』王執伍奢，使城父司馬奮揚殺大子。未至，而使遣之。三月，大子建奔宋。王召奮揚，奮揚使城父人執己以至。王曰：『言出於余口，入於爾耳，誰告建也？』對曰：『臣告之。君王命臣曰：「事建如事余。」臣不佞，不能苟貳。奉初以還，不忍後命，故遣之。既而悔之，亦無及已。』伍奢雖忠而言殊戇直，使能委宛如奮揚，大子之禍或可少紓乎！王曰：『而敢來，何也？』對曰：『使而失命，召而不來，是再奸也。逃無所入。』王曰：『歸，從政如他日。』

無極曰：『奢之子材，若在吳，必憂楚國，盍以免其父召之？彼仁，必來。不然，將爲患。』王使召之，曰：『來，吾免而父〔二〕。』棠君尚謂其弟員曰：『爾適吴，我將歸死。吾知不逮，我能死，爾能報。聞免父之命，不可以莫之奔也；親戚爲戮，不可以莫之報也。奔死免父，孝也；度功而行，仁也；擇任而往，知也；知死不辟，勇也。父不可棄，名不可廢，爾其勉之！相從爲愈。』伍尚歸〔三〕。奢聞員不來，曰：『楚君、大夫其旰食乎！』伏後。楚人皆殺之。

員如吴，言伐楚之利於州于。公子光曰：『是宗爲戮，而欲反其讎，不可從也。』員曰：『彼將有他志，余姑爲之求士，而鄙以待之。』乃見鱄設諸焉，而耕於鄙。此等乃長篇中頓挫。

二十一年三月，葬蔡平公。蔡大子朱失位，位在卑。大夫送葬者歸，見昭子。昭子問蔡故，以告。昭子嘆曰：『蔡其亡乎！若不亡，是君也必不終。詩曰：「不解于位，民之攸塈。」今蔡侯始即位，而適卑，身將從之。』

蔡侯朱出奔楚。費無極取貨於東國，而謂蔡人曰：『朱不用命於楚，君王將立東國。若不先從王欲，楚必圍蔡。』蔡人懼，出朱而立東國。朱愬于楚，楚子將討蔡。無極曰：『平侯與楚有盟，故封。其子有二心，故廢之。靈王殺隱大子，其子與君同惡，德君必甚。又使立之，不亦可乎？且廢置在君，蔡無他矣。』去朝吳，出蔡侯朱，喪子建，殺伍奢，四者皆無極之姦，楚之所以亂也。

二十三年，吳人伐州來，楚薳越帥師及諸侯之師奔命救州來。吳人禦諸鍾離。子瑕卒，楚師熸。吳公子光曰：『諸侯從於楚者衆，而皆小國也，畏楚而不獲已，是以來。吾聞之曰：「作事威克其愛，雖小，必濟。」胡沈之君幼而狂，陳大夫齧壯而頑，頓與許蔡疾楚政。楚令尹死，其師熸。帥賤、多寵，政令不壹。七國同役而不同心，帥賤而不能整，無大威命，楚可敗也。若分師先以犯胡沈與陳，必先奔。三國敗，諸侯之師乃搖心矣。諸侯乖亂，楚必大奔。請先者去備薄威，後者敦陳整旅。』寫公子光。吳子從之。戊辰晦，戰于雞父。吳子以罪人三千先犯胡沈與陳，三國爭之。吳爲三軍以繫於後，中軍從王，光帥右，掩餘帥左。吳之罪人或奔或止，三國亂，吳師擊之，三國敗，獲胡沈之君及陳大夫。舍胡沈之囚使奔許與蔡頓，曰：『吾君死矣！』師譟而從之，三國奔，楚師大奔。

書曰：『胡子髡、沈子逞滅，獲陳夏齧』，君臣之辭也。不言戰，楚未陳也。此戰亦爲後文倒影。

楚大子建之母在郹，召吳人而啓之。冬十月甲申，吳大子諸樊入郹〔四〕，取楚夫人與其寶器以歸。楚司馬薳越追之，不及。將死，衆曰：『請遂伐吳以徼之。』薳越曰：『再敗君師，死且有罪。亡君夫人，不可以莫之死也。』乃縊於薳澨。提筆突兀不平，極可愛。

楚囊瓦爲令尹，城郢。沈尹戌曰：『子常必亡郢。苟不能衛，城無益也。古者，天子守在四夷；天子卑，守在諸侯。諸侯守在四鄰；諸侯卑，守在四竟。慎其四竟，結其四援，民狎其野，三務成功。民無内憂，而又無外懼，國焉用城？今吳是懼，而城於郢，守已小矣。卑之不獲，能無亡乎？昔梁伯溝其公宫而民潰，民棄其上，不亡，何待？夫正其疆埸，修其土田，險其走集，親其民人，明其伍候〔五〕，信其鄰國，慎其官守，守其交禮，不僭不貪，不懦不耆，完其守備，以待不虞，又何畏矣？詩曰：「無念爾祖，聿修厥德。」無亦監乎若敖、蚡冒至于武文，土不過同，慎其四竟，猶不城郢；今土數圻，而郢是城，不亦難乎？』

二十四年，楚子爲舟師以略吳疆。沈尹戌曰：『此行也，楚必亡邑。不撫民而勞之，吳不動而速之，吳踵楚，而疆埸無備，邑，能無亡乎？』

越大夫胥犴勞王於豫章之汭，越公子倉歸王乘舟。倉及壽夢帥師從王，王及圉陽而還。吳人踵楚，而邊人不備，遂滅巢及鍾離而還。

沈尹戌曰：『亡郢之始於此在矣〔六〕。王壹動而亡二姓之帥，幾如是而不及郢？』雖亡二姓，何遽知其亡郢？唯其無理解，乃爲妙文也。蓋此等止是長篇文字提振之法，不然則散漫矣。滯而昧者，不足與言文。詩曰，「誰生厲階？至今爲梗」，其王之謂乎！』

二十五年，楚子使薳射城州屈，復茄人焉；城丘皇，遷訾人焉。使熊相禖郭巢，季然郭卷。子大叔聞之，曰：『楚王將死矣。使民不安其土，民必憂，憂將及王，弗能久矣。』此亦止是倒提下文『楚平王卒』四字耳。

二十六年九月，楚平王卒。令尹子常欲立子西，曰：『大子壬弱，其母非適也，王子建實聘之。子西長而好善。立長則順，建善則治。王順國治，可不務乎？』子西怒曰：『是亂國而惡君王也。國有外援，不可瀆也；王有適嗣，不可亂也。敗親、速讎、亂嗣，不祥。我受其名。賂吾以天下，吾滋不從也，楚國何爲？必殺令尹！』表子西。令尹懼，乃立昭王。

二十七年，吳子欲因楚喪而伐之，使公子掩餘、公子燭庸帥師圍潛，使延州來季子聘于上國，遂聘于晉，以觀諸侯。楚莠尹然、王尹麇帥師救潛，左司馬沈尹戌帥都君子與王馬之屬以濟師，與吴師遇于窮，令尹子常以舟師及沙汭而還。左尹郤宛、工尹壽帥師至于潛，吴師不能退。

吴公子光曰：『此時也，弗可失也〔七〕。』告鱄設諸曰：『上國有言曰：「不索，何獲？」我，王嗣也，吾欲求之。事若克，季子雖至，不吾廢也。』鱄設諸曰：『王可弑也。母老、子弱，是無若我何。』二句倒文，猶言『無若我之母老、子弱何』也，謂已之母子。杜注是。史公蓋誤讀之。彭仲博倒易『我若』二字，妄也。光曰：『我，爾身也。』

夏四月〔八〕，光伏甲於堀室而享王。王使甲坐於道及其門。門、階、户、席〔九〕，皆王親也，夾之以鈹。羞者獻體改服於門外。執羞者坐行而入，執鈹者夾承之，及體，以相授也。爲鱄諸作勢。光僞足疾，入于堀室。鱄設諸寘劍於魚中以進，抽劍刺王，鈹交於胸，遂弑王。闔廬以其子爲卿。

季子至，曰：『苟先君無廢祀，民人無廢主，社稷有奉，國家無傾，乃吾君也，吾誰敢怨？哀死事生，以待天命。非我生亂，立者從之，先人之道也。』復命哭墓，復位而待。吴公子掩餘奔徐，公子燭庸奔鍾吾。楚師聞吴亂而還。

郤宛直而和，國人説之。此下專記令尹子常之無道，所以敗國覆師也。鄢將師爲右領，與費無極比而惡之。令尹子常賄而信讒，無極譖郤宛焉，謂子常曰：『子惡欲飲子酒。』又謂子惡：『令尹欲飲酒於子氏。』子惡曰：『我，賤人也，不足以辱令尹。令尹將必來辱，爲惠已甚，吾無以酬之，若何？』極寫郤宛之和。無極曰：『令尹好甲兵，子出之，吾擇焉。』取五甲五兵，曰：『寘諸門。令尹至，必觀之，而從以酬之。』及饗日，帷諸門左。無極謂令尹曰：『吾幾禍子。子惡將爲子不利，甲在門矣。子必無往！且此役也，吳可以得志。子惡取賂焉而還；又誤羣帥，使退其師，曰「乘亂不祥」。吳乘我喪，我乘其亂，不亦可乎？』令尹使視郤氏，則有甲焉。不往，召鄢將師而告之。將師退，遂令攻郤氏，且爇之。子惡聞之，遂自殺也。國人弗爇，令曰：『不爇郤氏，與之同罪。』或取一編菅焉，或取一秉秆焉，國人投之，遂弗爇也。言郤宛得人。令尹炮之，盡滅郤氏之族、黨，殺陽令終與其弟完及佗，與晉陳及其子弟。晉陳之族呼於國曰：『鄢氏、費氏自以爲王，專禍楚國，弱寡王室，蒙王與令尹以自利也，令尹盡信之矣，國將如何？』令尹病之。

楚郤宛之難，國言未已，進胙者莫不謗令尹。沈尹戌言於子常曰：『夫左尹與中廄尹，莫知其罪，而子殺之，以興謗讟，至於今不已。戌也惑之：仁者殺人以掩謗，猶弗爲也；今吾子殺人以興謗，而弗圖，不亦異乎？夫無極，楚之讒人也，民莫不知。去朝吴，出蔡侯朱，喪大子建，殺連尹奢，屏王之耳目，使不聰明。不然，平王之温惠共儉，有過成莊，無不及焉。所以不獲諸侯，邇無極也。此作者自醒作意處，張濂翁所謂『晾法』也。今又殺三不辜，以興大謗，幾及子矣。子而不圖，將焉用之？夫鄢將師矯子之命，以滅三族。三族〔一〇〕，國之良也，而不愆位。吴新有君，疆埸日駭。楚國若有大事，子其危哉！眼光專注後文。知者除讒以自安也，今子愛讒以自危也，甚矣其惑也！』子常曰：『是瓦之罪〔一一〕，敢不良圖？』九月己未，子常殺費無極與鄢將師，盡滅其族，以説于國。謗言乃止。

三十年，吴子使徐人執掩餘，使鍾吾人執燭庸，二公子奔楚。楚子大封，而定其徙，使監馬尹大心逆吴公子，使居養〔一二〕，莠尹然、左司馬沈尹戌城之；取於城父與胡田以與之，將以害吴也。子西諫曰：『吴光新得國，而親其民，視民如子，辛苦同之，將用之也。若好吴邊疆，使柔服焉，猶懼其至；吾又彊其讎，以重怒之，無乃不可乎？吴，周之胄裔也，而棄在海濱，不與姬通，今而始大，比于諸華。光又甚文，將自同於先王。不知天將以爲虐乎，使翦喪吴國而封大異姓乎，其抑亦將卒以祚吴乎，其終不遠矣。意態橫溢，眼光四射。我盍姑億吾鬼神，而寧吾族姓，以待其歸，將焉用自播揚焉？』王弗聽。

吳子怒。冬十二月，吳子執鍾吾子。遂伐徐，防山以水之。己卯，滅徐。徐子章禹斷其髮，攜其夫人以逆吳子。吳子唁而送之，使其邇臣從之，遂奔楚。楚沈尹戌帥師救徐，弗及。遂城夷，使徐子處之。

吳子問於伍員曰：『初而言伐楚，余知其可也，而恐其使余往也，又惡人之有余之功也。今余將自有之矣。伐楚何如？』對曰：『楚執政衆而乖〔一三〕，莫適任患。若爲三師以肄焉，一師至，彼必皆出。彼出則歸，彼歸則出，楚必道敝。亟肄以罷之，多方以誤之。既罷而後以三軍繼之，必大克之。』此伍員傾楚之本謀。闔廬從之，楚於是乎始病。

二十一年秋，吳人侵楚，伐夷，侵潛、六。楚沈尹戌帥師救潛，吳師還。楚師遷潛於南岡而還。吳師圍弦，左司馬戌、右司馬稽帥師救弦，及豫章，吳師還。——始用子胥之謀也。

十二月辛亥朔，日有食之。是夜也，趙簡子夢童子羸而轉以歌〔一四〕，旦占諸史墨，曰：『吾夢如是，今而日食，何也？』對曰：『六年及此月也，吴其入郢乎！終亦弗克。入郢必以庚辰，日月在辰尾。庚午之日，日始有謫。火勝金，故弗克。』

定公二年，桐叛楚。吴子使舒鳩氏誘楚人，曰：『以師臨我，我伐桐，爲我使之無忌。』秋，楚囊瓦伐吴，師于豫章。吴人見舟于豫章，而潛師于巢。冬十月，吴軍楚師于豫章，敗之。遂圍巢，克之，獲楚公子繁。以上雜記吴楚諸小役。

三年，蔡昭侯爲兩佩與兩裘以如楚，獻一佩一裘於昭王。昭王服之，以享蔡侯。蔡侯亦服其一。子常欲之，弗與。三年止之。唐成公如楚，有兩肅爽馬，子常欲之，弗與，亦三年止之。唐人或相與謀，請代先從者，許之。飲先從者酒，醉之，竊馬而獻之子常。子常歸唐侯。自拘於司敗，曰：『君以弄馬之故，隱君身，棄國家。羣臣請相夫人以償馬，必如之。』唐侯曰：『寡人之過也。二三子無辱！』皆賞之。蔡人聞之，固請，而獻佩于子常。子常朝，見蔡侯之徒，命有司曰：『蔡君之久也，官不共也。明日禮不畢，將死。』寫貪夫殉財，筆意谿刻。以時事考之，真乃令人痛哭也。蔡侯歸，及漢，執玉而沈，曰：『余所有濟漢而南者，有若大川！』蔡侯如晉，以其子元與其大夫之子爲質焉，而請伐楚。入郢之役，蔡侯最爲沈鷙，用晉不可，乃用吳也。文如事紀之，生氣奮出。

四年春三月，劉文公合諸侯于召陵，謀伐楚也。晉荀寅求貨於蔡侯，弗得，言於范獻子曰：『國家方危，諸侯方貳，將以襲敵，不亦難乎？水潦方降，疾瘧方起，中山不服，棄盟取怨，無損於楚，而失中山，不如辭蔡侯。吾自方城以來，楚未可以得志，祇取勤焉。』乃辭蔡侯。讀此使人嗚悒短氣。

晉人假羽旄於鄭，鄭人與之。明日，或旆以會。晉於是乎失諸侯。

將會，此下泛及蔡衛争長，筆勢泛濫，知古人一文往往涉及數事，所以包孕閎富。自史記立爲紀傳，其體已隘，降及後世，文章之格愈卑而其用益微矣。衛子行敬子言於靈公曰：『會同難，嘖有煩言，莫之治也。其使祝佗從！』公曰：『善。』乃使子魚。子魚辭，曰：『臣展四體，以率舊職，猶懼不給而煩刑書；若又共二，徼大罪也。且夫祝，社稷之常隸也。社稷不動，祝不出竟，官之制也。君以軍行，祓社釁鼓，祝奉以從，於是乎出竟。若嘉好之事，君行師從，卿行旅從，臣無事焉。』公曰：『行也！』

及皋鼬，將長蔡於衛，衛侯使祝佗私於萇弘曰：『聞諸道路，不知信否。若聞蔡將先衛，信乎？』極肖佞口。萇弘曰：『信。蔡叔，康叔之兄也，先衛，不亦可乎？』子魚曰：『以先王觀之，則尚德也。昔武王克商，成王定之，選建明德，以藩屏周。故周公相王室，以尹天下，於周爲睦。分魯公以大路、大旂，夏后氏之璜，封父之繁弱，殷民六族，條氏、徐氏、蕭氏、索氏、長勺氏、尾勺氏，使帥其宗氏，輯其分族，將其醜類，以法則周公。用即命于周。是使之職事于魯，以昭周公之明德。分之土田陪敦，祝、宗、卜、史，備物、典策，官司、彝器；因商奄之民，命以伯禽而封於少皞之虚。分康叔以大路、少帛、綪茷〔一五〕、旃旌、大呂，殷民七族，陶氏、施氏、繁氏、錡氏、樊氏、饑氏、終葵氏；封畛土略，自武父以南及圃田之北竟，取於有閻之土以共王職；取於相土之東都以會王之東蒐。聃季授土，陶叔授民，命以康誥而封於殷虚。皆啓以商政，疆以周索。分唐叔以大路、密須之鼓，闕鞏、沽洗，懷姓九宗，職官五正。命以唐誥而封於夏虚，啓以夏政，疆以戎索。馬驌云：典重矜貴，古奥洽博，文之極奇者。左氏文字，或簡而備，或詳而核，故寥寥數語而不覺其少，長篇累紙而不見其煩，此所以爲古今絶響也。三者皆叔也，而有令德，故昭之以分物。不然，文、武、成、康之伯猶多，而不獲是分也，唯不尚年也。管蔡啓商，惎間王室，王於是乎殺管叔而蔡蔡叔，以車七乘、徒七十人。其子蔡仲改行帥德，周公舉之，以爲己卿士，見諸王，而命之以蔡。其命書云：「王曰：

『胡！無若爾考之違王命也！』」若之何其使蔡先衛也？武王之母弟八人，周公爲大宰，康叔爲司寇，聃季爲司空，五叔無官，豈尚年哉？曹，文之昭也；晉，武之穆也。曹爲伯甸，非尚年也。抑揚盡致。今將尚之，是反先王也。晉文公爲踐土之盟，衛成公不在，夷叔，其母弟也，猶先蔡。其載書云：「王若曰，晉重、魯申、衛武、蔡甲午、鄭捷、齊潘、宋王臣、莒期。」藏在周府，可覆視也。吾子欲復文武之略，而不正其德，將如之何？』萇弘説。告劉子，與范獻子謀之，乃長衛侯於盟。

反自召陵，鄭子大叔未至而卒。晉趙簡子爲之臨，甚哀，曰：『黄父之會，夫子語我九言，曰：「無始亂，無怙富，無恃寵，無違同，無敖禮，無驕能，無復怒，無謀非德，無犯非義。」』愈敘愈遠，若不知有本事者。此所謂泛溢爲奇。

沈人不會于召陵，晉人使蔡伐之。夏，蔡滅沈。秋，楚爲沈故，圍蔡。伍員爲吳行人以謀楚。倒戟而入，專提伍員、伯嚭，聲勢振拔異常。

楚之殺郤宛也，伯氏之族出。伯州犁之孫嚭爲吳大宰以謀楚。楚自昭王即位，無歲不有吳師，提筆即總結前半文字。蔡侯因之，以其子乾與其大夫之子爲質於吳。大斷大續。

讀此，知前文如晉特取遠勢，以厚集其陣也。

冬，蔡侯、吴子、唐侯伐楚。提挈處，筆力千鈞。舍舟于淮汭，自豫章與楚夾漢。左司馬戌謂子常曰：『子沿漢而與之上下，我悉方城外以毁其舟，還塞大隧、直轅、冥阨。子濟漢而伐之，我自後擊之，必大敗亡。』既謀而行。轉接頓伏處，史記所本。武城黑謂子常曰：『吴用木也，我用革也，不可久也，不如速戰。』史皇謂子常：『楚人惡子而好司馬。若司馬毁吴舟于淮，塞城口而入，是獨克吴也。子必速戰！不然，不免。』乃濟漢而陳，自小别至于大别。三戰，子常知不可，欲奔。史皇曰：『安，求其事；難而逃之，將何所入？子必死之，初罪必盡説。』

十一月庚午，二師陳于柏舉。再提。闔廬之弟夫概王晨請於闔廬曰：『楚瓦不仁，其臣莫有死志。先伐之，其卒必奔；而後大師繼之，必克。』弗許。夫概王曰：『所謂「臣義而行，不待命」者，其此之謂也。今日我死，楚可入也。』就夫概言，提挈十分得勢，英氣凜凜。又案，直敘戰事，徑率少味，故雜入夫概之争，司馬之死，伍員、包胥之約，鍾建、由余種種情事，而後文字璀璨陸離，有五光十色之觀。此記事之文一秘訣也。以其屬五千先擊子常之卒。子常之卒奔，楚師亂，吴師大敗之。子常奔鄭。史皇以其乘廣死。吴從楚師，及清發，將擊之。再提。長篇必多提振，始能軒爽。夫概王曰：『困獸猶鬭，況人乎？若知不免而致死，必敗我。若使先濟者知免，後者慕之，蔑有鬭心矣。半濟而後可擊也。』從之，又敗之。楚人爲食，吴人及之。奔，食而從之，敗諸雍澨。五戰，及郢。一路奔放，至此始住。若五戰之事更一一言之，則不能復振矣。此布局虚實措注之妙也。

己卯，楚子取其妹季芈畀我以出，涉睢。鍼尹固與王同舟，王使執燧象以奔吴師。庚辰，吴入郢，以班處宫。子山處令尹之宫，夫概王欲攻之，懼而去之，夫概王入之。纔得戰勝，便伏其敗歸之由，更不少待，所謂急與之角而不敢暇也。

左司馬戌及息而還，敗吴師于雍澨，傷。初，司馬臣闔廬，逆按。故耻爲禽焉，謂其臣曰：『誰能免吾首？』吴句卑曰：『臣賤，可乎？』司馬曰：『我實失子，可哉！』三戰皆傷，曰：『吾不可用也已。』句卑布裳，剄而裹之，藏其身，而以其首免。司馬死節，實爲壯偉，足爲文字生色。

楚子涉睢，濟江，入于雲中。王寢，盜攻之，以戈擊王，極寫失國顛沛。王孫由于以背受之，中肩。王奔鄖。鍾建負季芈以從。由于徐蘇而從。鄖公辛之弟懷將弑王，曰：『平王殺吾父，我殺其子，不亦可乎？』辛曰：『君討臣，誰敢讎之？君命，天也。若死天命，將誰讎？詩曰，「柔亦不茹，剛亦不吐。不侮矜寡，不畏彊禦」，唯仁者能之。違彊陵弱，非勇也；乘人之約，非仁也；滅宗廢祀，非孝也；動無令名，非知也。必犯是，余將殺女。』鬬辛與其弟巢以王奔隨。吴人從之，謂隨人曰：『周之子孫在漢川者，楚實盡之。天誘其衷，致罰於楚，而君又竄之，周室何罪？君若顧報周室，施及寡人，以獎天衷，君之惠也。漢陽之田，君實有之。』楚子在公宫之北，吴人在其南。子期似王，逃王而已爲王，曰：『以我與之，王必免。』數語横亘句中，以見事之迫也。隨人卜與之，不吉，乃辭吴曰：『以隨之辟小，而密邇於楚，楚實存之。世有盟誓，至于今未改。若難而棄之，何以事君？執事之患不唯一人，若鳩楚竟，敢不聽命？』吴人乃退。爐金初官於子期氏〔一六〕，實與隨人要言。王使見，辭，曰：『不敢以約爲利。』王割子期之心以與隨人盟。在公宫南北及割心之盟，皆記其迫切也。

初，伍員與申包胥友。其亡也，謂申包胥曰：『我必復楚國。』『復』當讀『覆』，非復仇之復。申包胥曰：『勉之！子能復之，我必能興之。』通篇中絶大關鍵，如神龍之夭矯天半。及昭王在隨，申包胥如秦乞師，曰：『吴爲封豕、長蛇，以薦食上國，虐始於楚。寡君失守社稷，越在草莽，使下臣告急，曰：「夷德無厭，若鄰於君，疆埸之患也。逮吴之未定，君其取分焉。若楚之遂亡，君之土也。若以君靈撫之，世以事君。」』數語字字切到，如親見秦庭之哭。非左公忠肝激烈，血性過人，亦不能曲肖如此。秦伯使辭焉，曰：『寡人聞命矣。子姑就館，將圖而告。』對曰：『寡君越在草莽，未獲所伏，下臣何敢即安？』立，依於庭牆而哭，日夜不絶聲，勺飲不入口七日。秦哀公爲之賦無衣。九頓首而坐。秦師乃出。沈厲英鷙，慷慨激昂。此與韓戰反首拔舍、皇天后土等文皆至性文字，瀝肝灑血而爲之。中無其實者，不能竊效萬一。

五年夏，歸粟於蔡，以周亟，矜無資。

申包胥以秦師至。提筆天矯。秦子蒲、子虎帥車五百乘以救楚。子蒲曰：『吾未知吴道。』使楚人先與吴人戰，而自稷會之，大敗夫概王于沂。吴人獲薳射於柏舉，其子帥奔徒以從子西，敗吴師于軍祥。

秋七月，子期、子蒲滅唐。

九月，夫概王歸，自立也，以與王戰，而敗，奔楚，爲棠谿氏。吴師敗楚師于雍澨。秦師又敗吴師。吴師居麇，子期將焚之，子西曰：『父兄親暴骨焉，不能收，又焚之，不可。』子期曰：『國亡矣，死者若有知也，可以歆舊祀？豈憚焚之？』焚之，而又戰，閒語，皆有光復之氣，文情沈鷙極矣。吴師敗，又戰于公壻之谿。吴師大敗，吴子乃歸。囚闉輿罷。闉輿罷請先，遂逃歸。是役也，吴僅得楚一人，又逃去。葉公諸梁之弟后臧從其母於吴，不待而歸。葉公終不正視。

楚子入于郢。提筆。初，鬬辛聞吴人之争宫也，曰：『吾聞之：「不讓，則不和；不和，不可以遠征。」吴争於楚，必有亂；有亂，則必歸，焉能定楚？』

王之奔隨也，將涉於成臼。藍尹亹涉其帑，不與王舟。及寧，王欲殺之。子西曰：『子常唯思舊怨以敗，君何效焉？』王曰：『善。使復其所，吾以志前惡。』王賞鬬辛、王孫由于、王孫圉、鍾建、鬬巢、申包胥、王孫賈、宋木、鬬懷。子西曰：『請舍懷也。』王曰：『大德滅小怨，道也。』申包胥曰：『吾爲君也，非爲身也。君既定矣，又何求？且吾尤子旗，其又爲諸？』遂逃賞。王將嫁季芈，季芈辭曰：『所以爲女子，遠丈夫也。鍾建負我矣。』以妻鍾建，以爲樂尹。收拾前文，種種拉雜敘之，極錯綜之妙。前路文勢太重，不如是不足承之。

王之在隨也，子西爲王輿服以保路，國于脾洩。聞王所在，而後從王。王使由于城麇，復命。子西問高厚焉〔一七〕，弗知。子西曰：『不能，如辭。城不知高厚小大，何知？』對曰：『固辭不能，子使余也。人各有能有不能。王遇盜於雲中，余受其戈，其所猶在。』袒而示之背，曰：『此余所能也。脾洩之事，余亦弗能也。』後幅尚嫌平淡，乃淬厲精神爲此以結束之，見楚臣之能盡其職也。

六年四月己丑，吴大子終纍敗楚舟師，獲潘子臣、小惟子及大夫七人。楚國大惕，懼亡。子期又以陵師敗于繁揚。令尹子西喜曰：『乃今可爲矣。』寫子西。於是乎遷郢於鄀，而改紀其政，以定楚國。

十四年，頓子牂欲事晉，背楚而絶陳好。二月，楚滅頓。

十五年，吴之入楚也，胡子盡俘楚邑之近胡者。楚既定，胡子豹又不事楚，曰：『存亡有命，事楚何爲？多取費焉。』二月，楚滅胡。滅唐，滅頓，滅胡，圍蔡，俘蠻氏，大敗之後略小弱以自廣也。

哀公元年春，楚子圍蔡，報柏舉也。里而栽，廣丈，高倍。夫屯晝夜九日，如子西之素。蔡人男女以辨。使疆于江汝之間而還。蔡於是乎請遷于吴。

二年，吴洩庸如蔡納聘，而稍納師。師畢入，衆知之。蔡侯告大夫，殺公子駟以説。哭而遷墓。冬，蔡遷于州來。

四年春，蔡昭侯將如吴。諸大夫恐其又遷也，承公孫翩逐而射之，入於家人而卒。以兩矢門之，衆莫敢進。文之鍇後至，曰：『如牆而進，多而殺二人。』鍇執弓而先，翩射之，中肘；鍇遂殺之。故逐公孫辰而殺公孫姓、公孫盱。夏，楚人既克夷虎，乃謀北方。左司馬眅、申公壽餘、葉公諸梁致蔡於負函，致方城之外於繒關，曰：『吴將泝江入郢，將奔命焉。』爲一昔之期，襲梁及霍。單浮餘圍蠻氏，蠻氏潰。蠻子赤奔晉陰地。司馬起豐析與狄戎，以臨上雒。左師軍于菟和，右師軍于倉野，是時吴强，不敢復仇，而示威中國，乘晉之瑕也。寫楚軍聲勢極盛。使謂陰地之命大夫士蔑曰：『晉楚有盟，好惡同之。若將不廢，寡君之願也。不然，將通於少習以聽命。』士蔑請諸趙孟。趙孟曰：『晉國未寧，安能惡於楚？必速與之！』前文詳記召陵之會，以後，晉無可敘之事，嫌收束未密，故記此，以明晉之無能爲也。士蔑乃致九州之戎，將裂田以與蠻子而城之，且將爲之卜。蠻子聽卜，遂執之與其五大夫，以畀楚師于三户。司馬致邑立宗焉，以誘其遺民，而盡俘以歸。

校記

〔一〕原校：『極』史記作『忌』。
〔二〕原校：倭庫本『父』下有『不來吾殺而父』六字。
〔三〕原校：倭庫本『尚』下有『遂』字。

〔四〕原校：『諸樊』史記作『公子光』。

〔五〕原校：『伍』賈服本作『五』。

〔六〕原校：『於此在矣』倭庫本作『在於此矣』。

〔七〕原校：石經初刻『也』作『已』。

〔八〕原校：史記『月』下有『丙子』字，當補。

〔九〕原校：刺客傳『階』作『陛』。

〔一〇〕原校：依倭庫本補『三族』兩字。

〔一一〕原校：倭庫本『罪』下有『也』字。

〔一二〕原校：『養』史記作『舒』。

〔一三〕原校：倭庫本『政』下有『者』字。

〔一四〕原校：『贏』説文作『嬴』。

〔一五〕原校：『綪茷』禮記注引作『蒨旆』。

〔一六〕原校：『爐』漢志作『鑢』。

〔一七〕原校：『高厚』下石經旁增『大小』兩字，倭庫本有。

鄭許之釁 以楚人遷許爲主。

成公三年，許恃楚而不事鄭，鄭子良伐許。

四年冬十一月，鄭公孫申帥師疆許田。許人敗諸展陂。鄭伯伐許，取鉏任、泠敦之田。

晉欒書將中軍，荀首佐之，士燮佐上軍，以救許伐鄭，取氾祭。

楚子反救鄭，鄭伯與許男訟焉，皇戌攝鄭伯之辭。子反不能決也，曰：『君若辱在寡君，寡君與其二三臣共聽兩君之所欲，成其可知也。不然，側不足以知二國之成。』

五年，許靈公愬鄭伯于楚。六月，鄭悼公如楚，訟不勝，楚人執皇戌及子國。故鄭伯歸，使公子偃請成于晉。秋八月，鄭伯及晉趙同盟于垂棘。

六年春，鄭伯如晉拜成，子游相，授玉于東楹之東。士貞伯曰：『鄭伯其死乎！自棄也已。視流而行速，不安其位，宜不能久。』

六月，鄭悼公卒。

十四年八月，鄭子罕伐許，敗焉。戊戌，鄭伯復伐許。庚子，入其郛。許人平以叔申之封。

十五年，許靈公畏偪于鄭，請遷于楚。辛丑，楚公子申遷許于葉。

襄公十六年〔一〕，許男請遷于晉。諸侯遂遷許，許大夫不可，晉人歸諸侯。鄭子蟜聞將伐許，遂相鄭伯以從諸侯之師。穆叔從公。齊子帥師會晉荀偃。書曰『會鄭伯』，爲夷故也。

夏六月，次于棫林。庚寅，伐許，次于函氏。晉荀偃、欒黶帥師伐楚，以報宋揚梁之役。楚公子格帥師，及晉師戰于湛阪。楚師敗績。晉師遂侵方城之外，復伐許而還。

二十六年，許靈公如楚，請伐鄭，曰：『師不興，孤不歸矣。』八月，卒于楚。楚子曰：『不伐鄭，何以求諸侯？』

冬十月，楚子伐鄭，鄭人將禦之。子産曰：『晉楚將平，諸侯將和，楚王是故昧於一來。不如使逞而歸，乃易成也。夫小人之性，釁於勇、嗇於禍，以足其性，而求名焉者，非國家之利也，若何從之？』子展説，不禦寇。十二月乙酉，入南里，墮其城。涉於樂氏，門于師之梁。縣門發，獲九人焉。涉于氾而歸。而後葬許靈公。

昭公九年二月庚申，楚公子棄疾遷許于夷，實城父。取州來、淮北之田以益之，伍舉授許男田。然丹遷城父人於陳，以夷濮西田益之。遷方城外人於許。

十八年，楚左尹王子勝言於楚子曰：『許於鄭，仇敵也，而居楚地，以不禮於鄭。晉鄭方睦，鄭若伐許，而晉助之，楚喪地矣。君盍遷許？許不專於楚。鄭方有令政。許曰：「余舊國也。」鄭曰：「余俘邑也。」葉在楚國，方城外之蔽也。土不可易，國不可小，許不可俘，讎不可啓，君其圖之！』楚子說。冬，楚子使王子勝遷許於析，實白羽。

十九年夏，許悼公瘧。五月戊辰，飲大子止之藥卒。大子奔晉。書曰：『弒其君〔二〕。』君子曰：『盡心力以事君，舍藥物可也。』

定公六年春，鄭滅許，因楚敗也。

校　記

〔一〕十六　原作『六』，今正。

〔二〕原校：倭庫本『弒』上有『止』字。

陪臣之叛 南蒯，陽虎，侯犯，凡三章。此篇紀三桓之微。

昭公十二年，季平子立，而不禮於南蒯。南蒯謂子仲：『吾出季氏，而歸其室於公，子更其位，我以費爲公臣。』子仲許之。南蒯語叔仲穆子，且告之故。

季悼子之卒也，叔孫昭子以再命爲卿。及平子伐莒克之，更受三命。叔仲子欲構二家，謂平子曰：『三命踰父兄，非禮也。』平子曰：『然。』故使昭子。昭子曰：『叔孫氏有家禍，殺適立庶，故婼也及此。若因禍以斃之，則聞命矣。若不廢君命，則固有著矣。』昭子朝，而命吏曰：『婼將與季氏訟，書辭無頗。』季孫懼，而歸罪於叔仲子。故叔仲小、南蒯、公子慭謀季氏。慭告公，而遂從公如晉。南蒯懼不克，以費叛如齊。子仲還，及衛，聞亂，逃介而先。及郊，聞費叛，遂奔齊。

南蒯之將叛也，其鄉人或知之，過之而嘆，且言曰：『恤恤乎，湫乎攸乎！深思而淺謀，邇身而遠志，家臣而君圖，有人矣哉！』傷無人之急君，徒有一蒯也。南蒯枚筮之，遇坤䷁之比䷇，曰『黃裳元吉』，以爲大吉也。示子服惠伯，曰：『即欲有事，何如？』惠伯曰：『吾嘗學此矣，忠信之事則可，不然必敗。』南蒯所倡之義當矣，惜蒯非其人也。此意不便明言，假繇詞隱約言之，猶曰是其人則可，不然則敗耳。外彊内温，忠也。和以率貞，信也。故曰「黄裳元吉」。黄，中之色也；裳，下之飾也；元，善之長也。中不忠，不得其色；下不共，不得其飾；事不善，不得其極。外内倡和爲忠，率事以信爲共，供養三德爲善〔一〕，非此三者弗當。且夫易，不可以占險，將何事也？且可飾乎？中美能黄，上美爲元，下美則裳，參成可筮。猶有闕也，筮雖吉，未也。』將適費，飲鄉人酒。鄉人或歌之曰：『我有圃，生之杞乎！從我者子乎，去我者鄙乎，倍其鄰者恥乎！已乎已乎！非吾黨之士乎！』

平子欲使昭子逐叔仲小。小聞之，不敢朝。昭子命吏謂小待政於朝，曰：『吾不爲怨府。』此以昭子之不逐小，見三人之無大過也。

十三年春，叔弓圍費，弗克，敗焉。平子怒，令見費人執之，以爲囚俘。寫平子之褊。冶區夫曰：『非也〔二〕。若見費人，寒者衣之，飢者食之，爲之令主，而共其乏困，費來如歸，南氏亡矣。民將叛之，誰與居邑？若憚之以威，懼之以怒，民疾而叛，爲之聚也。若諸侯皆然，費人無歸，不親南氏，將焉入矣？』平子從之，費人叛南氏。

十四年，南蒯之將叛也，盟費人。司徒老祁、慮癸僞廢疾，使請於南蒯曰：『臣願受盟而疾興。若以君靈不死，是時南蒯亦稱君矣。請待間而盟。』許之。二子因民之欲叛也，請朝衆而盟。遂劫南蒯曰：『羣臣不忘其君，此『君』謂季氏。畏子以及今，三年聽命矣。子若弗圖，費人不忍其君，將不能畏子矣。子何所不逞欲？請送子。』請期五日。遂奔齊。侍飲酒於景公。公曰：『叛夫？』夫，音扶。夫者，問詞，言豈欲叛乎？管子霸形篇：『公曰，樂夫仲父？』與此同。杜注謂『斥之爲叛夫』，陋矣。對曰：『臣欲張公室也。』子韓晳曰：『家臣而欲張公室，罪莫大焉。』南蒯欲誅季氏，未大失也，故前稱其『深思而淺謀』，後以『家臣欲張公室』斷之。又案，左氏憤恨季孫久矣，及於南蒯等，則又不稍假借之，乃其知人論世之識也。司徒老祁、慮癸來歸費，齊侯使鮑文子致之。

定公五年六月，季平子行東野。還，未至，丙申，卒于房。陽虎將以璵璠斂，仲梁懷弗與，曰：『改步改玉。』陽虎欲逐之。告公山不狃。不狃曰：『彼爲君也，子何怨焉？』既葬，桓子行東野，及費。子洩爲費宰，逆勞於郊，桓子敬之。勞仲梁懷，仲梁懷弗敬。子洩怒，謂陽虎：『子行之乎？』皆非正士也，紀載甚分明。冬十月丁亥，殺公何藐。己丑，盟桓子于稷門之內。庚寅，大詛，逐公父歜及秦遄，皆奔齊。

子于稷門之内，庚寅，大詛。逐公父歜及秦遄，皆奔齊。

六年二月，公侵鄭，取匡，爲晉討鄭之伐胥靡也。往不假道於衛；及還，陽虎使季孟自南門入，出自東門，舍於豚澤。衛侯怒，使彌子瑕追之。公叔文子老矣，輦而如公，曰：『尤人而效之，非禮也。昭公之難，君將以文之舒鼎，成之昭兆，定之鞶鑑，苟可以納之，擇用一焉。公子與二三臣之子，諸侯苟憂之，將以爲之質。此羣臣之所聞也。衛侯之急昭公，於此補出。今將以小忿蒙舊德，無乃不可乎？大姒之子，唯周公、康叔爲相睦也，而效小人以棄之，不亦誣乎？天將多陽虎之罪以斃之，君姑待之，若何？』乃止。

夏，季桓子如晉，獻鄭俘也。陽虎强使孟懿子往報夫人之幣，晉人兼享之。孟孫立于房外，謂范獻子曰：『陽虎若不能居魯，而息肩於晉，所不以爲中軍司馬者，有如先君！』獻子曰：『寡君有官，將使其人，鞅何知焉？』獻子謂簡子曰：『魯人患陽虎矣。孟孫知其釁，以爲必適晉，故强爲之請，以取入焉。』記三桓畏虎之甚。

陽虎又盟公及三桓於周社，盟國人于亳社，詛于五父之衢。

七年，齊人歸鄆、陽關，陽虎居之以爲政。

齊國夏伐我。陽虎御季桓子，公斂處父御孟懿子，將宵軍齊師。此下兩節記陽虎專政之事。齊師聞之，墮，伏而待之。處父曰：『虎不圖禍，而必死。』苫夷曰：『虎陷二子於難，不待有司，余必殺女。』虎懼，乃還，不敗。季氏專政而畏陽虎，已奇；陽虎專政又畏苫夷，更奇。

八年春王正月，公侵齊，門于陽州。士皆坐列，曰：『顔高之弓六鈞。』皆取而傳觀之。陽州人出，顔高奪人弱弓，籍丘子鉏擊之，與一人俱斃。偃，且射子鉏，中頰，殪。顔息射人中眉，退曰：『我無勇，吾志其目也。』師退，冉猛僞傷足而先。其兄會乃呼曰：『猛也殿！』

公侵齊，攻廩丘之郛。主人焚衝〔三〕，或濡馬褐以救之，遂毁之。主人出，師奔。陽虎僞不見冉猛者，曰：『猛在此，必敗。』猛逐之，顧而無繼，僞顛。虎曰：『盡客氣也。』

苫越生子，將待事而名之。陽州之役獲焉，名之曰陽州。

季寤、公鉏極、公山不狃皆不得志於季氏，叔孫輒無寵於叔孫氏，叔仲志不得志於魯，故五人因陽虎。陽虎欲去三桓，以季寤更季氏，以叔孫輒更叔孫氏，已更孟氏。

冬十月，順祀先公而祈焉。辛卯，禘于僖公。壬辰，將享季氏于蒲圃而殺之，戒都車，曰：『癸巳至。』成宰公斂處父告孟孫曰：『季氏戒都車，何故？』孟孫曰：『吾弗聞。』處父曰：『然則亂也，必及於子，先備諸。』與孟孫以壬辰爲期。陽虎前驅。林楚御桓子，虞人以鈹、盾夾之，陽越殿。季氏之蔑君久矣，莫敢誰何者，今忽得一陽虎，玩弄三桓如在股掌，庶幾少償其逆君之罪，故特詳著其凌暴之狀，以舒公室之憤懣也。孔子嘆三桓子孫之微，正是此意。將如蒲圃。桓子咋謂林楚曰〔四〕：『而先皆季氏之良也，爾以是繼之。』對曰：『臣聞命後。陽虎爲政，魯國服焉，違之徵死，死無益於主。』桓子曰：『何後之有？而能以我適孟氏乎？』對曰：『不敢愛死，懼不免主。』桓子曰：『往也！』孟氏選圉人之壯者三百人以爲公期築室於門外。林楚怒馬，及衢而騁。陽越射之，不中。築者闔門。有自門間射陽越，殺之。陽虎劫公與武叔，以伐孟氏。公斂處父帥成人自上東門入，與陽氏戰于南門之内，弗勝。又戰于棘下，陽氏敗。陽虎説甲如公宫，取寶玉、大弓以出，舍于五父之衢，寢而爲食。其徒曰：『追其將至。』虎曰：『魯人聞余出，喜於徵死，何暇追余！』極寫陽虎恣横。從者曰：『嘻！速駕，公斂陽在。』逆斡之筆。公斂陽請追之，孟孫弗許。陽欲殺桓子，孟孫懼而歸之。子言辨舍爵於季氏之廟而出。陽虎入于讙、陽關以叛。

九年夏，陽虎歸寶玉、大弓，書曰『得』，得器用也〔五〕。凡獲器用曰『得』，得用焉曰『獲』。

六月，伐陽關。陽虎使焚萊門。師驚，犯之而出奔齊，請師以伐魯，曰：『三加，必取之。』齊侯將許之。鮑文子諫曰：『臣嘗爲隸於施氏矣，魯未可取也。上下猶和，衆庶猶睦，能事大國，而無天菑，若之何取之？陽虎欲勤齊師也，齊師罷，大臣必多死亡，己於是乎奮其詐謀。夫陽虎有寵於季氏，而將殺季孫，以不利魯國，而求容焉。親富不親仁，君焉用之？宗堯按，此論定陽虎之惡。君富於季氏，而大於魯國，茲陽虎所欲傾覆也。魯免其疾，而君又收之，無乃害乎？』齊侯執陽虎，將東之。陽虎願東，乃囚諸西鄙。盡借邑人之車，鍥其軸，麻約而歸之。載葱靈，寢於其中而逃。追而得之，囚於齊。又以葱靈逃，奔宋，遂奔晉，補寫陽虎之譎詐。適趙氏。仲尼曰：『趙氏其世有亂乎！』

侯犯

定公十年，初，叔孫成子欲立武叔，公若藐固諫，曰：『不可。』成子立之而卒。公南使賊射之，不能殺。公南爲馬正，使公若爲郈宰。武叔既定，使郈馬正侯犯殺公若，不能。其圉人曰：『吾以劍過朝，公若必曰：「誰之劍也？」吾稱子以告，必觀之。吾僞固而授之末，則可殺也。』使如之。公若曰：『爾欲吴王我乎？』遂殺公若。侯犯以郈叛，武叔懿子圍郈，弗克。秋，二子及齊師復圍郈，弗克。以上見侯犯之難取。叔孫謂郈工師駟赤曰：『郈非唯叔孫氏之憂，社稷之患也，將若之何？』逆提警聳。對曰：『臣之業在揚水卒章之四言矣。』叔孫稽首。此篇空靈警妙，不可方物，其筆勢又與諸篇不同。蓋左氏採輯當時之事，固非一家之言，而春秋、戰國之間能文者實多也。此文徒以其事所關非巨，千古以來莫知其奇者。其用意用筆，隱約吞吐，備極其妙，佳處亦可以『不敢告人』四字蔽之。駟赤謂侯犯曰：『居齊魯之際而無事，必不可矣。子盍求事於齊以臨民？不然將叛。』此與上叔孫謂駟赤皆憑空特起，迥絶恒蹊，而其用意處并不明言，所以極妙。侯犯從之。齊使至。駟赤與郈人爲之宣言於郈中曰：『侯犯將以郈易於齊，齊人將遷郈民。』衆兇懼。駟赤謂侯犯曰：『衆言異矣。子不如易於齊，與其死也，猶是郈也，而得紓焉，何必此？齊人欲以此偪魯，必倍與子地。且盍多舍甲於子之門以備不虞。』此轉尤簡尤妙。侯犯曰：『諾。』乃多舍甲焉。侯犯請易於齊，齊有司觀郈。將至，駟赤使周走呼曰：『齊師至矣！』郈人大駭，介侯犯之門甲，以圍侯犯。駟赤將射之，敘述處工俊絶倫。侯犯止之，曰：『謀免我。』以上皆逐侯犯之法。侯犯請行，許之。駟赤先如宿，侯犯殿。每出一門，郈人閉之。及郭門，止之，曰：『子以叔孫氏之甲出，有司若誅之，羣臣懼死。』駟赤曰：『叔孫氏之甲有物，吾未敢以出〔六〕。』犯謂駟赤曰：『子止而與之數。』駟赤止，而納魯人。以上駟赤自脱之法。侯犯奔齊。齊人乃致郈。

武叔聘于齊，齊侯享之，曰：『子叔孫！若使郈在君之他竟，寡人何知焉？屬與敝邑際，故敢助君憂之。』對曰：『非寡君之望也。所以事君，封疆社稷是以，敢以家隸勤君之執事？夫不令之臣，天下之所惡也，君豈以爲寡君賜？』此役也，齊人實欲取郈而力不能，故還致於魯。齊侯特以空言市惠叔孫，叔孫亦明知其意，故婉詞以拒斥之。而傳中并不著一字痕，此其所以爲微妙也。此種文字高邈微至，古今竟鮮此體，獨左傳中往往有之，亦不能多得，深可寶貴也。

校　記

〔一〕原校：『供養』董遇本作『共養』。

〔二〕原校：倭庫本『非』下有『禮』字。

〔三〕衡　說文作『轒』。

〔四〕原校：『咋』史記作『詐』，石經初刻作『乍』。倭庫本無『曰』字。

〔五〕原校：從唐石經『器』上增『得』字。

〔六〕原校：石經『出』下有『侯』字，倭庫本同。

諸侯叛晉　此篇見晉弱之甚。

定公六年秋八月，宋樂祁言於景公曰：『諸侯唯我事晉，今使不往，晉其憾矣。』樂祁告其宰陳寅。陳寅曰：『必使子往。』他日，公謂樂祁曰：『唯寡人說子之言，子必往！』陳寅曰：『子立後而行，吾室亦不亡，唯君亦以我爲知難而行也。』往聘大國，何難之有？其時權臣爭立門户，所以不免，蓋已先知之矣。見溷而行。趙簡子逆，而飲之酒於緜上，獻楊楯六十於簡子。宗堯云：晉卿爭納賂，而開釁於諸侯，此篇皆直書之。是時，晉卿逆志已萌，故多自求封殖，不顧霸業，蓋求霸必先檢身，而違逆篡竊之行反不得逞，故不如舍霸業而自殖也。文之直書，正誅其隱微處。陳寅曰：『昔吾主范氏，今子主趙氏，又有納焉，以楊楯賈禍，弗可爲也已。』

然子死晉國，子孫必得志於宋。』范獻子言於晉侯曰：『以君命越疆而使，未致使而私飲酒，不敬二君，不可不討也。』乃執樂祁。

七年秋，齊侯、鄭伯盟于鹹，徵會于衛。衛侯欲叛晉，諸大夫不可。使北宫結如齊，而私於齊侯曰：『執結以侵我。』齊侯從之，乃盟于瑣。此見小國叛晉之難。

八年，趙鞅言於晉侯曰：『諸侯唯宋事晉，好逆其使，猶懼不至；今又執之，是絶諸侯也。』將歸樂祁，士鞅曰：『三年止之，無故而歸之，宋必叛晉。』獻子私謂子梁曰：『寡君懼不得事宋君，是以止子。子姑使溷代子。』子梁以告陳寅。陳寅曰：『宋將叛晉，是棄溷也，不如待之。』樂祁歸，卒于大行。士鞅曰：『宋必叛，不如止其尸以求成焉。』乃止諸州。

夏，齊國夏、高張伐我西鄙。晉士鞅、趙鞅、荀寅救我。公會晉師于瓦，范獻子執羔，趙簡子、中行文子皆執雁。魯於是始尚羔。

晉師將盟衛侯于鄟澤，趙簡子曰：『羣臣誰敢盟衛君者？』涉佗、成何曰：『我能盟之。』衛人請執牛耳。成何曰：『衛，吾温原也，焉得視諸侯？』桓文糾合諸侯之盛烈，於此掃地矣。將歃，涉佗捘衛侯之手，及捥。衛侯怒，王孫賈趨進，曰：『盟以信禮也，有如衛君，其敢不唯禮是事而受此盟也？』衛侯欲叛晉，宗堯按，諸侯叛晉，晉并不衰，其後，三晉仍皆强國，故春秋之末，其志不急急於諸侯也。而患諸大夫。王孫賈使次于郊。大夫問故，公以晉詬語之，且曰：『寡人辱社稷，其改卜嗣，寡人從焉。』大夫曰：『是衛之禍，豈君之過也？』公曰：『又有患焉，謂寡人「必以而子與大夫之子爲質〔一〕」。』大夫曰：『苟有益也，公子則往，羣臣之子敢不皆負羈絏以從？』將行，王孫賈曰：『苟衛國有難，工商未嘗不爲患，使皆行而後可。』公以告大夫，乃皆將行之。記衛叛晉之難。行有日，公朝國人，使賈問焉，曰：『若衛叛晉，晉五伐我，病何如矣？』皆曰：『五伐我，猶可以能戰。』賈曰：『然則如叛之，病而後質焉，何遲之有？』乃叛晉。晉人請改盟，弗許。

秋，晉士鞅會成桓公侵鄭，圍蟲牢，報伊闕也。遂侵衛。

九月，師侵衛，晉故也。宗堯云：魯之親晉，非真二國相親也。是時二國之君已失國權，二國之臣相比周，故與宋衛異耳。讀昭公時諸傳，其迹已著。

九年春，宋公使樂大心盟于晉，且逆樂祁之尸。辭，僞有疾。乃使向巢如晉盟，且逆子梁之尸。子明謂桐門右師出，曰：『吾猶衰絰，而子擊鐘，何也？』右師曰：『喪不在此故也。』既而告人曰：『已衰絰而生子，余何故舍鍾？』子明聞之，怒，言於公曰：『右師將不利戴氏。不肯適晉，將作亂也。不然，無疾。』乃逐桐門右師。

秋，齊侯伐晉夷儀。敝無存之父將室之，辭，以與其弟，曰：『此役也不死，反，必娶於高國。』先登，求自門出，死於霤下。東郭書讓登，犂彌從之，曰：『子讓而左，我讓而右，使登者絶而後下。』書左，彌先下。書與王猛息。猛曰：『我先登。』書斂甲，曰：『曩者之難，今又難焉！』猛笑曰：『吾從子，如驂之靳。』

晉車千乘在中牟，衛侯將如五氏，卜過之，龜焦。衛侯曰：『可也！衛車當其半，寡人當其半，敵矣。』乃過中牟。中牟人欲伐之。衛褚師圃亡在中牟，曰：『衛雖小，其君在焉，未可勝也。齊師克城而驕，其帥又賤，遇必敗之，不如從齊。』乃伐齊師，敗之。齊侯致禚、媚、杏於衛。

齊侯賞犂彌，犂彌辭，曰：『有先登者，臣從之，皙幘而衣狸製〔二〕。』公使視東郭書，曰：『乃夫子也——吾貺子。』公賞東郭書，辭，曰：『彼，賓旅也。』乃賞犂彌。

齊師之在夷儀也，齊侯謂夷儀人曰：『得敝無存者，以五家免。』乃得其尸。公三襚之，與之犀軒與直蓋〔三〕，而先歸之。坐引者，以師哭之，親推之三。

十年春，及齊平。

晉趙鞅圍衛，報夷儀也。

初，衛侯伐邯鄲午於寒氏，城其西北隅而守之，唐定本有『隅』字，是也。『城其西北隅』，即攻其西北隅之謂。攻城爲城，猶攻門爲門耳。後人不解古文虛實互用之義，乃疑於城之西北更築一城，因妄將隅字删去之。宵熸。及晉圍衛，午以徒七十人門於衛西門，殺人於門中，曰：『請報寒氏之役。』涉佗曰：『夫子則勇矣；然我往，必不敢啓門。』亦以徒七十人旦門焉，步左右，皆至而立，如植。日中不啓門，乃退。反役，晉人討衛之叛故，曰：『由涉佗、成何。』於是執涉佗，以求成於衛。衛人不許。晉人遂殺涉佗，成何奔燕。君子曰：『此之謂棄禮，必不鈞。詩曰：「人而無禮，胡不遄死？」涉佗亦遄矣哉！』

十一年冬，及鄭平，始叛晉也。

十二年夏，衛公孟彄伐曹，克郊。還，滑羅殿。未出，不退于列。其御曰：『殿而在列，其爲無勇乎？』羅曰：『與其素厲，寧爲無勇。』

十三年春，齊侯、衛侯次于垂葭，實郹氏。使師伐晉。將濟河，諸大夫皆曰不可，邴意兹曰：『可。鋭師伐河内，傳必數日而後及絳。絳不三月不能出河，則我既濟水矣。』乃伐河内。

齊侯皆斂諸大夫之軒，唯邴意兹乘軒。

齊侯欲與衛侯乘，與之宴而駕乘廣，載甲焉。使告曰：『晉師至矣！』齊侯曰：『比君之駕也，寡人請攝。』乃介而與之乘，驅之。或告曰：『無晉師。』乃止。傳言齊侯之輕，所以無成功。晉衰，則諸侯屬望於齊，齊大有可爲之勢，乃但幸憂虞疾疢之未至，而以行樂爲志，惜哉！

十五年，鄭罕達敗宋師于老丘。

齊侯、衛侯次于蘧挐，謀救宋也。

哀公七年春，宋師侵鄭，鄭叛晉故也〔四〕。

晉師侵衛，衛不服也。

九年，鄭武子賸之嬖許瑕求邑，無以與之。請外取，許之，故圍宋雍丘。宋皇瑗圍鄭師，每日遷舍，壘合。鄭師哭。子姚救之，大敗。二月甲戌，宋取鄭師于雍丘，使有能者無死，以郟張與鄭羅歸。

宋公伐鄭。晉趙鞅卜救鄭，遇水適火，占諸史趙、史墨、史龜。史龜曰：『「是謂沈陽，可以興兵，利以伐姜，不利子商。」伐齊則可，敵宋不吉。』史墨曰：『盈，水名也；子，水位也。名位敵，不可干也。炎帝爲火師，姜姓其後也。水勝火，伐姜則可。』史趙曰：『是謂如川之滿，不可游也。鄭方有罪，不可救也。救鄭則不吉，不知其他。』陽虎以周易筮之，遇泰䷊之需䷄，曰：『宋方吉，不可與也。微子啓，帝乙之元子也。宋鄭，甥舅也。祉，禄也。若帝乙之元子歸妹而有吉禄，我安得吉焉？』乃止。諸人占筮無一利者，此諧謔之詞，以見晉弱之甚，且其權臣内訌，無暇事外也。

十年夏，趙鞅帥師伐齊，大夫請卜之。趙孟曰：『吾卜於此起兵，事不再令，卜不襲吉。行也！』於是乎取犁及轅，毁高唐之郭，侵及賴而還。亦小役而已。

校　記

〔一〕原校：淳熙本『子』下有『厚』字，岳本、倭庫本無。
〔二〕原校：『幘』説文作『䶜』。
〔三〕原校：『與』倭庫本作『供』。
〔四〕晉　原脱，今補。

晉范氏中行氏之亡 以『貴賤無序，何以爲國』爲主。

昭公二十九年冬，晉趙鞅、荀寅帥師城汝濱，遂賦晉國一鼓鐵，以鑄刑鼎，著范宣子所爲刑書焉。

仲尼曰：『晉其亡乎！失其度矣。夫晉國將守唐叔之所受法度，以經緯其民，卿大夫以序守之，民是以能尊其貴。貴是以能守其業。貴賤不愆，所謂度也。文公是以作執秩之官，爲被廬之法，以爲盟主。今棄是度也，而爲刑鼎，民在鼎矣，何以尊貴？貴何業之守？貴賤無序，何以爲國？且夫宣子之刑，夷之蒐也，晉國之亂制也，若之何以爲法？』三家公爲篡逆以分其君國，大義於是乎滅絕。左氏於魏舒，既已著之矣。三家，趙尤爲大，不可不著，故借聖言而痛斥責之，曰『守唐叔之法度』，曰『貴賤不愆』，曰『無序無以爲國』，皆惜晉國之將亡而痛逆臣之無道也，意并不爲刑鼎而發。但其時三家之勢方盛，左氏記此，以存紀綱於萬一，維人道於不墜，固不得不深隱其文詞耳。宗堯按，此揭晉卿篡國之隱謀也，曰『晉亡』，曰『民在鼎，貴何業之守』，皆謂晉臣設隱謀以易君權也。又曰『亂制，若之何以爲法』，意謂制不足取而必用以爲法，非欲易主權而何？蔡史墨曰：『范氏、中行氏其亡乎！中行寅爲下卿，而干上令，擅作刑器，以爲國法，是法姦也。』權臣内訌之實，特揭之於此。又加范氏焉，易之亡也。易，讀『施易』之『易』，言以亡予之也。『易之戮也』亦與此同，『易之戮』猶云『遺之禽』耳。『既無武守而又欲易余罪』，是其顯證。其及趙氏，趙孟與焉。然不得已，若德，可以免。宗堯按，前直書曰『趙鞅、荀寅賦鐵鑄鼎』，首、從之分顯然。寅爲下卿，豈能强鞅？其曰『不得已』，曰『德可以免』，乃故爲脱卸之詞，正所以深罪責之。觀上文，知鞅非不得已；觀下文，知其非有德。誅鞅之旨益無可躲身閃矣。『趙宣子，古之良大夫也。惜也，越境乃免。』其筆意正與此同。

定公三年秋九月，鮮虞人敗晉師于平中，獲晉觀虎，恃其勇也。五年，晉士鞅圍鮮虞，報觀虎之役也。

十三年，晉趙鞅謂邯鄲午曰：『歸我衛貢五百家，吾舍諸晉陽。』午許諾。歸告其父兄。父兄皆曰：『不可。衛是以爲邯鄲〔一〕，而寘諸晉陽，絶衛之道也。記此，見午無罪。不如侵齊而謀之。』乃如之，而歸之于晉陽。趙孟怒，召午，而囚諸晉陽，使其從者説劍而入，涉賓不可。乃使告邯鄲人曰：『吾私有討於午也，二三子唯所欲立。』遂殺午。趙稷、涉賓以邯鄲叛。夏六月，上軍司馬籍秦圍邯鄲。邯鄲午，荀寅之甥也；荀寅，范吉射之姻也，而相與睦。故不與圍邯鄲，將作亂。董安于聞之，告趙孟，曰：『先備諸？』趙孟曰：『晉國有命，始禍者死，爲後可也。』宗堯按，首禍者鞅也，鞅無故强奪衛貢於午，無禮已極，趙氏、范、中行氏之曲直顯然。安于曰：『與其害於民，寧我獨死。請以我説。』趙孟不可。秋七月，范氏、中行氏伐趙氏之宫，趙鞅奔晉陽，晉人圍之。

范臯夷無寵於范吉射，而欲爲亂於范氏。梁嬰父嬖於知文子，文子欲以爲卿。韓簡子與中行文子相惡，魏襄子亦與范昭子相惡。故五子謀，將逐荀寅，而以梁嬰父代之；逐范吉射，而以范臯夷代之。記此，見范中行無罪。宗堯按，此見趙氏以黨羽多而得勝，非有德也。荀躒言於晉侯曰：『君命大臣，始禍者死，載書在河。今三臣始禍，而獨逐鞅，刑已不鈞矣。請皆逐之。』冬十一月，荀躒、韓不信、魏曼多奉公以伐范氏、中行氏，弗克。

二子將伐公。齊高彊曰：『三折肱知爲良醫。唯伐君爲不可，民弗與也。我以伐君在此矣。宗堯按，『唯伐君爲不可』，此其所以失敗耳。左氏引高彊之言，意謂二家之可指摘止此耳。三家未睦，可盡克也。克之，君將誰與？若先伐君，是使睦也。』此惜范、中行也。弗聽，遂伐公。國人助公，二子敗，從而伐之。丁未，荀寅、士吉射奔朝歌。

韓魏以趙氏爲請。趙氏可復，益見范、中行之冤。十二月辛未，趙鞅入于絳，盟于公宫。

十四年，梁嬰父惡董安于，謂知文子曰：『不殺安于，使終爲政於趙氏，趙氏必得晉國，盍以其先發難也討於趙氏？』諸臣構釁，皆欲得晉國耳。此點睛之筆。文子使告於趙孟曰：『范、中行氏雖信爲亂，安于則發之，是安于與謀亂也。晉國有命，始禍者死。二子既伏其罪矣，敢以告。』趙孟患之。安于曰：『我死而晉國寧，趙氏定，將焉用生？人誰不死？吾死莫矣。』乃縊而死。趙孟尸諸市，而告於知氏曰：『主命戮罪人安于，既伏其罪矣，敢以告。』此見知氏之强，趙氏之弱。知伯從趙孟盟，而後趙氏定，祀安于於廟。宗堯按，於同列則能借其勢，於臣屬則能結其心，此有陰謀，比之常態非有德也。其利用安于之死，益見其無人心。

晉人圍朝歌，公會齊侯、衛侯于脾、上梁之間，謀救范、中行氏〔二〕。見諸侯不平。析成鮒、小王桃甲率狄師以襲晉，戰于絳中，不克而還。士鮒奔周，小王桃甲入于朝歌。

秋，齊侯、宋公會于洮，范氏故也。

冬十二月，晉人敗范、中行氏之師於潞，獲籍秦、高彊。又敗鄭師及范氏之師于百泉。

哀公元年夏四月，齊侯、衛侯救邯鄲，圍五鹿。

齊侯、衛侯會于乾侯，救范氏也。范、中行之難，當世冤之，故屢述救者之多也。師及齊師、衛孔圉、鮮虞人伐晉，取棘蒲。

冬十一月，晉趙鞅伐朝歌〔三〕。

二年秋八月，齊人輸范氏粟，鄭子姚、子般送之。士吉射逆之，趙鞅禦之，遇于戚。陽虎曰：『吾車少，以兵車之旆與罕駟兵車先陳。罕駟自後隨而從之，彼見吾貌，必有懼心，於是乎會之，必大敗之。』記此戰晉極矜奮，然以晉敵鄭而震懼如此，霸業熸矣。所以深譏之也。從之。卜戰，龜焦。樂丁曰：『詩曰：「爰始爰謀，爰契我龜。」謀協，以故兆詢可也。』先大夫讀『以故兆詢』四字爲句。簡子誓曰：『范氏、中行氏反易天明，斬艾百姓，欲擅晉國而滅其君。寡君恃鄭而保焉。今鄭爲不道，棄君助臣，二三子順天明，從君命，經德義，除詬耻，在此行也。克敵者，上大夫受縣，下大夫受郡，士田十萬，庶人工商遂，人臣隸圉免。志父無罪，君實圖之！若其有罪，絞縊以戮，桐棺三寸，不設屬辟，素車、樸馬，無入於兆，下卿之罰也。』宗堯按，所數之罪，鞅果無之乎？范、中行果有之乎？下卿之罰，其言無僞飾乎？述其誓言，正欲使讀者自見也。

甲戌，將戰，郵無恤御簡子，衛太子爲右。登鐵上。望見鄭師衆，大子懼，自投于車下。子良授大子綏，而乘之，曰：『婦人也。』記戰事機趣横生。簡子巡列，曰：『畢萬，匹夫也，七戰皆獲，有馬百乘，死於牖下。羣子勉之，死不在寇。』繁羽御趙羅，宋勇爲右。羅無勇，麇之〔四〕。吏詰之，御對曰：『痁作而伏。』衛大子禱曰：『曾孫蒯聵敢昭告皇祖文王、烈祖康叔、文祖襄公：鄭勝亂從，晉午在難，時陪臣專横，猶假國君爲名，如五伯之挾周室。不能治亂，使鞅討之。蒯聵不敢自佚，備持矛焉。敢告無絶筋，無折骨，無面傷〔五〕，以集大事，無作三祖羞。大命不敢請，佩玉不敢愛。』此左氏愛其文而録之。曾文正公亦選之。

鄭人擊簡子中肩，斃于車中，獲其蠭旗。大子救之以戈。鄭師北，獲温大夫趙羅。羅既見麇，宜其獲也。大子復伐之，鄭師大敗，獲齊粟千車。趙孟喜曰：『可矣。』傅傁曰：『雖克鄭，猶有知在，憂未艾也。』透知氏一筆，尤屬神境。

初，周人與范氏田，公孫尨税焉，趙氏得而獻之。吏請殺之。趙孟曰：『爲其主也，何罪？』止而與之田。宗堯按，趙氏之德，乃庸愚之所謂德耳，其籠絡一切以濟其欲者益顯。及鐵之戰，以徒五百人宵攻鄭師，取蠭旗於子姚之幕下，獻，曰：『請報主德。』追鄭師，姚、般、公孫林殿而射，前列多死。趙孟曰：『國無小。』既戰，簡子曰：『吾伏弢嘔血〔六〕，鼓音不衰，今日我上也。』大子曰：『吾救主於車，退敵於下，我，右之上也。』郵良曰：『我兩靷將絶，吾能止之，我，御之上也。』駕而乘材，兩靷皆絶。極鳴得意之詞，文亦負聲振采，軒翥異常。

三年，劉氏、范氏世爲婚姻，萇弘事劉文公，故周與范氏。趙鞅以爲討。六月癸卯，周人殺萇弘。直誅其大逆處。萇弘結晉，欲以復周室，乃被此禍以死，惜哉！

冬十月，晉趙鞅圍朝歌，師于其南，荀寅伐其郛，使其徒自北門入，己犯師而出〔七〕。癸丑，奔邯鄲。

十一月，趙鞅殺士皐夷，惡范氏也。記其遷怒無理。

四年秋七月，齊陳乞、弦施，衛甯跪救范氏。庚午，圍五鹿。九月，趙鞅圍邯鄲。冬十一月，邯鄲降。荀寅奔鮮虞，趙稷奔臨。十二月，弦施逆之，遂墮臨。國夏伐晉，取邢、任、欒、鄗、逆畤、陰人、盂、壺口，會鮮虞〔八〕，納荀寅于柏人。

五年春，晉圍柏人，荀寅、士吉射奔齊。

初，范氏之臣王生惡張柳朔，言諸昭子，使爲柏人。昭子曰：『夫非而讎乎？』對曰：『私讎不及公，好不廢過，惡不去善，義之經也，臣敢違之？』宗堯云：鞅以『私讎及公』託名誅討，篇末引王生之言及柳朔之行，所以痛誅趙氏也。及范氏出，張柳朔謂其子：『爾從主，勉之！我將止死，王生授我矣，吾不可以僭之。』遂死於柏人。記范氏有忠臣，惜之之意，又以愧當時也。

夏，趙鞅伐衛，范氏之故也，遂圍中牟。

六年春，晉伐鮮虞，治范氏之亂也。

校記

〔一〕原校：倭庫本『是』下有『之』字。

〔二〕原校：石經『氏』下有『也』字。

〔三〕十一　原脱『一』字，今補。

〔四〕原校：『麇』廣韻作『麋』。

〔五〕原校：周禮注引『折』作『破』、『傷』作『夷』。

〔六〕原校：『嘔』釋文作『喀』，外傳同。

〔七〕己　原誤作『巳』，今正。

〔八〕原校：『逆時』水經注作『曲逆』。

齊悼公之難 此篇記陳乞之姦。

哀公五年，齊燕姬生子，不成而死。諸子鬻姒之子荼嬖，諸大夫恐其爲大子也，言於公曰：『君之齒長矣，未有大子，若之何？』公曰：『二三子間於憂虞，則有疾疢〔一〕，亦姑謀樂，何憂於無君？』筆意敏妙。公疾，使國惠子、高昭子立荼，寘羣公子於萊。秋，齊景公卒。冬十月，公子嘉、公子駒、公子黔奔衛，公子鉏、公子陽生來奔。萊人歌之曰：『景公死乎不與埋，三軍之事乎不與謀，師乎師乎，何黨之乎？』宗堯云：敘萊人之歌，以責景公立荼、棄羣公子而階亂也。

六年，齊陳乞僞事高國者，每朝，必驂乘焉。所從，必言諸大夫曰：『彼皆偃蹇，將棄子之命。皆曰：「高國得君，必偪我，盍去諸？」固將謀子，子早圖之！圖之，莫如盡滅之。需，事之下也。』及朝，則曰：『彼，虎狼也。見我在子之側，殺我無日矣，請就之位。』又謂諸大夫曰：『二子者禍矣，恃得君而欲謀二三子，曰：「國之多難，貴寵之由，盡去之而後君定。」既成謀矣，盍及其未作也，先諸？作而後悔，亦無及也。』大夫從之。陳乞之姦，比桓子尤陰刻卑鄙，史如其人肖之，文極沈鷙。宗堯按，陳氏世用陰謀，陳乞機械變作。左氏于其逐高國也，用直書；其殺鮑牧也，則用微文。

夏六月戊辰，陳乞、鮑牧及諸大夫以甲入于公宮。昭子聞之，與惠子乘如公。戰于莊，敗。國人追之，國夏奔莒，遂及高張、晏圉、弦施來奔。

八月，齊邴意茲來奔。

陳僖子使召公子陽生。賈逵以『使召』爲使邴意茲，史記同。陽生駕而見南郭且于，曰：『嘗獻馬於季孫，不入於上乘，故又獻此，請與子乘之。』出萊門而告之故。闞止知之〔二〕，先待諸外。公子曰：『事未可知，反，與壬也處。』戒之，伏簡公。遂行。逮夜，至於齊，國人知之。宗堯按，此見民歸陳氏矣。僖子使子士之母養之，與饋者皆入。

冬十月丁卯，立之。將盟，鮑子醉而往。其臣差車鮑點曰：『此誰之命也？』陳子曰：『受命于鮑子。』遂誣鮑子曰：『子之命也！』摹寫處情態生動。鮑子曰：『女忘君之爲孺子牛而折其齒乎，而背之也？』悼公稽首，曰：『吾子，奉義而行者也。若我可，不必亡一大夫；若我不可，不必亡一公子。義則進，否則退，敢不唯子是從？廢興無以亂，則所願也。』鮑子曰：『誰非君之子？』乃受盟。情態如畫。宗堯云：自此，悼公與鮑子之釁成矣。陳乞激鮑，使爲反抗陽生之言；公子之切齒鮑子，即以稽首數語傳寫之。先構之，而後謀殺之也。使胡姬以安孺子如賴〔三〕，去鬻姒，殺王甲，拘江說，囚王豹于句竇之丘。公使朱毛告於陳子，曰：『微子，則不及此。然君異於器，不可以二。器二不匱，君二多難，敢布諸大夫。』僖子不對而泣，曰：『君舉不信羣臣乎？以齊國之困，困又有憂，少君不可以訪，是以求長君，庶亦能容羣臣乎！不然，夫孺子何罪？』公告陳子，欲陳了除安孺子也。陳子不欲任此惡名，故不對，乃姦人之恆態也。宗堯按，此又就悼公責問以寫其姦，蓋乞之姦謀，悼公亦盡知之，乞知其無術以除己，而用女子小人柔媚之態以解之，所謂姦臣之態也。公悔之。毛曰：『君大訪於陳子，而圖其小可也。』使毛遷孺子於駘。不至，殺諸野幕之下，葬諸殳冒淳。

八年，或譖胡姬於齊侯曰：『安孺子之黨也。』六月，齊侯殺胡姬。

鮑牧又謂羣公子曰：『使女有馬千乘乎？』公子愬之。公謂鮑子：『或譖子，子姑居於潞以察之。若有之，則分室以行；若無之，則反子之所。』出門，使以三分之一行；半道，使以二乘。及潞，麇之以入，遂殺之。宗堯云：此冤獄也。鮑子之謀，由羣公子自訴之辭以定讞。鮑子待察，半道以二乘往，尚不知奔，豈非無心者耶？且鮑果啓羣公子，公子豈果能瀝肝膽而自訴乎？不然，誰使之者？闔生案，陳乞之推鮑子，自爲戎首而嫁名於鮑，及事成，又亟謀去之以自恣也。

校　記

〔一〕原校：『疢』釋文作『疹』。
〔二〕原校：『闞』史記作『監』。
〔三〕原校：『安』史漢作『晏』。

宋之滅曹　惜曹叔振鐸之不祀也。

哀公七年，宋人圍曹，鄭桓子思曰：『宋人有曹，鄭之患也，不可以不救。』冬，鄭師救曹，侵宋。

初，曹人或夢衆君子立于社宮，而謀亡曹。曹叔振鐸請待公孫彊，許之。旦而求之曹，無之。戒其子曰：『我死，爾聞公孫彊爲政，必去之。』曹爲周後，記此以痛之也。及曹伯陽即位，好田弋。曹鄙人公孫彊好弋，獲白雁，獻之，且言田弋之説，説之。因訪政事，大説之。有寵，使爲司城以聽政。夢者之子乃行。彊言霸説於曹伯，曹伯從之，乃背晉而奸宋。宋人伐之，晉人不救，築五邑於其郊，曰黍丘、揖丘、大城、鍾、邘。

八年春，宋公伐曹，將還，頓挫以取曲勢。褚師子肥殿。曹人詬之〔一〕，不行。師待之。公聞之，怒，命反之，遂滅曹，執曹伯及司城彊以歸〔二〕，殺之。

校記

〔一〕原校：『詬』釋文作『訽』。

〔二〕原校：石經『伯』下有『陽』字。

左傳微卷弟十一

孔子用魯 以道大莫容爲主。

昭公七年九月，公至自楚。孟僖子病不能相禮，乃講學之，苟能禮者從之。及其將死也，召其大夫，曰：『禮，人之幹也。無禮，無以立。吾聞將有達者曰孔丘，聖人之後也，而滅於宋。其祖弗父何以有宋而授厲公。及正考父，佐戴、武、宣，三命茲益共，故其鼎銘云：「一命而僂，再命而傴，三命而俯，循牆而走，亦莫余敢侮。饘於是，鬻於是，以糊余口。」其共也如是。臧孫紇有言曰：「聖人有明德者，若不當世，其後必有達人。」今其在孔丘乎！我若獲沒，必屬説與何忌於夫子，使事之，而學禮焉，以定其位。』故孟懿子與南宮敬叔師事仲尼。仲尼曰：『能補過者，君子也。詩曰：「君子是則是效。」孟僖子可則效已矣。』宗堯云：孔子生平之言行紀不勝紀，作者力求虛渾，使後世讀之而知其爲聖人足矣。

十七年秋，郯子來朝，公與之宴。昭子問焉，曰：『少皞氏鳥名官，何故也？』郯子曰：『吾祖也，我知之。昔者黄帝氏以雲紀，故爲雲師而雲名；炎帝氏以火紀，故爲火師而火名；共工氏以水紀，故爲水師而水名；大皞氏以龍紀，故爲龍師而龍名。我高祖少皞摯之立也，鳳鳥適至，故紀於鳥，爲鳥師而鳥名：鳳鳥氏，歷正也；玄鳥氏，司分者也；伯趙氏，司至者也；青鳥氏，司啓者也；丹鳥氏，司閉者也。祝鳩氏，司徒也；鴡鳩氏〔一〕，司馬也；鳲鳩氏，司空也；爽鳩氏，司寇也；鶻鳩氏，司事也。五鳩，鳩民者也。五雉爲五工正，利器用、正度量，夷民者也。九扈爲九農正，扈民無淫者也〔二〕。自顓頊以來，不能紀遠，乃紀於近。爲民師而命以民事，則不能故也。』

仲尼聞之，見於郯子而學之。既而告人曰：『吾聞之，「天子失官，學在四夷」，猶信。』宗堯云：『鬱鬱文哉，吾從周。』非真謂後王遜於古而不能及遠也。通篇皆淩空之文，以末二語爲主，著聖人之博學，惜天子之失官也。

定公十年夏，公會齊侯于祝其，實夾谷。孔丘相。犁彌言於齊侯曰：『孔丘知禮而無勇，若使萊人以兵劫魯侯，必得志焉。』齊侯從之。孔丘以公退，曰：『士兵之！兩君合好〔三〕，而裔夷之俘以兵亂之，非齊君所以命諸侯也。裔不謀夏，夷不亂華，俘不干盟，兵不偪好——於神爲不祥，於德爲愆義，於人爲失禮，君必不然。』齊侯聞之，遽辟之。

將盟，齊人加於載書曰：『齊師出竟而不以甲車三百乘從我者，有如此盟！』孔丘使茲無還揖對，曰：『而不反我汶陽之田，吾以共命者，亦如之！』

齊侯將享公。孔丘謂梁丘據曰：『齊魯之故，吾子何不聞焉？事既成矣，而又享之，是勤執事也。且犧、象不出門，嘉樂不野合。饗而既具，是棄禮也；若其不具，用秕稗也〔四〕。用秕稗，君辱；棄禮，名惡。子盍圖之？夫享，所以昭德也。不昭，不如其已也。』乃不果享。

齊人來歸鄆、讙、龜陰之田。

十二年，仲由爲季氏宰，將墮三都，於是叔孫氏墮郈。季氏將墮費，公山不狃、叔孫輒帥費人以襲魯。公與三子入于季氏之宫，登武子之臺。費人攻之，弗克。入及公側，仲尼命申句須、樂頎下伐之，費人北。國人追之，敗諸姑蔑。二子奔齊，遂墮費。將墮成，公斂處父謂孟孫〔五〕：『墮成，齊人必至于北門。且成，孟氏之保障也。無成，是無孟氏也。子僞不知〔六〕，我將不墮。』

冬十二月，公圍成，弗克。

哀公十一年，孔文子之將攻大叔也，訪於仲尼。仲尼曰：『胡簋之事，則嘗學之矣；甲兵之事，未之聞也。』退，命駕而行，曰：『鳥則擇木，木豈能擇鳥？』文子遽止之，曰：『圉豈敢度其私？訪衛國之難也〔七〕。』將止，魯人以幣召之，乃歸。宗堯云：通篇寫孔子，如畫龍者之偶露鱗爪，全身固未現也。此段偶舉『擇木』一語，則其他棲皇之事不必盡述也。

季孫欲以田賦，使冉有訪諸仲尼〔八〕。仲尼曰：『丘不識也。』三發，卒曰：『子爲國老，待子而行，若之何子之不言也？』寫盡達官陽敬賢哲而實不能用之情態。仲尼不對，而私於冉有曰：『君子之行也，度於禮：施取其厚，事舉其中，斂從其薄。如是，則以丘亦足矣。若不度於禮，而貪冒無厭，則雖以田賦，將又不足。且子季孫若欲行而法，則周公之典在；若欲苟而行〔九〕，又何訪焉？』弗聽。夫子之不用於魯，就田賦一事明之。

十二年春王正月，用田賦。

冬十二月，螽，季孫問諸仲尼。仲尼曰：『丘聞之，火伏而後蟄者畢。今火猶西流，司厤過也。』

十四年春，西狩于大野。叔孫氏之車子鉏商獲麟〔一〇〕，以爲不祥，以賜虞人。仲尼觀之，曰：『麟也。』然後取之。此夫子所以絶筆也，無限隱痛之情自在言外。以獲麟逆攝孔子之卒，文境自爾悲涼。

十六年夏四月己丑，孔丘卒。公誄之曰：『旻天不弔，不慭遺一老，俾屏余一人以在位，煢煢余在疚。嗚呼哀哉，尼父！無自律。』子贛曰：『君其不没於魯乎！夫子之言曰：「禮失則昬，名失則愆。」失志爲昬，失所爲愆。生不能用，死而誄之，非禮也；稱余一人〔一〕，非名也。君兩失之。』宗堯云：是篇以孔子之聖而魯不能用爲主。夾谷之會，田賦之對，令讀者一覽而知爲聖人足矣。記孟僖子之言，譏魯之不能知孔子也。引擇木之言，蕭然神遠矣。蓋列國之不能用係帶寫，而終歸咎於魯君臣，故記季氏之問，謂孔子之道不行，以權在季氏也；記哀公之誄，亦哲人良木之傷也。哀公於孔子卒一事，已兩失之，其生平之於孔子，所失多矣，意最沈痛。

校記

〔一〕原校：『䳌』釋文作『睢』。
〔二〕原校：『扈』説文作『雇』。
〔三〕合好　原作『好合』，今乙正。
〔四〕原校：倭庫本『用』上有『是』字。

〔五〕原校：史記「孫」下有「曰」字。

〔六〕原校：「僞」釋文作「爲」。

〔七〕訪　家語作「防」。

〔八〕諸　原作「於」，今正。

〔九〕原校：倭庫本「則」下有「有」字，「行」下有「之」字。

〔一〇〕原校：家語「車」下有「士」字。

〔一一〕原校：從册府元龜引增「余」字，史記同。

魯與邾齊之釁　附邾事。此篇表章聖門諸賢，附記當時烈士，即孔子弟子列傳也。

定公二年，邾莊公與夷射姑飲酒，私出。閽乞肉焉，奪之杖以敲之〔一〕。

三年春二月辛卯，邾子在門臺，臨廷。閽以缾水沃廷，邾子望見之，怒。閽曰：「夷射姑旋焉。」命執之。弗得，滋怒，自投于牀，廢于鑪炭，爛，遂卒。先葬以車五乘，殉五人。莊公卞急而好絜，故及是。

冬，盟于郯，修邾好也。

十五年春，邾隱公來朝。子貢觀焉。邾子執玉高，其容仰；公受玉卑，其容俯。子貢曰：『以禮觀之，二君者皆有死亡焉。夫禮，死生存亡之體也，將左右、周旋，進退、俯仰，於是乎取之；朝、祀、喪、戎，於是乎觀之。今正月相朝，而皆不度，心已亡矣。嘉事不體，何以能久？高、仰，驕也；卑、俯，替也。驕近亂，替近疾，君爲主，其先亡乎！』子貢之論禮，參以術數臆測之説，非君子之常道也，故夫子非之。

夏五月壬申，公薨。仲尼曰：『賜不幸而言中，是使賜多言者也。』

秋七月壬申，姒氏卒。不稱夫人，不赴，且不祔也。

葬定公，雨，不克襄事，禮也。葬定姒，不稱小君，不成喪也。

哀公二年春，伐邾，將伐絞。邾人愛其土，故賂以漷沂之田而受盟。

三年秋，季孫有疾，命正常曰：『無死！南孺子之子，男也，則以告而立之；女也，則肥也可。』季孫卒，康子即位。既葬，康子在朝。南氏生男，正常載以如朝，告曰：『夫子有遺言，命其圉臣曰：「南氏生男，則以告於君與大夫而立之。」今生矣，男也，敢告。』遂奔衛。康子請退。公使共劉視之，則或殺之矣。乃討之。召正常，正常不反。桓子托孤於正常，而恐其先死，乃正常心歸康子，載嬰娩入朝而殺之，此見桓子之不知人。逆臣無後，亦其宜耳。

七年，季康子欲伐邾，乃饗大夫以謀之。子服景伯曰：『小所以事大，信也；大所以保小，仁也。背大國，不信；伐小國，不仁。民保於城，城保於德。失二德者，危，將焉保？』表子服景伯。景伯，亦當時賢者而心儀夫子者也。孟孫曰：『二三子以爲何如？惡賢而逆之？』此役季孟同心，獨景伯抗議。『惡賢而逆之』者，孟孫責景伯何所賢而逆季孫也。『惡賢』，與林不狃之言『惡賢』正同。觀後文『懿子問景伯若之何，景伯曰，召之而至，又何求焉』，足見孟孫與景伯非一意矣。『對曰』而下，仍景伯之言。從來解者，自杜預以下，皆未通貫，正坐不曉事理，又不細揣文義耳。對曰：『禹合諸侯於塗山，執玉帛者萬國。今其存者，無數十焉，唯大不字小，小不事大也。言『不字小』之禍如此。知必危，何故不言？魯德如邾而以衆加之，可乎？』不樂而出。

秋，伐邾，及范門，猶聞鐘聲。大夫諫，不聽。茅成子請告於吴，不許，曰：『魯擊柝聞於邾；吴二千里，不三月不至，何及於我？且國内豈不足？』成子以茅叛，師遂入邾，處其公宫。衆師晝掠，邾衆保于繹。師宵掠，以邾子益來，獻于亳社，囚諸負瑕，負瑕故有繹。『負瑕故有繹』，文氣之盛而旁溢者。此記者旁插之筆，因邾子之囚，故負瑕至今有繹民也。

邾茅夷鴻以束帛乘韋自請救於吴，敘茅夷鴻，凜凜有生氣。曰：『魯弱晉而遠吴，馮恃其衆，而背君之盟，辟君之執事，以陵我小國。邾非敢自愛也，懼君威之不立。君威之不立，小國之憂也。若夏盟於鄫衍，秋而背之，成求而不違，四方諸侯其何以事君？且魯賦八百乘，君之貳也；邾賦六百乘，君之私也。以私奉貳，唯君圖之！』吴子從之。

八年，吴爲邾故，將伐魯，問於叔孫輒。叔孫輒對曰：『魯有名而無情，伐之，必得志焉。』退而告公山不狃。公山不狃曰：『非禮也。君子違，不適讎國。未臣而有伐之，奔命焉，死之可也。所託也則隱。且夫人之行也，不以所惡廢鄉。今子以小惡而欲覆宗國，不亦難乎？若使子率，子必辭。王將使我。』子張病之。王問於子洩。對曰：『魯雖無與立，必有與斃；諸侯將救之，未可以得志焉。晉與齊楚輔之，是四讎也。夫魯，齊晉之脣。脣亡齒寒，君所知也，不救何爲？』

三月，吴伐我，子洩率，故道險，從武城。初，武城人或有因於吴竟田焉，拘鄫人之漚菅者，曰：『何故使吾水滋？』接筆遠，又敘瑣事，曲折詳盡。及吴師至，拘者道之以伐武城，克之。王犯嘗爲之宰，澹臺子羽之父好焉，國人懼。懿子謂景伯：『若之何？』

對曰：『吳師來，斯與之戰，何患焉？且召之而至，又何求焉？』本不欲多事，然難至則無可避，此景伯之義也。吳師克東陽而進，舍於五梧。明日，舍於蠶室。公賓庚、公甲叔子與戰于夷，獲叔子與析朱鉏，獻於王。王曰：『此同車，必使能，國未可望也。』此下敘魯多忠義之士，故敵人不敢憑陵。明日，舍於庚宗，遂次于泗上。微虎欲宵攻王舍，私屬徒七百人三踊於幕庭，卒三百人，有若與焉。生氣凜凜。及稷門之内，或謂季孫曰：『不足以害吳，而多殺國士，不如已也。』乃止之。宗堯云：季氏伐邾以賈禍，吳師來而季氏又畏之如虎，此直誅其辱國也。吳子聞之，一夕三遷。

吳人行成，將盟，景伯曰：『楚人圍宋，易子而食，析骸而爨，猶無城下之盟；我未及虧，而有城下之盟，是棄國也。吳輕而遠，不能久，將歸矣，請少待之。』弗從。景伯負載，造於萊門。乃請釋子服何於吳，吳人許之，以王子姑曹當之，而後止。吳人盟而還。

齊悼公之來也，季康子以其妹妻之，即位而逆之。季魴侯通焉，女言其情，弗敢與也。齊侯怒。夏五月，齊鮑牧帥師伐我，取讙及闡。

齊侯使如吳請師，將以伐我，乃歸邾子。邾子又無道，吳子使大宰子餘討之，囚諸樓臺，栫之以棘。使諸大夫奉大子革以爲政。

秋，及齊平。九月，臧賓如如齊涖盟。齊閭丘明來涖盟，且逆季姬以歸，嬖。冬十二月，齊人歸讙及闡，季姬嬖故也。此篇數國之事縱横貫串，如一筆書。古人文字章法，其綫索猶可窺見。馬驌分章多誤，獨此篇不誤，蓋心知其意者矣。

九年春，齊侯使公孟綽辭師于吴。吴子曰：『昔歲寡人聞命，今又革之，不知所從，將進受命於君。』冬，吴子使來儆師伐齊。

十年春，邾隱公來奔；齊甥也，故遂奔齊。

公會吴子、邾子、郯子伐齊南鄙，師于郎。

齊人弑悼公，赴于師。吴子三日哭于軍門之外。徐承帥舟師將自海入齊，齊人敗之，吴師乃還〔一〕。

秋，吴子使來復儆師。

十一年春，齊爲鄎故，國書、高無丕帥師伐我，及清。季孫謂其宰冉求曰：『齊師在清，必魯故也，若之何？』求曰：『一子守，二子從公禦諸竟。』季孫曰：『不能。』求曰：『居封疆之間。』季孫告二子，二子不可。此段表聖門武節，而季孟怯懦無能。摹寫入骨。

求曰：『若不可，則君無出。一子帥師，背城而戰，不屬者，非魯人也。魯之羣室衆於齊之兵車，一室敵車優矣，子何患焉？二子之不欲戰也宜，政在季氏。當子之身，齊人伐魯而不能戰，子之恥也，大不列於諸侯矣。』寫冉有。以上冉有以言激季氏。季孫使從於朝，俟於黨氏之溝。武叔呼而問戰焉。對曰：『君子有遠慮，小人何知？』懿子强問之，對曰：『小人慮材而言，量力而共者也。』武叔曰：『是謂我不成丈夫也。』退而蒐乘。以上冉有以言激二子。孟孺子洩帥右師，顏羽御，邴洩爲右。冉求帥左師，管周父御，樊遲爲右。季孫曰：『須也弱。』有子曰：『就用命焉。』季氏之甲七千，冉有以武城人三百爲己徒卒，老幼守宫，次于雩門之外。五日，右師從之。五日始從，怯不敢出也。公叔務人見保者而泣，曰：『事充，政重，上不能謀，士不能死，何以治民？吾既言之矣，敢不勉乎？』寫務人。倒插務人之言，生氣奕然，蒿目時政之弊，尤極悲憤。

師及齊師戰于郊。齊師自稷曲，師不踰溝。樊遲曰：『非不能也，不信子也，請三刻而踰之。』寫樊遲。如之，衆從之。師入齊軍。右師奔，齊人從之。此戰偏勝偏敗，能各如其分寫之，所謂左手畫圓、右手畫方者也。陳瓘、陳莊涉泗。孟之側後入以爲殿，抽矢策其馬，曰：『馬不進也。』林不狃之伍曰：『走乎？』

不狃曰：『誰不如？』曰：『然則止乎？』不狃曰：『惡賢？』徐步而死。寫不狃。不狃忿敗軍之辱，以身殉之，至爲奮烈矣。

師獲甲首八十，齊人不能師。宵諜曰：『齊人遁。』冉有請從之三，季孫弗許。孟孺子語人曰：『我不如顔羽，而賢於邴洩。子羽鋭敏，我不欲戰而能默，洩曰「驅之」。』絶世詼調。公爲與其嬖僮汪錡乘，皆死，皆殯。孔子曰：『能執干戈以衛社稷，可無殤也。』冉有用矛於齊師，故能入其軍。孔子曰：『義也。』極贊諸人忠義，所以反形三家也。無限忿嫉之意具在言外。

爲郊戰故，公會吴子伐齊。五月，克博。壬申，至于嬴。中軍從王，胥門巢將上軍，王子姑曹將下軍，展如將右軍。齊國書將中軍，高無丕將上軍，宗樓將下軍。陳僖子謂其弟書：『爾死，我必得志。』宗子陽與閭丘明相厲也。桑掩胥御國子。公孫夏曰：『二子必死。』將戰，公孫夏命其徒歌虞殯。陳子行命其徒具含玉。公孫揮命其徒曰：『人尋約，吴髮短。』東郭書曰：『三戰必死，於此三矣。』使問弦多以琴，曰：『吾不復見子矣。』陳書曰：『此行也，吾聞鼓而已，不聞金矣。』敘諸人決死，歷落有致，亦以反形魯也。

甲戌，戰于艾陵。展如敗高子，國子敗胥門巢，王卒助之，大敗齊師，獲國書、公孫夏，閭丘明、陳書、東郭書，革車八百乘，甲首三千，以獻于公。將戰，吳子呼叔孫，曰：『而事何也？』對曰：『從司馬。』王賜之甲、劍鈹，曰：『奉爾君事，敬無廢命！』叔孫未能對。衛賜進，曰：『州仇奉甲從君而拜。』公使大史固歸國子之元，寘之新篋，褽之以玄纁，加組帶焉。寘書于其上，曰：『天若不識不衷，何以使下國？』國語以此書爲吳人所爲，是也。魯何敢爾？

秋，季孫命修守備，曰：『小勝大，禍也，齊至無日矣。』

十四年，小邾射以句繹來奔，曰：『使季路要我，吾無盟矣。』使子路，子路辭。季康子使冉有謂之曰：『千乘之國，不信其盟，而信子之言，子何辱焉？』對曰：『魯有事于小邾，不敢問故，死其城下可也。彼不臣，而濟其言，是義之也，由弗能。』此表子路。子路之死孔悝，正不敢問故之義，作者於此表之，蓋具有深心矣。

初，孟孺子洩將圉馬於成，成宰公孫宿不受，曰：『孟孫爲成之病，不圉馬焉。』孺子怒，襲成。從者不得入，乃反。成有司使，孺子鞭之。秋八月辛丑，孟懿子卒，成人奔喪，弗内；袒免哭于衢，聽共，弗許；懼，不歸。

十五年春，成叛于齊。武伯伐成，不克，遂城輸。

秋，齊陳瓘如楚，過衛，仲由見之，曰：『天或者以陳氏爲斧斤，既斲喪公室，而他人有之，不可知也；其使終饗之，亦不可知也。若善魯以待時，不亦可乎？何必惡焉？』寫仲由之爲魯謀，而文字光芒四射。子玉曰：『然。吾受命矣，子使告我弟。』

冬，及齊平。子服景伯如齊，子贛爲介，見公孫成，曰：『人皆臣人，而有背人之心〔三〕，況齊人雖爲子役，其有不貳乎？子，周公之孫也，多饗大利，猶思不義。利不可得，而喪宗國，將焉用之？』以下表子貢。成曰：『善哉！吾不早聞命。』

陳成子館客，曰：『寡君使恆告曰：「寡人願事君如事衛君。」』景伯揖子贛而進之，對曰：『寡君之願也。昔晉人伐衛，齊爲衛故，伐晉冠氏，喪車五百。因與衛地，自濟以西，禚、媚、杏以南，書社五百。吳人加敝邑以亂，齊因其病，取讙與闡，寡君是以寒心。若得視衛君之事君也，則固所願也。』成子病之，乃歸成。寫子貢之爲魯謀。公孫宿以其兵甲入于嬴。

十七年，公會齊侯盟于蒙，孟武伯相。齊侯稽首，公拜。齊人怒。武伯曰：『非天子，寡君無所稽首。』武伯問於高柴曰：『諸侯盟，誰執牛耳？』季羔曰：『鄫衍之役，吳公子姑曹；發陽之役，衛石魋。』武伯曰：『然則彘也。』

二十年春，齊人來徵會。夏，會于廩丘，爲鄭故，謀伐晉。鄭人辭諸侯。秋，師還。

二十一年秋八月，公及齊侯、邾子盟于顧。齊人責稽首，因歌之曰：『魯人之臯，數年不覺，使我高蹈。唯其儒書，以爲二國憂。』是行也，公先至于陽穀。齊閭丘息曰：『君辱舉玉趾，以在寡君之軍，羣臣將傳遽以告寡君。比其復也，君無乃勤。爲僕人之未次〔四〕，請除館於舟道。』辭曰：『敢勤僕人？』

二十二年夏四月，邾隱公自齊奔越，曰：『吳爲無道，執父立子。』越人歸之，大子革奔越。

二十四年，邾子又無道，越人執之以歸，而立公子何。何亦無道。

二十七年春，越子使后庸來聘〔五〕，且言邾田，封于駘上。

二月，盟于平陽。三子皆從。康子病之，言及子贛，曰：『若在此，吾不及此夫！』責其不能用賢也。從康子口中發之，筆意敏妙，藉以收拾通篇，意緒一綫貫串到底。武伯曰：『然何不召？』然，即然則也，作二句讀者非。曰：『固將召之。』文子曰：『他日請念。』

校記

〔一〕原校：『敵』釋文作『制』。

〔二〕原校：倭庫本無『吳』字。

〔三〕原校：石經『而』下旁增『子』字。

〔四〕原校：倭庫本『次』下有『也』字。

〔五〕原校：『后』石經作『舌』，宋本同。

齊簡公之難　此篇惜子我之權勢而不能制田氏。

哀公十四年，齊簡公之在魯也，闞止有寵焉。及即位，使爲政。陳成子憚之，驟顧諸朝。宗堯按，此寫姦人忌克之情如畫。諸御鞅言於公曰：『陳闞不可并也，君其擇焉。』弗聽。

子我夕，陳逆殺人，逢之，遂執以入。陳氏方睦，使疾，而遺之潘沐，備酒肉焉，饗守囚者，醉而殺之，而逃。子我盟諸陳於陳宗。

初，陳豹欲爲子我臣，使公孫言己，已有喪而止，既，而言之，曰：『有陳豹者，長而上僂，望視，事君子必得志，欲爲子臣。吾憚其爲人也，故緩以告。』子我曰：『何害？是其在我也。』使爲臣。執陳逆，臣陳豹，寫闞氏聲勢甚盛。在文法爲極意反跌，亦以惜子我之有大權而不能自振也。他日，與之言政，説，遂有寵，謂之曰：『我盡逐陳氏而立女，若何？』寫子我之疏。對曰：『我遠於陳氏矣，且其違者不過數人，何盡逐焉？』遂告陳氏。子行曰：『彼得君，弗先，必禍子。』子行舍於公宫。

夏五月壬申，成子兄弟四乘如公。子我在幄，出，逆之，遂入，閉門。勝闞氏極易。侍人禦之，子行殺侍人。公與婦人飲酒於檀臺，成子遷諸寢。公執戈，將擊之。大史子餘曰：『非不利也，將除害也。』成子出，舍于庫，聞公猶怒，將出，曰：『何所無君？』子行抽劍，曰：『需，事之賊也。誰非陳宗？所不殺子者，有如陳宗！』乃止。寫陳氏之悍。此時勢力已成，非一二人所得左右者矣。

子我歸，屬徒，攻闈與大門，皆不勝，乃出。陳氏追之，失道於弇中，適豐丘。豐丘人執之，以告，殺諸郭關。成子將殺大陸子方，陳逆請而免之。以公命取車於道，及耏，衆知而東之，出雍門，陳豹與之車，弗受，曰：『逆爲余請，豹與余車，余有私焉。事子我而有私於其讎，何以見魯、衛之士？』東郭賈奔衛。宗堯云：述子方之言，意最微至，一爲子我吐氣，一詆陳氏之姦也。

庚辰，陳恆執公于舒州〔一〕。公曰：『吾早從鞅之言，不及此。』甲午，齊陳恆弒其君壬于舒州。孔丘三日齊，而請伐齊三。公曰：『魯爲齊弱久矣，子之伐之，將若之何？』對曰：『陳恆弒其君，民之不與者半。以魯之衆加齊之半，可克也。』公曰：『子告季孫。』孔子辭，退而告人曰：『吾以從大夫之後也，故不敢不言。』借聖言以申疾惡之旨，且見齊魯同病，用意甚微。宗堯按，此誅權姦之黨惡也。

校記

〔一〕原校：『舒』史記作『徐』。

宋向魋大尹之亂 此篇結束宋事。

定公十年，宋公子地嬖蘧富獵，十一分其室，而以其五與之。公子地有白馬四〔一〕，公嬖向魋，魋欲之。公取而朱其尾、鬣以與之。地怒，使其徒抶魋而奪之。魋懼，將走，公閉門而泣之，目盡腫。母弟辰曰：『子分室以與獵也，而獨卑魋，亦有頗焉。

子爲君禮，不過出竟，君必止子。』公子地出奔陳，公弗止。辰爲之請，弗聽。辰曰：『是我迋吾兄也。吾以國人出，君誰與處？』冬，母弟辰暨仲佗、石彄出奔陳。

十一年春，宋公母弟辰暨仲佗、石彄、公子地入于蕭以叛。秋，樂大心從之，大爲宋患，寵向魋故也。

哀公十二年，宋鄭之間有隙地焉，曰彌作、頃丘、玉暢、嵒、戈、錫。子産與宋人爲成，曰：『勿有是。』及宋平、元之族自蕭奔鄭，鄭人爲之城嵒、戈、錫。九月，宋向巢伐鄭，取錫，殺元公之孫，遂圍嵒。十二月，鄭罕達救嵒。丙申，圍宋師。

十三年春，宋向魋救其師。鄭子賸使徇曰：『得桓魋者有賞。』魋也逃歸。遂取宋師于嵒，獲成讙、郜延。以六邑爲虚。

十四年，宋桓魋之寵害於公，公使夫人驟請享焉，而將討之。未及，魋先謀公，請以鞌易薄。公曰：『不可。薄，宗邑也。』乃益鞌七邑，而請享公焉，以日中爲期，家備盡往。公知之，告皇野曰：『余長魋也，今將禍余，請即救。』司馬子仲曰：『有臣不順，神之所惡也，而況人乎？敢不承命？不得左師不可，請以君命召之。』左師每食，擊鐘。聞鐘聲，公曰：『夫子將食。』既食，又奏。公曰：『可矣。』亦有頓挫，然去鞌邲諸大戰及吳楚興亡諸篇，筆勢遠矣。以乘車往，曰：『迹人來告曰：「逢澤有介麇焉〔二〕。」公曰：「雖魋未來，得左師，吾與之田，若何？」君憚告子，野曰：「嘗私焉。」君欲速，故以乘車逆子。』與之乘，至，公告之故，拜，不能起。司馬曰：『君與之言。』公曰：『所難子者，上有天，下有先君。』對曰：『魋之不共，宋之禍也，敢不唯命是聽？』司馬請瑞焉，以命其徒攻桓氏。其父兄故臣曰：『不可。』其新臣曰：『從吾君之命。』遂攻之。子頎騁而告桓司馬。司馬欲入，子車止之，曰：『不能事君，而又伐國，民不與也，衹取死焉。』向魋遂入于曹以叛。六月，使左師巢伐之，欲質大夫以入焉。不能，亦入于曹，取質。魋曰：『不可。既不能事君，又得罪于民，將若之何？』乃舍之。民遂叛之。向魋奔衛。向巢來奔，宋公使止之，曰：『寡人與子有言矣，不可以絶向氏之祀。』辭曰：『臣之罪大，盡滅桓氏可也。若以先臣之故，而使有後，君之惠也。若臣，則不可以入矣。』

司馬牛致其邑與珪焉而適齊。向魋出於衛地，公文氏攻之，求夏后氏之璜焉。與之他玉而奔齊。陳成子使爲次卿，司馬牛又致其邑焉而適吳。吳人惡之，而反。趙簡子召之，陳成子亦召之，卒於魯郭門之外，阬氏葬諸丘輿。記賢者末路，可憫。然列卿爭召，而卒以窮死，有亂邦不居之節矣。

十七年，宋皇瑗之子麇有友曰田丙，而奪其兄酁般邑以與之。酁般愠而行，告桓司馬之臣子儀克。子儀克適宋，告夫人曰：『麇將納桓氏。』公問諸子仲。初，子仲將以杞姒之子非我爲子。麇曰：『必立伯也，是良材。』子仲怒，弗從，故對曰：『右師則老矣，不識麇也。』公執之。皇瑗奔晉，召之〔三〕。

十八年春，宋殺皇瑗。公聞其情，復皇氏之族，使皇緩爲右師。

二十六年，宋景公無子，取公孫周之子得與啓畜諸公宫，未有立焉。於是皇緩爲右師，皇非我爲大司馬，皇懷爲司徒，靈不緩爲左師，樂茷爲司城，樂朱鉏爲大司寇，六卿三族降聽政，因大尹以達。大尹常不告，而以其欲稱君命以令。國人惡之。司城欲去大尹，左師曰：『縱之，使盈其罪。重而無基，能無敝乎？』

冬十月，公游于空澤。辛巳，卒于連中。大尹興空澤之士千甲，奉公自空桐入如沃宫，使召六子，曰：『聞下有師，君請六子畫。』六子至，以甲劫之曰：『君有疾病，請二三子盟。』乃盟于少寢之庭，曰：『無爲公室不利！』大尹立啓，奉喪殯于大宫，三日而後國人知之。司城茷使宣言于國曰〔四〕：『大尹惑蠱其君，而專其利，今君無疾而死，死又匿之，是無他矣，大尹之罪也。』得夢啓北首而寢於盧門之外，逆插而入。己爲烏而集於其上，咮加於南門，尾加於桐門。曰：『余夢美，必立。』

大尹謀曰：『我不在盟，無乃逐我？復盟之乎！』使祝爲載書。六子在唐盂，將盟之。祝襄以載書告皇非我。皇非我因子潞、門尹得、左師謀曰：『民與我，逐之乎？』皆歸授甲，使徇于國曰：『大尹惑蠱其君，以陵虐公室；與我者，救君者也。』衆曰：『與之！』大尹徇曰：『戴氏、皇氏將不利公室，與我者，無憂不富。』衆曰：『無別。』戴氏、皇氏欲伐公，樂得曰：『不可。彼以陵公有罪，我伐公，則甚焉。』使國人施于大尹，大尹奉啓以奔楚，乃立得。司城爲上卿，盟曰：『三族共政，無相害也！』

校記

〔一〕原校：『四』漢志作『駟』。

〔二〕原校：『麇』釋文又作『麋』。

〔三〕原校：倭庫本『召』上有『宋公』字。

〔四〕司城　原作『司徒』，今正。

衛莊出父子之争

此篇結束衛事。

定公十三年。初，衛公叔文子朝，而請享靈公。退，見史鰌而告之。史鰌曰：『子必禍矣！子富而君貪，罪其及子乎！』此篇無縱宕飄忽之奇，而通體簡勁峭拔，無一懈句。先大夫評曰：定六年以後文字多簡峭，與前若小異。文子曰：『然。吾不先告子，是吾罪也。君既許我矣，其若之何？』史鰌曰：『無害。子臣〔一〕，可以免。富而能臣，必免於難。上下同之。戌也驕，其亡乎！富而不驕者鮮，吾唯子之見。驕而不亡者，未之有也。戌必與焉。』及文子卒，衛侯始惡於公叔戌，以其富也。公叔戌又將去夫人之黨，夫人愬之曰：『戌將爲亂。』

十四年春，衛侯逐公叔戌與其黨，故趙陽奔宋，戌來奔。夏，衛北宮結來奔，公叔戌之故也。

衛侯爲夫人南子召宋朝。云『爲夫人南子召宋朝』，則衛侯昏亂，南子荒淫，不言而情事曲盡。此筆意豁刻處，史記亦多此種句法。會于洮，大子蒯聵獻盂于齊，過宋野。野人歌之曰：『既定爾婁豬，盍歸吾艾豭？』大子羞之，謂戲陽速曰：『從我而朝少君，少君見我〔二〕，我顧，乃殺之。』速曰：『諾。』乃朝夫人。夫人見大子。大子三顧，速不進。夫人見其色，啼而走，曰：『蒯聵將殺余。』公執其手以登臺。『公執其手』與『爲夫人召宋朝』句同，皆於淡處著思致。大子奔宋。盡逐其黨，故公孟彄出奔鄭，自鄭奔齊。

大子告人曰：『戲陽速禍余。』戲陽速告人曰：『大子則禍余，大子無道，使余殺其母。余不許，將戕於余；若殺夫人，將以余說。余是故許而弗爲，以紓余死。諺曰：「民保於信。」吾以信義也。』

哀公二年。初，衛侯游于郊，子南僕。公曰：『余無子，將立女。』不對。他日又謂之，對曰：『郢不足以辱社稷〔三〕，君其改圖。君夫人在堂，三揖在下，君命祇辱。』夏，衛靈公卒。夫人曰：『命公子郢爲大子，君命也。』對曰：『郢異於他子，且君没於吾手，若有之，郢必聞之。且亡人之子輒在。』乃立輒。

六月乙酉，晉趙鞅納衛大子于戚〔四〕。宵迷，陽虎曰：『右河而南，必至焉。』使大子絻，八人衰絰，僞自衛逆者。告於門，哭而入，遂居之。

三年春，齊衛圍戚，求援于中山。

十一年冬，衛大叔疾出奔宋。初，疾娶于宋子朝，其娣嬖。子朝出，孔文子使疾出其妻而妻之。疾使侍人誘其初妻之娣寘於犂，而爲之一宮，如二妻。文子怒，欲攻之，仲尼止之。遂奪其妻。或淫于外州，外州人奪之軒以獻。耻是二者，故出。衛人立遺，使室孔姞。疾臣向魋，納美珠焉，與之城鉏。宋公求珠，魋不與，由是得罪。及桓氏出，城鉏人攻大叔疾，衛莊公復之，使處巢，死焉。殯於郥，葬於少禘。

初，晉悼公子慭亡在衛，使其女僕而田，大叔懿子止而飲之酒，遂聘之，生悼子。悼子即位，故夏戊爲大夫。悼子亡，衛人翦夏戊。

十五年，衛孔圉取大子蒯聵之姊，生悝。孔氏之豎渾良夫長而美，孔文子卒，通於内。大子在戚，孔姬使之焉。大子與之言曰：『苟使我入獲國，服冕、乘軒，三死無與。』與之盟，爲請於伯姬。

閏月，良夫與大子入，舍於孔氏之外圃。昏，二人蒙衣而乘，寺人羅御，如孔氏。孔氏之老欒寧問之，稱姻妾以告，遂入，適伯姬氏。既食，孔伯姬杖戈而先，大子與五人介，輿豭從之。迫孔悝於廁〔五〕，强盟之，遂劫以登臺。欒寧將飲酒，炙未熟，聞亂，使告季子；召獲駕乘車，行爵食炙，奉衛侯輒來奔。數語最閒逸有致。季子將入，遇子羔將出，曰：『門已閉矣。』季子曰：『吾姑至焉。』子羔曰：『弗及，不踐其難！』季子曰：『食焉，不辟其難。』子羔遂出，子路入。及門，公孫敢門焉，曰：『無入爲也〔六〕。』季子曰：『是公孫也，求利焉，而逃其難。由不然，利其祿，必救其患。』此下表子路。有使者出，乃入，曰：『大子焉用孔悝？雖殺之，必或繼之。』且曰：『大子無勇，若燔臺，半，必舍孔叔。』子路之來也，專以救孔悝爲志；蒯聵父子之爭國，非所問也。記述最分明。大子聞之，懼，下石乞、盂黶敵子路，以戈擊之，斷纓。子路曰：『君子死，冠不免。』結纓而死。孔子聞衛亂，曰〔七〕：『柴也其來，由也死矣。』

孔悝立莊公。莊公害故政，欲盡去之，先謂司徒瞞成曰：『寡人離病於外久矣，子請亦嘗之。』歸告褚師比，欲與之伐公，不果。十六年春，瞞成、褚師比出奔宋。

衛侯使鄢武子告于周曰：『蒯聵得罪于君父、君母，逋竄于晉。晉以王室之故，不棄兄弟，寘諸河上。天誘其衷，獲嗣守封焉，使下臣肸敢告執事。』王使單平公對，曰：『肸以嘉命來告余一人，往謂叔父：余嘉乃成世，復爾祿次。敬之哉！方天之休。弗敬弗休，悔其可追？』

六月，衛侯飲孔悝酒於平陽，重酬之。大夫皆有納焉。醉而送之，夜半而遣之。載伯姬於平陽而行，及西門，使貳車反祏於西圃〔八〕。子伯季子初爲孔氏臣，新登于公，請追之，遇載祏者，殺而乘其車。許公爲反祏，遇之，曰：『與不仁人争明，無不勝。』不義莊公，以此語爲激射。必使先射，射三發，皆遠許爲。許爲射之，殪。或以其車從，得祏於橐中。孔悝出奔宋。

衛侯占夢，嬖人求酒於大叔僖子，不得，與卜人比，而告公曰：『君有大臣在西南隅，弗去，懼害。』乃逐大叔遺。遺奔晉。

衛侯謂渾良夫曰：『吾繼先君而不得其器，若之何？』良夫代執火者而言，曰：『疾與亡君，皆君之子也，召之而擇材焉可也。若不材，器可得也。』豎告大子。大子使五人輿豭從己，劫公而强盟之，特用『五人輿豭』字，以與前幅關會。且請殺良夫。公曰：『其盟免三死。』曰：『請三之後有罪殺之。』公曰：『諾哉！』

十七年春，衛侯爲虎幄於藉圃，成，求令名者而與之始食焉。大子請使良夫。良夫乘衷甸兩牡〔九〕，紫衣狐裘。至，袒裘，不釋劍而食。大子使牽以退，數之以三罪而殺之。

晉趙鞅使告于衛，曰：『君之在晉也，志父爲主。請君若大子來，以免志父，不然，寡君其曰志父之爲也。』衛侯辭以難，大子又使椓之。

夏六月，趙鞅圍衛。齊國觀、陳瓘救衛，得晉人之致師者。子玉使服而見之，曰：『我卜伐衛，未卜與齊戰。』乃還。

『國子實執齊柄〔一〇〕，而命瓘曰「無辟晉師」，豈敢廢命？子又何辱？』簡子曰：『我卜伐衛，未卜與齊戰。』乃還。子玉知趙鞅内餒，故以虚聲恫喝而退之也。

衛侯夢于北宫，見人登昆吾之觀，被髮北面而譟曰：『登此昆吾之虚，緜緜生之瓜。余爲渾良夫，叫天無辜。』公親筮之，胥彌赦占之，曰：『不害。』與之邑，寘之而逃，奔宋。衛侯貞卜，其繇曰：『如魚竀尾，衡流而方羊。裔焉大國，滅之將亡。闔門塞竇，乃自後踰。』

冬十月，晉復伐衛，入其郛，將入城。簡子曰：『止！叔向有言曰：「怙亂滅國者無後。」』頓挫殊佳。衛人出莊公而與晉平。晉立襄公之孫般師而還。

十一月，衛侯自鄄入，般師出。初，公登城以望，見戎州。問之，以告。逆接而入。公曰：『我，姬姓也，何戎之有焉？』翦之。公使匠久。公欲逐石圃，未及而難作。辛巳，石圃因匠氏攻公。公閉門而請〔一一〕，弗許。踰于北方而隊，折股。戎州人攻之，大子疾、公子青踰從公，戎州人殺之。公入于戎州己氏。初，公自城上見己氏之妻髮美，使髡之，以爲呂姜髢。既入焉，而示之璧，曰：『活我，吾與女璧。』己氏曰：『殺女，璧其焉往？』遂殺之，而取其璧。詳記此等，亦嫉惡微旨。衛人復公孫般師而立之。十二月，齊人伐衛，衛人請平，立公子起，執般師以歸，舍諸潞。

十八年夏，衛石圃逐其君起，起奔齊。衛侯輒自齊復歸，逐石圃，而復石魋與大叔遺。

二十五年夏五月庚辰，衛侯出奔宋。先提而後詳其事。

衛侯爲靈臺于藉圃，與諸大夫飲酒焉，褚師聲子韈而登席，公怒。辭曰：『臣有疾，異於人；若見之，君將㱿之〔一二〕，是以不敢。』公愈怒。大夫辭之，不可。褚師出。公戟其手，曰：『必斷而足！』聞之。褚師與司寇亥乘，曰：『今日幸而後亡。』公之入也，奪南氏邑，而奪司寇亥政。公使侍人納公文懿子之車于池。初，衛人翦夏丁氏，以其帑賜彭封彌子。彌子飲公酒，納夏戊之女，嬖，以爲夫人。其弟期，大叔疾之從孫甥也，少畜於公，以爲司徒。夫人寵衰，期得罪。公使三匠久。公使優狡盟拳彌，而甚近信之。故褚師比、公孫彌牟、公文要、司寇亥、司徒期因三匠與拳彌以作亂，皆執利兵，無者執斤。使拳彌入于公宮，而自大子疾之宮譟以攻公。鄄子士請禦之，彌援其手，此下記拳彌之詐謀，與記駟赤法同。曰：『子則勇矣，將若君何？不見先君乎？君何所不逞欲？且君嘗在外矣，豈必不反？當今不可，衆怒難犯。休而易間也。』乃出。將適蒲，彌曰：『晉無信，不可。』將適鄄，彌曰：『齊晉争我，不可。』將適泠，彌曰：『魯不足與。請適城鉏，以鉤越，越有君。』乃適城鉏。彌曰：『衛盜不可知也，請速，自我始。』乃載寶以歸。

公爲支離之卒，因祝史揮以侵衛。衛人病之。懿子知之，見子之，請逐揮。文子曰：『無罪。』懿子曰：『彼好專利而妄，夫見君之入也，將先道焉。若逐之，必出於南門，而適君所。夫越新得諸侯，將必請師焉。』揮在朝，使吏遣諸其室。揮出，信，弗內。五日，乃館諸外里，遂有寵，使如越請師。

二十六年夏五月，叔孫舒帥師會越皋如、后庸、宋樂茷納衛侯〔一三〕，文子欲納之。懿子曰：『君愎而虐，少待之，必毒於民，乃睦於子矣。』下三句所謂毒也。師侵外州，大獲。出御之，大敗。掘褚師定子之墓〔一四〕，焚之于平莊之上。

文子使王孫齊私於皋如，曰：『子將大滅衛乎？抑納君而已乎？』皋如曰：『寡君之命無他，納衛君而已。』文子致衆而問焉，曰：『君以蠻夷伐國，國幾亡矣，請納之。』衆曰：『勿納。』曰：『彌牟亡而有益，請自北門出。』衆曰：『勿出。』重賂越人，申開守陴而納公，公不敢入。師還。立悼公，南氏相之。以城鉏與越人。公曰：『期則爲此。』令苟有怨於夫人者報之。極寫出公之無道。司徒期聘於越，公攻而奪之幣。期告王，王命取之，期以衆取之。公怒，殺期之甥之爲大子者，遂卒于越。

衛出公自城鉏使以弓問子贛，且曰：『吾其入乎？』子贛稽首受弓，對曰：『臣不識也。』私於使者曰：『昔成公孫於陳，甯武子、孫莊子爲宛濮之盟而君入。獻公孫於齊，子鮮、子展爲夷儀之盟而君入。今君再在孫矣，內不聞獻之親，外不聞成之卿，則賜不識所由入也。詩曰：「無競惟人〔一五〕，四方其順之。」若得其人，四方以爲主，而國於何有？』借子貢之言以爲論定，以結全篇。

校　記

〔一〕原校：倭庫本『臣』下有『也』字。
〔二〕原校：『少』釋文一作『小』。
〔三〕原校：倭庫本『郢』下有『也』字。

〔四〕原校：倭庫本『鞅』下有『帥師』兩字。

〔五〕原校：『孔』釋文又作『叔』，倭庫本同。

〔六〕原校：倭庫本『入爲』二字倒。

〔七〕原校：史記『曰』下有『嗟乎』兩字。

〔八〕原校：『反』説文作『彶』。

〔九〕原校：『甸』説文作『中佃』。

〔一〇〕原校：『柄』史記注引作『秉』。

〔一一〕原校：『閉』纂圖本作『闔』，倭庫本同。

〔一二〕㱿　説文作『㱿』，嘔吐。

〔一三〕原校：『后』石經作『舌』，宋本同。

〔一四〕原校：『掘』釋文或作『搰』，倭庫本同。

〔一五〕原校：『人』宋本作『民』。

楚之滅陳　此篇結束陳事。

哀公元年，吴之入楚也，使召陳懷公。懷公朝國人而問焉，曰：『欲與楚者右，欲與吴者左。陳人從田，無田從黨。』逢滑當公而進，曰：『臣聞，國之興也以福，其亡也以禍。今吴未有福，楚未有禍，楚未可棄，吴未可從。而晉，盟主也；若以晉辭吴，若何？』公曰：『國勝君亡，非禍而何？』對曰：『國之有是多矣，何必不復？小國猶復，況大國乎？臣聞，國之興也，視民如傷，是其福也；其亡也，以民爲土芥，是其禍也。楚雖無德，亦不艾殺其民。吴日敝於兵，暴骨如莽，而未見德焉。天其或者正訓楚也，禍之適吴，其何日之有？』陳侯從之。及夫差克越，乃修先君之怨。秋八月，吴侵陳，修舊怨也。

六年，吴伐陳，復修舊怨也。楚子曰：『吾先君與陳有盟，不可以不救。』乃救陳，師于城父。

秋七月，楚子在城父，將救陳。卜戰，不吉；卜退，不吉。王曰：『然則死也。再敗楚師，不如死；棄盟、逃讎，亦不如死。死一也，其死讎乎！』命公子申爲王，不可；則命公子結，亦不可；則命公子啓，五辭而後許。將戰，王有疾。庚寅，昭王攻大冥，卒于城父。子閭退，曰：『君王舍其子而讓，羣臣敢忘君乎？從君之命，順也；立君之子，亦順也。二順不可失也。』與子西、子期謀，潛師閉塗〔一〕，逆越女之子章立之，而後還。

是歲也，有雲如衆赤鳥，夾日以飛三日。楚子使問諸周大史。周大史曰：『其當王身乎！若禜之，可移於令尹、司馬。』王曰：『除腹心之疾，而寘諸股肱，何益？不穀不有大過，天其夭諸？有罪受罰，又焉移之？』遂弗禜。

初，昭王有疾，卜曰：『河爲祟。』王弗祭。大夫請祭諸郊。王曰：『三代命祀，祭不越望。江、漢、睢、漳，楚之望也。禍福之至，不是過也。不穀雖不德，河非所獲罪也。』遂弗祭。

孔子曰：『楚昭王知大道矣〔二〕。其不失國也，宜哉！夏書曰：「惟彼陶唐，帥彼天常，有此冀方。今失其行，亂其紀綱，乃滅而亡。」又曰：「允出茲在茲。」由己率常，可矣。』

九年夏，楚人伐陳，陳即吳故也。

十年冬，楚子期伐陳，吳延州來季子救陳，謂子期曰：『二君不務德，而力争諸侯，民何罪焉？我請退，以爲子名，務德而安民。』乃還。

十一年夏，陳轅頗出奔鄭。初，轅頗爲司徒，賦封田以嫁公女；有餘，以爲己大器。

國人逐之，故出。道渴，其族陳嚄進稻醴、粱糗、腶脯焉。喜曰：『何其給也？』對曰：『器成而具。』曰：『何不吾諫？』對曰：『懼先行。』小文極詭雋。

十五年夏，楚子西、子期伐吴，及桐汭，陳侯使公孫貞子弔焉，及良而卒，將以尸入。吴子使大宰嚭勞，且辭曰：『以水潦之不時，無乃廩然隕大夫之尸，以重寡君之憂，寡君敢辭。』上介芋尹蓋對曰：『寡君聞楚爲不道，薦伐吴國，滅厥民人〔三〕，寡君使蓋備使，弔君之下吏。無禄，使人逢天之感，大命隕隊，絶世于良。廢日共積，一日遷次。今君命逆使人曰「無以尸造于門」，是我寡君之命委于草莽也。且臣聞之曰：「事死如事生〔四〕，禮也。」於是乎有朝聘而終、以尸將事之禮，又有朝聘而遭喪之禮。若不以尸將命，是遭喪而還也，無乃不可乎？以禮防民，猶或踰之，今大夫曰「死而棄之」，是棄禮也，其何以爲諸侯主？先民有言曰：「無穢虐士〔五〕。」備使奉尸將命，苟我寡君之命達于君所，雖隕于深淵，則天命也，非君與涉人之過也。』吴人内之。存此，以見古時交際之禮。

十七年，楚白公之亂，陳人恃其聚而侵楚。楚既寧，將取陳麥。楚子問帥於大師子穀與葉公諸梁。子穀曰：『右領差車與左史老皆相令尹、司馬以伐陳，其可使也。』

子高曰：『率賤〔六〕，民慢之，懼不用命焉。』子穀曰：『觀丁父，鄀俘也，武王以爲軍率，是以克州蓼，服隨唐，大啓羣蠻。彭仲爽，申俘也，文王以爲令尹，實縣申息，朝陳蔡，封畛於汝。唯其任也，何賤之有？』子高曰：『天命不謟。令尹有憾於陳，天若亡之，其必令尹之子是與，君盍舍焉？臣懼右領與左史有二俘之賤而無其令德也。』王卜之，武城尹吉。使帥師取陳麥。陳人御之，敗，遂圍陳。秋七月己卯，楚公孫朝帥師滅陳。

王與葉公枚卜子良以爲令尹。沈尹朱曰：『吉。過於其志。』葉公曰：『王子而相國，過將何爲？』他日，改卜子國而使爲令尹。

十八年，巴人伐楚，圍鄾。初，右司馬子國之卜也，觀瞻曰：『如志。』故命之。及巴師至，將卜帥。王曰：『寧如志，何卜焉？』使帥師而行。請承，王曰：『寢尹、工尹，勤先君者也。』三月，楚公孫寧、吳由于、薳固敗巴師于鄾，故封子國於析。

君子曰：『惠王知志。夏書曰：「官占唯能蔽志，昆命于元龜〔七〕。」其是之謂乎！志曰：「聖人不煩卜筮。」惠王其有焉。』

十九年秋，楚沈諸梁伐東夷。三夷男女及楚師盟于敖。

校記

〔一〕原校：『塗』列女傳作『壁』。

〔二〕原校：『大』釋文作『天』，倭庫本同。

〔三〕原校：『民人』倭庫本作『人民』。

〔四〕原校：石經初刻有『事』字，後刊去。宋慶元本、倭庫本有。

〔五〕虐 當作『虛』。虛士：死者。

〔六〕原校：『率』釋文又作『帥』。

〔七〕原校：釋文『于』下無『元』字。

楚白公勝之亂

以『以險徼倖』四字爲主。紀白公之悍，石乞輩之凶頑，而以葉公之得衆結之，最爲超妙。

哀公十六年，楚大子建之遇讒也，自城父奔宋；又辟華氏之亂於鄭。鄭人甚善之。又適晉，與晉人謀襲鄭，乃求復焉。鄭人復之如初。晉人使諜於子木，請行而期焉。

子木暴虐於其私邑，邑人訴之。鄭人省之，得晉諜焉，遂殺子木。其子曰勝，在吳，子西欲召之。葉公曰：『吾聞勝也詐而亂，無乃害乎？』淩空倒起，超雋絶倫。宗堯云：白公之爲人，謂之詐而亂可也，謂之信而勇亦可也，此左氏兩存其説以亂其旨，意最深微。子西曰：『吾聞勝也信而勇，不爲不利。舍諸邊竟，使衛藩焉。』葉公曰：『周仁之謂信，率義之謂勇。吾聞勝也好復言，而求死士，殆有私乎！復言，非信也；期死，非勇也。子必悔之。』開首數語，大端已具。宗堯按，逆攝。弗從，召之，使處吳竟〔一〕，爲白公。請伐鄭，子西曰：『楚未節也。不然，吾不忘也。』他日，又請，許之，未起師。晉人伐鄭，楚救之，與之盟。勝怒，曰：『鄭人在此，讎不遠矣。』口吻逼肖。又案，此篇生氣遠出處，最有俠烈之概，不如是，不足盡白公之爲人也。

勝自厲劍，子期之子平見之，曰：『王孫何自厲也？』曰：『勝以直聞，不告女，庸爲直乎？將以殺爾父。』平以告子西。子西曰：『勝如卵，余翼而長之。楚國，第我死，令尹、司馬，非勝而誰？』勝聞之，曰：『令尹之狂也！得死，乃非我。』勁折。子西不悛。勝謂石乞曰：『王與二卿士，皆五百人當之，則可矣。』突然而來，取勢絶奇。乞曰：『不可得也。』曰：『市南有熊宜僚者，若得之，可以當五百人矣。』乃從白公而見之。

與之言，説。告之故，辭。承之以劍，不動。勝曰：『不爲利諂，不爲威惕，不洩人言以求媚者，去之。』附見宜僚之爲人，與荆軻傳紀魯句踐、蓋聶同意。宗堯按，此與勝厲劍之言皆寫勝之俠氣。

吳人伐慎，白公敗之。請以戰備獻，許之，遂作亂。秋七月，殺子西、子期于朝，而劫惠王。子西以袂掩面而死。子期曰：『昔者吾以力事君，不可以弗終。』抉豫章以殺人而後死。石乞曰：『焚庫、弒王，不然不濟。』逆提倒轉。白公曰：『不可。弒王，不祥；焚庫，無聚。將何以守矣？』乞曰：『有楚國而治其民，以敬事神，可以得祥，且有聚矣，何患？』弗從。宗堯按，此微爲勝訟直處，太子冤抑白公嫡嗣宜立者也。侯之門，仁義存，果得楚國，又誰目之爲亂人者？此左氏深文也。

葉公在蔡，方城之外皆曰：『可以入矣。』子高曰：『吾聞之，以險徼幸者，其求無饜，偏重必離。』聞其殺齊管修也，而後入。宗堯云：殺令尹、司馬而不入，殺管修而後入，亦見白公殺子西時其名義以太子之子復太子之仇，雖繼太子而爲君，無可訾責，故率衆討之有不易者。

白公欲以子閭爲王，子閭不可，遂劫以兵。子閭曰：『王孫若安靖楚國，匡正王室，而後庇焉，啓之願也，敢不聽從？若將專利以傾王室，不顧楚國，有死不能。』表子閭。遂殺之，而以王如高府。石乞尹門。圉公陽穴宮，負王以如昭夫人之宮。

葉公亦至，『葉公亦至』四字，乃神氣湊拍之處。及北門，或遇之，曰：『君胡不冑？國人望君如望慈父母焉，盜賊之矢若傷君，是絶民望也，若之何不冑？』乃冑而進。又遇一人曰：『君胡冑？國人望君如望歲焉，日月以幾〔二〕，若見君面，是得艾也。民知不死，其亦夫有奮心，猶將旌君以徇於國；句法酣恣之至。而又掩面以絶民望，不亦甚乎？』乃免冑而進。寫亂中望治之殷，淋漓沈至，千古獨絶。遇箴尹固帥其屬，將與白公。子高曰：『微二子者，楚不國矣。棄德從賊，其可保乎？』乃從葉公。追表子西、子期。宗堯按，入郢之禍，子西、子期力而挽之，故國人思二子而忘伍氏之冤矣。此亦微見民愛二子，故白公不得直也。使與國人以攻白公〔三〕，白公奔山而縊。其徒微之。生拘石乞而問白公之死焉。對曰：『余知其死所，而長者使余勿言。』曰：『不言將烹。』乞曰：『此事也克則爲卿，不克則烹，固其所也。何害？』從石乞寫白公。乃烹石乞。千古姦人之作亂者，固置生死禍福於度外也，舉一足以概其餘矣。宗堯云：白公之死祇其徒義之，與前文民愛葉公而思二子之意相貫注。王孫燕奔頯黄氏。

沈諸梁兼二事，國寧，乃使寧爲令尹，使寬爲司馬，而老於葉。

校記

〔一〕原校：周禮疏引無『吳』字。

〔二〕原校：『日月』宋本作『日日』，倭庫本同；『幾』釋文或作『冀』。

〔三〕原校：『與』釋文作『興』，是。

句踐滅吳

此文摹寫夫差，最能得其真際。通篇皆淩空取影之筆，無一語輕犯正面，超妙絶倫，所謂絶迹無行地者也。大旨以『棄天背本』四字爲主。棄天，惜其縱敵；背本，重其周裔也。

昭公三十二年夏，吳伐越，始用師於越也。史墨曰：『不及四十年，越其有吳乎！越得歲而吳伐之，必受其凶。』逆攝奇詭，直與篇末相呼應。此文以吳越戰爭及吳晉會盟二事組合成文。敘戰事，專紀越之陰謀；敘會盟，兼詳列國詞令。兩意相間，章法略如史記河渠書。越圍吳以下，忽插入楚隆來聘，即從交際詞令中寫出吳王困殆情狀，藉以收束通篇，用意用筆極隱顯伸縮之妙。

定公五年，越入吳，吳在楚也。

十四年，吳伐越，越子句踐禦之，陳于檇李。句踐患吳之整也，使死士再禽焉，不動。

使罪人三行，屬劍於頸，而辭曰：『二君有治，臣奸旗鼓。不敏於君之行前，不敢逃刑，敢歸死。』遂自剄也。師屬之目，越子因而伐之，大敗之。閒文均有沈鷙之氣。句踐滅吳，專以陰鷙取勝，此其發端，故詳記之，以見一斑。靈姑浮以戈擊闔廬，闔廬傷將指，取其一屨。還，卒於陘，去檇李七里。

夫差使人立於庭，苟出入，必謂己曰：『夫差！而忘越王之殺而父乎？』則對曰：『唯。不敢忘！』三年乃報越。宗堯按，此寫夫差之氣質耳，勇於報越矣，然非沈毅之人，乃誇張之徒耳，與敘越句踐處對文。

哀公元年，吳王夫差敗越于夫椒，報檇李也。遂入越。越子以甲楯五千保于會稽，使大夫種因吳大宰嚭以行成。吳子將許之。伍員曰：『不可。臣聞之：「樹德莫如滋，去疾莫如盡。」昔有過澆殺斟灌以伐斟灌，滅夏后相，后緡方娠，逃出自竇，歸于有仍，生少康焉。爲仍牧正，惎澆能戒之。澆使椒求之，逃奔有虞，爲之庖正，以除其害。虞思於是妻之以二姚，而邑諸綸，有田一成，有衆一旅。能布其德，而兆其謀，以收夏衆，撫其官職；使女艾諜澆，使季杼誘豷。遂滅過戈，復禹之績，祀夏配天，不失舊物。今吳不如過，而越大於少康，或將豐之，不亦難乎？春秋無義戰，故作者於列國盛衰無所偏袒，獨於王室之不振，時致憤慨。洎於定哀之間，王室益微，而霸主之晉亦衰，獨吳起於蠻夷，爲周室之長，若可望其興復者，而卒蹶不振，左氏蓋尤傷之。此處引少康中興爲喻，皆其微意所寄，非漫然也。

句踐能親而務施，施不失人，親不棄勞。與我同壤，而世爲仇讎。於是乎克而弗取，將又存之，違天而長寇讎，後雖悔之，不可食已。宗堯按：吳越興滅之故，具述於此。姬之衰也，日可俟也。介在蠻夷，而長寇讎，以是求伯，必不行矣。』悼嘆姬衰，神氣尤爲遠出，乃本旨之所寄也。弗聽。退而告人曰：『越十年生聚，而十年教訓，二十年之外，吳其爲沼乎！』三月，越及吳平。吳入越，不書，吳不告慶、越不告敗也。五霸，聖門所不道。而傳於桓文頗張之者，重其尊周室也。秦穆、楚莊雖不勤王，而能用賢，亦皆令主。宋襄雖無成功，而志在攘楚，故亦可嘉。夫差凶暴，而周室之裔，故傳亦矜之。至越句踐，起於夷狄，而專以陰謀取勝，乃左氏所不屑道，故從無一特敘之筆。范蠡、文種輩，其姓名絕不載入傳中，可見左公用意處也。

吳師在陳，楚大夫皆懼，曰：『闔廬惟能用其民，以敗我於柏舉。今聞其嗣又甚焉，將若之何？』子西曰：『二三子恤不相睦，無患吳矣。昔闔廬食不二味〔一〕，居不重席，室不崇壇，器不彤鏤，宮室不觀，舟車不飾，衣服財用，擇不取費。在國，天有菑癘〔二〕，親巡孤寡而共其乏困。在軍，熟食者分而後敢食，其所嘗者，卒乘與焉。勤恤其民，而與之勞逸，是以民不罷勞，死知不曠。吾先大夫子常易之，所以敗我也。

今聞夫差，次有臺榭陂池焉，宿有妃嬙嬪御焉〔三〕；一日之行，所欲必成，玩好必從；珍異是聚，觀樂是務；視民如讎，而用之日新。夫先自敗也已，安能敗我？』借子西口中論定夫差，即以逆攝後文之敗。宗堯云：此篇乃吳越之争，忽斷吳越事而插入楚，波瀾雄闊。闔廬、夫差之短長，吳入楚、越滅吳之故，匯入百數十字中以成巨觀。

七年夏，公會吳于鄫。吳來徵百牢。極寫吳一時之盛及其縱恣無禮之狀。子服景伯對曰：『先王未之有也。』吳人曰：『宋百牢我，魯不可以後宋。且魯牢晉大夫過十，吳王百牢，不亦可乎？』景伯曰：『晉范鞅貪而棄禮，以大國懼敝邑，故敝邑十一牢之。君若以禮命於諸侯，則有數矣。若亦棄禮，則有淫者矣。周之王也，制禮，上物不過十二，以爲天之大數也。今棄周禮，而曰必百牢，亦唯執事。』吳人弗聽。景伯曰：『吳將亡矣，棄天而背本。不與，必棄疾於我。』乃與之。

大宰嚭召季康子，康子使子貢辭。大宰嚭曰：『國君道長，而大夫不出門，此何禮也？』旁射季氏之無君，文情四溢。對曰：『豈以爲禮？畏大國也。大國不以禮命於諸侯，苟不以禮，豈可量也？寡君既共命焉，其老豈敢棄其國？大伯端委以治周禮，仲雍嗣之，斷髮文身，贏以爲飾，豈禮也哉？有由然也。』子貢答詞亦妙。反自鄫，以吳爲無能爲也。

九年秋，吴城邗，溝通江淮。

十一年，吴將伐齊，越子率其衆以朝焉，王及列士皆有饋賂。吴人皆喜，唯子胥懼，曰：『是豢吴也夫！』諫曰：『越在我，心腹之疾也，壤地同，而有欲於我。夫其柔服，求濟其欲也，不如早從事焉。得志於齊，猶獲石田也，無所用之。越不爲沼，吴其泯矣。使醫除疾，而曰「必遺類焉」者，未之有也。盤庚之誥曰：「其有顛越不共，則劓殄無遺育，無俾易種于兹邑。」是商所以興也。今君易之，將以求大，不亦難乎？』弗聽。使於齊，屬其子於鮑氏，爲王孫氏。反役，王聞之，使賜之屬鏤以死。將死，曰：『樹吾墓檟，檟可材也。吴其亡乎！三年，其始弱矣。盈必毁，天之道也。』抉眼東門之説不見於此，疑後人甚其詞以附益之。

十二年，公會吴于橐皋，吴子使大宰嚭請尋盟。公不欲，使子貢對曰：『盟，所以周信也，故心以制之，玉帛以奉之，言以結之，明神以要之。寡君以爲苟有盟焉，弗可改也已。若猶可改〔四〕，日盟何益？今吾子曰「必尋盟」，若可尋也〔五〕，亦可寒也。』乃不尋盟。

吳徵會于衛。初，衛人殺吳行人且姚而懼，謀於行人子羽。子羽曰：『吳方無道，無乃辱吾君，不如止也。』子木曰：『吳方無道，國無道，必棄疾於人。吳雖無道，猶足以患衛。往也！長木之斃，無不摽也；國狗之瘈，無不噬也。而況大國乎？』此皆頰上添毫、背面敷粉之筆。吳之無道，專從列國大夫眼光中寫出，不肯使一平筆。

秋，衛侯會吳于鄖。公及衛侯、宋皇瑗盟，而卒辭吳盟。吳人藩衛侯之舍。子服景伯謂子貢曰：『夫諸侯之會，事既畢矣，侯伯致禮，地主歸餼，以相辭也。今吳不行禮於衛，而藩其君舍以難之，子盍見大宰嚭？』乃請束錦以行。語及衛故，大宰嚭曰：『寡君願事衛君，衛君之來也緩，寡君懼，故將止之。』子貢曰：『衛君之來，必謀於其衆，其衆或欲或否，是以緩來。其欲來者，子之黨也；其不欲來者，子之讎也。若執衛君，是墮黨而崇讎也，夫墮子者得其志矣。詞令妙絶。且合諸侯而執衛君，誰敢不懼？墮黨，崇讎，而懼諸侯，或者難以霸乎！』大宰嚭說，乃舍衛侯。衛侯歸，效夷言。子之尚幼，曰：『君必不免，其死於夷乎！執焉而又說其言，從之固矣。』攝出公之死。

十三年夏，公會單平公、晉定公、吳夫差于黃池。

六月丙子〔六〕，越子伐吴，爲二隧，疇無餘、謳陽自南方，先及郊。吴大子友、王子地、王孫彌庸、壽於姚自泓上觀之。彌庸見姑蔑之旗，曰：『吾父之旗也。不可以見讎而弗殺也。』大子曰：『戰而不克，將亡國，請待之。』彌庸不可，屬徒五千，王子地助之。乙酉，戰，彌庸獲疇無餘，地獲謳陽。越謀深矣！此戰所以餌之也，姑蔑之旗亦故設以挑戰者。敘述簡練特甚。越子至，王子地守。丙戌，復戰，大敗吴師，獲大子友、王孫彌庸、壽於姚。此戰關吴越興亡，事又曲折，若鋪張揚厲而陳之，何減䢴、郯、乾溪諸役？此文乃極意凝煉，使減縮不及百字，而事勢了如。左氏之文，繁簡各極其妙，皆絶後人之追步也。丁亥，入吴。吴人告敗于王。王惡其聞也，自剄七人於幕下。

秋七月辛丑，盟，吴晉爭先。吴人曰：『於周室，我爲長。』晉人曰：『於姬姓，我爲伯。』趙鞅呼司馬寅曰：『日旰矣，大事未成，二臣之罪也。建鼓整列，二臣死之，長幼必可知也。』對曰：『請姑視之。』反，曰：『肉食者無墨。今吴王有墨，國勝乎？大子死乎？映射極工。且夷德輕，不忍久，請少待之。』乃先晉人。吴人將以公見晉侯，子服景伯對使者曰：『王合諸侯，則伯帥侯牧以見於王；伯合諸侯，則侯帥子、男以見於伯。自王以下，朝聘玉帛不同；故敝邑之職貢於吴，有豐於晉，無不及焉，以爲伯也。今諸侯會，而君將以寡君見晉君，則晉成爲伯矣，敝邑將改職貢：魯賦於吳八百乘，若爲子、男，則將半邾以屬於吳，而如邾以事晉。且執事以伯召諸侯，而以侯終之，何利之有焉？』吳人乃止。既而悔之，將囚景伯。景伯曰：『何也立後於魯矣，將以二乘與六人從，遲速唯命。』遂囚以還。及户牖，謂大宰曰：『魯將以十月上辛有事於上帝、先王〔七〕，季辛而畢，何世有職焉，自襄以來，未之改也。若不會，祝宗將曰「吳實然」，且謂魯不共，而執其賤者七人，何損焉？』大宰嚭言於王曰：『無損於魯，而祗爲名，不如歸之。』乃歸景伯。自橐皋之會至此，皆敘吳對列國之狂謬。

吳申叔儀乞糧於公孫有山氏，曰：『佩玉繠兮，余無所繫之；旨酒一盛兮，余與褐之父睨之。』吳雖鴟張而內實匱乏。此記其內容而幻作乞糧之詞，奇情異采，且見吳王不恤其下也。對曰：『粱則無矣，粗則有之。若登首山以呼曰「庚癸乎」，則諾。』

王欲伐宋，殺其丈夫而囚其婦人。大宰嚭曰：『可勝也，而弗能居也。』乃歸。

冬，吳及越平。

十七年三月，越子伐吳，吳子禦之笠澤，夾水而陳。越子爲左右句卒，使夜或左或右，鼓譟而進。吴師分以禦之。越子以三軍潛涉，當吴中軍而鼓之，吴師大亂，遂敗之。此段與檇李之役相配。

十九年春，越人侵楚，以誤吴也。夏，楚公子慶、公孫寬追越師，至冥，不及，乃還。

二十年，吴公子慶忌驟諫吴子，曰：『不改，必亡。』弗聽。出居于艾，遂適楚。聞越將伐吴，冬，請歸平越，遂歸。欲除不忠者以説于越。吴人殺之。此表慶忌。宗堯按，此與子胥、龍逢同出一轍，以見吴之必速亡也。

十一月，越圍吴，趙孟降於喪食。『越圍吴』下，忽接入趙孟居喪，最爲票姚奇肆，所謂口前截斷第二句也。圍吴三年，此何等大事，文乃掩抑遏絶，了無一字記載，轉從趙孟來使，寫出吴王末路，筆墨蹊徑非復人間所有。國語、史記於種蠡諸人功業，斤斤侈言之，左氏不著一字，識量之高非他人所敢望也。楚隆曰：『三年之喪，親暱之極也，主又降之，無乃有故乎？』趙孟曰：『黄池之役，先王與吴王有質，曰：「好惡同之。」今越圍吴，嗣子不廢舊業而敵之，非晉之所能及也，吾是以爲降。』楚隆曰：『若使吴王知之，若何？』轉出妙文。趙孟曰：『可乎？』隆曰：『請嘗之。』乃往，先造于越軍〔八〕，曰：『吴犯間上國多矣，聞君親討焉，諸夏之人莫不欣喜，唯恐君志之不從，春秋之末，已開戰國之風。請入視之。』許之。告于吴王曰：『寡君之老無恤使陪臣隆，敢展謝其不共：黄池之役，君之先臣志父得承齊盟，曰「好惡同之」。今君在難，無恤不敢憚勞，非晉國之所能及也，使陪臣敢展布之。』宗堯云：當世强國，吳、越、晉、楚耳。晉人之不救，不可遺漏，故黄池之會於此述之。不曰『晉國』而曰『趙孟』，不曰『不救』而曰『不能』，意最微至。王拜稽首曰：『寡人不佞，不能事越，以爲大夫憂，拜命之辱。』與之一簞珠，使問趙孟，曰：『句踐將生憂寡人，寡人死之不得矣。』王曰：『溺人必笑，吾將有問也；一掉轉出奇筆，發明夫差之氣概。史黯何以得爲君子？』對曰：『黯也，進不見惡，退無謗言。』王曰：『宜哉！』先大夫評曰：黄池之會，吳之極盛也，而語語有衰颯之聲。此役也，吳亡矣，而一掉乃閒遠如此，所以發明夫差之英氣也。黄池，所以折其盛氣耳。闓生謹案，夫差自是英主，國語、史記所載狼狽極矣，此文著一二閒筆，英氣凛然，最足發明夫差霸略，且與篇首史墨之言相呼應，章法尤佳。又案，『進不見惡，退無謗言』八字，正爲夫差反面取影，藉以論定其爲人，蓋夫差之爲人，進則見惡，退則有謗言也。文字精妙，一至於此，蓋無一字泛設，又無一語落恒常蹊徑。王曰『宜哉』，輕輕一答，而無窮嗟嘆悼惜之意自在其中，幽邈敻絶，不著迹象，千古以來無能仿似萬一者。讀此文一過，覆讀國語、史記所記，覺其蕪蔓多矣。

二十二年冬十一月丁卯，越滅吳，請使吳王居甬東。辭曰：『孤老矣，焉能事君？』

乃縊。越人以歸。宗堯按，左傳遇大戰必詳敘，吳越之戰爲二百餘年戰事之最大者，卻祇以『越滅吳』三字了之，以其盡述興滅之故於前也。高絶。

校記

〔一〕原校：『二』倭庫本作『貳』。
〔二〕原校：『有』釋文或作『無』，倭庫本作『无』。
〔三〕原校：『嬙』釋文或作『牆』，倭庫本同。
〔四〕原校：倭庫本『改』下有『也』字。
〔五〕原校：『尋』儀禮注引作『燖』。
〔六〕原校：『丙』史記作『戊』。
〔七〕原校：『先王』桓五年疏作『先公』。
〔八〕原校：『造于』石經初刻無『于』字。

哀公孫越

結束魯事。以『食言多矣，能無肥乎』二句爲主。

哀公二十一年夏五月，越人始來。

二十三年秋八月，叔青如越，始使越也。越諸鞅來聘，報叔青也。

二十四年，公子荆之母嬖，將以爲夫人，使宗人釁夏獻其禮。對曰：『無之。』公怒曰：『女爲宗司，立夫人，國之大禮也，何故無之？』對曰：『周公及武公娶於薛，孝惠娶於商，自桓以下娶於齊，此禮也則有〔一〕。若以妾爲夫人，則固無其禮也。』公卒立之，而以荆爲大子，國人始惡之。

閏月，公如越，得大子適郢，將妻公而多與之地。公孫有山使告于季孫。季孫懼，使因大宰嚭而納賂焉，乃止。宗堯按，是時魯君有國如無國矣，故苟去三桓，計無所擇。齊晉雖大，其臣與魯同，故不見助而求之蠻夷也。傳述此，所挾之痛多矣。

二十五年六月，公至自越，季康子、孟武伯逆於五梧。郭重僕，見二子，曰：『惡言多矣，君請盡之。』公宴於五梧，武伯爲祝，惡郭重，曰：『何肥也？』季孫曰：『請飲彘也！以魯國之密邇仇讎，臣是以不獲從君，克免於大行，記此，與『國君道長』二句同意，而於康子口中出之。又謂重也肥？』公曰：『是食言多矣〔二〕，能無肥乎？』飲酒不樂，公與大夫始有惡。

二十七年夏四月己亥，季康子卒。公弔焉，降禮。

公患三桓之侈也，欲以諸侯去之。三桓亦患公之妄也，故君臣多間。公游于陵阪，遇孟武伯於孟氏之衢，曰：『請有問於子：余及死乎？』對曰：『臣無由知之。』三問，卒辭不對。公欲以越伐魯而去三桓，秋八月甲戌，公如公孫有陘氏。因孫於邾，乃遂如越。國人施公孫有山氏。

校記

〔一〕原校：石經『有』旁增『之』字。

〔二〕原注：食言，謂茹受惡言。

晉知氏之亡 結束齊晉事，開田氏代齊、三家分晉之先聲。

哀公二十三年夏六月，晉荀瑤伐齊，高無丕帥師御之。知伯視齊師，馬駭，遂驅之，曰：『齊人知余旗，其謂余畏而反也。』及壘而還。將戰，長武子請卜。知伯曰：『君告於天子，而卜之以守龜於宗祧，吉矣，吾又何卜焉？且齊人取我英丘，君命瑤，非敢耀武也，治英丘也。以辭伐罪足矣，何必卜？』

壬辰，戰于犁丘，齊師敗績。知伯親禽顏庚。以上寫知伯之能。蓋凡姦雄能擅制一時者，皆各有本末，不得以其身敗名裂遂盡没其生平也。

二十四年夏四月，晉侯將伐齊，使來乞師，曰：『昔臧文仲以楚師伐齊，取穀；宣叔以晉師伐齊，取汶陽。寡君欲徼福於周公，願乞靈於臧氏。』臧石帥師會之，取廩丘。軍吏令繕，將進。萊章曰：『君卑政暴，往歲克敵，今又勝都，天奉多矣，又焉能進？是躗言也〔一〕。言此，惜晉之將亡也，固不在一役進退。役將班矣。』晉師乃還。餼臧石牛，大史謝之，曰：『以寡君之在行，牢禮不度，敢展謝之。』

二十七年，晉荀瑤帥師伐鄭，次于桐丘。鄭駟弘請救于齊。齊師將興，陳成子屬孤子三日朝。設乘車南馬，繫五邑焉。召顏涿聚之子晉，曰：『隰之役，而父死焉。以國之多難，未女恤也。今君命女以是邑也，服車而朝，毋廢前勞！』先大夫評曰：此篇最足發明陳成子之英略，明其得國有由也。乃救鄭。及留舒，違穀七里，穀人不知。句法精妙，開後世碑銘矜煉文法。及濮，雨，不涉。子思曰：『大國在敝邑之宇下，是以告急。今師不行，恐無及也。』成子衣製杖戈，立於阪上，馬不出者，助之鞭之。知伯聞之，乃還，曰：『我卜伐鄭，不卜敵齊。』當時，畏敵者皆以卜藉口。使謂成子曰：『大夫陳子，陳之自出。陳之不祀，鄭之罪也，故寡君使瑤察陳衷焉，謂大夫其恤陳乎？若利本之顛，瑤何有焉？』成子怒曰：『多陵人者皆不在矣〔二〕，知伯其能久乎？』知伯之言刺中成子隱衷，故其怒之甚也。記此，見一時姦雄之相與。宗堯按，此逆攝知氏之將滅。

中行文子告成子曰：『有自晉師告寅者，將爲輕車千乘以厭齊師之門，則可盡也。』成子曰：『寡君命恆曰：「無及寡，無畏衆。」雖過千乘，敢辟之乎？將以子之命告寡君。』文子曰：『吾乃今知所以亡。君子之謀也，始、衷、終皆舉之，而後入焉。今我三不知而入之，不亦難乎？』此數語表荀寅。

悼之四年，晉荀瑤帥師圍鄭，未至，鄭駟弘曰：『知伯愎而好勝，早下之〔三〕，則可行也。』乃先保南里以待之。知伯入南里，門于桔秩之門。鄭人俘酅魁壘，賂之以知政，閉其口而死。造語簡峭。將門，知伯謂趙孟：『入之！』對曰：『主在此。』知伯曰：『惡而無勇，何以爲子？』知伯使趙孟入門，欲以死之。趙孟知之，故不入也。對曰：『以能忍恥〔四〕，庶無害趙宗乎！』宗堯按，此表襄子之以堅忍存國。知伯不悛，趙襄子由是惎知伯，遂喪之。知伯貪而愎，故韓魏反而喪之。

校記

〔一〕原校：『譪』字林作『䜛』，陳樹華云即『噧』字。

〔二〕原校：從石經『在』下增『矣』字。

〔三〕原校：『早』釋文作『卑』，倭庫本同。

〔四〕原校：『耻』史記作『詢』。

左傳微卷弟十二

周魯之交

此卷乃元文之無可歸者，依馬驌例以類輯之，非完篇也。

隱公元年十二月，祭伯來，非王命也。

三年春王三月壬戌，平王崩。赴以庚戌，故書之。武氏子來求賻，王未葬也。以上平王。

七年，初，戎朝于周，發幣于公卿，凡伯弗賓。冬，王使凡伯來聘。還，戎伐之于楚丘以歸。

桓公四年夏，周宰渠伯糾來聘。父在，故名。

五年，仍叔之子來聘，弱也〔一〕。

十五年春，天王使家父來求車，非禮也。諸侯不貢車服，天子不私求財。以上桓王。

莊公三年夏五月，葬桓王，緩也。以上莊王。僖王、惠王皆無事。

僖公三十年冬，王使周公閱來聘，饗有昌歜、白黑、形鹽。辭曰：『國君，文足昭也，武可畏也，則有備物之饗，以象其德；薦五味，羞嘉穀，鹽虎形，以獻其功。吾何以堪之？』

文公元年，王使毛伯衛來錫公命〔二〕。叔孫得臣如周拜。

三年夏四月乙亥，王叔文公卒，來赴〔三〕，弔如同盟，禮也。以上襄王。

九年，毛伯衛來求金，非禮也。不書王命，未葬也。二月，莊叔如周葬襄王。

十年秋七月，及蘇子盟于女栗，頃王立故也。以上頃王。匡王無事。

宣公九年春，王使來徵聘。夏，孟獻子聘于周。王以爲有禮，厚賄之。

十年秋，劉康公來報聘。

成公五年十一月己酉，定王崩。以上定王。

八年秋，召桓公來賜公命。以上簡王。

襄公二十八年癸巳，天王崩。未來赴，亦未書，禮也。王人來告喪，問崩日，以甲寅告，故書之，以徵過也〔四〕。以上靈王。景王無事。

哀公十九年冬，叔青如京師，敬王崩故也。

校記

〔一〕來聘 原脱，據杜注説補。

〔二〕原校：『錫』石經作『賜』。

〔三〕來 原脱，今據補。

〔四〕原校：『徵』釋文或作『懲』。

小國交魯

桓公九年冬，曹大子來朝。賓之以上卿，禮也。享曹大子。初獻，樂奏而嘆。施父曰：『曹大子其有憂乎！非嘆所也。』

十年春，曹桓公卒。

文公十一年秋，曹文公來朝，即位而來見也。

十五年夏，曹伯來朝，禮也。諸侯五年再相朝，以修王命，古之制也。

成公七年夏，曹宣公來朝。

襄公二十一年冬，曹武公來朝，始見也。以上曹。

隱公七年春，滕侯卒。不書名，未同盟也。凡諸侯同盟，於是稱名，故薨則赴以名，告終、稱嗣也，以繼好息民，謂之禮經。

文公十二年秋，滕昭公來朝，亦始朝公也。

襄公六年秋，滕成公來朝，始朝公也。

三十一年冬十月，滕成公來會葬，惰而多涕。子服惠伯曰：『滕君將死矣。怠於其位，而哀已甚，兆於死所矣，能無從乎？』

昭公三年丁未，滕子原卒。同盟，故書名。

五月，叔弓如滕，葬滕成公，子服椒爲介。及郊，遇懿伯之忌，敬子不入〔一〕。惠伯曰：『公事有公利，無私忌。椒請先入。』乃先受館。敬子從之。以上滕。

三十一年，薛伯穀卒，同盟，故書。以上薛。

桓公二年秋七月，杞侯來朝，不敬。杞侯歸，乃謀伐之。九月，入杞，討不敬也。

三年，公會杞侯于郕，求成也。

十二年夏，盟于曲池，平杞莒也。

莊公二十七年春，公會杞伯姬于洮，非事也。天子非展義不巡守，諸侯非民事不舉，卿非君命不越竟。

冬，杞伯姬來，歸寧也。凡諸侯之女，歸寧曰來，出曰來歸，夫人歸寧曰如某，出曰歸于某。

僖公二十三年十一月，杞成公卒。書曰子，杞，夷也。不書名，未同盟也。凡諸侯同盟，死則赴以名，禮也。赴以名，則亦書之，不然則否，辟不敏也。

二十七年春，杞桓公來朝。用夷禮，故曰子。公卑杞，杞不共也。秋，入杞，責無禮也〔二〕。

文公十二年，杞桓公來朝，始朝公也。且請絶叔姬而無絶昏，公許之。

二月，叔姬卒。不言『杞』，絶也。書『叔姬』，言非女也。

成公四年，杞伯來朝，歸叔姬故也。

八年冬，杞叔姬卒。來歸自杞，故書。

九年春，杞桓公來逆叔姬之喪，請之也。杞叔姬卒，爲杞故也。逆叔姬，爲我也〔三〕。

襄公六年春，杞桓公卒。始赴以名，同盟故也。以上杞。

莊公五年秋，郳犂來來朝。名，未王命也。

襄公七年，小邾穆公來朝，亦始朝公也。

昭公三年，小邾穆公來朝，季武子欲卑之。穆叔曰：『不可。曹、滕、二邾實不忘我好，敬以逆之，猶懼其貳，又卑一睦〔四〕，焉逆羣好也？其如舊而加敬焉。志曰：「能敬無災。」又曰：「敬逆來者，天所福也。」』季孫從之。

十七年春，小邾穆公來朝，公與之燕。季平子賦采菽，穆公賦菁菁者莪。昭子曰：『不有以國，其能久乎？』以上小邾。

僖公十四年，鄫季姬來寧，公怒，止之〔五〕，以鄫子之不朝也。夏，遇于防，而使來朝。

以上鄫。

文公十一年，郕大子朱儒自安於夫鍾，國人弗徇。

十二年春，郕伯卒，郕人立君。大子以夫鍾與郕邽來奔〔六〕。公以諸侯逆之，非禮也，故書曰『郕伯來奔』。不書地，尊諸侯也。以上郕。

宣公十六年秋，郯伯姬來歸，出也。

襄公七年春，郯子來朝，始朝公也。以上郯。

僖公二十九年春，介葛盧來朝，舍于昌衍之上。公在會，饋之芻、米，禮也。

冬，介葛盧來，以未見公，故復來朝。禮之，加燕好。介葛盧聞牛鳴，曰：『是生三犧，皆用之矣〔七〕，其音云。』問之而信。以上介。記此廣異聞也，當時或有附會，然其事不足信。

僖公五年夏，公孫茲如牟，娶焉。以上牟。

桓公七年春，穀伯、鄧侯來朝。名，賤之也。以上穀鄧。

桓公五年冬，淳于公如曹。度其國危，遂不復。

六年春，自曹來朝。書曰『寔來』，不復其國也。以上淳于。

隱公二年春，公會戎于潛，修惠公之好也。戎請盟，公辭。

戎請盟。秋，盟于唐，復修戎好也。

桓公二年，公及戎盟于唐，修舊好也。

冬，公至自唐，告于廟也。凡公行，告于宗廟；反行，飲至、舍爵、策勳焉，禮也。特相會，往來稱地，讓事也。自參以上，則往稱地，來稱會，成事也。

莊公十八年夏，公追戎于濟西。不言其來，諱之也。以上戎。

襄公十八年春，白狄始來。以上白狄。

校記

〔一〕原校：『敬子』禮記注作『敬叔』。

〔二〕原校：釋文無『無』字，云『有者非』。倭庫本同。

〔三〕原校：釋文『「爲」字衍』。

〔四〕原校：『睦』宋本作『穆』。

〔五〕原校：倭庫本無『止』字。

〔六〕原校：『郲邽』服虔云『郲之寶圭』。楊注云『邽即圭，疑本作圭，自杜注誤從邑名之解，而後世傳寫者遂加邑作邽』。

〔七〕原校：倭庫本無『之』字。

魯滅小國

僖公十七年，師滅項。淮之會，公有諸侯之事，未歸，而取項。齊人以爲討，而止公。秋，聲姜以公故，會齊侯于卞。九月，公至。書曰『至自會』，猶有諸侯之事焉，且諱之也。

宣公九年秋，取根牟，言易也。

成公六年，取鄟，言易也。

襄公十三年夏，邿亂，分爲三。師救邿，遂取之。凡書取，言易也；用大師焉曰滅；弗地曰入。

王臣之亂

文公十四年春，頃王崩。周公閱與王孫蘇争政，故不赴。凡崩、薨，不赴，則不書。禍、福，不告，亦不書。懲不敬也。

周公將與王孫蘇訟于晉，王叛王孫蘇，而使尹氏與聃啓訟周公于晉。趙宣子平王室而復之。以上周公閱。

宣公十五年，王孫蘇與召氏、毛氏争政，使王子捷殺召戴公及毛伯衛，卒立召襄。十六年，爲毛召之難故，王室復亂，王孫蘇奔晉。晉人復之。

冬，晉侯使士會平王室，定王享之。原襄公相禮。殽烝。武子私問其故〔一〕。王聞之，召武子曰：『季氏！而弗聞乎？王享有體薦，宴有折俎。公當享，卿當宴。王室之禮也。』武子歸而講求典禮，以修晉國之法。以上毛召之亂。

成公十一年，周公楚惡惠襄之偪也，且與伯輿爭政〔二〕，不勝，怒而出。及陽樊，王使劉子復之，盟于鄄而入。三日復出，奔晉。

十二年春，王使以周公之難來告。書曰『周公出奔晉』。凡自周無出，周公自出故也。以上周公楚。

襄公五年，王使王叔陳生愬戎于晉，晉人執之。士魴如京師，言王叔之貳於戎也。

十年，王叔陳生與伯輿爭政，王右伯輿。王叔陳生怒而出奔。及河，王復之，殺史狡以説焉。不入，遂處之。晉侯使士匄平王室，王叔與伯輿訟焉。王叔之宰與伯輿之大夫瑕禽坐獄於王庭，士匄聽之。王叔之宰曰：『篳門閨竇之人而皆陵其上〔三〕，其難爲上矣。』瑕禽曰：『昔平王東遷，吾七姓從王，牲用備具，王賴之，而賜之騂旄之盟，曰：「世世無失職。」若篳門閨竇，其能來東底乎？且王何賴焉？今自王叔之相也，政以賄成，而刑放於寵。官之師旅，不勝其富，吾能無篳門閨竇乎？詞意沈鬱悲憤。唯大國圖之！下而無直，則何謂正矣？』范宣子曰：『天子所右，寡君亦右之；所左，亦左之。』使王叔氏與伯輿合要，王叔氏不能舉其契。王叔奔晉。不書，不告也。單靖公爲卿士以相王室。以上王叔陳生。

三十年，初，王儋季卒，其子括將見王，而嘆。單公子愆期爲靈王御士〔四〕，過諸廷，聞其嘆，而言曰：『烏呼！必有此夫！』入以告王，且曰：『必殺之！不慼而願大，視躁而足高，心在他矣。不殺，必害〔五〕。』王曰：『童子何知！』及靈王崩，儋括欲立王子佞夫。佞夫弗知。戊子，儋括圍蔿，逐成愆。成愆奔平畤。五月癸巳，尹言多、劉毅、單蔑、甘過、鞏成殺佞夫。括、瑕、廖奔晉。書曰『天王殺其弟佞夫』，罪在王也。以上儋括。

昭公七年，單獻公棄親用羇。冬十月辛酉，襄頃之族殺獻公而立成公。以上單獻公。

十二年，周原伯絞虐，其輿臣使曹逃。冬十月壬申朔，原輿人逐絞，而立公子跪尋。絞奔郊。以上原伯絞。

甘簡公無子，立其弟過。過將去成景之族。成景之族賂劉獻公，丙申，殺甘悼公，而立成公之孫鰌。丁酉，殺獻大子之傅庾皮之子過，殺瑕辛于市，及宮嬖綽、王孫沒、劉州鳩、陰忌、老陽子。以上甘悼公。

定公元年，周鞏簡公棄其子弟而好用遠人。二年夏四月辛酉，鞏氏之羣子弟賊簡公。以上鞏簡公。

校記

〔一〕原校：「武子」宋本作「武季」，倭庫本作「季武子」，誤。

〔二〕原校：「與」釋文一作「輿」。

〔三〕原校：「簞」文選注作「蕇」；「圭」今本作「閨」，依釋文校改，説文同；「竇」説文作「窬」，玉篇同。

〔四〕原校：「期」石經作「旗」。

〔五〕原校：唐石經「必」下有「爲」字，倭庫本「爲」作「有」。

典　志

郊祀、朔閏、蒐狩、城築、災異，凡五章。

桓公五年秋，大雩。書，不時也。凡祀，啓蟄而郊，龍見而雩，始殺而嘗，閉蟄而烝。過則書。

十四年秋八月壬申，御廩災。乙亥，嘗。書，不害也。

僖公三十一年夏四月，四卜郊，不從，乃免牲，非禮也。猶三望，亦非禮也。禮不卜常祀，而卜其牲、日。牛卜日曰牲。牲成而卜郊，上怠慢也。望，郊之細也。不郊，亦無望可也。

襄公五年秋，大雩，旱也。

七年夏四月，三卜郊，不從，乃免牲。孟獻子曰：『吾乃今而後知有卜、筮。夫郊祀后稷，以祈農事也。是故啓蟄而郊，郊而後耕。今既耕而後卜郊，宜其不從也。』

八年秋九月，大雩，旱也。

二十八年秋八月，大雩，旱也。

昭公三年八月，大雩，旱也。

六年秋七月，大雩，旱也。

十五年春，將禘于武公〔一〕，戒百官。梓慎曰：『禘之日其有咎乎！吾見赤墨之祲，非祭祥也，喪氛也。其在涖事乎！』二月癸酉，禘。叔弓涖事，籥入而卒。去樂，卒事，禮也。

十六年九月，大雩，旱也。

二十四年秋八月，大雩，旱也。

二十五年秋，書再雩，旱甚也。以上郊祀。

僖公五年春王正月辛亥朔，日南至。公既視朔，遂登觀臺以望，而書〔二〕，禮也。凡分、至、啓、閉，必書雲物，爲備故也。

文公元年，於是閏三月，非禮也。先王之正時也，履端於始，舉正於中，歸餘於終。履端於始，序則不愆；舉正於中，民則不惑；歸餘於終〔三〕，事則不悖。

六年，閏月不告朔，非禮也。閏以正時，時以作事，事以厚生，生民之道於是乎在矣〔四〕。不告閏朔，棄時政也，何以爲民？

十六年夏五月，公四不視朔，疾也。以上朔閏。

桓公四年春正月，公狩于郎。書，時，禮也。

六年秋，大閱，簡車馬也。

昭公八年秋，大蒐于紅，自根牟至于商衛，革車千乘。以上蒐狩。

隱公元年夏四月，費伯帥師城郎。不書，非公命也。新作南門，不書，亦非公命也。

七年夏，城中丘。書，不時也。

九年夏，城郎。書，不時也。

桓公十六年冬，城向。書，時也。

莊公二十八年，築郿，非都也。凡邑，有宗廟先君之主曰都，無曰邑。邑曰築，都曰城。

二十九年春，新作延廄。書，不時也。凡馬，日中而出，日中而入。

冬十二月，城諸及防。書，時也。凡土功，龍見而畢務，戒事也；火見而致用，水昬正而栽，日至而畢。

僖公二十年春，新作南門。書，不時也。凡啓塞，從時。

文公十二年冬，城諸及鄆。書，時也。

宣公八年冬，城平陽。書，時也。

成公九年冬，城中城。書，時也。

十八年，築鹿囿。書，不時也。

襄公十三年冬，城防。書事，時也。於是將早城，臧武仲請俟畢農事，禮也。

昭公九年冬，築郎囿。書，時也。季平子欲其速成也，叔孫昭子曰：『詩曰：「經始勿亟，庶民子來。」焉用速成，其以勦民也？無囿猶可；無民，其可乎？』

定公十五年冬，城漆。書，不時告也。以上城築。

隱公元年，有蜚。不爲災，亦不書。

六年冬，京師來告饑，公爲之請糴於宋、衛、齊、鄭，禮也。

九年春王三月癸酉，大雨霖以震，書始也。庚辰，大雨雪，亦如之。書，時失也。凡雨，自三日以往爲霖，平地尺爲大雪。

桓公元年秋，大水。凡平原出水爲大水。

十七年冬十月朔，日有食之。不書日，官失之也。天子有日官，諸侯有日御。日官居卿以厎日，禮也。日御不失日，以授百官于朝。

莊公七年夏，恆星不見，夜明也。星隕如雨〔五〕，與雨偕也。秋，無麥、苗，不害嘉穀也。

十八年秋，有蜮，爲災也。

二十五年夏六月辛未，朔，日有食之，鼓，用牲于社，非常也。唯正月之朔，慝未作，日有食之，於是乎用幣于社，伐鼓于朝。

秋，大水，鼓，用牲于社，于門，亦非常也。凡天災，有幣，無牲。非日、月之眚不鼓。

二十八年冬，饑，臧孫辰告糴于齊，禮也。

二十九年秋，有蜚，爲災也。凡物，不爲災，不書。

僖公三年春，不雨。夏六月，雨。自十月不雨至于五月。不曰旱，不爲災也。

十五年夏五月，日有食之。不書朔與日，官失之也。

震夷伯之廟，罪之也，於是展氏有隱慝焉。

二十一年夏，大旱。公欲焚巫、尪。臧文仲曰：『非旱備也。修城郭、貶食、省用、務穡、勸分〔六〕，此其務也。巫、尪何爲？天欲殺之，則如勿生；若能爲旱，焚之滋甚。』公從之。是歲也，饑而不害。

二十九年秋，大雨雹，爲災也。

文公三年秋，雨螽于宋，隊而死也。

十三年秋七月，大室之屋壞。書，不共也。

十四年，有星孛入于北斗。周内史叔服曰：『不出七年，宋、齊、晉之君皆將死亂。』

十五年六月辛丑朔，日有食之。鼓，用牲于社，非禮也。日有食之，天子不舉，伐鼓于社，諸侯用幣于社，伐鼓于朝，以昭事神、訓民、事君，示有等威，古之道也。

十六年，有蛇自泉宫出，入于國，如先君之數。秋八月辛未，聲姜薨。毁泉臺。十七年夏四月癸亥，葬聲姜。有齊難，是以緩。

宣公十五年冬，蝝生，饑。幸之也。

十六年夏，成周宣榭火〔七〕，人火之也。凡火，人火曰火，天火曰災。

成公五年，梁山崩，晉侯以傳召伯宗。伯宗辟重，曰：『辟傳！』重人曰：『待我，不如捷之速也。』問其所，曰：『絳人也。』問絳事焉。曰：『梁山崩，將召伯宗謀之。』問將若之何。曰：『山有朽壤而崩，可若何？國主山川，故山崩川竭，君爲之不舉、降服、乘縵、徹樂、出次，祝幣，史辭以禮焉。其如此而已。雖伯宗，若之何？』伯宗請見之。不可。遂以告，而從之。

襄公二十七年十一月乙亥朔，日有食之。辰在申，司曆過也，再失閏矣。

二十八年春，無冰。梓慎曰：『今兹宋鄭其饑乎！歲在星紀，而淫於玄枵。以有時菑，陰不堪陽。蛇乘龍，龍，宋鄭之星也。宋鄭必饑。玄枵，虚中也。枵，耗名也。

土虛而民耗，不饑何爲？』

昭公四年，大雨雹。季武子問於申豐曰：『雹可禦乎？』對曰：『聖人在上，無雹。雖有，不爲災。古者日在北陸而藏冰，西陸朝覿而出之。其藏冰也，深山窮谷，固陰沍寒，於是乎取之。其出之也，朝之禄位，賓、食、喪、祭，於是乎用之。其藏之也，黑牡、秬黍以享司寒。其出之也，桃弧棘矢，以除其災。其出入也時。食肉之禄，冰皆與焉。大夫命婦喪浴用冰。祭寒而藏之〔八〕，獻羔而啓之。公始用之，火出而畢賦，自命夫命婦至於老疾，無不受冰。山人取之，縣人傳之，輿人納之，隸人藏之。夫冰以風壯，而以風出。其藏之也周，其用之也徧，則冬無愆陽，夏無伏陰，春無凄風，秋無苦雨，雷出不震，無菑霜雹，癘疾不降，民不夭札。今藏川池之冰棄而不用，風不越而殺，雷不發而震。雹之爲菑，誰能禦之？七月之卒章，藏冰之道也。』冰爲生人必需之品，藏冰亦爲政之一端，記此以見古人行政。

七年夏四月甲辰朔，日有食之。晉侯問於士文伯曰：『誰將當日食？』對曰：『魯衛惡之。衛大，魯小。』公曰：『何故？』對曰：『去衛地，如魯地，於是有災，魯實受之。其大咎其衛君乎！魯將上卿。』公曰：『詩所謂「彼日而食，于何不臧」者〔九〕，何也？』對曰：『不善政之謂也。國無政，不用善，則自取讁于日月之災，故政不可不慎也。務三而已：一曰擇人，二曰因民，三曰從時。』

十一月，季武子卒。晉侯謂伯瑕曰：『吾所問日食，從矣。可常乎？』對曰：『不可。六物不同，民心不壹，事序不類，官職不則，同始異終，胡可常也？詩曰「或燕燕居息，或憔悴事國」〔一〇〕，其異終也如是。』公曰：『何謂六物？』對曰：『歲、時、日、月、星、辰是謂也。』公曰：『多語寡人辰而莫同，何謂辰？』對曰：『日月之會是謂辰，故以配日。』

二十一年秋七月壬午朔，日有食之。公問於梓慎曰：『是何物也？禍福何爲？』對曰：『二至二分，日有食之，不爲災。日月之行也，分，同道也；至，相過也。其他月則爲災，陽不克也，故常爲水。』於是叔輒哭日食。昭子曰：『子叔將死，非所哭也。』

八月，叔輒卒。

二十四年夏五月乙未朔，日有食之。梓慎曰：『將水。』昭子曰：『旱也。日過分而陽猶不克，克必甚，能無旱乎？陽不克莫，將積聚也。』

二十九年秋，龍見于絳郊。魏獻子問於蔡墨曰：『吾聞之，蟲莫知於龍，以其不生得也。謂之知，信乎？』對曰：『人實不知，非龍實知。古者畜龍，宗堯按，龍可畜，又可醢而食，隱寓非神奇之意。故國有豢龍氏，有御龍氏〔一一〕。』獻子曰：『是二氏者，吾亦聞之，而不知其故，是何謂也？』對曰：『昔有飂叔安有裔子曰董父，實甚好龍，能求其耆欲以飲食之，龍多歸之，乃擾畜龍，以服事帝舜，帝賜之姓曰董，氏曰豢龍，封諸鬷川，鬷夷氏其後也。故帝舜氏世有畜龍。及有夏孔甲，擾于有帝，帝賜之乘龍，河漢各二，各有雌雄。孔甲不能食，而未獲豢龍氏。有陶唐氏既衰，其後有劉累，學擾龍于豢龍氏，以事孔甲，能飲食之。夏后嘉之，賜氏曰御龍，以更豕韋之後〔一二〕。龍一雌死，潛醢以食夏后。夏后饗之，既而使求之。懼而遷于魯縣，范氏其後也。』獻子曰：『今何故無之？』對曰：『夫物，物有其官，官修其方，朝夕思之。一日失職，則死及之。失官不食。官宿其業，其物乃至。若泯棄之，物乃坻伏，鬱湮不育。故有五行之官，是謂五官，實列受氏姓，封爲上公，祀爲貴神。社稷五祀，是尊是奉。木正曰句芒，火正曰祝融，金正曰蓐收，水正曰玄冥，土正曰后土。龍，水物也，水官棄矣，故龍不生得。不然，周易有之：在乾䷀之姤䷫，曰「潛龍勿用」；其同人䷌曰「見龍在田」；其大有䷍曰「飛龍在天」；其夬䷪曰「亢龍有悔」；其坤䷁曰「見羣龍無首，吉」；坤之剥䷖曰「龍戰于野」。若不朝夕見，誰能物之？』宗堯按，朝夕見，亦無神奇之可言也。獻子曰：『社稷五祀，誰氏之五官也？』對曰：『少皞氏有四叔，曰重、曰該、曰修、曰熙，實能金、木及水。使重爲句芒，該爲蓐收，修及熙爲玄冥，世不失職，遂濟窮桑。此其三祀也。顓頊氏有子曰犂，爲祝融；共工氏有子曰句龍，爲后土。此其二祀也。后土爲社；稷，田正也。有烈山氏之子曰柱，爲稷，自夏以上祀之。周棄亦爲稷，自商以來祀之。』宗堯按，此謂官五行者亦人耳，不足以言神異。

哀公三年夏五月辛卯，司鐸火。火踰公宫，桓僖災〔一三〕。救火者皆曰顧府。南宫敬叔至，命周人出御書，俟於宫，曰：『庀女，而不在，死。』子服景伯至，命宰人出禮書，以待命。命不共，有常刑。校人乘馬，巾車脂轄，百官官備，府庫慎守，官人肅給。濟濡帷幕，鬱攸從之，蒙葺公屋，自大廟始，外内以悛。助所不給。有不用命，則有常刑，無赦。公父文伯至，命校人駕乘車。季桓子至，御公立于象魏之外，命救火者傷人則止，財可爲也。命藏象魏，曰：『舊章不可亡也。』富父槐至，曰：『無備而官辦者，猶拾瀋也。』於是乎去表之稾，道還公宫〔一四〕。

孔子在陳，聞火，曰：『其桓僖乎！』以上災異。

校記

〔一〕原校：『公』倭庫本作『宫』。

〔二〕原校：釋文『書』下或有『雲物』二字，倭庫本有。

〔三〕原校：『餘』史記作『邪』。

〔四〕原校：『作』隋經籍志引作『序』；『道』周禮注引作『本』。

〔五〕原注：讀『如』爲『而』也。

〔六〕原校：『穡』論衡作『嗇』。

〔七〕原校：『榭』釋文作『謝』，公羊同。

〔八〕原校：『祭寒』詩箋作『祭司寒』，釋文云有『司』字，非是。

〔九〕原校：『彼』漢志作『此』。

〔一〇〕原校：『憔悴』漢書作『盡顇』。

〔一一〕原注：正義『御』與『圉』同。

〔一二〕原校：史記『更』作『受』；惠棟云，古文『更』爲『受』。

〔一三〕原校：『僖』史漢作『釐』。

〔一四〕原校：『還』釋文作『環』。

跋

吾國紀事典籍，首推左傳。其摹寫政治、軍事、旌別、淑慝，奇譎光怪，震駭心目，治亂得失，粲如指掌列眉，而文法尤爲神妙。惟千古流誦，率爲經師割截之本，左氏原書久已不可復見，使奇文奥旨淩歷紊錯，學者白首研窮，莫能領悟，是誠可爲浩嘆者也。

今吾師北江先生仰承家學，參以心得，就馬氏事緯所次，使各自爲篇，而於文之奥窔，詳勘細發，豁露無遺，左氏微言秘旨乃得昌明於世。應璞每侍几杖，敬聆斯義，爲之嘆絶，知往者之於左傳爲未嘗讀，讀之自今日始也。列國并争，仁義陵遲，子弑父，臣弑君，世道衰頽已極。孔子憂之，作春秋，而亂臣賊子懼。左氏繼起，循經釋義，褒貶之效益彰。方今天下多故，世道之衰甚於往昔。學者苟取斯書而究研之，庶幾治國之道明，衰危之局不難復振，不其盛歟！此先生殷勤講貫之本旨也。冀縣張君心泉、王君文燦，南宫李君子建與應璞，有鑒於此，乃約同志之士二十餘人，集議梓而行之。既成，應璞承先生命，謹記其緣起於後。

民國十二年七月冀縣賈應璞。

附　安徽古籍叢書已版書目

舊聞隨筆
定本莊子故
張籍集注
文學研究法
桐城文學淵源考·撰述考
包拯集編年校補
康輶紀行·東槎紀略
北山樓集
桐城耆舊傳
疑庵詩
三餘札記
方望溪遺集
爾雅翼

識小録·寸陰叢録
東萊詩詞集
明太祖集
王侍郎奏議
程氏家塾讀書分年日程
朱楓林集
敬孚類稿
施愚山集（四册）
吴敬梓吴烺詩文合集
張孝祥詞箋校
竇山公家議校注
翠微南征録·北征録合集
阮大鋮戲曲四種

老子注三種
杜詩説
朱書集
論語解注合編
郭祥正集
皖人詩話八種
唐詩評三種
左傳微
續學堂詩文鈔
鈍齋詩選
老子注譯
莊子詮詁
説文假借義證

劉銘傳文集
包世臣全集（三冊）
戴震全書（七冊）
田間易學
莊屈合詁
田間詩集
田間文集
古事比（二冊）
安徽出土金文訂補
秋崖詩詞校注
道聽途説
蘭茗館外史
青泥蓮花記
舌華録
明語林

夜雨秋燈録·續録（二冊）
包拯集校注
毛詩後箋（二冊）
劉文典全集（四冊，列入特輯）
壹齋集（二冊）
孟子講義
楊仁山全集
弢翁藏書年譜（列入附輯）
不得已 附二種
歙事閑譚（二冊）
惜抱軒詩集訓纂
張孝祥詩文集
吳汝綸全集（四冊）
朱子全書（二十七冊）
姚瑩年譜（列入附輯）

明實録安徽經濟史料類編（列入附輯）
青溪集
藏山閣集
田間詩學
俞正燮全集（三冊）
皖人戲曲選刊·鄭之珍卷
詠懷堂詩集
所知録 附四種
文選箋證（二冊）
歙紀
方孝標文集
七頌堂集
劉文典全集補編（列入特輯）
程瑶田全集（四冊）

皖人戲曲選刊·方成培卷
皖人戲曲選刊·龍燮卷
凌廷堪全集（四册）
黄生全集（四册）
東輶紀程
蕭雲從詩文輯注
程文炳文集
程恩培集
方盦山詩集（二册）
趙紹祖金石學三種
小爾雅義證
勉行堂詩文集
貴池唐人集
龍眠風雅全編（十册）